城と湖《うみ》と近江

「琵琶湖がつくる近江の歴史」研究会

序

もう三〇年ほど前のことになろうか。私が東北地方に旅行に出掛けたおり、仙台市のとある場末の居酒屋で地元の肴をあてにチビチビやっていると、その女将が声をかけてきた。いくつかの言葉のやりとりの後、「お客さん、どちらから？」という問いに私は「滋賀県から」とためらうことなく答えたのだが、反応はにぶく、その表情は明らかにその具体的な位置が分からずに次の言葉に窮していることを示していた。とっさに私は「琵琶湖のある県ですよ。」と言うと、すっと表情を和らげて、「ああ、琵琶湖のあるところですか、大きな湖ですよねえ。」「そうです、そうです。」と、話はスムーズに流れ始めた。この時以来、各地に旅行したとき私は「滋賀県」の前に「琵琶湖」を付して話すことが多くなった。その時点で、滋賀県という呼称の歴史は明治初年以来たかだか一〇〇年、琵琶湖の呼称は室町時代初期には出てくるので、その歴史は六〇〇年以上ということになる。

日本列島に住む人々はそれが何県にあるのかというよりも、大きな湖のある所という認識が強く、それが荒々しく打ち寄せる海水ではなく淡水であることから、風光明媚をもイメージして好感をもって接してきた。古代にはこの湖の存在から淡海あるいは近淡海、それから転じて近江と呼び、この土地を大きな湖を特徴とする国として位置付けて近世まで公称されてきた。

この近江国は列島のほぼ中央に位置し、近隣に都が置かれた大和や山城が存在することから、また、政治の中心地が鎌倉や江戸に移っても天皇の御所のある京都のすぐ東に位置することなどから、各時代とも歴史変遷の根幹にかかわる歴史的事象が多く残されている。こうした近江の歴史に関してはこれまでに数多くの研究がなされて、多くの成果が上梓されているが、近江の歴史に多大の影響を及ぼした琵琶湖そのものに視点を据えた研究はあまりないように思われる。

私共は滋賀県大学等学術文化振興助成金による研究機関連携推進事業の一環として、「琵琶湖がつくる近江の歴史」研究会を発足させ、琵琶湖を直接の媒体として展開した近江の歴史・文化について、これまでとは違った角度から調査・研究を行おうと、一九九九年から三年間、現地調査や研究会を重ねてきた。メンバーは滋賀県内の諸機関に所属して、日常、近江の歴史に関する調査・研究に従事している職員を中心に構成した。そして、それぞれが連携しながら調査・研究を進め、多忙な日常業務の合間を縫って研究・執筆に当たってきた。どうしても仕事との調整がつかず、万やむを得ず執筆を断念せざるを得なかった会員もいるが、有益な助言や資料を提供していただいた。本書はその研究成果の一部である。

琵琶湖は各時代を通じてさまざまに利用・活用されてきた。資料の制約もあって一概にそうとばかりはいえないかもしれないが、これまでの検討で中世末~近世初頭ころが最も活気をもって利用されたように思われる。そのために自ずから共同研究の対象はこの時期に集中することとなった。琵琶湖ばかりではなく、海に面する地域でも現在ではその痕跡を追うこともままならないが、河川を利用した内陸部との往来や河川の水利用形態についても研究対象として十分考慮すべき視点であることも明らかとなった。

本書は二部の構成から成っている。第一部本文編はこうした視点から取り上げた各会員の論文集で、第二部資料編はこの視点から見直した湖岸や河川沿いに立地する典型的な城郭とその概要である。本研究はまだ緒に就いたばかりではあるが、各論考や資料からその意図するところを汲み取っていただき、今後こうした視点からも近江の歴史研究が進展すれば、より表情豊かな近江の姿が浮き彫りにされてくるものと信じている。大方のご叱正を賜れば幸いです。

研究会の構成（所属は二〇〇二年三月現在）

林　博通（滋賀県立大学人間文化学部）　用田政晴（滋賀県立琵琶湖博物館）
木戸雅寿（滋賀県安土城郭調査研究所）　松下　浩（滋賀県安土城郭調査研究所）
中井　均（米原町教育委員会）　松浦俊和（大津市歴史博物館）
谷口　徹（彦根城博物館）　白井忠雄（高島町立歴史民俗資料館）
山崎清和（湖北町教育委員会）　神保忠宏（滋賀県文化財保護協会）
太田浩司（長浜市立長浜城歴史博物館）

なお、会の運営や本書の編集に関しては、この会の共同提案者である用田政晴氏の多大の尽力があったことを明記しておきたい。

二〇〇二年六月

「琵琶湖がつくる近江の歴史」研究会
代表　林　博通

城と湖《うみ》と近江―目次

第二部　資料編―湖畔の城

第一部

本文編

——城から歴史を語る

琵琶湖と近江の国

林　博通

一　近江の国の地理的特徴

琵琶湖の存在　「近江」「淡海」と表現する一定のまとまりのある地域は、現在の「滋賀県」域と大半が重なるものとみられるが、その具体的領域の設定・歴史的変遷については明瞭ではない。

琵琶湖が約四〇万～三〇万年前にほぼ現在に近い位置に定まり、その後、四周の隆起と琵琶湖の沈降が繰り返され、この地勢が現況に近い状態になったのはほぼ一万五千～一万年前といわれる。その後、四周の山々は開析され、多くの河川により湖のまわりには大小の平野が形成されて、人々のさまざまな活動環境が提供され、今日に至っている。

明治四年の廃藩置県以前の国名を表す「近江」の起源はいうまでもなく古代にさかのぼる。これまでの研究では、この「アフミ」と称する国名は「淡海」「近淡海」「近江」などと表記されるが、「近淡海」かとみられる用字が飛鳥京跡出土木簡に認められ、「近淡海」は天武天皇一〇年ころには用いられていたと想定されている。そして、「淡海」がより古く、令制による国名表記や畿内制の成立によって、畿内からみて「遠淡海」あるいは「遠江《とおとうみ》」より近い位置にあることから「近淡海」「近江」の表記が生じたものではないかとするのがおおかたの見方である。[1] まさに、近江国・滋賀県は琵琶湖の国なのである。この琵琶湖の存在こそがこの地域の性格・歴史的位置付けを決定づけてきたといえる。

近江国の領域　現在の滋賀県の行政的領域は明治一四年二月に定められた。江戸時代の幕藩体制下の近江は極めて複雑な領域区分がなされていた。文政六年（一八二三）の「近江国石高帳」によれば、彦根藩・膳所藩・大溝藩を始めとする九藩の在国大名領、二四藩の他国大名領、天領（幕府直轄領）、宮門跡領（五家）、公卿領（三家）、旗本領（一四六家）、社寺領（社一一五、寺一四四）などとなっていて、例えば、蒲生郡は八〇余領主、滋賀郡は五〇余領主による分割支配がなされていた。明治元年（一八六八）閏四月には幕府直轄領や旗本領・社寺領などが統廃合されて大津県が誕生した。明治四年六月にはまず大溝藩が廃藩されて大津県に編入され、同年七月の廃藩置県により膳所藩・水口藩・西大路藩・山上藩・彦根藩・宮川藩・朝日山藩がそれぞれの名称・領域をそのままとして県になり、同年一一月には、近江南部が大津県、北部が長浜県に統合された。そして、明治五年一月には大津県が滋賀県に、翌二月には長浜県が犬上県に改称され、同年九月、両県が統合されて滋賀県が成立した。明治九年八月には敦賀県の三方・遠敷・大飯・敦賀の四郡が一時的に滋賀県に編入されたものの、明治一四年二月には分離され、今日に至っている。

この滋賀県の領域は、比良山地・野坂山地・伊吹山地・鈴鹿山脈など、その大半は頂の稜線あるいは分水嶺が境界となり、領域画定における最も自然な在り方を示している。ただ、滋賀県側に流入する川として丹波高原からの百井川・久多川等や宇治田原町からの大石川支流があり、滋賀県側から他県に流出する川として今津町の天増川、伊吹町の藤古川などのわずかな例外はある。また、この領域の大半の地点から領域の境界である山稜を望むことができるが、これらは領域区分の最も基本的な在り方を示すもので、この領域が古代にさかのぼり得る可能性をもつとみるゆえんである。

このように、「滋賀県」あるいは「近江国」「淡海国」は四周を山々に囲まれたひとまとまりの空間をもち、その中央に広大な琵琶湖を擁する地域で、この湖の存在こそがこの国の特徴を最もよく示すものとして、古代から大多数の人々にそう認識され続けてきた。

琵琶湖による近江の分断　しかし、この巨大な琵琶湖の存在が近江国の東西南北の地域を分断していることも見逃せない。琵琶湖を隔てた対岸を視覚に納めることはできても、往き来することはそうたやすいことではない。

出土遺物の中で最も普遍性に富み、最も作者の意志や時代性を表現しやすく、かつ、壊れて短期間に廃棄されるものは土器である。そのために土器は時代を測るモノサシとして、また、同一特徴をもつ土器の分布範囲などから「地域性」を把握する資料としても重要である。

近江の弥生時代の土器の特徴から地域の動態を把握しようとする研究がある。[2] 縄文時代末から弥生時代初めにかけて近江は西からの弥生文化の伝播に伴い、次第に遠賀川式土器《おんががわしきどき》が広がりをみせる。そして、弥生文化の進展に従い、遠賀川式土器を基調とする畿内様式の特徴をもつ器種や文様を主流とした土器変化の流れの中にあって、濃尾平野に分布の中心をもつ条痕文《じょうこんもん》土器《どき》や伊賀・北伊勢に中心をもつ条痕文系土器、二重口縁土器など地域色を強くもつ土器などが主に一定の地域に偏在することが把握され、それらから近江の中の「地域」を分析するものである。この地域性は弥生時代を通じて一律ではなく、時代の流れにより変化をみせたり、時代によって地域色の強弱はあるにしても、全般的にみると、いずれも山脈や山地を介してはいるが、湖北の姉川流域と美濃地域、余呉川流域と若狭地域、野洲川流域と伊賀・北伊勢地域、大津周辺と山背東部地域の強い結び付きが窺えるとするものである。

広大な近江盆地の中で、全域が一律に人の交流が行われて同様の生活様式を保持していたとはとうてい考えられないにしても、盆地内での隣接しあう地域間の紐帯《じゅうたい》は比較的ゆるやかであり、琵琶湖の対岸との交流はあまり窺えず、それよりも山を越えた背後の陸続きの地域との交流や紐帯が強いことを示している。これは容易に人の往き来を許さない琵琶湖の存在があるからであろう。琵琶湖は近江の地域を分断する性格をもっているといえる。

しかし、こうした近江内の各地域が、全く独立した地域性を有していたものではない。それらの各地域に特有の地域性はあるにしても、近江の外の地域とを比較すると、近江内の各地域をひっくるめた「近江の地域性」は存在しているのである。

主要交通路　現在、滋賀県内には列島の東西を結ぶ名神高速道路やJR東海道新幹線があり、琵琶湖の西側には近畿と北陸を結ぶJR湖西線と国道一六一号が、東側から北側にかけては北陸に通じる国道八号や国道八号から分岐して中部・関東に通じる国道二一号が、湖南には近畿と三重・東海地方に通じる国道一号などが縦横に走り、滋賀県は列島の東西南北の人・物資の流通の要となっていることは言うまでもない。

近江のこうした地理的性格はすでに古代に溯る。古代の大半の時期、大和あるいは山城に日本の首都が置かれ、その畿内に隣接する近江国は都と東国・北陸との通交上、重要な位置を占めてきた。都が大和に置かれた時代と山城に置かれた時代、近江に置かれた時代では官道の位置や名称は多少異なるものの、近江にはおおむね「東海道」「東山道」「北陸道」が設置されていて、都とこれらの官道に連なる地域との人や物資の移動は必ず近江を経由しなければならなかった。

『延喜式《えんぎしき》』主税式によると、平安時代、北陸諸国の官物運送はすべて塩津から船便で大津まで廻漕し、そこで陸揚げして京都まで運ぶ規定で、船賃や船乗りの人数、その費用も決められていた。ただし、若狭国からは陸路で高島郡勝野津（高島町大溝港）まで運び、そこから船で大津へ運漕することになっていた。同じく平安時代、『勘仲記《かんちゅうき》』によると、北陸の物資は塩津・勝野津ばかりでなく、浅井郡大浦や高島郡木津からも運び出されていた。

ひとたび反乱が起きると、こうした水陸の交通網を用いて東海・北陸から都へ攻めのぼる軍、東海・北陸へ敗走する軍なども必ず近江を通過するため、近江の人々はいやおうなくその戦乱に巻き込まれる運命にあった。

このように、近江国の位置や地勢が近江国の歴史を大きく形作ってきたのである。

二　琵琶湖と船

琵琶湖と船利用の歴史に関してはすでに多くの論究があり、(3)それに負うところが大きいが、いくつかの点について触れてみたい。

丸木舟の航行実験　これまでに琵琶湖沿岸部では五遺跡二四隻の縄文時代の丸木舟が出土している。一九九〇年九月一日、滋賀県文化財保護協会では縄文後期の尾上浜《おのえはま》遺跡出土の丸木舟をモデルとして忠実に復原した丸木舟を使って、琵琶湖の北湖を航行する実験を行い、成功している。[4]この成功例から、縄文人は丸木舟を使って何の障害もなく、琵琶湖を縦横に往き来していたという印象が強くなったが、果たしてそう言い切れるだろうか。

　この実験データは次のごとくである。

復原丸木舟

原材料………米国産の杉　末口直径約〇・五五メートル
全長………五・五六メートル
重量………約一七〇キログラム
最大幅………〇・五五メートル
高さ………〇・三五メートル
定員………二人（基本的には一人で漕ぐと想定されたが、操船技術の問題から二人で漕ぐ）
最大転覆角度…四〇度（二人乗船時）
実験日時………一九九〇年九月一日　午前一〇時二〇分〜一二時〇〇分
航行地点………湖北町尾上漁港—竹生島
航行距離………約五キロメートル
時速………約三キロメートル
気象………快晴　風力ゼロ（ほぼ無風）

　この実験時、筆者もその伴走船に乗り込みつぶさにその様子を観察したが、丸木舟は終始安定した状態で何ら問題は感じられず、縄文時代に丸木舟で琵琶湖を縦横に航行することは十分可能であったと想定した。

波浪と船　しかし、その後、小さな動力船（滋賀県立大学湖底遺跡調査船「ゲンゴロー」）で自ら操縦して四年間、琵琶湖を縦横に航行してみると、先の丸木舟の実験時は極めてまれな気象であったと思われてきた。丸木舟は横波に弱く、琵琶湖、特に広大な北湖を長時間かけて航行することは容易ではなく、よほど天候が安定した波のほとんど無い時間帯しか航行は不可能ではないかと思われる。その具体例についてゲンゴローでの航行体験を踏まえてみてみよう。

調査船ゲンゴロー

原材料………ＦＲＰ（強化プラスチック）の小型船
全長………六・七一メートル
最大幅………二・〇五メートル
総トン数………一・一トン
定員………一二人
馬力………五〇

丸木舟に比べて格段の安定度と航行能力を有する。

　この調査船では琵琶湖の湖面に白波がかなり多くなり、波の長さが長くなってくる風力四、[5]風速でいうと秒速五・五〜七・

九メートルくらいになると航行がかなり難しくなり、風力五（風速八・〇～一〇・七メートル）になると航行は不可能に近い。この船の航行の限界の目安は風速約八メートルとみている。

こうした観点から丸木舟の航行可能な風波を想定してみると、縄文時代の丸木舟作りの技術と操船技術を先の実験丸木舟よりかなり優れていたと想定しても、風力二（風速一・六～三・三メートル、小波の小さいもので、まだ短いが、はっきりしてくる。波頭はなめらかに見え、砕けていない。―ビューフォート階級表）までが限度かあるいは少し限度を超えるかも知れなく、それ以上の風波では明らかに航行不可能であろう。したがって、単独の丸木舟による琵琶湖の航行の限界の目安は風速約二・五メートルと想定し得る。

琵琶湖の波浪　彦根気象台の観測によると、北湖と南湖とでは風向はかなり異なるものの、滋賀県の一般風の基本パターンは若狭湾からの北西風、あるいは北寄りの風、伊勢湾からの南東風、大阪湾からの南西風の四つの基本風系がある。その中でも北西と南東の風が卓越している。また、観測はいずれも陸上で行われているが、そのデータよりも湖上の方が風速は高く、その差は風速が低いほど大きいとするデータがある。たとえば、陸上で風速五メートルの時、湖上では約七・七メートル、陸上で八メートルの時、湖上では一〇・二メートルと推定されている。この観察データに従うと、陸上観察での風速二・五メートルは湖上では四メートルを越えることになり、白波が立つほどの風速といえる。

また、経験的にみて、北西の風の時、高島郡の湖岸の波はさほど大きくなく、彦根や長浜では大きな波が打ち寄せる。逆に南東の風では彦根・長浜方面の湖岸は波は静かで、高島郡方面の波が高くなる。

風速の観測データの、日平均風速は毎正時の値の二四回平均値であるが、毎正時の風速は前一〇分間の平均値をその時刻の平均値とする。また、日最大風速は毎正時の風速の最大値のものをいう。風向・風速は絶えず変動していて、滋賀県の平地部の日変化を見ると基本的には夕刻前が最も強く、日の出前が最も弱い。したがって、風速の日平均値では丸木舟が航行できるか否かの検討を行うには適切さを欠くことになる。検討を行うには縄文人が活動したと考えられる夜明けから日没までの風速データが必要であるが、公表されていない。

このため、彦根気象台編集の『滋賀県気象月報』により一九九六～一九九八年度の彦根の陸上での風速のデータから日平均風速二・五メートル以上の日数、日最大風速二・五メートル以上の日数、日最大五メートル以上の日数を抜き出して検討することとした（表1）。先述のように、風速二・五メートルは湖上では四メートルを越え、丸木舟の航行は困難と判断し得る数値である。それから見て次のように判断することができる。

① 平均風速二・五メートル以上の日は冬季には月間半数以上であり、夏季は四分の一程度に減少するが、この日は北湖での丸木舟による活動の可能性は低いと考えられる。

② 最大風速二・五メートル以上の風のある時間帯をもつ日は

③

ほぼ毎日あり、それが夜間か昼間かは明らかではないが、人間活動の時間帯に当たる可能性もある。

平均風速二・五メートル以下であっても最大風速五メートル以上の時間帯をもつ日の存在は年間通じて月間の半数弱以上あり、丸木舟航行の不可能なほどの風の強い時間帯の持続が予測され、人間活動の時間帯に二・五メートル以上の風の吹く可能性を予測せしめる。

こうみると、丸木舟で琵琶湖を航行できる日は年間を通じてかなり限定されることが理解できよう。

ちなみに、丸木舟の航行実験を行った一九九〇年九月一日の彦根気象台における日平均風速は二・〇メートル、日最大風速は四メートルであった。

表1　彦根における風速観測記録（『滋賀県気象月報』から作成）

		平均風速2.5m以上の日		最大風速2.5m以上の日		最大風速5.0m以上の日	
			平　均		平　均		平　均
4月	1996年	16日		30日		17日	
	1997年	9日		29日		16日	
	1998年	8日	11.0日　37%	30日	29.7日　99%	12日	15.0日　50%
5月	1996年	9日		31日		19日	
	1997年	9日		30日		17日	
	1998年	16日	11.3日　36%	31日	30.7日　99%	22日	19.3日　62%
6月	1996年	8日		30日		10日	
	1997年	7日		30日		13日	
	1998年	9日	8.0日　27%	30日	30.0日　100%	17日	13.3日　44%
7月	1996年	8日		31日		9日	
	1997年	11日		31日		15日	
	1998年	5日	8.0日　26%	31日	31.0日　100%	18日	14.0日　45%
8月	1996年	5日		31日		12日	
	1997年	7日		31日		17日	
	1998年	10日	7.3日　24%	31日	31.0日　100%	19日	16.0日　52%
9月	1996年	9日		30日		12日	
	1997年	15日		30日		20日	
	1998年	7日	10.3日　34%	30日	30.0日　100%	18日	16.7日　56%
10月	1996年	7日		28日		16日	
	1997年	11日		31日		14日	
	1998年	10日	9.3日　30%	31日	30.0日　97%	15日	15.0日　48%
11月	1996年	14日		28日		18日	
	1997年	13日		29日		17日	
	1998年	13日	13.3日　44%	27日	28.0日　93%	20日	18.3日　61%
12月	1996年	10日		30日		14日	
	1997年	15日		30日		20日	
	1998年	13日	12.7日　41%	30日	30.0日　97%	19日	17.7日　57%
1月	1996年	17日		31日		21日	
	1997年	21日		31日		24日	
	1998年	19日	19.0日　61%	31日	31.0日　100%	22日	22.3日　72%
2月	1996年	19日		28日		19日	
	1997年	11日		28日		16日	
	1998年	13日	14.3日　51%	27日	27.7日　99%	19日	18.0日　64%
3月	1996年	19日		30日		21日	
	1997年	23日		31日		24日	
	1998年	18日	20.0日　65%	31日	30.7日　99%	22日	22.3日　72%

丸木舟の活動範囲　実験航行した水域は塩津湾を北から南に抜ける風が強いことで知られ、コースの北側では現在、高技術を保持するウインドサーファーたちがよく利用する水域となっている。また、葛籠《つづら》尾崎《おざき》東側の水域は多くの時期、風波が高いため、地元の漁師たちも特に警戒している水域である。実験航行した日時は偶然にも風力ゼロの鏡のような水面であったにすぎず、多くの日時は風波が発生し、丸木舟の航行はかなり困難であることを認識する必要がある。

また、これは北湖において何度も体験したことであるが、午前中はほとんど風波の無い湖面であったものが、昼頃から突然強い風が吹き始め、次第に波が高くなって調査船ゲンゴローの航行が困難なほど荒れる場合がよくあることである。安定性の高い動力船であるため何とか沈没はまぬがれ、航行は可能であったが、丸木舟でなくても手漕ぎの船であればすぐに横波を受けて転覆する可能性が高い。丸木舟で何時間もかけて北湖を横断（今津—長浜間、高島—彦根間ともに約二一キロメートル、先の実験航行の時速では七時間を要する）することは極めて難しいことと思われる。ただ、北湖と南湖では風波の発生頻度やその規模はこの数年間の観察では全く異なり、南湖での航行はかなり容易である。縄文時代の丸木舟での航行は南湖や内湖を主とし、北湖では通常、風波の弱い短かい時間帯で航行し得る範囲に限られていたのではないだろうか。

風波と船に関する歴史的事例　船による湖上での活動を考える場合、風波の影響を常に考慮の中に入れておく必要がある。著名な恵美押勝《えみのおしかつ》（藤原仲麻呂）の乱の記事を見てみよう。『続日本紀』天平宝字八年（七六四）九月一八日の段で、反乱を起こした押勝が近江に敗走し、さらに越前に逃れようとする場面で、「…（前略）…精兵数十を遣して愛発関《あらちのせき》に入らんとす。授刀《たちはき》物部広成ら拒みて、これを却く。押勝、進退據《よんどころ》を失い、即ち船に乗りて浅井郡塩津に向ふ。忽《たちま》ち逆風ありて船漂没せんと欲す。是に於て更に山道を取りて直ちに愛発を指す。…（後略）…」とある。[6] この期日は現在常用されている太陽暦のグレゴリオ暦に換算すると一〇月二九日に相当し、冬季の季節風の起こるころに当たる。押勝の乗った船が塩津湾に向かう途中、船が漂没しそうになるほどの逆風があったのは、この水域が先述のように北から南に抜ける風の強い水域に当たるためである。塩津は古来からの要津で船の出入りは頻繁に行われていたはずであるが、緊急の事態で風波の弱まるのを待てなかったためとみられる。この船と水夫は緊急といえども地元の船乗りのものを利用したと考えられ、船の性能・操縦について問題があったとは考えられないからである。

北風や北西風の多い琵琶湖の北湖においては、北あるいは北西に山を控えた湖岸は風波を避けるのに都合がよい。竹生島の場合は南岸にわずかな谷筋があり、着岸しやすいこともあるが、多景島《たけしま》・沖島も南面ないし南東面に港を備えている。塩津港へ向かう場合の風波の避難場所としては竹生島の南面、葛籠尾崎の南面あるいは葛籠尾崎東面のいくつかの入江が考えられる。

三　湖上権を示した古墳の築造

琵琶湖の沿岸近くには湖上を行き交う人々を意識して築造されたと思われる大型古墳がいくつか存在する。

塩津湾を制した地域首長　塩津湾の東側で、賤ヶ岳《しずがたけ》から山本山まで湖岸に沿って細長く南北に延びる丘陵が続くが、その南半約三キロメートルの丘陵頂部には古保利《こほり》古墳群があり、ほぼ

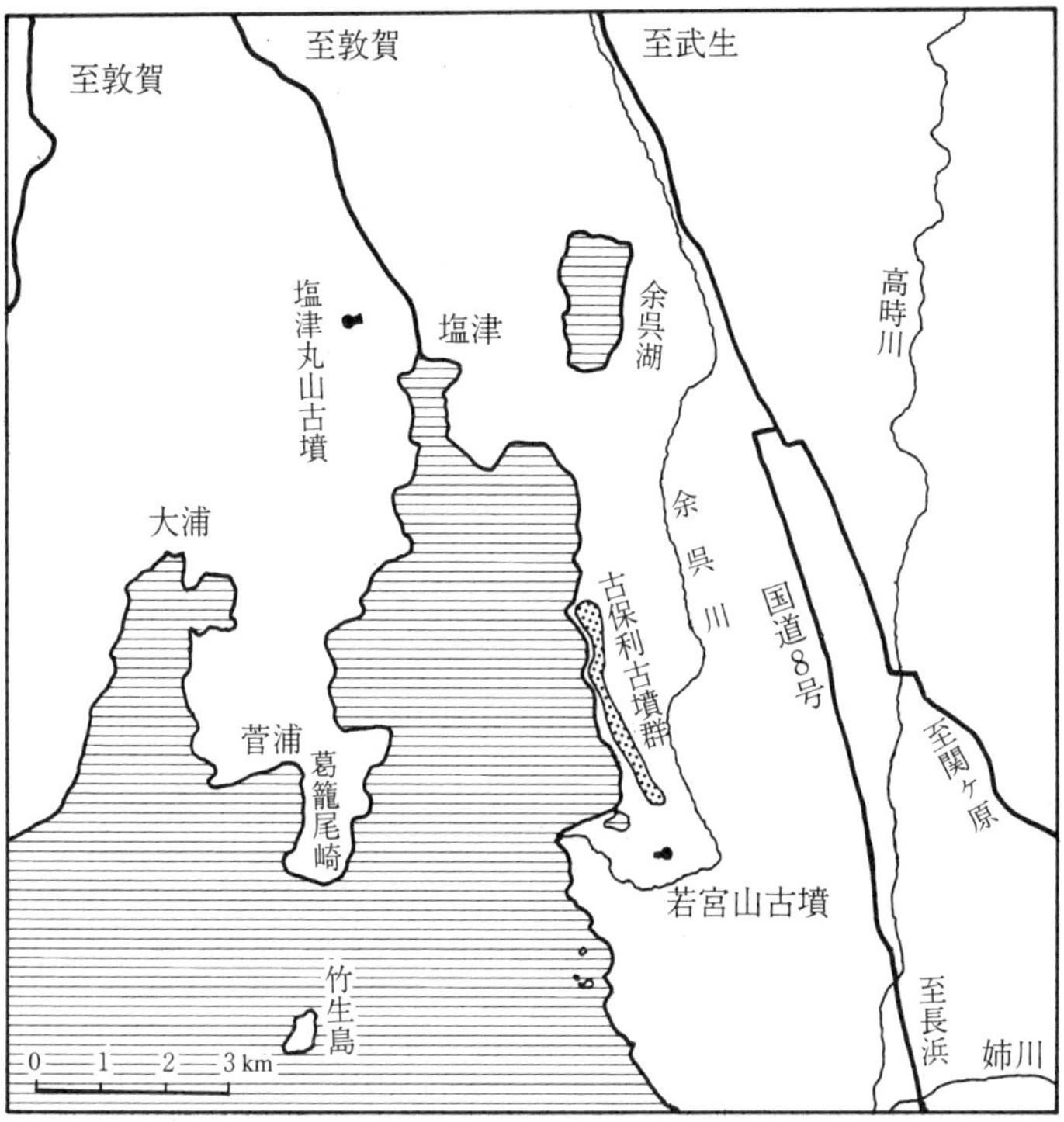

図１　塩津湾に面した古墳群

連続して一三〇基の古墳が累々と築造されている。古墳時代前期から中期にかけてのものが大半で、六つの支群に分けられる。一つの支群には前方後円墳か前方後方墳、あるいはその両方が必ず存在し、前方後円墳七基（全長二二・五〜七八・〇メートル）、前方後方墳八基（全長一六・五〜六〇・〇メートル）、円墳七七基、方墳三八基からなる。[7] これらの被葬者は一帯を支配した地域首長とそれに連なる人達とみられるが、この丘陵は東方にある当時の主要道であったと思われる現在の国道八号付近からは遠く隔たっており、すぐ西の塩津湾からの視角を意識した造墓と思われる。特に、湖側に突き出した丘陵上にあるA—一号墳（深谷古墳・前方後円：全長三五・〇メートル）は東側の平地からは全く見ることができず、明らかに湖を意識した立地といえる。

この丘陵南端の中腹にある若宮山古墳（前方後円：四九メートル）や少し疑問はあるが塩津湾の奥まった地点にある塩津丸山古墳（前方後円墳：全長二一・五メートル、円墳二つから成るとする見解や前方後円とみるが、前方部と後円部が逆ではないかとみる見解がある）も含めて、これらは大和政権の近江・北陸支配ともからんで水運を主体とした湖北における湖上権、特にその水陸の要衝、塩津を押さえる役割を担った勢力の墓域であったと思われる。

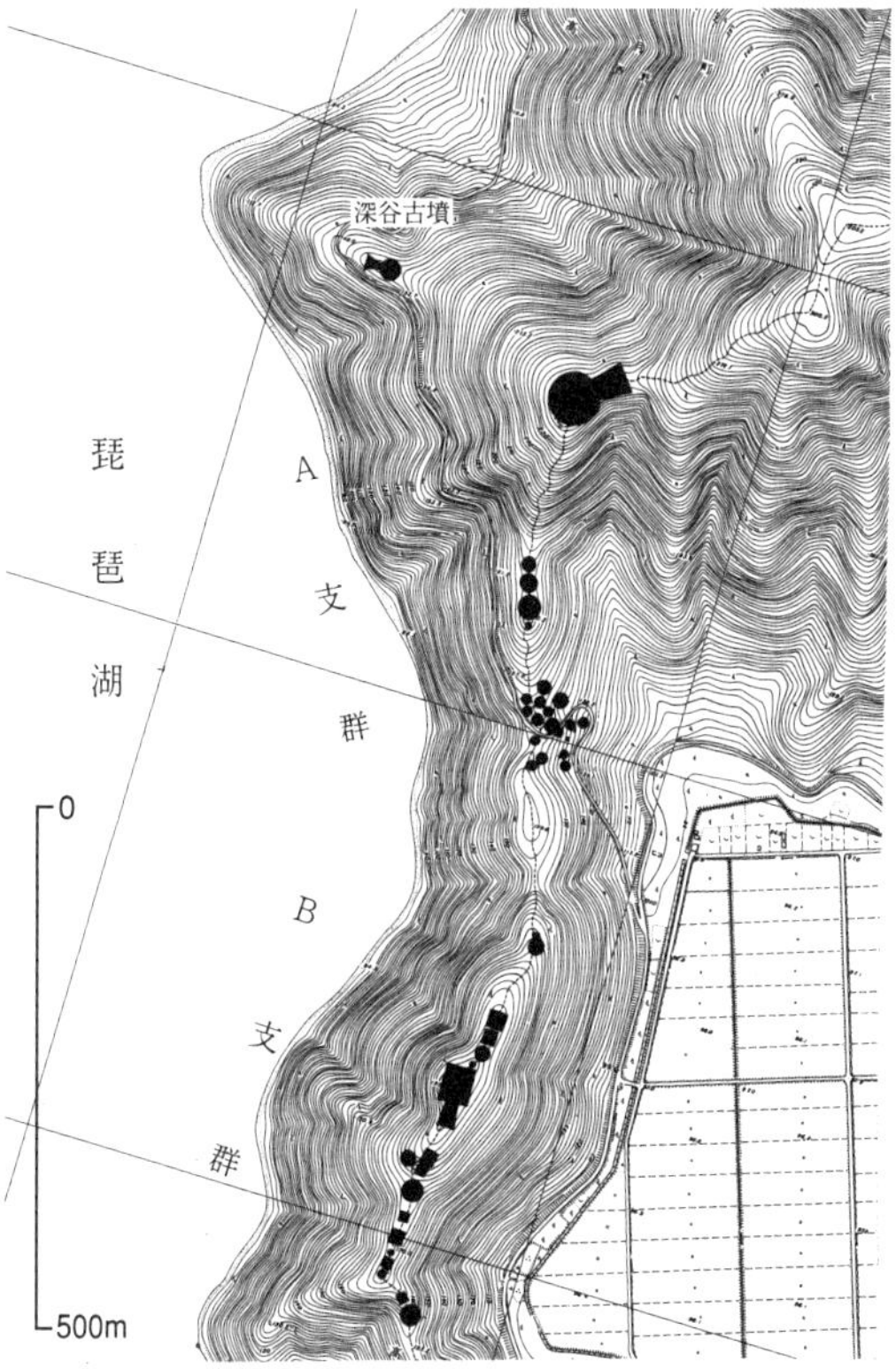

図２　古保利古墳群（北半部）　（註７による）

湖東に拠点を置く大首長　また、安土瓢箪山古《ひょうたんやまこ》墳《ふん》は当時の内湖に突き出た丘陵を利用して営まれた県下最大の前方後円墳（全長約一三六メートル）[8]で、被葬者は湖東平野一帯を基盤とした首長であるが、立地からみて琵琶湖の船運により近江地方はもとより東海地方をもにらんだ、さらに広範な地域に影響を及ぼしたものとみられる。

湖西南部の首長たち　特に湖西南部（膳所《ぜぜ》—堅田《かたた》付近）は丘陵が湖近くまでせり出していて、陸上交通・湖上交通のどちらを意識したものか明確にしがたい点があるが、双方あるいは後者の可能性のある場所に立地している前方後円（方）墳についてピックアップしてみると次のようなものがある。膳所茶臼山古墳（前方後円：全長一二二メートル）、兜稲荷《かぶといなり》古墳（前方後円：全長九一・五メートル）、皇子山一号墳（前方後方：全長約六九メートル）、木ノ岡茶臼山《このおかちゃうすやま》古墳（前方後円：全長約八四メートル）、高峰一号墳（前方後円：全長約四五メートル）、春日山E—一・一二号墳（前方後円：全長共に約六〇メートル）、和迩《わに》大塚山古墳（前方後円：約七二メートル）。

　こうみると、少なくとも古墳時代初頭以降には湖上交通の有為性は明確に認識されていて、その利権をめぐる覇権争いが存在し、その結果として湖上からの視角を意識した丘陵に墓域を設定したものと理解される。

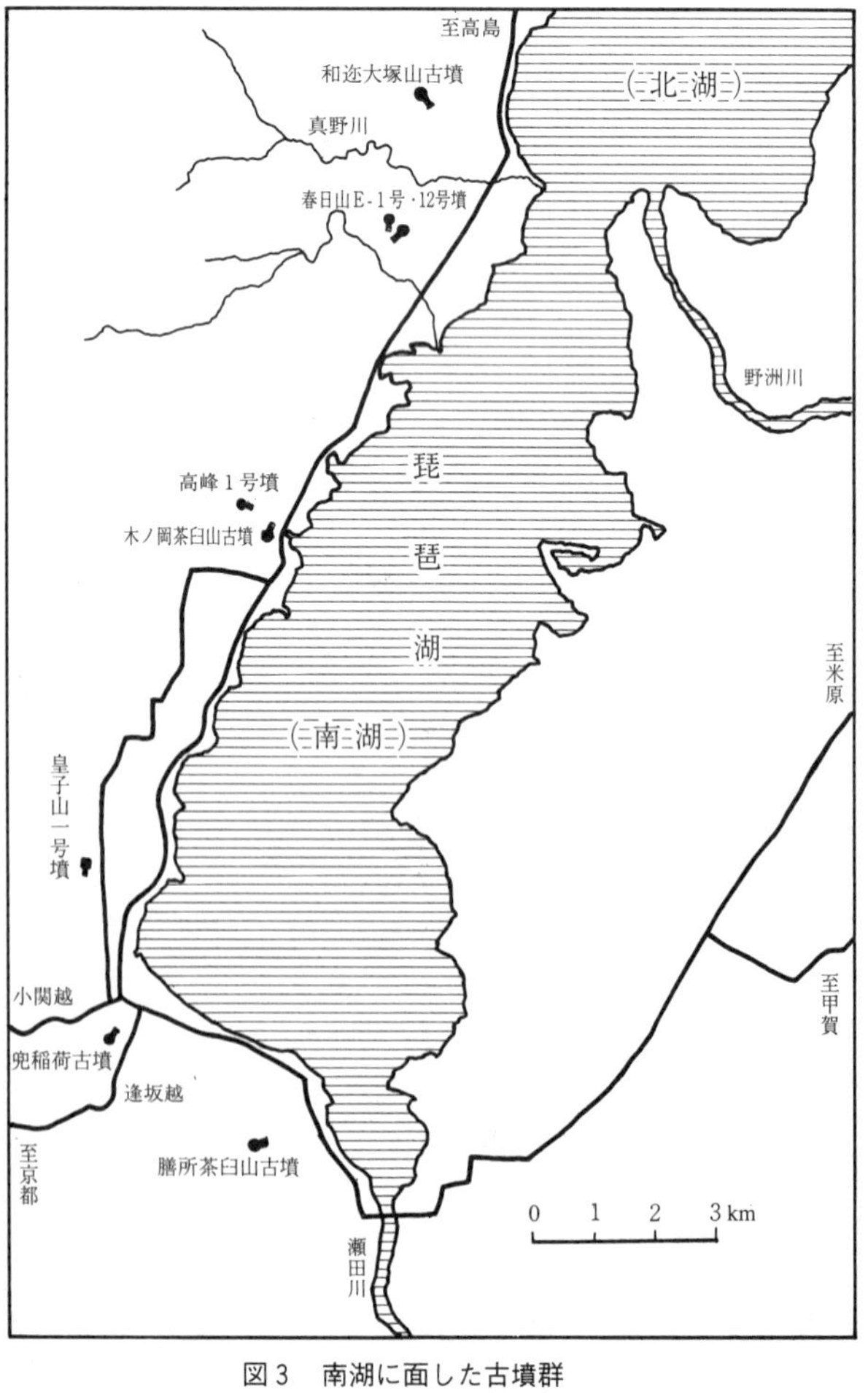

図3　南湖に面した古墳群

四　琵琶湖の軍事利用

　多くの先学がすでに指摘するように、文献資料から知られる湖上での船の軍事利用は天平宝字八年（七六四）の恵美押勝の乱が初見である。以後、都のある京都を中心とする反乱が勃発するとその隣接地である近江はその戦乱の渦中に置かれることになる。一二世紀後半の一連の源平の争乱や一四世紀の鎌倉幕府滅亡から室町幕府成立・南北朝時代にかけての動乱、一五世紀後半の応仁・文明の大乱、戦国期の戦乱などである。しかし、屋島や壇ノ浦の合戦のように互いに兵船を用いた戦いは、恵美押勝の乱での小規模な攻防以外は琵琶湖では皆無といえ、資料でいくつか知られる軍事利用はいずれも人馬の輸送に限られる。以下、いくつか事例を掲げてみよう。

『源平盛衰記《げんぺいせいすいき》』の事例　『源平盛衰記』(9) 食第三十一「木曽登山附勢多軍の事」の段に、寿永二年（一一八三）七月のこととして、「…（前略）…木曽は山門の返状を見て、加賀の国の住人、林、富樫が一党已下、北陸道の勇士等五百余騎を引率し、大夫房覚明を先達にて、近江国湖の浦々より漕ぎわたりて、天台山に打登り、総持院を城郭とす。…（後略）…」と記す。この時、木曽軍の先陣は野洲の河原に、木曽義仲は蒲生に陣を取っていたから、この浦々とはおそらく近江八幡から守山方面の諸浦と思われる。

同じ段の後半に、七月二二日夜半のこととして、加賀の大田・倉光ら五百余騎が木曽軍に合流しようと、比叡山に行く途中、粟津浜で平家の新中納言知盛ら五百余騎と鉢合わせとなった。大田・倉光軍はすぐさま引き返して勢多の橋二三間を引き落として建部大社に陣を取った。平家軍はそれを追ったが橋が渡れないために、「…（前略）…馬をば西の橋爪に繋ぎ置き、粟津浦の釣船共に込み乗り、東の浜に押渡し、勢多の在家に火を懸けて攻めければ、源氏も森より出合ひつゝ、矢尻を揃へて射合ひたり。…（後略）…」とある。

また、同じく「義仲行家京入りの事」の段に、寿永二年七月二六日のこととして、木曽義仲は蒲生から勢多を経て京に入ったが、残り数千騎が鏡・篠原・野洲河原に陣を取っており、「…（前略）…祝ひの京入りなればとて、湖上を押渡して野路勢多を経て京に入る。…（後略）…」と記す。

『太平記』の事例　『太平記』(10) 巻第二「師賢登山事付唐崎濱合戦事」の段には、「…（前略）…和仁・堅田ノ者共ハ、小舟三百余艘ニ取乗テ、敵ノ後ヲ遮ント、大津ヲサシテ漕回ス。六波羅勢是ヲ見テ、叶ハジトヤ思ケン、志賀ノ炎魔堂ノ前ヲ横切ニ、今路ニ懸テ引帰ス。…（後略）…」、また、巻十五「奥州勢著坂本事」の段では、「…（前略）…則道場坊ノ助註記祐覚ニ被仰付、湖上ノ船七百余艘ヲ點ジテ志那濱ヨリ一日ガ中ニゾ被渡ケル。…（後略）…」と見え、「三井寺合戦并当寺撞鐘事付俵藤太事」の段では、「…（前略）…戸津・比叡辻・和爾・堅田ノ者共ハ、小舟七百余艘ニ取乗テ、澳ニ浮テ明ヲ待。…（後略）…」、巻十七の「江州軍事」の段には、「…（前略）…山門角テハ叶マジトテ、先江州ノ敵ヲ退治シテ、美濃・尾張ノ通路ヲ開クベシトテ、九月十七日ニ、三塔ノ衆徒五千余人、志那ノ濱ヨリ襄テ、野路・篠原へ押寄ル。…（後略）…」とあって、軍事目的で造られた船ではなく、平時に輸送や漁業等に用いられたと思われる、いずれも小舟を使った人馬の輸送であり、しかも、ほとんどが波浪のあまり起こらない南湖に集中している。南湖を流れのない大河と見立て、渡しのように利用したことが窺われる。

平時における琵琶湖の船　古代から現代まで琵琶湖と人とのかかわりかたを通覧してみると、そのほとんどが物資や人の輸送、漁業・農業にかかわるものである。たとえば、慶安二年

（一六四九）における琵琶湖の船は一八五四艘（丸子船一〇〇七艘、艜《ひらた》船八四七艘）、元禄六年（一六九三）では一六四二艘（丸子船一二一六艘、艜《ひらた》船四二六艘）、享保年間（一七一六〜三六）には三六六二艘（丸子船一二二四艘、艜《ひらた》船二四三八艘）となっている。この後者に正徳・享保年間の彦根藩下の船二〇七八艘（うち丸子船一一五艘）を加えると、江戸時代中期の船数は総数五七四〇艘で、そのうち輸送用の大小の丸子船は一三三九艘、それ以外が漁業・農業等に用いられていた。[11]

明治一三年（一八八〇）刊行の『滋賀県物産誌』に基づく船の検討に従うと、[12]このころ、滋賀県全体の船数は一万一一〇〇艘を数え、そのうち沿岸部の船が九割弱、内陸部の船が一割強であり、沿岸部の船の用途は四割が輸送用、約三割が漁業・農業用に用いられていた。内陸部のそれは五割近くが輸送用、約四割が農業用、約一割が漁業用に用いられていた。

堅田大責《かたたおおぜめ》など

さきにみたように、古代末〜室町期の段階では戦乱があっても、時折、兵馬の輸送に湖上を利用する程度であり、湖上を戦場とすることはなかった。これは湖上から攻撃すべき明確な目標物が存在しなかったことに起因すると思われる。中世において政治的にも経済的にも宗教的にも各方面に多大な影響を及ぼした事件「堅田大責」はこのことを暗示している。応仁二年（一四六八）、京都の室町幕府将軍邸（花の御所）の建築用材運送船を堅田衆徒が襲ったことから、幕府は延暦寺に命じて堅田を攻撃させ、堅田衆は大敗して船で沖島に敗走した（堅田大責）。堅田衆は堅田四方《かたたしほう》（堅田衆徒の本拠地）を奪還しようと反撃の機をうかがっていたが、二年後の文明元年に決行したその攻撃は「…（前略）…又三院ヨリ途（戸）津三浜ヲ発向ノトキ、堅田衆ヲクダキ退治ヲ加ウベキ一義之有ル間、堅田四方ノ兵船ノテヅカイ（手遣）ヲモテ、命ヲチリアクタ（塵芥）ニカロ（軽）ンジテ、セメ入リコミクヅシ（込み崩し）、焼キハライ、本意ニ落居ス。仍ッテ関上乗ヲ取リ返ス処ナリ。殿原モ全人衆モ、双方切限ニ一切々々ノスイ兵一艘々々ニトリノリ、ソノタ、カイ、名ヲ末代ニ残サント、鑓ノシホクビ（潮頸）ヲニギッテ、クワイケイ（会稽）ヲ雪訖リヌ。…（後略）…」[13]とみえるように、兵船（おそらく平時には輸送や漁協等に用いられた船と思われる）により猛烈な波状攻撃をかけ、湖畔の水利に富んだ堅田四方を奪回している。

この戦闘が示すように、湖畔に拠点があって、武力によりその攻防が行われるという有事の際は、平時の場合以外の湖上の利用・活用が活発になる。あと一、二事例を挙げてみる。『信長公記』によると、元亀三年（一五七二）信長が浅井氏の居城小谷城攻撃に際して、「海上は打下《うちおろし》の林与次左衛門・明智十兵衛・堅田の猪飼野甚介・山岡玉林・馬場孫次郎・居初《いそめ》又次郎仰付けられ、囲舟を拵へ、海津浦・塩津浦・与語の入海、江北の敵地焼払ひ、竹生嶋へ舟を寄せ、火屋・大筒・鉄炮を以て攻められ候。」とあり、打下（高島町）・堅田の土豪たちが早船を「囲舟《かこいぶね》」として武装し、湖北の浦々を襲撃している。[14]

また、関ヶ原の戦いに際し湖畔に立地する大津城城主京極高次は東軍・西軍いずれにくみするか迷いながら、慶長五年（一六〇〇）八月一〇日、西軍の要請に応じて越前の前田討伐のため兵二〇〇〇余を率いて陸路大津城を出発した。が、九月一日にはまだ江北の東野（伊香郡余呉町）にいて、西軍側から謀反の嫌疑がかけられ窮地に立ち、急遽海津から兵を乗船させ、一気に大津城へ帰還した（『寛政《かんせい》重《ちょう》修《しゅう》諸《しょ》家《か》譜《ふ》』）。そして、大津城に籠城する京極勢に対し西軍は湖上からも軍船を配して攻撃している。

織豊期の湖畔の築城　天下一統をもくろむ織田信長は一五七〇年代に琵琶湖の東西南北の要地に相次いで「水城」を構築した。安土城・坂本城・大溝城・長浜城である。これらの築城は城郭ばかりではなく、同時に積極的な城下町建設も伴っている。この信長配下の諸城は琵琶湖に接した汀にあるとともに、主要街道や隣接する要津（常楽寺港・坂本港・大溝港・長浜港）を押さえ、汎琵琶湖地域を制して軍事的にも経済的にも不動の城郭網を構築した。(15) 性格は少し異なるが秀吉も湖を積極的に利用して坂本から大津に城と城下町を移し、近江八幡には新たに八幡城《はちまんじょう》および城下町を建設している。これらの事象と彼らのとった諸々の政策はいずれも琵琶湖全体を体制下に納め、自在にそれを活用するというものであった。

琵琶湖が政治的・軍事的・経済的に他の時代にはみられないほど最も多様かつ積極的に利用されたのはこの時期である。この時期を前後する時期の近江各地の城郭、特に琵琶湖畔およびそれに連なる河川を利用する形で構築された城郭をさらに詳しく検討することによって、琵琶湖がいかに近江の歴史ひいては日本の歴史を形作る上で大きな役割を果たしたかが認識できよう。

註

（1）①直木孝次郎「古事記の国名表記について」『飛鳥奈良時代の研究』、塙書房、一九七五年
②岸俊男「最近発見の飛鳥木簡について」『日本と東アジアの考古学』、奈良県立橿原考古学研究所友史会、一九八七年
③田中卓「古事記における国名とその表記」『古典籍と史料』、国書刊行会、一九九三年
④鎌田元一「律令制国名表記の成立」『日本古代国家の展開』上巻、思文閣出版、一九九五年
⑤野村忠夫「律令的行政地名の確立過程」『律令政治と官人制』、吉川弘文館、一九九三年
⑥櫻井信也「「大津宮」の宮号とアフミの表記」『近江地方史研究』第三二号、近江地方史研究会、一九九六年

（2）小竹森直子「「地域」を考える―弥生時代の近江の場合―」『人間文化』二号、滋賀県立大学人間文化学部、一九九七年

（3）①木村至宏「琵琶湖の湖上交通の変遷」『近江の歴史と文化』、思文閣出版、一九九五年
②用田政晴『信長　船づくりの誤算―湖上交通史の再検討―』、サンライズ出版、一九九九年など

（4）横田洋三「縄文時代復元丸木舟（さざなみの浮舟）の実験航海」『紀要』第四号、（財）滋賀県文化財保護協会、一九九〇年

（5）気象庁風力階級表―ビューフォート風力階級表。これは海洋での風速を見積もる尺度となっているが、琵琶湖には特にその尺度はないので、これを援用している。

(6) 林睦朗『完訳注釈続日本紀』第四分冊、現代思潮社、一九八七年
(7) 黒坂秀樹『古保利古墳群詳細分布調査報告書』、高月町教育委員会、一九九五年
(8) 用田政晴「三つの古墳の墳形と規模―近江における古墳時代首長の動向および特質メモ作成のために―」『紀要』第三号、(財)滋賀県文化財保護協会、一九九〇年
(9)『校註日本文学大系』第一五巻・第一六巻、国民図書、一九二六年
(10) 後藤丹治・釜田喜三郎校注『太平記』一・二・三、岩波書店、一九六〇・一九六一・一九六二年
(11) 前掲註(3)―①
(12) 牧野久実「明治初期の木造船の分布と特徴」『知ってますかこの湖を―びわ湖を語る五〇章―』、サンライズ出版、二〇〇一年
(13) 千葉乗隆編「本福寺跡書(明誓跡書)」『本福寺旧記』、同朋舎出版、一九八〇年
(14) 松下浩「織田政権の琵琶湖支配」『琵琶湖とその集水域の歴史―湖とともに生きた人々―』(『琵琶湖博物館開設準備室研究調査報告』八号)、近江歴史研究会、一九九六年
(15) ①中井均「信長の近江における城郭網」『平成五年度秋期特別展天下布武へ―信長の近江支配―』、滋賀県立安土城考古博物館、一九九三年
②中井均『近江の城―城が語る湖国の戦国史―』、サンライズ印刷出版部、一九九七年
③前掲註(14)

城の船入—海・湖・河川と城郭—

中井　均

一　織豊系城郭と船入

船入《ふないり》とは一般的に「船を入れるための人造の港」のことである（『広辞苑』）。船入は御船蔵とも呼ばれ、海や湖に面した近世城郭や城下には必ずといってもよいほど構築されている施設であるが、その構造や城郭との位置関係について記されたものはほとんどなかったといってもよい。

拙稿ではこうした船入を検討材料として、海上運輸と城郭について若干の考察を加えるものである。

ところで、城郭に船入が導入されるのは、織豊期になってから本格的になるのではないかと考えている。この画期は城郭が海、湖、河川を要害として取り込んでいく時期と一致する。つまり、中世の城館は基本的には土から築かれており海・湖・河川を要害とすることには限界があったようで、隣接して築城された事例は以外と少ない。土つくりの城では波浪によって土塁などの施設が崩壊する恐れがあったわけである。その崩壊を克服したのが織豊系城郭の石垣の導入だったわけである。

二　海の城

西国の近世城郭は海に面して築城される場合が多く、そこには船入が設けられた。ここではその位置関係から二つのタイプに分類して紹介しておきたい。

Aタイプ

外堀が直接海と結ばれている城郭で、城郭施設の一部として船入が構築されているタイプで、船が直接城郭に収容される。以下の事例が主なものである。

①高松城（香川県高松市）

高松城は天正一六年（一五八八）、豊臣大名生駒親正《いこまちかまさ》によって築城された。北方を海に面した典型的な「後ろ堅固」の城である。内堀、中堀には海水が導入され、外堀は海に直結していた。この外堀の東西に船入が設けられていた。「生駒家時代讃岐高松城屋敷割図」（高松市立図書館蔵）には、「東湊舟入」、「西湊舟入」と記されており、西側の船入には四箇所のドックが描かれている。「諸国当城之図」（広島市立中央図書館蔵）に収められている絵図では東西いずれも「舟入」と記され、西側の船入には五箇所のドックが記されている。

なお、「高松城及び城下町絵屏風」（松平公益会蔵）には両船入に碇泊している数多くの船舶が描かれている。この屏風では西側船入のドックに接岸されている船舶も描かれているが、そのドック数は一二箇所にのぼっている。

②今治《いまばり》城（愛媛県今治市）

慶長五年（一六〇〇）の関ヶ原合戦の論功行賞によって藤堂高虎は伊予半国を与えられ、その支配の拠点として築城したのが今治城である。城の構造は高松城と同様北方の海に面して回字状に三重の堀を巡らせたもので、一九箇所につくられた櫓のうち、一二までが海側に配されていた海城であった。

中堀の東北部分には舟入川によって外海と結ばれた広大な舟入が設けられていた。この舟入を囲むように石塁が巡らされ、舟入口、船手門が設けられていた。

③小方城（亀居城：広島県大竹市）

小方城は慶長五年（一六〇〇）の関ヶ原合戦の結果、安芸国に入封した福島正則によって築城された支城のひとつで、防長の毛利領と接する境目の城であった。

城は標高八八メートルの城山に石垣によって築かれている。山麓には城下町と小方街道を取り込むように総構えの石垣が巡らされていた。「亀居城古絵図模写」（上田家蔵）によると、城下の前方は海に面し石垣が築かれ、その中央に門が構えられており、海側が大手と考えられる。

この海側石垣に凹状に窪んだ部分が描かれており、「汐入」と記されており、ここが船入であったと考えられる。

④三原城（広島県三原市）

小早川隆景が水軍の本拠として築城し、近世には安芸浅野藩の支城となったのが三原城である。

二の丸東堀と三の丸間に舟入、その前方に潮時船入を設けていた。二の丸という城郭の中枢部に船入が設けられた例は珍しく、小早川水軍の進出拠点として位置付けされた城郭であったことがよくわかる。

⑤亀岡城（平戸城：長崎県平戸市）

平戸瀬戸に突出した島状の小山全体を城域としている亀岡城は平戸藩松浦氏の居城として元禄一七年（一七〇四）に築城が開始された近世城郭である。

城が構えられた山麓北方に海に面して二箇所のドックが設けられており、御船入り、小舟入りと記されている。また、この船入に接して御船手屋敷や御米蔵が構えられていた。

⑥玖島《くしま》城（大村城：長崎県大村市）

玖島城は大村湾に面して突出した半島状の丘陵先端に築かれた近世大村氏の居城である。

Bタイプ

直接海とは接しておらず、やや内陸に築かれた城郭では、海と結ばれる城下の河川に面して船入を設けるなどしていた。また、一方で直接海に面して築かれているが、そこに船入を設けず城郭と分離した城下に構えるタイプで、以下のような事例が認められる

①津城（三重県津市）

近世津城は織田信長の弟、信包《のぶかね》によって築かれるが、現存する構造となったのは、慶長一三年（一六〇八）藤堂高虎の伊勢・伊賀入封によるものである。安濃川と岩田川に挟まれた三角州上に築かれており、この河川から船によって伊勢湾へ出入りできた。

二の丸の外方、岩田川の対岸に馬場御屋舗とともに御船入が設けられている。「津御城下分間絵図」（樋田清砂氏蔵）によると、この御船入は岩田川に面して築かれており、船入内には三箇所のドックが描かれている。

②萩城（山口県萩市）

慶長五年（一六〇〇）、関ヶ原合戦に破れた毛利氏はその領国を防長二箇国に減封された。その近世毛利氏の居城として築かれたのが萩城であった。

萩城下は松本川と橋本川によって限られており、その松本川の河口に御船倉が築かれた。現存する御船倉としては唯一の施設であり、国の史跡に指定されている。奥行二六・九メートル、間口八・八メートル、高さ八・八メートルを測り、両側を石垣とし、その上に丸太を横に渡して梁とし、小屋組を作って本瓦葺きの屋根としている。

なお、毛利藩は防府の三田尻を水軍の本拠地とし、ここにも御船倉を設けていた。現在、この三田尻の御船倉跡は防府市指定史跡となっている。

③丸亀城（香川県丸亀市）

天正一五年（一五八七）、生駒親正は讃岐一国を与えられその支配の拠点として高松城を築くが、東に偏っていたため、慶長二年（一五九七）西讃岐の押さえとして築いたのが丸亀城である。

直接海には面していないが、城の北は海に隣接しており、外堀は海に接続している。北方の海岸に城下に向って凹部に堀が導入されており、これが船入である。

④徳島城（徳島県徳島市）

天正一三年（一五八五）、豊臣秀吉の四国平定によって阿波一国を与えられた蜂須賀正勝、家政父子が新たな居城として築いたのが徳島城である。

城は助任《すけとう》川と寺島川に挟まれたデルタに島状に突出した城山とその山麓に築かれている。この助任川の河口に安宅《あたけ》御船蔵が築かれた。東西二五〇間、南北一五〇間の規模を有し、その中に四箇所のドックを持つ船入があり、数多くの艦船格納庫が構えられていた。

徳島藩にはこの安宅の他、椿泊、淡路洲本、淡路岩屋の四箇所に水軍の基地があった。安宅はこれらのなかで最も規模

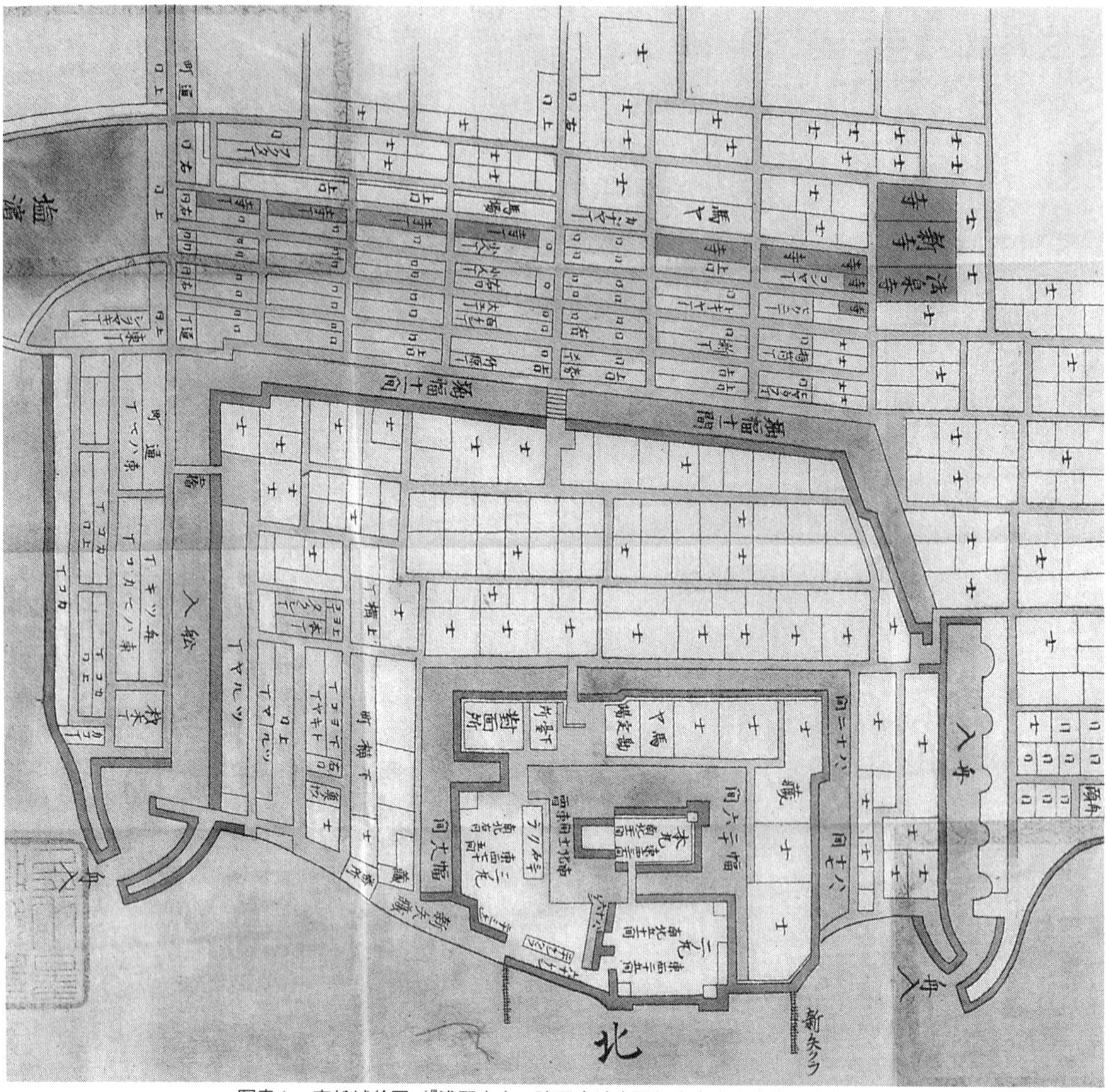

写真１　高松城絵図（『浅野文庫　諸国当城之図』広島市立中央図書館蔵）

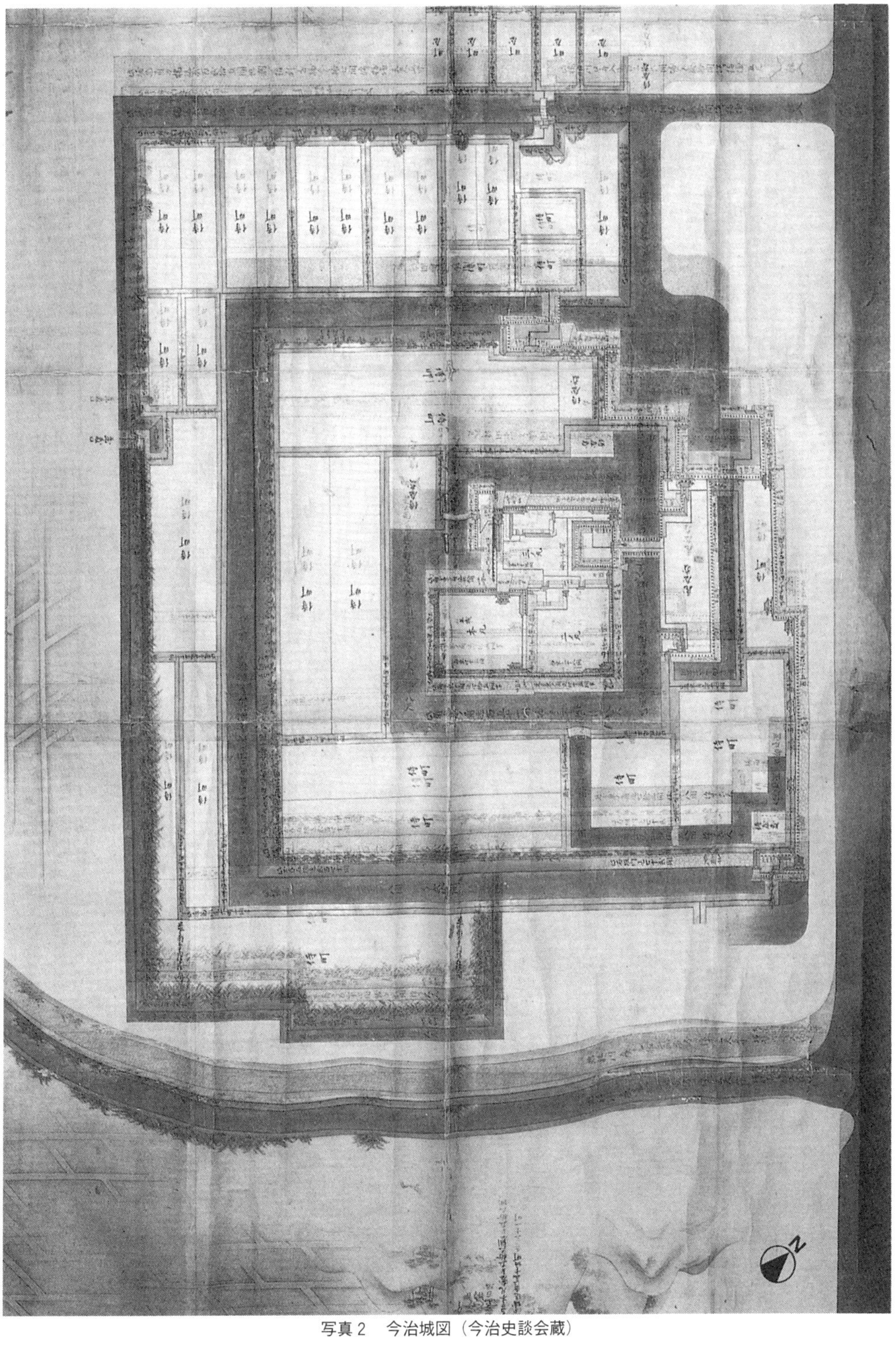

写真2　今治城図（今治史談会蔵）

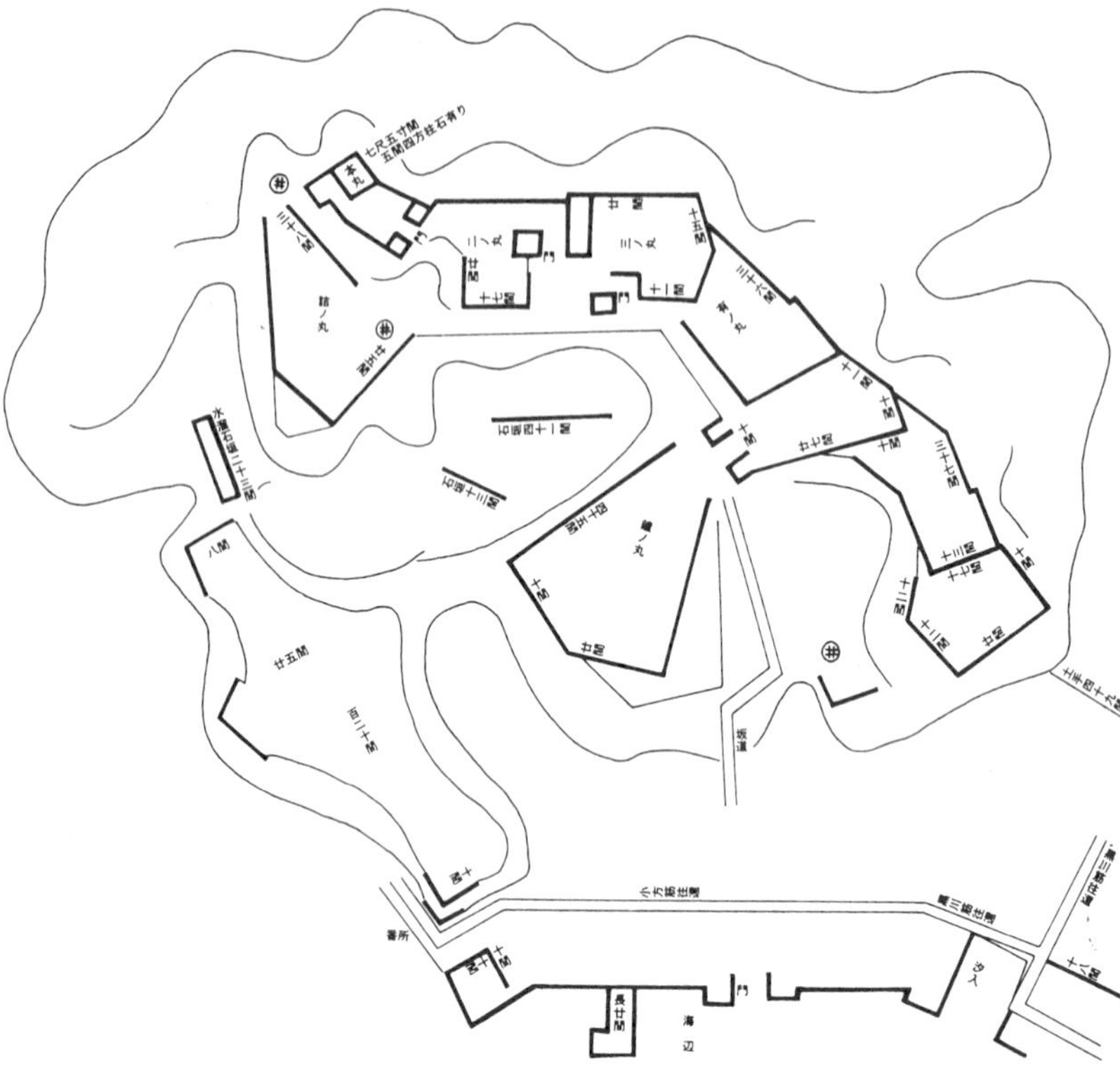

図1　亀居（小方）城古絵図模写（個人蔵絵図）
（参考文献１による）

写真３　備後国之内三原城絵図
（正保之城絵図：内閣文庫蔵）

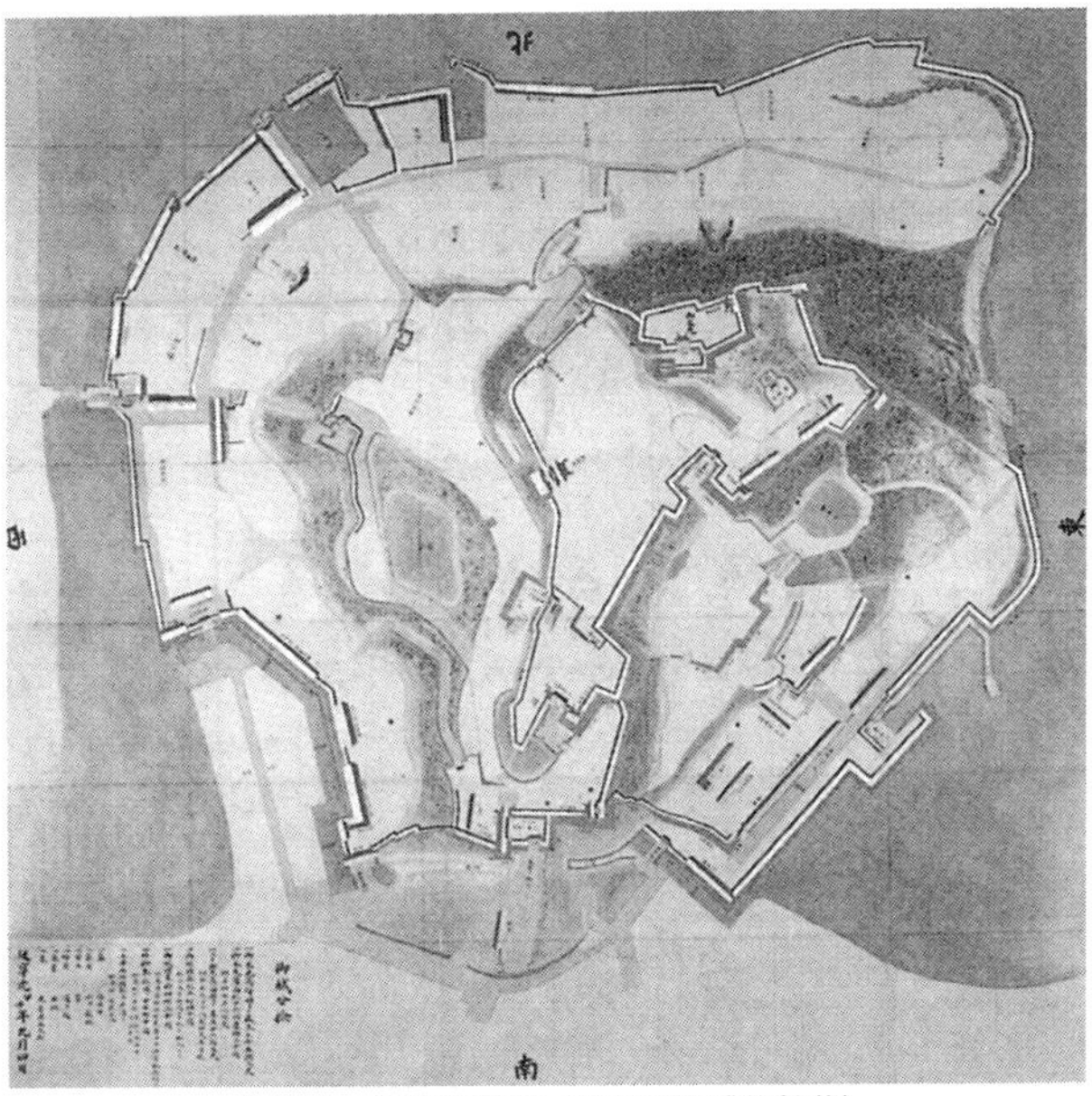
写真４　亀岡城絵図（松浦史料博物館蔵）

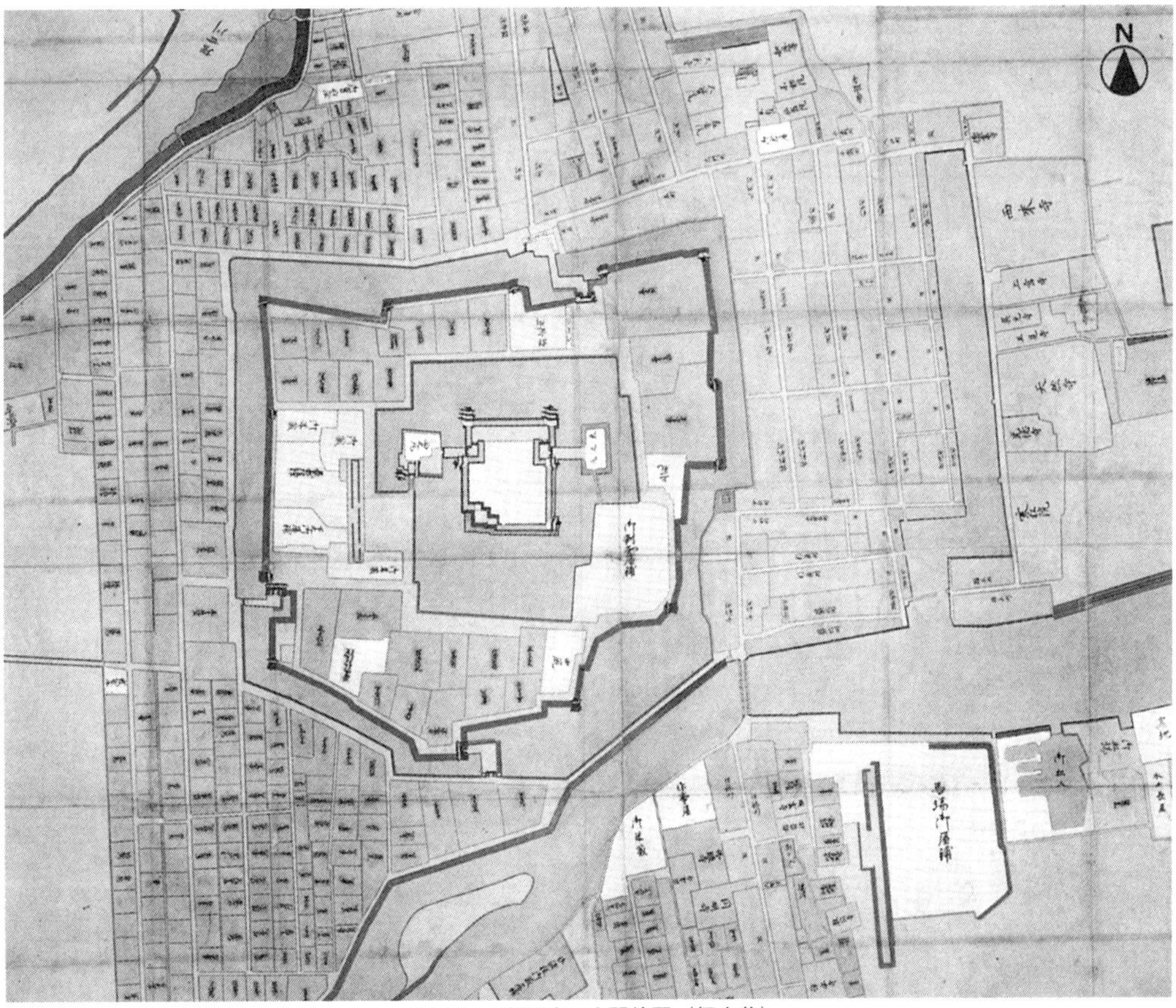

写真５　津御城下分間絵図（個人蔵）

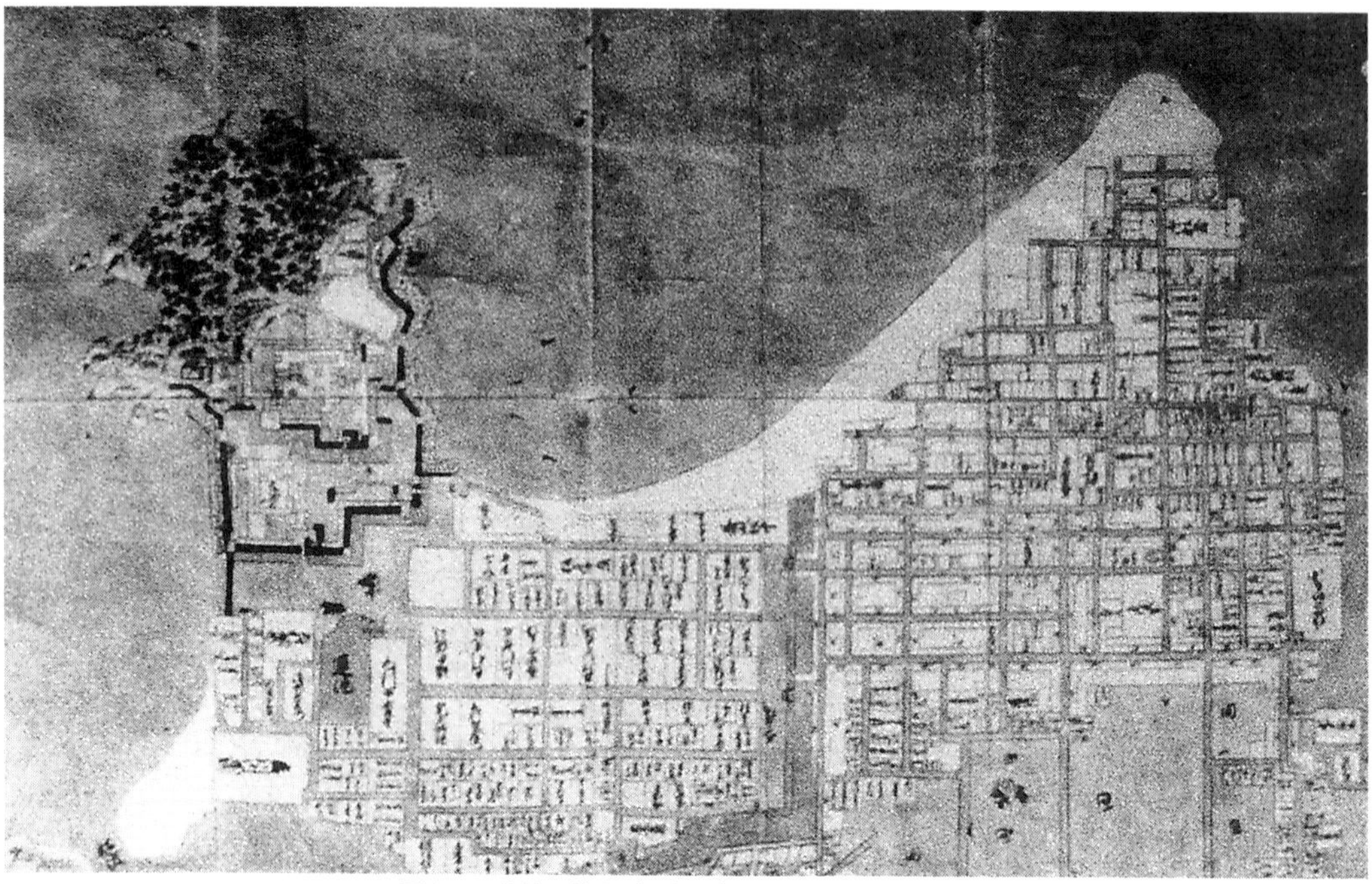

写真６　萩城下絵図（天和二年頃：山口県文書館蔵）

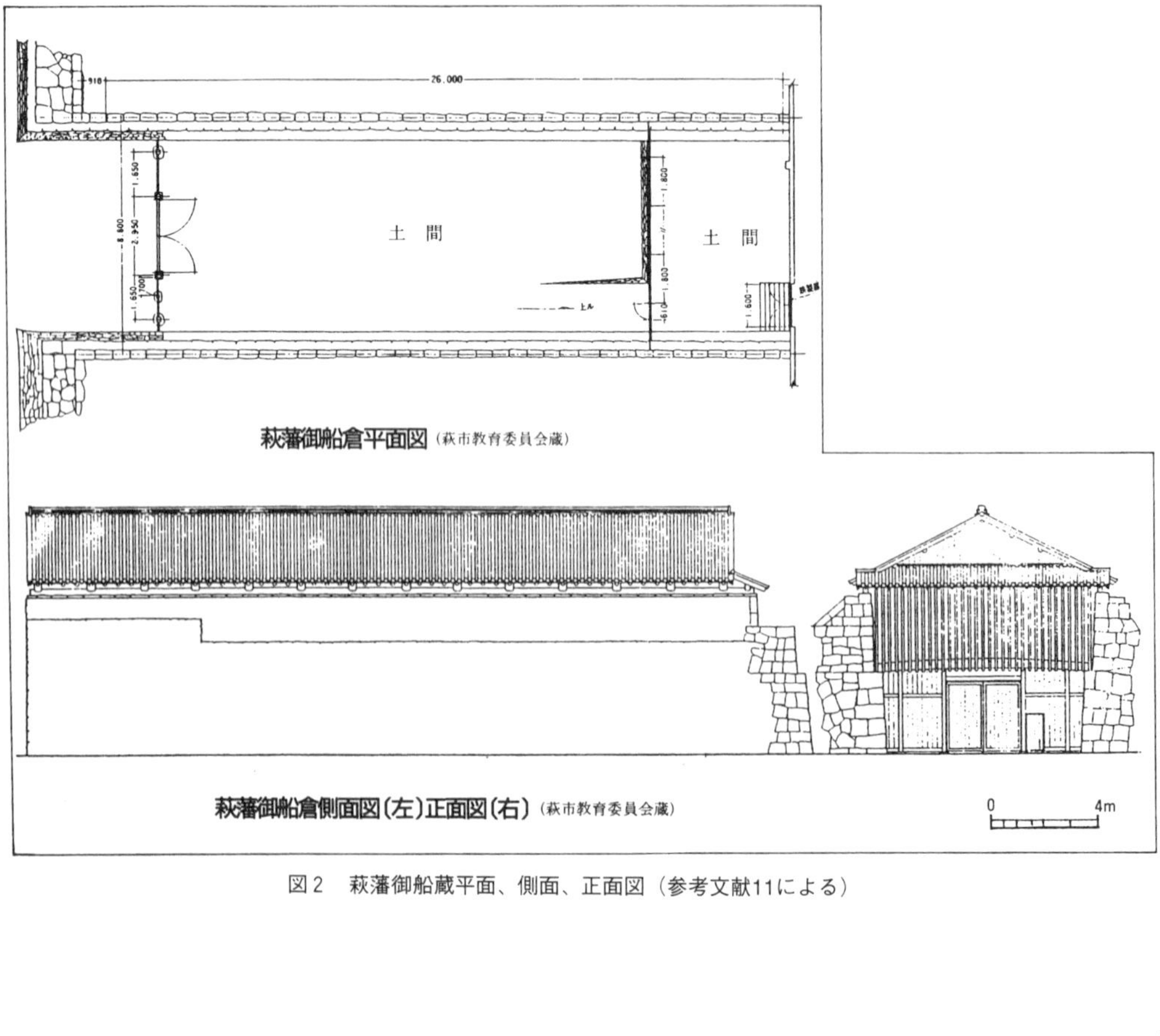

図２　萩藩御船蔵平面、側面、正面図（参考文献11による）

写真７　萩藩御船蔵

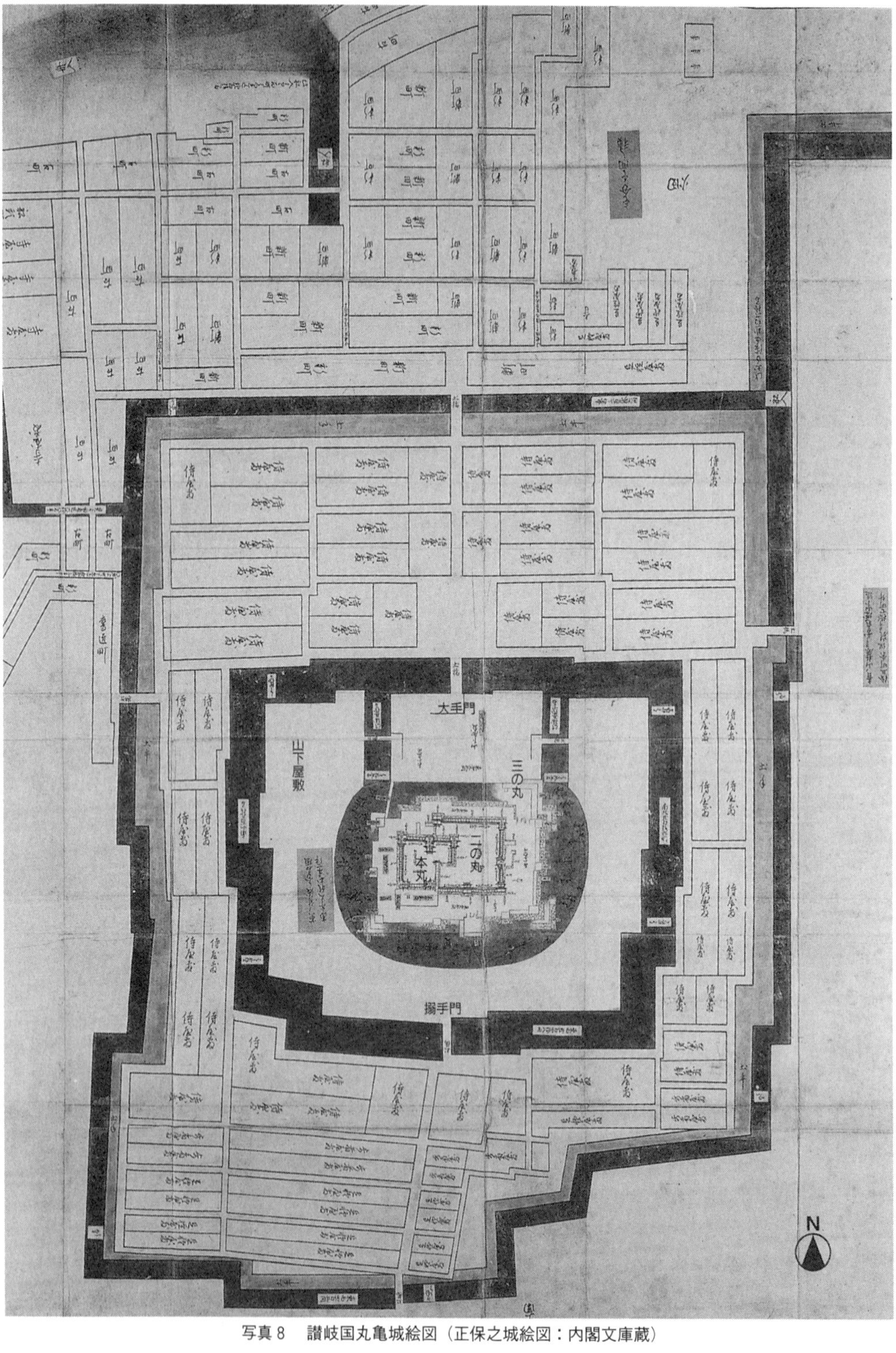

写真８　讃岐国丸亀城絵図（正保之城絵図：内閣文庫蔵）

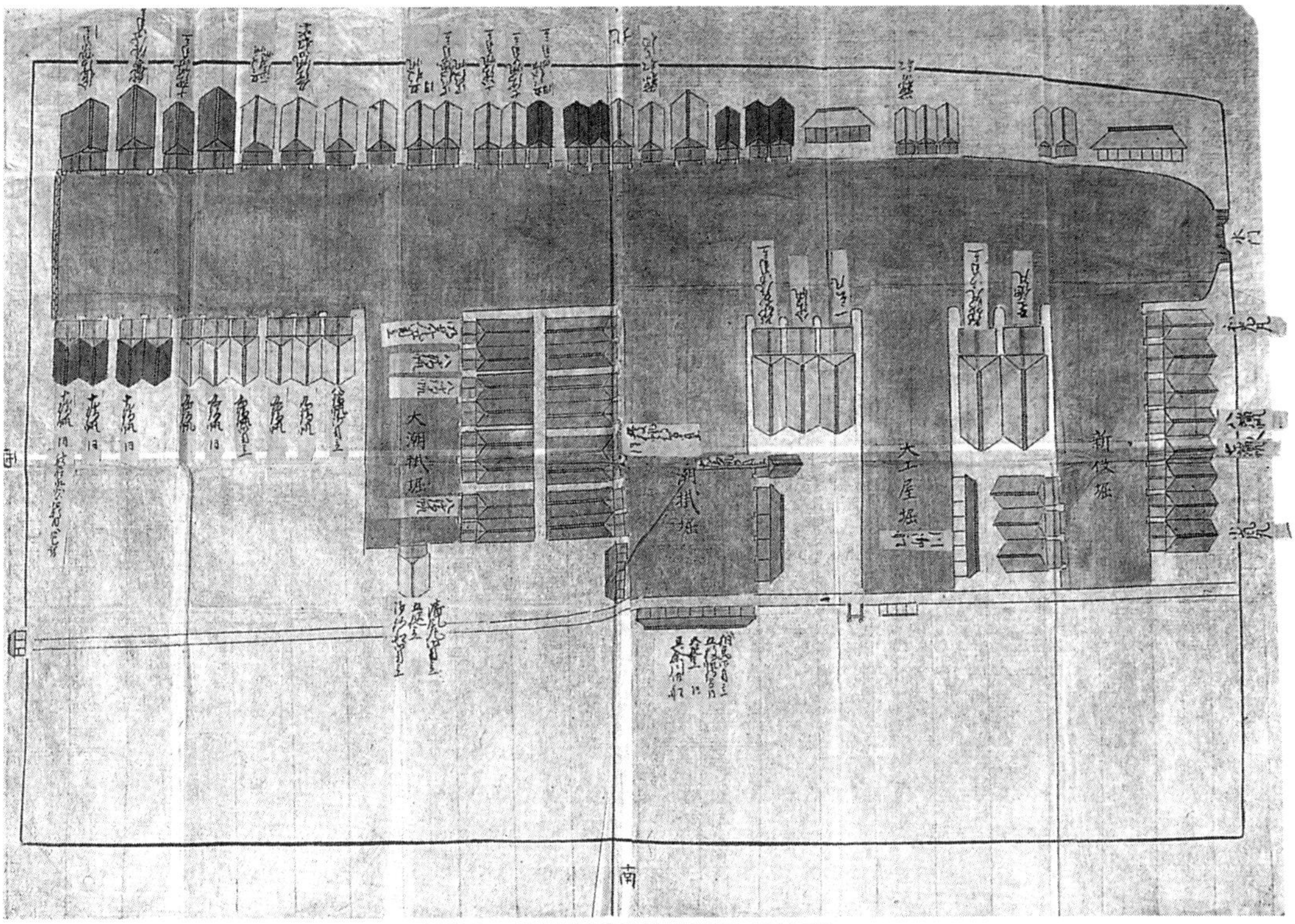

写真９　徳島藩安宅御船蔵絵図（個人蔵）

写真10　肥前国島原城内外の絵図
［嶋原城廻之絵図］
（熊本県立図書館蔵）

写真11　対馬藩お船江

が大きく、御船役場や御鍛冶蔵などの施設もあり、藩の船の管理、修復や人事など水軍の一切を取り仕切っていた。

⑤島原城（長崎県島原市）

島原城は関ヶ原合戦の論功行賞によって大名となった松倉重政によって元和四年（一六一八）に築城された。

石塁によって囲まれた外郭ラインの大手門の東方に外海へ通じる入り江にドックを持つ船入が配されていた。また、外郭南方の城下町には巨大なドックを持つ船入も設けられていた。

⑥対馬藩お船江（長崎県下県郡厳原町）

近世対馬藩主宗《そう》氏の居城は金石城であったが、万治二年（一六五九）の大火によって翌年には桟原城《さじきはらじょう》が築城され、以後宗氏の居城となった。

両城の城下として発達した厳原《いずはら》の町の南方には厳原港が広がるが、対馬藩の船入に相当するお船江は厳原港の南岸、つまり厳原の町の対岸に築かれている。

お船江は県指定史跡として保存されている。久田浦に面して対馬特有の扁平な石を積んだドックが残存している。

三　湖の城

湖に面して築かれた近世城郭は日本においては、琵琶湖に面した彦根城と膳所城、そして諏訪湖に面した高島城だけである。琵琶湖に面した城郭については次節で詳細に検討を加えるの

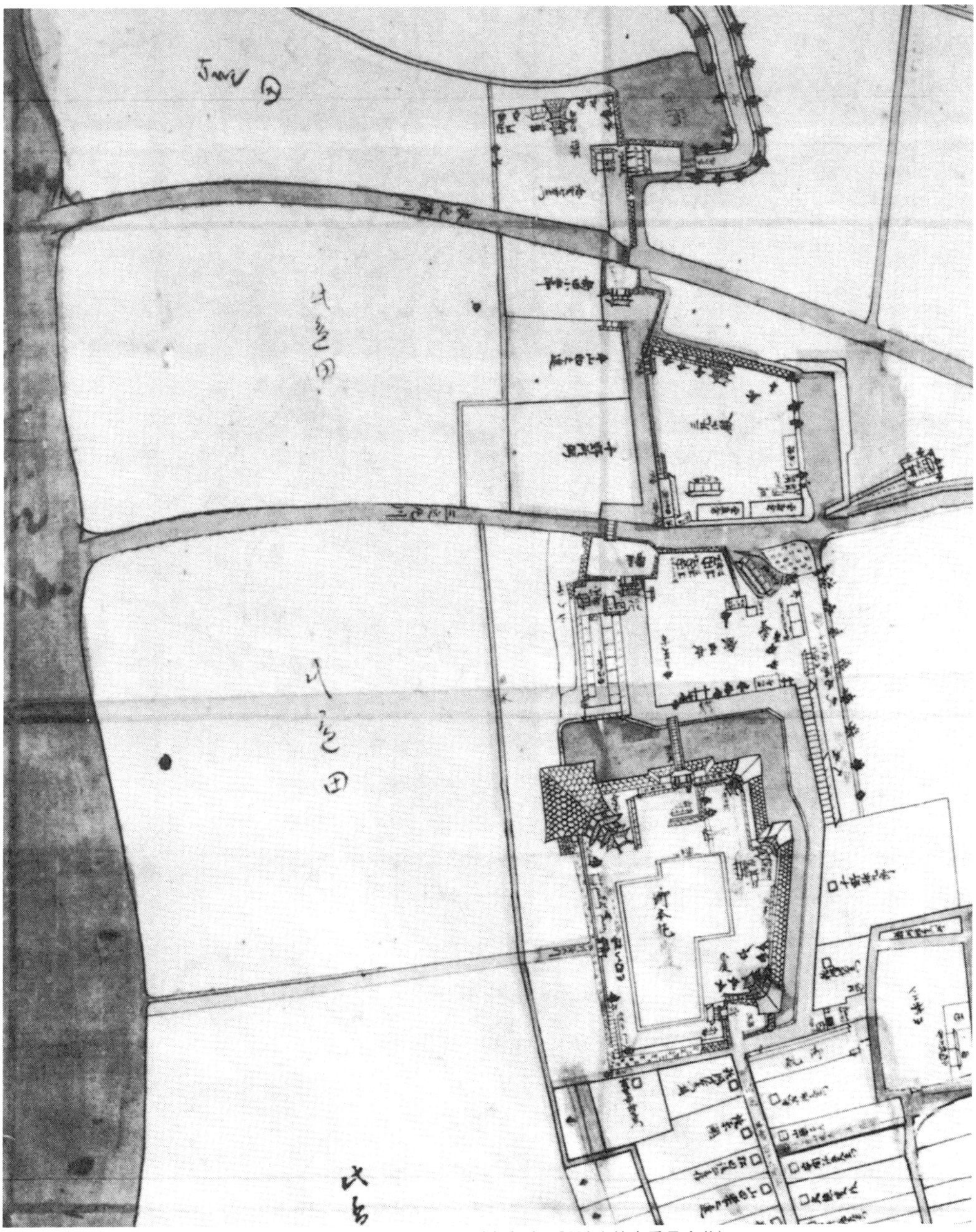

写真12　慶応四年城下町図（高島城：諏訪市教育委員会蔵）

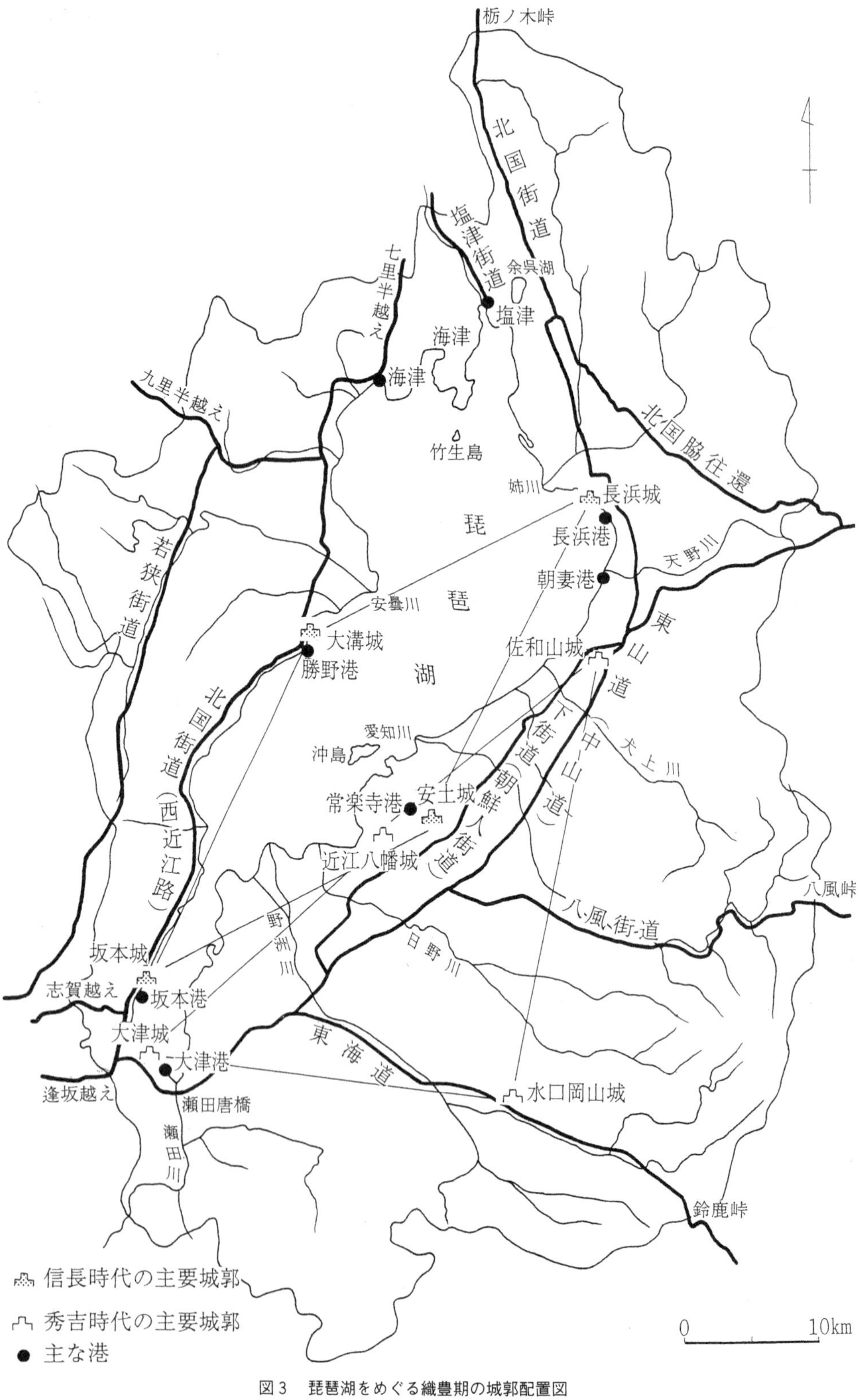

図3　琵琶湖をめぐる織豊期の城郭配置図

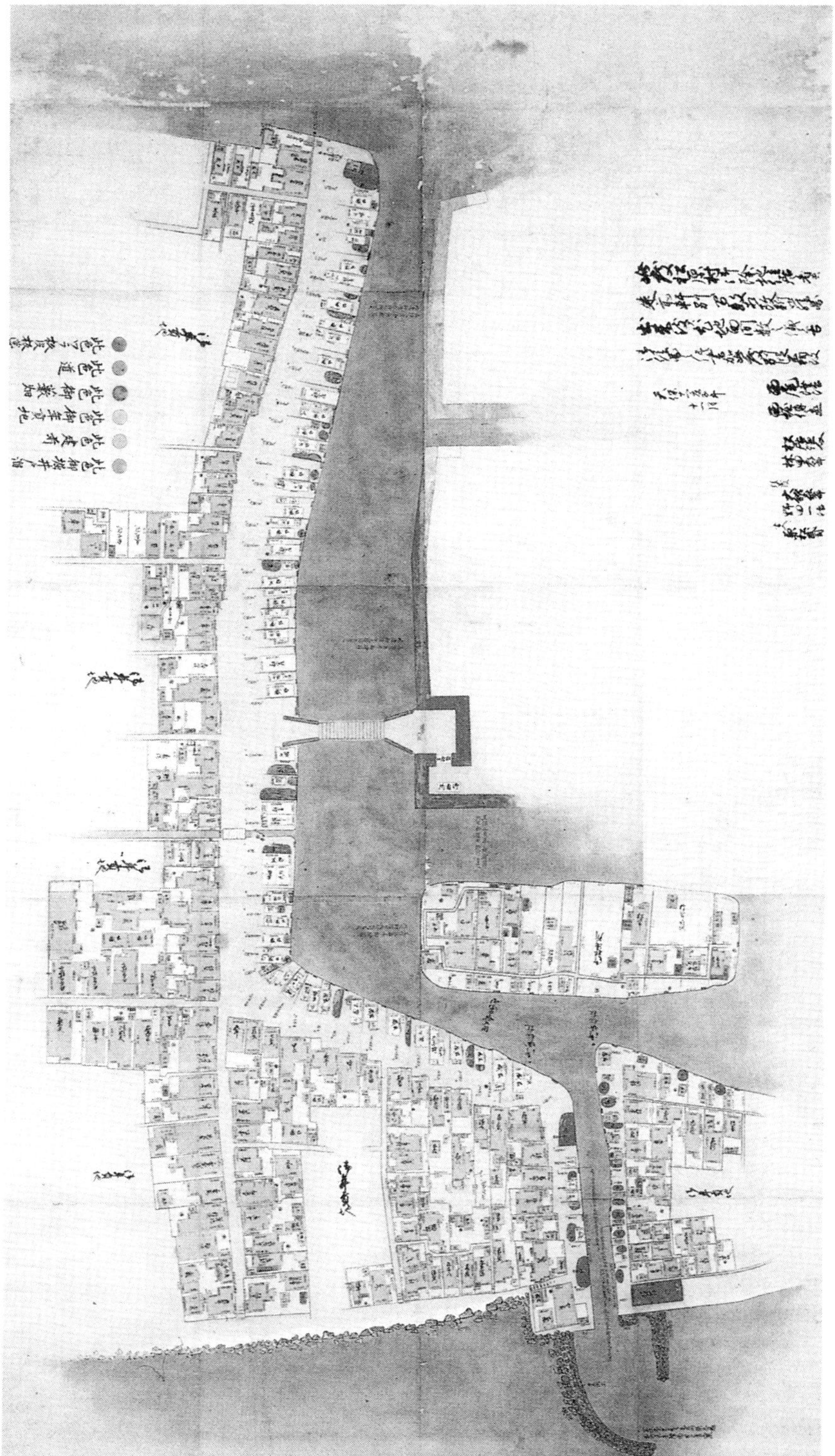

写真13　彦根城下松原村除地絵図（彦根市立図書館蔵）

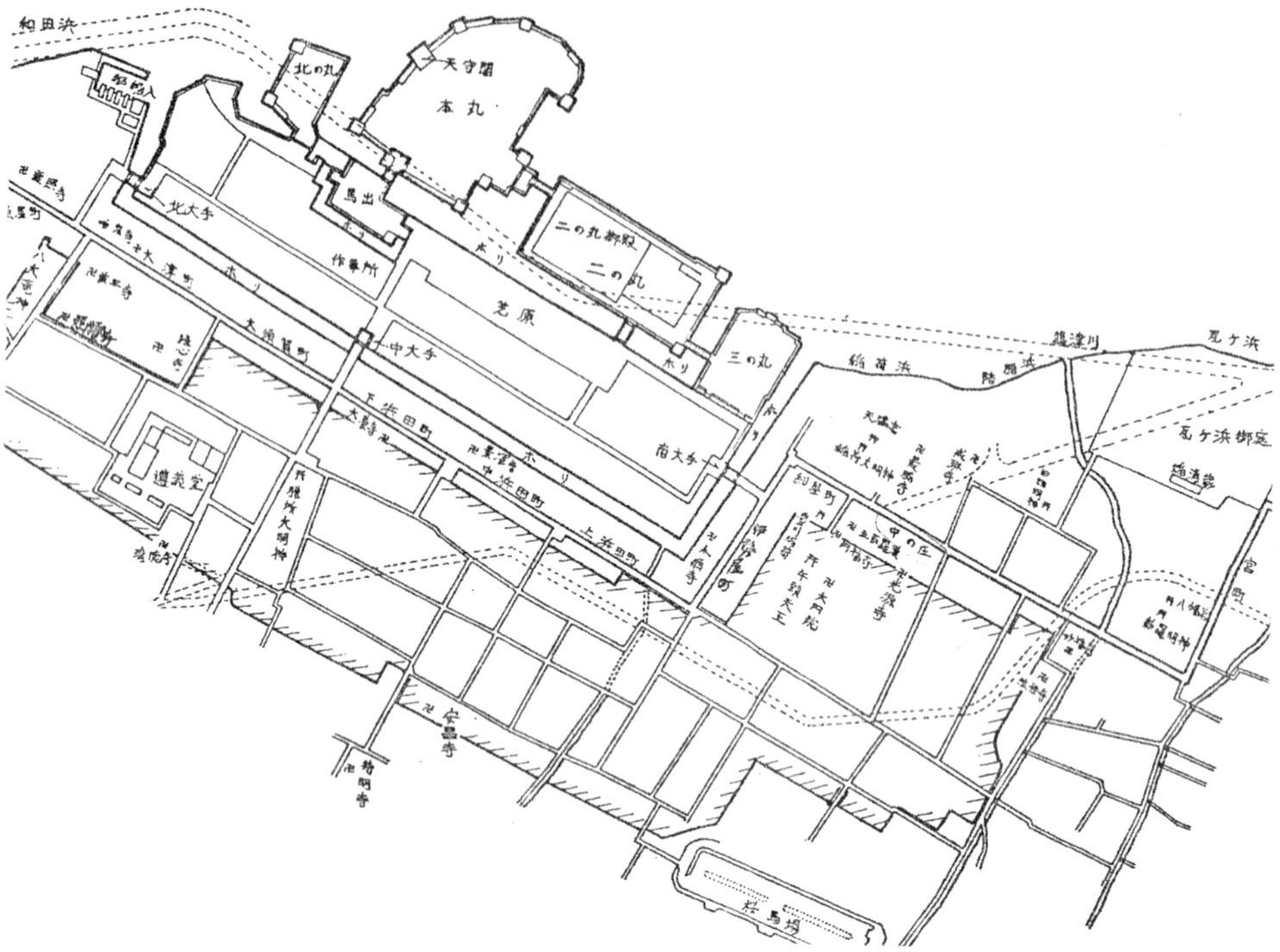

図４　幕末の膳所城下図（参考文献13による）

で、ここでは高島城についてみておきたい。

なお、こうした湖の城の船入についても詳細に観察すると直接堀に設けられるAタイプとしての高島城、膳所城と、城下の一画に分離して設けられるBタイプの彦根城に分類することが可能である。

①高島城（長野県諏訪市）

近世の高島城の築城は天正一八年（一五九〇）、豊臣大名の日根《ひね》野《の》高吉《たかよし》の諏訪移封によるものである。城は諏訪湖に突出して築かれていたが、諏訪氏の入封後、干拓がおこなわれ、城郭の周囲には天然の湖に替わって小規模な堀が設けられた。

二の丸の東北隅、三の丸に面する堀沿いに凹部の船居《ふない》と御船蔵が設けられていた。築城当初にはなかったようで江戸時代中期に設けられたものである。堀は東の干拓田のなかを三之丸川となって諏訪湖と結ばれていた。

四　河川の城

河川を堀として利用した近世城郭は多い。弘前城、盛岡城、仙台城、水戸城、古河城、犬山城、桑名城、岡山城、広島城、大洲《おおず》城、久留米城、人吉《ひとよし》城、中津城などでは河川に面して石垣が築かれるなど、河川を要害として取り込んでいる。いずれの城でも河川に下りる「水の手門」や「水の手櫓」などが構えられているが、船入が築かれている城はないようである。

これは河川の流れが急であり、水位の変動が激しく船入が築けなかったのではないかと考えられる。つまり近世城郭においては河川は水軍や水運として城郭に取り込んだのではなく、あくまでも軍事的な要害として取り込んだものと言えよう。

五　琵琶湖の城と船入

さて、つぎに近江における事例の検討をおこないたい。

かって筆者は織田信長の近江支配について、信長の居城安土城を中心に羽柴秀吉の長浜城、明智光秀の坂本城、織田信澄の大溝城という配置に着目したことがある。湖《うみ》の城郭網、あるいは湖上ネットワークと呼称したこの城郭配置に信長の城郭網構想を窺うことができる。これら諸城の立地や構造には多くの共通性が見出せるが、なかでも注目できるのはすべての城郭の堀が琵琶湖と直結しており、琵琶湖に依存していた城郭網であった点であろう。陸路の要衝であるとともに湖上交通の要衝でもあり、これらの城を押さえることによって琵琶湖の制海（湖）権はすべて信長のものとなったのである。

ところで、この信長の城郭網を形成していた諸城はその後すべて廃城となり、長浜城、坂本城では地上にその痕跡すら留めていない。もちろん絵図なども残されておらず、船入の存在を示す史料は皆無である。しかし、その選地や琵琶湖と直結した堀の存在などから船入の存在したことはまちがいないだろう。

安土城の場合、史料上からは船入の存在は不明であるが、平成一〇年の発掘調査では安土山の東山麓、伝搦手道《からめてみち》周辺の調査で汀線と航路と推定される溝状遺構が検出され、物資輸送を裏付ける木簡が出土している。

一方、南面の調査では平成一一年度に実施された堀跡地区の調査で、下街道より直行して堀に向って突出する幅九メートル、長さ七メートル以上の地山面が検出された。この地山面は石積みがなされていたようで、周辺に石材が散乱していた。こうした状況から検出された遺構は船入の突堤ではないかと考えられる。

長浜城では江戸時代の伝承をもとに近代になって作成された資料ではあるが、天守の北に「御用船囲場所」と記された場所がある。長浜市教育委員会による第二次長浜城跡発掘調査では天守跡北で堀に向って降りる階段状石組などが検出されており、港湾施設ではないかと見られている。

佐和山城は戦国時代には坂田郡と犬上郡の郡境に位置しており、江南と江北の国境の境目の城であった。元亀二年（一五七一）に織田信長が攻略後、丹羽《にわ》長秀が城主となったが、この時期信長の居城が岐阜であったため、佐和山城は近江における信長の居城的性格が強かった。それまでの佐和山城は中山道に面する側が大手であったが、信長段階に松原内湖側に大手が変わったようであり、湖に依存した築城（大改修）であったことがわかる。

『信長公記』によると、元亀四年五月に佐和山麓で長さ三〇間、幅七間、櫓一〇〇挺の軍船を建造させている。こうしたことから佐和山城にも松原内湖に船入のあったことが想像され

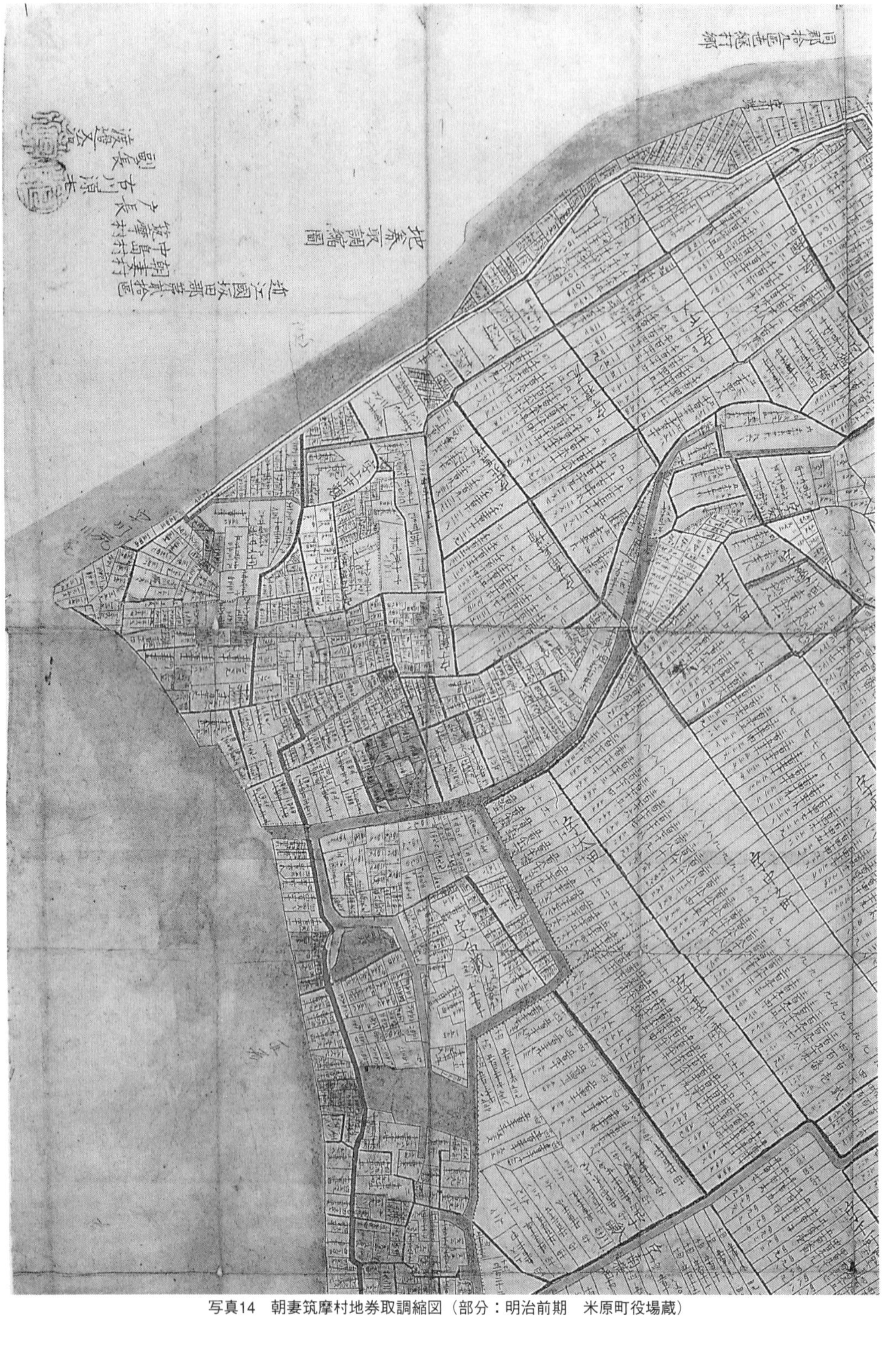

写真14　朝妻筑摩村地券取調縮図（部分：明治前期　米原町役場蔵）

図5　朝妻地籍図（参考文献4による）

る。

さて、慶長五年（一六〇〇）の関ヶ原合戦の結果、上州高崎より井伊直政が石田三成の旧領に入封した。井伊氏は一旦佐和山城に入城するが、慶長八年ころより彦根城の築城が助役大名らによって始められた。

この彦根城は三重の堀によって囲まれているが、北面は松原内湖に直面しており、北西隅は琵琶湖と直結していた。この琵琶湖と直結する部分が船入で、防波堤の石積み突堤が築かれていた。この船入から外・中・内堀に直結する水路の北辺が松原村で、船蔵が林立し、水主《かこ》衆の屋敷地などが置かれていた。

湖南では東海道を押さえる目的で大津城に替えて膳所城が慶長六年（一六〇一）に築かれた。琵琶湖に突出して築かれた典型的な「後ろ堅固」の城で、士屋敷を囲む外堀も琵琶湖と直結していた。

正保の城絵図には見えないが、幕末の城絵図によると、この三の丸を囲う外堀に面して御船入が描かれており、四箇所のドックが認められる。

さらに本丸南東隅には湖へ下りるための水門が設けられていた。

六　戦国時代の琵琶湖の城と湊

さて、ここで少し時間を遡って見よう。戦国期において琵琶湖に面した城館が皆無であったわけではない。土つくりの城ではあるが琵琶湖と強い因果関係の認められる城館も存在するのである。こうした城館について触れておきたい。

朝妻城は米原町朝妻筑摩《あさづまちくま》に位置する平地城館跡である。その中心は現在の中島神社付近と考えられている。『寛政重修諸《かんせいちょうしゅうしょ》家譜《かふ》』巻第八二〇の「新庄家譜」によると、朝妻城は天文年間(一五三二～五五)に新庄蔵人直昌によって築城されたとある。

現在朝妻城跡と断定できる遺構はまったく認められない。ただ、小字「向蔵」の地は地元では「殿屋敷」と呼ばれており、近年まで南北二〇〇メートル、東西二〇〇メートルにわたって水堀が四周を巡っていたと伝えられている。この水堀の内側に中島神社が鎮座しているが、ここも以前は、五〇×五〇メートルの水堀が巡っていたと伝えられている。こうした伝承から朝妻城の構造は水堀に囲まれた複郭の方形館タイプであったと考えられる。また、推定される外堀の北側には小字「馬場」の地名も残されている。

ところで城主新庄氏は元来坂田郡新庄(近江町新庄)の土豪であり、新庄城を居城としていた。なぜ新庄城から朝妻城へ移ったのであろうか。常識的に言えば在地土豪が先祖伝来の本貫地を離れることはありえない。居館の移動には何らかの要因が存在するとみてよいだろう。結論的に言えば新庄氏の居館移動は朝妻湊の掌握であることにまちがいない。

朝妻湊は天野川の河口に築かれた湊である。付近には宮内省大膳職筑摩《つくま》御厨《みくりや》が存在し、古代より琵琶湖の要港であったことが窺える。湖上交通が発達した室町時代中期以降湖北と湖南の間はもっぱら船便が用いられた。その代表的航路が朝妻～坂本であった。『言継卿記《ときつぐきょうき》』によると天文二年(一五三三)、山科言継は午前二時に朝妻から乗船し、午後五時ころ坂本に到着しており、おおよそ一五時間の船便であったようである。

朝妻湊では北陸、若狭から京都への租税、年貢を運搬するのが主であったが、飛騨、美濃地方から南禅寺仏殿再建の用材が運ばれるなど、材木の出荷港でもあった。

また、朝妻湊は室町幕府の御料所にもなっており、将軍足利義政の東山山荘の造営がはじまると、朝妻と朝妻出作は幕府の料所から山荘の収入源へと管理が移された。朝妻の代官であった籾井氏《もみいし》、朝妻出作《あさづまでさく》の代官であった正実房《しょうじつぼう》はいずれも京都の金融業者で、幕府財産の管理、出納にあたっていた人物であった。

さらに元亀三年(一五七二)、織田信長は木下藤吉郎に命じ、北国より大坂本願寺へ通う諸商人などを姉川から朝妻まで通行を禁じている。

このように朝妻湊は湖北地方における商業、軍事に関わる重要な港であり、ここを押さえるために新庄氏は新庄より進出し、朝妻城を築いたと考えられる。ただし、土豪新庄氏だけではこうした所領を超えた築城は不可能であり、そこには朝妻湊を重要視した戦国大名浅井氏の命令があったことはまちがいない。

近世になると、米原湊が開港され朝妻湊はさびれてしまい、現在正確な位置すら不明であるが、明治前期(年不詳)に作成された「朝妻筑摩村地券取調縮図」によれば、朝妻城跡推定地は四周に水堀の痕跡が認められ、特に南側は船溜まり状に広がっており、北側の堀は天野川の河口に近く、朝妻湊と隣接していたと考えられる。

こうした湊と城館の位置関係については、朝妻城と朝妻湊だけではなく、たとえば尾上《おのえ》城（湖北町）にも認められる。尾上城は京極氏の根本《こんぽん》被官《ひかん》浅見氏の居城である。現在その痕跡は認められないが、余呉川の北岸尾上集落のほぼ中央、「滝本藤太夫屋敷」付近と伝えられている。現在の尾上港は余呉川の河口であるが、明治の地籍図には余呉川南岸にL字状の石垣による突堤が描かれており、船入と記されている。おそらく近世の彦根藩支配の尾上湊はこの場所であり、さらに戦国期の尾上湊もこの場所であったと考えられる。

この尾上湊を押さえ、掌握することを目的として築城されたのが尾上城だったのである。

七　琵琶湖をめぐる河川と中世城館

近江の戦国期城館を考えるうえで河川は琵琶湖以上に注目しなければならない。愛知川の北岸は河岸段丘が発達しており、愛知川との比高は一〇～一五メートルを測る。この段丘先端には上岸本城、鯰江《なまずえ》城、井元城、曽根城、青山城、小倉城、勝島城が点在している。これらの諸城は明らかに段丘を利用して築かれたものであり、愛知川を軍事的防御施設として取り込んだ城郭であった。

一方、宇曽川に面して築かれた島川城には「船着場」が伝えられている。この場所は宇曽川が大きく蛇行する位置で、河川改修以前は「祐善《ゆうぜん》ガ《が》淵《ふち》」と呼ばれる淵であった。

また、岩倉川に面した目加田《めかた》城では堀が一部で川と直結しており、舟運の可能性を示している。さらに堀の一部が城内へ凹んで船入状を呈している。

坂田郡では天野川に面して築かれた箕浦《みのうら》城で、城の北側に「通舟川《つうせんがわ》」が流れているが、この通舟川沿いに「舟たまり」「舟廻し場」が随所に設けられていたと伝えられている。

八　城郭の船入構築の目的

さて、これまで海、湖、川と城館、特に近世城郭と船入についていくつかの事例を検討してみた。そこでつぎにこうした船入がどのような目的で設けられたのかについて若干の考察をおこないたい。

船入の出現については中世まで遡り得る可能性はあるものの、直接城郭に船入を築くのではなく、湊に隣接した場所に城館を構築していた。直接城郭の施設として船入を築くのはやはり、織豊期の城郭からということになろう。土づくりの戦国の城では成し得なかったものが、石づくりの織豊系城郭によって導入されたのであった。以後海、湖に隣接して築かれた近世城郭には多くの場合船入が築かれたのであった。

では、船入施設は軍事的な施設として構築されたものなのであろうか。安土城の船入と推定される搦手《からめて》道の調査では、「卯月十日　本郷」「二斗五升　又三郎　市郎兵へ」と記された木簡が出土している。文面からは荷札木簡と考えられ、軍事的な船入ではなく、搦手は琵琶湖を利用して持ち運ばれた積荷の荷下し場と考えられる。

つぎに西国の近世城郭の船入について考えてみたい。徳島城下の安宅御船蔵には多くの船の格納庫が林立していた。文久元年（一八六一）の記録では藩主の御座船《ござぶね》を中心に一四七艘もの船を所有していた。これらは海軍（水軍）ではあるが、鎖国下の幕藩体制に軍事的色彩は薄れ、主として参勤交代などの輸送船団となった。徳島藩では参勤交代に大坂まで船を利用した。藩主が乗る海御座船を中心に、家臣団が乗る六〇挺立前後の関船、小早、荷船、飲料水を積む水船、連絡用の鯨船など六〇艘前後の大船団であった。徳島市立徳島城博物館には全国で唯一残る大名の鯨船「千山丸」が残されている。

萩城下に築かれた御船倉は宝暦年間（一七五一〜六四）の絵図には三棟描かれている。この船倉には藩主の御座船が格納されていた。萩藩においても船倉は参勤交代に用いる御座船を格納するための施設であった。

事例で検討した船入のほとんどが西国大名の居城である点は注目されてよい。西国の大名たちは居城の築城を海に求めたのである。生駒親正が讃岐に築いた高松城、丸亀城はその典型である。海は要害であるとともに交通の要ともなったのである。

西国大名たちは参勤交代が開始されると大坂、京都までは船便を使うこととなった。船入の構築はこうした参勤交代の船舶を格納するためや、物資の搬送のための施設であった。

つまり、城郭の施設イコール軍事施設という概念から格納されていたのは軍船であると思われがちである。しかし、幕藩体制の確立とともに水軍の船は、軍船としての造船技術が発達せず、常備軍としての海軍は存在しなかったと言っても過言ではなかった。

琵琶湖に面した場合も同じく常備軍としての海軍の船入施設ではなかった。彦根城下の松原湊は米原湊、長浜湊とともに彦根三湊という藩の公用港であった。松原湊には船蔵や船方役所などが置かれ、藩の船奉行が管理していた。松原の船入対岸には御蔵米を管理する松原蔵が設置されており軍事的な船入ではなく、蔵米輸送が主な機能であった。

河川との関わりについては事例検討でも述べたように、近世城郭の場合河川に船入を築いた事例はない。ところが近江の事例で検討したように戦国期の平地城館では河川を積極的に取り込んだ場合が認められる。当然であるがこうした船入は規模も小さく、軍事的施設でないことは明らかである。小規模な船による物資運搬や交通手段として用いられたものである。

松田直則氏によると、高知県の場合では山間部の中世城館跡より多量の貿易陶磁が出土している点について、従来は瀬戸内から山越えで持ち運ばれていたと考えられていたが、大半の城跡が河川に面して分布しており、実は土佐湾から河川を遡って持ち運ばれたものであるという。それを証するように「川津」

「川戸」地名が数多く残されている。

近江の事例や高知の事例などから今後、中世城館跡と河川との関係や小字などとの検討は重要である。

九　常備軍としての海軍へ

近世城郭における船入を分析した結果、海、湖に面した城郭では船入が設けられる場合が数多く見られた。しかし、それらは軍事的な施設ではなく、参勤交代といった交通手段や、御蔵米などの物資運搬に関わるものであった。特に瀬戸内航路を参勤交代に利用した西国大名の居城に船入が集中しているのも興味深い。

幕藩体制の確立、鎖国政策により、戦いや外洋航海のための造船は中止され、水軍の軍事的性格はなくなった。非常時には水軍として機能するような体制はとられていたとはいうものの、幕末の海防危機に水軍はまったく用をなさなかった。つまり、船を操舵する船頭や水主などの制度は存在したものの、近世には常備軍としての海軍は存在しなかったのである。

幕末の海防危機によってようやく常備軍の必要性を痛感し、近代日本国家は海軍の創設に奔走することとなるのであった。

参考文献

1　『芸州亀居城跡―第一・二次発掘調査報告―』、大竹市教育委員会、一九八〇年
2　『滋賀県中世城郭分布調査五（旧愛知・犬上郡の城）』、滋賀県教育委員会、一九八七年
3　『近江愛智郡志』巻五、滋賀県愛智郡教育会、一九二九年
4　『滋賀県中世城郭分布調査六（旧坂田郡の城）』、滋賀県教育委員会、一九八九年
5　須藤茂樹ほか『徳島市立徳島城博物館―展示案内―』、一九九三年
6　高橋昌明「第三章　中世　第二節　南北朝の動乱と室町時代　三、陸上交通と湖上交通」『米原町史　通史編』、米原町、二〇〇二年
7　中井均『近江の城―城が語る湖国の戦国史―』、サンライズ印刷出版部、一九九七年
8　平井聖監修『別冊歴史読本九一　日本の名城　城絵図を読む』、新人物往来社、一九九八年
9　松下浩「織田政権の琵琶湖支配」『琵琶湖とその集水域の歴史―湖とともに生きた人々―』（『琵琶湖博物館開設準備室研究調査報告』八号）、近江歴史研究会、一九九六年
10　松田直則「第五章考察」『西本城跡―県道岡本大方線改良工事に伴う埋蔵文化財発掘調査報告書―』、（財）高知県文化財団埋蔵文化財センター、一九九九年
11　三浦正幸編『歴史群像　名城シリーズ一四　萩城』、学習研究社、一九九七年
12　母利美和ほか『湖上水運の盛衰と彦根三湊』、彦根城博物館、一九九九年
13　竹内将人『城と陣屋　NO・三八　近江膳所城』、日本古城友の会、一九七三年

内湖をめぐる城の成立とその機能
―大中の湖・伊庭内湖を例として―

木戸雅寿

一　内湖をめぐる城の成立

中世集落の成立、そして移動・廃絶　近江の中世集落の成立と変遷過程については、かつてその変遷と画期について論じたことがある(1)。そこでは、近江における中世の集落形成が一一世紀末に始まることを明確にした。初期の集落の形態的特徴としては、建物と建物の間を浅いT・I・L型の仕切溝で区切っていくところにその大きな特徴があった（第Ⅰ期：一一世紀末〜一二世紀前半）。その後、一一世紀代に入ると集落は野洲町西田井遺跡の例ように、一斉に新たな地に集住した形で営まれるようになった。この時期の集落の特徴は、条里の方向に合わせた区画溝で区画（第Ⅱ期：一二世紀後半〜一三世紀前半）していき、そこに寄り添うように数棟の家が集住していく形である。この区画は不完全なものでひとつずつの敷地となる空間は完全に閉じられていないことが特徴である。それが一三世紀後半を中心にして、一斉に深く幅の広い堀で集落が堀囲い（第Ⅲ期：一三世紀後半〜一五世紀前半）されていくのである。これが近江における中世後期までの形態的変遷であった。

この中世集落の成立と形態の変遷については、現在のところ時代的画期として普遍的に起こることとして理解されている。では、なぜそのような形態が生まれて、そして変遷していったのか。残念ながら、当時ではその明確な答えについては持ち合わせてはいなかった。ただ、堀囲いの出現については一般的に南北朝の動乱による集落の城塞化として位置づけられてはいた。

その後の数多くの畿内における中世集落の考古学的発掘調査は、その形態変遷を裏付ける結果となっている。しかし、一方では集落の城塞化という観点からは防御的機能が低いことが論じられ、堀の出現に対する考え方に疑問が提示されてきてもいる。

これに対する考え方として近年の中世集落研究(2)では、この堀囲い集落の出現とその機能についての問題を、耕地開発や耕地管理、灌漑水利やその慣行に対する権利の結果生まれてきたものとしてとらえ、地域領主と村人との社会的・経済的・宗教的な地域的結合の結果として生み出されたものであるとする考えが主流を占めてきている。このように中世全般を通じて集落の成立の鍵を握る堀の存在は、水との関わりがとても重要な問題であることがわかるであろう。

　本書では、これら水とかかわる形で成立してきた中世集落の終焉ともいえる第Ⅳ期（一五世紀後半～一六世紀後半）の「城館を中心とした集落」(3)の形態に触れながら、内湖と水、城館と集落の形態と機能について能登川町域を事例として考えてみたい。

二　城館を中心とした集落の成立

　では、まず能登川地域の中世集落の分布（第Ⅰ～第Ⅲ期）を見てみたい。図2のように、現在、能登川町域には二七箇所の集落跡が遺跡として周知されている(4)。

　まず、これらの集落の成立と廃絶の時代をみてみると次のように大別できることがわかる。二七箇所中の一〇箇所（1：斗西遺跡、4：柿堂遺跡、5：今安楽寺遺跡、8：九文町遺跡、9：殿衛遺跡、10：庄地遺跡、11：宮の前遺跡、12：三敷遺跡、16：伊庭北遺跡、27：高岸遺跡）が古代に成立し平安時代にその終焉を迎えている。また、残りの一七箇所（2：正楽寺遺跡、3：種北遺跡、6：掛樋遺跡、7：垣見北遺跡、13：新村遺跡、14：中村堂遺跡、15：大徳寺遺跡、17：高木遺跡、18：大永寺遺跡、19：法堂寺遺跡、20：百々田遺跡、21：上山神社遺跡、22：石田遺跡、23：林遺跡、24：西ノ辻遺跡、25：佐野南遺跡、26：御屋敷遺跡）が中世にその終焉を迎えていることがわかる。しかも、そのほぼすべてが明治期には集落として機能していず、廃絶された形で発見されていることがわかる。つまり、これらの集落の全てが現在は水田の下になっているのである。この分布図から、集落には成立と移動と廃絶があることがわかるであろう。

　さらに、この分布図はもうひとつの立地の傾向も示していることがわかる。これら中世集落がおおよそ四つの地域に集約している点である。ひとつは大同川沿いに立地する集落（上流から2、1、3、5、4、12、10、13、11）である。二つめは躰光寺《たいこうじ》川沿いに立地する集落（上流から19、7、6、9、8）である。三つめは山路川沿いに立地する集落（22、23、21）である。四つめは瓜生川沿いに立地する集落（15、14、17、16）である。このように、いずれも中世の集落は水系に寄り添うように立地しているのである。

　中世集落が水系沿いに立地する理由には、二つの考え方がある。ひとつは当時にあって、集落が営めるような微高地は水系沿いの土手沿いにしかなかったという当時の環境を重視した考え方である。もうひとつは、耕地とともに灌漑水利を管理するにあたって水のある場所に必然的に寄り添って暮らしているという機能を重視した考え方である。

　いずれにしても、中世のかなり早い段階から形成されはじめてきた能登川地域の集落は、川と水との関わりの中で形成されていることがここからわかるであろう。

滋賀県守山市石田三宅遺跡
T・I・L型仕切溝段階（第Ⅰ期：11世紀末～12世紀前半）

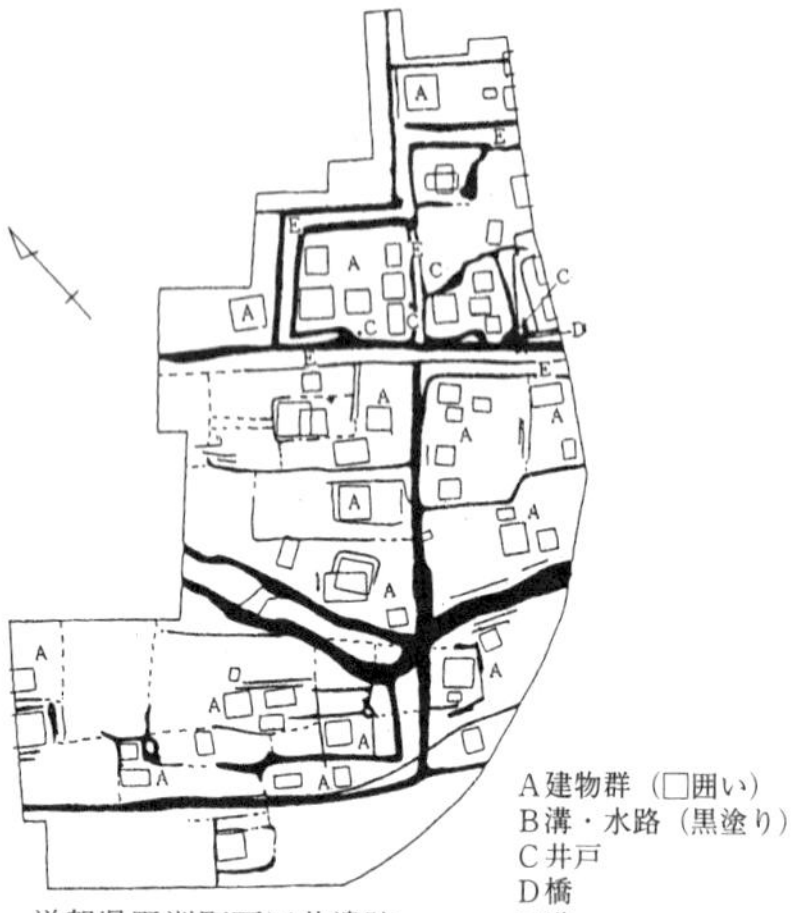

滋賀県野洲町西田井遺跡
溝囲い段階（第Ⅱ期：12世紀後半～13世紀前半）

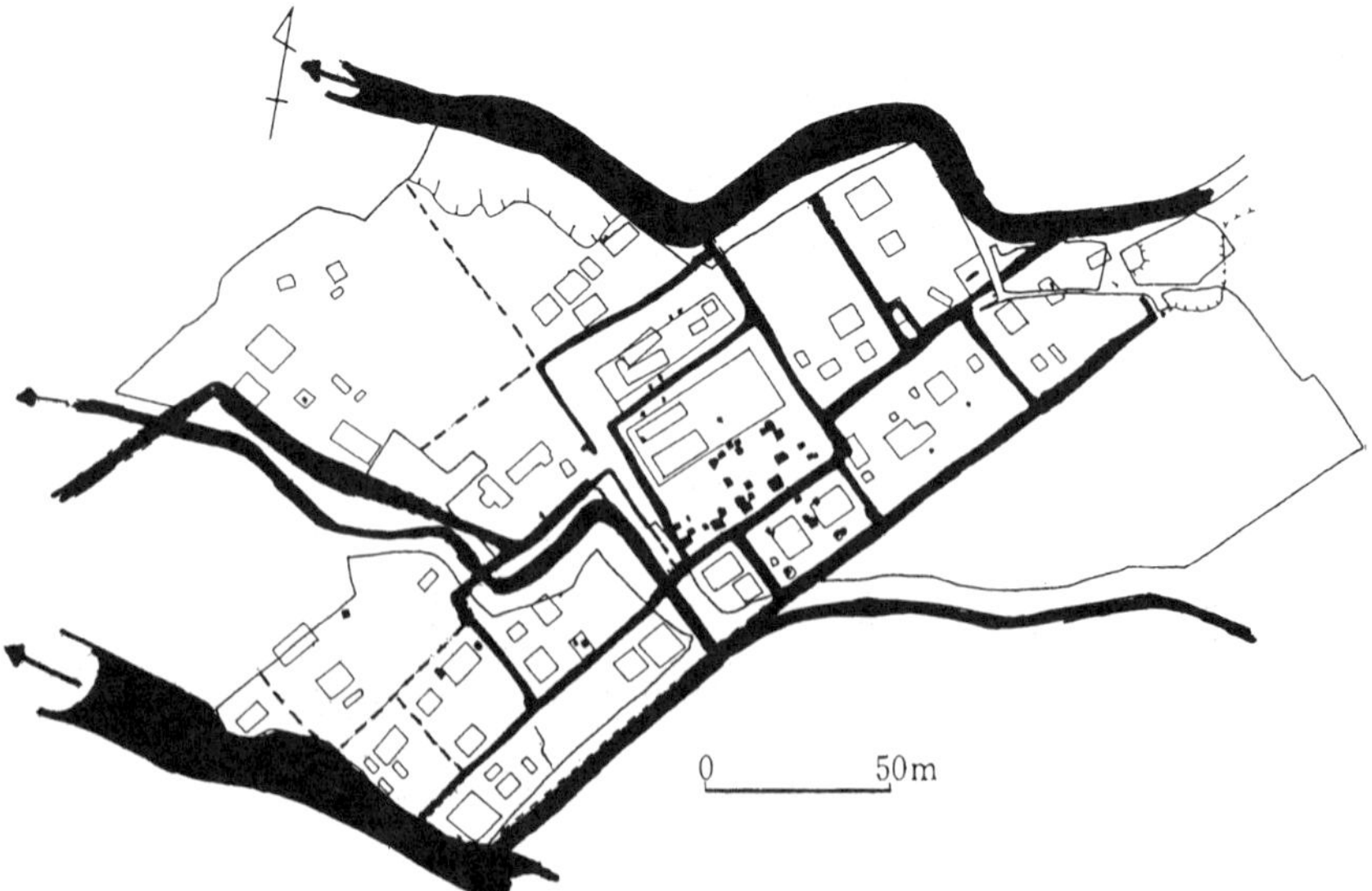

滋賀県守山市横江遺跡
堀囲い段階（第Ⅲ期：13世紀後半～15世紀前半）

図1　中世集落の画期

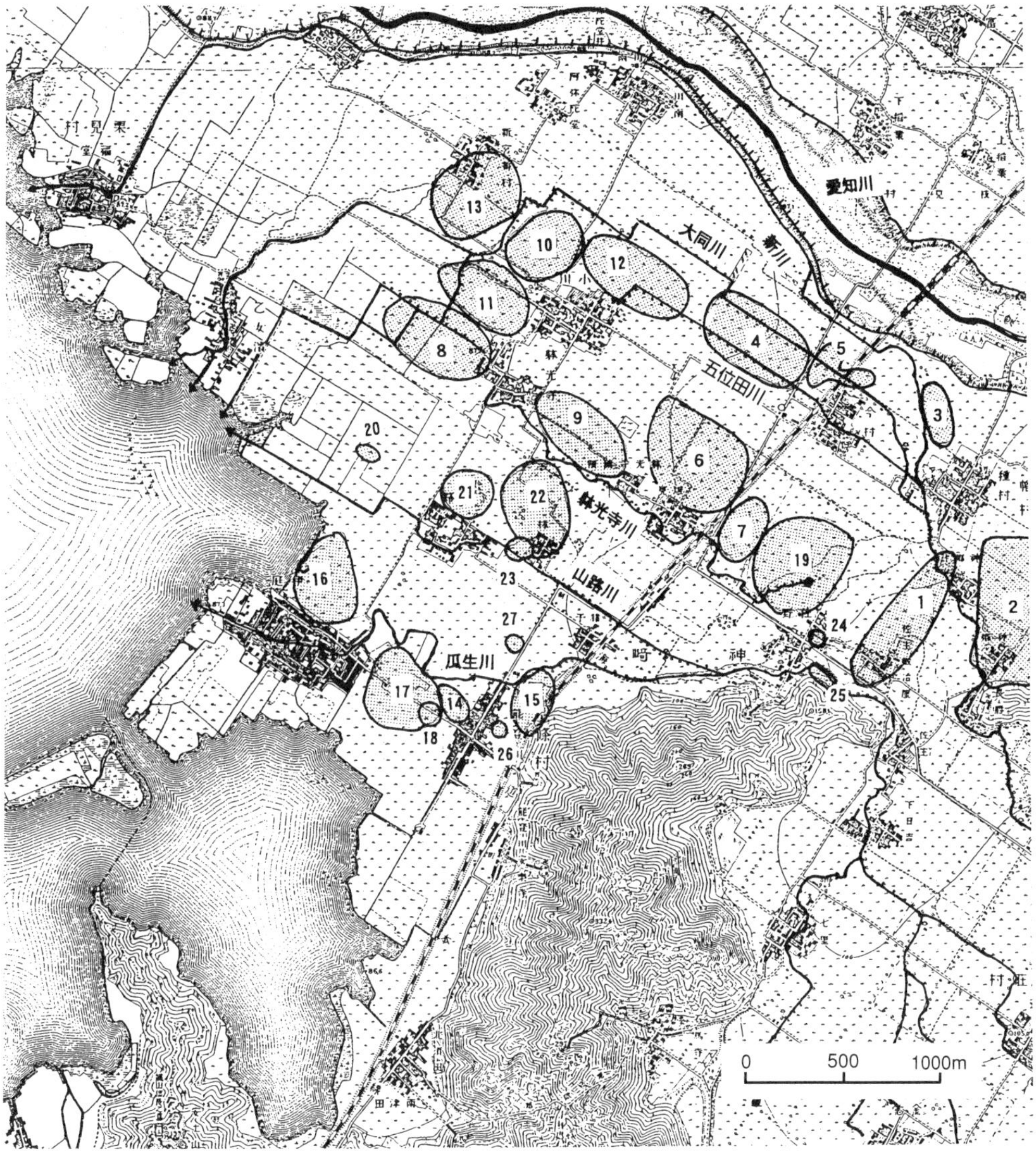

番号	遺跡名	種類	時代	番号	遺跡名	種類	時代
1	斗　西遺跡	集落跡	弥生～平安	15	大徳寺遺跡	集落跡	平安～室町
2	正楽寺遺跡	集落跡	縄文～中世	16	伊庭北遺跡	集落跡	平安
3	種　北遺跡	散布地	平安～室町	17	高　木遺跡	集落跡	弥生・中世
4	柿　堂遺跡	集落跡	弥生～平安	18	大永寺遺跡	集落跡	平安～鎌倉
5	今安楽寺遺跡	集落跡	縄文～平安	19	法堂寺遺跡	集落跡	縄文～中世
6	掛　樋遺跡	集落跡	縄文～中世	20	百々田遺跡	散布地	中世
7	垣見北遺跡	散布地	弥生～中世	21	上山神社遺跡	集落跡	弥生～中世
8	九文町遺跡	散布地	平安	22	石　田遺跡	集落跡	縄文～中世
9	殿　衛遺跡	散布地	平安	23	林　遺跡	集落跡	縄文～中世
10	庄　地遺跡	散布地	古墳～平安	24	西ノ辻遺跡	集落跡	古墳～中世
11	宮の前遺跡	集落跡	弥生・平安	25	佐野南遺跡	集落跡	中世
12	三　敷遺跡	集落跡	弥生・平安	26	御屋敷遺跡	集落跡	中世
13	新　村遺跡	散布地	中世	27	高　岸遺跡	集落跡	平安
14	中村堂遺跡	集落跡	中世				

図2　能登川町域における中世集落分布図

そして、集落は廃絶し、またあらたな地に新しい集落として形成されるのである。それが、第Ⅳ期として今の我々が最も身近に知る事のできる村の位置と形である。それは大字という単位にまとまっているのである。では、次にこれらの集落の姿を見ていきたい。

三　内湖をめぐる城の機能

城館と集落の立地　さてここでは、城館の位置と集落の関係、その立地について考えてみたい。まず、その分布（図3）から見てみよう。能登川町域では現在、一八箇所（A~R）の城館跡が周知されている。これらはいずれも、正保年間には村とされていた、現在でいうところの大字単位にひとつの割合で築かれていることがわかる。また、その位置から、城館は集落の中核を成すように築かれていることがわかるであろう。このことは、城館が新たな集落の枠組みとして第Ⅲ期までの集落の廃絶後に、新たな村として築かれたことを示しているのである。

さらにこれらの集落は、河川沿いで河川と河川とに挟まれた微高地に形成されてきたⅠ~Ⅱ期までの集落から、河川を集落の中に引き込んだ、より積極的な河川との関わりを持つ形として形成されているという特徴を持っていることがわかる。上流から流れる河川の水は、次の集落の中をとおり、城のまわりをめぐり、また次の集落へと流れ、最後には内湖へと注ぐ。まさに、水への意識の高さがここからもうかがい知れるところである。

それに加えてここでは不思議な現象が見て取れる。通常的に考えれば、水を生活や生産基盤の上で最も大切なものとして考えているのであれば、上流の集落こそが水への権利とそれに対する力を持っていそうなものである。しかし、これらの能登川町域の集落分布を見る限りにおいては、

新川水系＝川南→阿弥陀堂→宮西→福堂
大同川水系＝種→今→新→乙女
五位田川水系＝→小川→乙女
躰光寺川水系＝佐野→垣見→国領→躰光寺→乙女
山路川水系＝佐生《さそう》→林→山路
瓜生川水系＝猪子→能登川→伊庭《いば》

という具合に、最も下流である「福堂」「乙女」「山路」「伊庭」といった内湖沿いの集落が圧倒的に大規模で、知名度もあり、当時もその力を有しているように認められるという点である。

これこそが琵琶湖を有する近江の中世末の集落構成の特徴を表しているのではないかと考えられるのである。

在地領主と城館　では、次に[5]これらの「村」ひとつひとつについて、今知ることのできる集落の関係と城館の主でもある在地領主との関わりから、この地域の様相を見ていきたい。

新川水系

川南と川南城（図4）

元は江波と称していたが、愛知川の付け変わった永禄期から

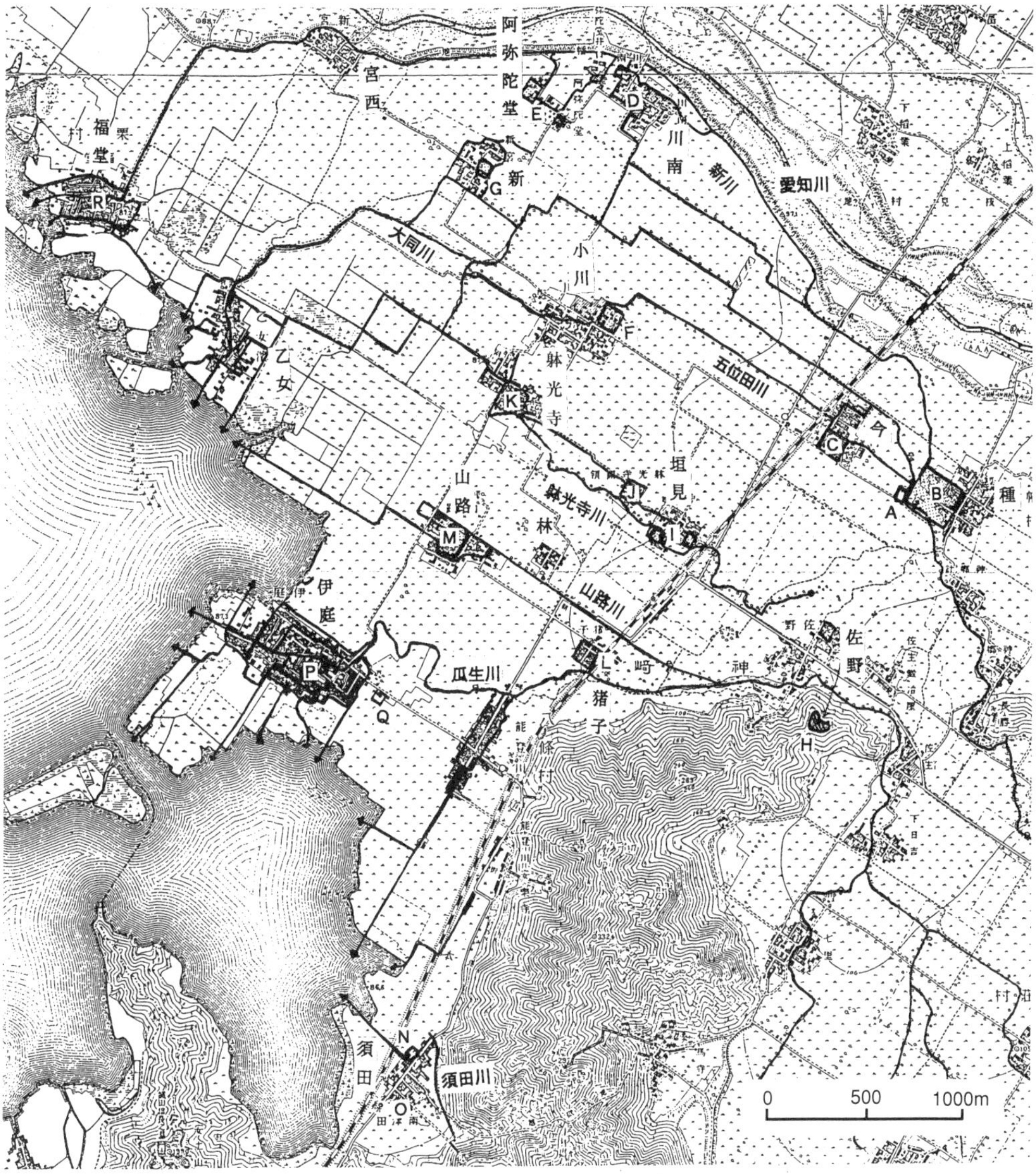

記号	遺　跡　名	所 在 地	記号	遺　跡　名	所 在 地
A	八仏手城跡	種	J	国　領城跡	国　　領
B	種　村城跡	種	K	躰光寺館跡	躰 光 寺
C	今　村城跡	今	L	猪　子館跡	猪　　子
D	川　南城跡	川　　南	M	山　路城跡	山　　路
E	阿弥陀堂館	阿弥陀堂	N	須田館遺跡	北 須 田
F	小　川城跡	小　　川	O	五十館遺跡	南 須 田
G	新　村城跡	新 宮 東	P	伊　庭城跡	伊　　庭
H	佐　生城跡	佐　　野	Q	伊庭古城跡	伊　　庭
I	垣　見城跡	垣　　見	R	福堂館遺跡	福　　堂

図３　能登川町域における城館分布図

川南と改めたという。

高橋対馬守を城主とする川南城が築かれている。城の位置は浄土寺東の川南家屋敷一帯とされている。大同川からの川を引き込み堀としていることや船入り状（☆）のものが地籍から読みとれる。

阿弥陀堂と阿弥陀堂城（図4）

阿弥陀堂の名は行基開基の光照寺があったことによる。中世は栗見庄の内で栗見大宮天神社の別当竹内妙観院が城主として阿弥陀城を築いたといわれている。妙観院は六角定頼の家臣として浅井との戦闘に参戦している。城は集落の奥、阿弥陀堂のあった場所といわれている。また集落の入口部に竹内妙観院の屋敷地の伝承がある。

宮西

栗見大宮天神の西に築かれた集落である。詳細は不明である。城館は確認されていない。

福堂と福堂館（図7）

福堂は大中の湖に面する集落である。中世に所在した福魏堂《ふくぎどう》から転じたという。有力者として六角家臣冨江恒信がいたらしいが詳しいことは不明である。

新川が集落のほぼ中央を走り、川に面して館跡が築かれている。集落は縦横に堀がめぐり最終的にはすべて内湖へと通じている。

大同川水系

種と種村城・八仏手城（図5）

種の集落の詳しい成立については不明である。永禄五年（一五六二）に蒲生定秀が種村三河守の城である八仏手《はちぶて》城を攻め落としている。

種村氏は守護六角久頼の三男高成が種を名乗って城を築いたのを祖とするという。記録での初見は延徳二年（一四九〇）頃からで、永禄六年の観音寺騒動に荷担した種村《たねむら》大蔵少輔《おおくらしょうゆう》實高《さねたか》というものがいたが、六角氏に敗れ種村家は母方の大橋氏を名乗ることで和解している。以後、大橋氏として近世を生き延びている。また、種村彦次郎という信長に仕え本能寺の変で二条城で殉死したものもいる。

大橋家には、種村と云われている彦助屋敷之絵図が伝えられている。それによると方一町の北と東を堀で囲い、西と南を大同川が堀の代わりをしていることがわかる。

今と今村城（図8）

今はもとは垣見庄に属していた。京都延勝寺の荘園である。「江州佐々木南北諸士帳」には上林藤十郎の名が上がっているが詳しいことは不明である。城は地籍から字御屋敷・政所の地名の部分に館跡があったものと考えられている。

新と志村城（図10）

新村は志村ともいわれ、記録では元亀二年（一五七一）に織田軍によって新村資則《しむらすけのり》の立て籠もる志村城が攻められたことがみえる（『信長公記』巻四）(6)。

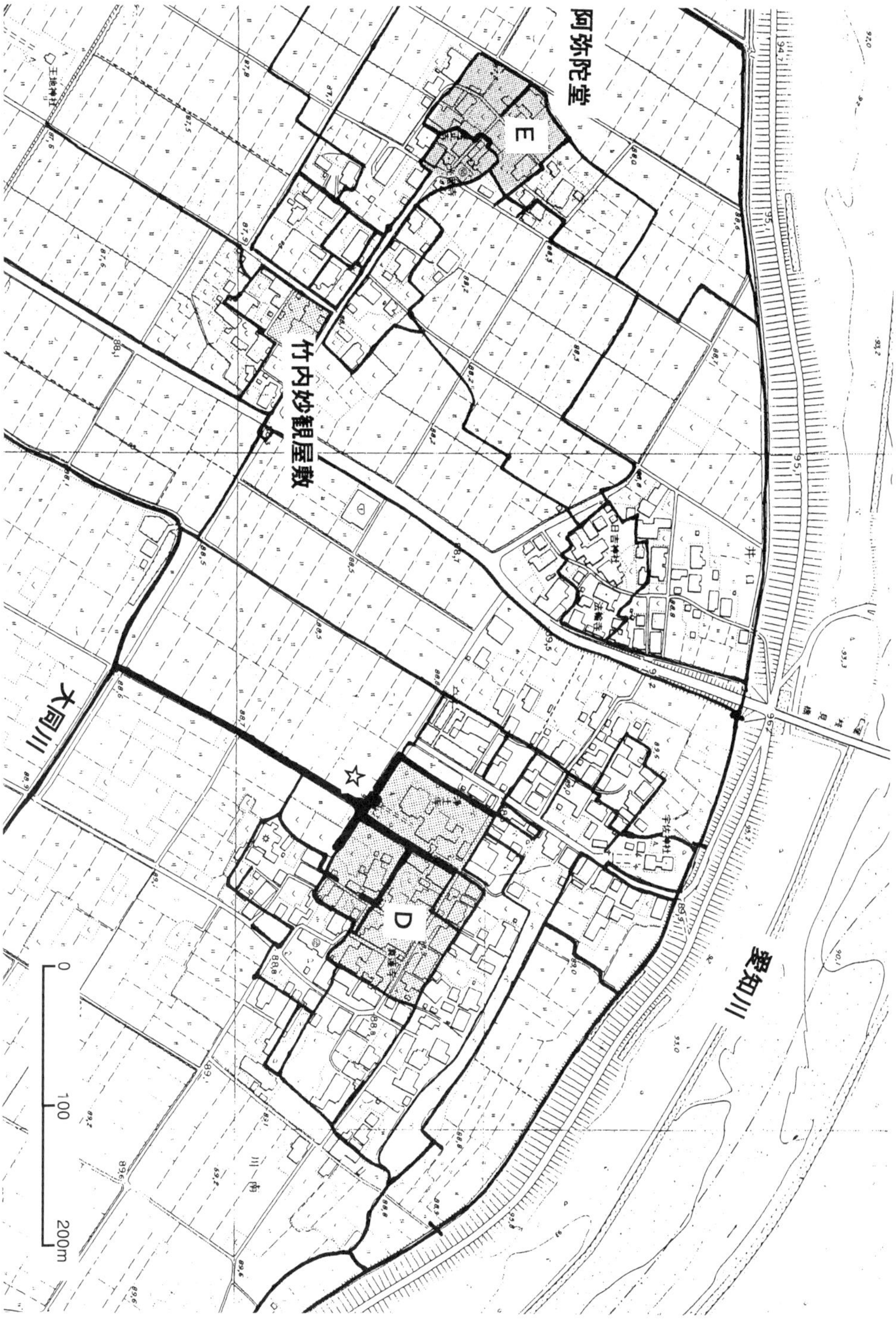

図4　阿弥陀堂館・川南城（５千分の１）　☆：船だまり、舟入りの可能性のある場所（以下、同じ）

資則《すけのり》の父資広《すけひろ》以前から守護六角義賢《よしたか》の被官となっている。伊庭氏とは姻戚関係にある。城は東西八十間、南北六十間で内堀外堀は一間あったといわれている。堀には大同川から水が引き込まれている。

乙女

現在、大中の湖に面して立地するが、平安時代以前は内湖の中の島であったと伝えられる。集落の位置や形態は福堂や伊庭と全く同じであるが、城館は発見されていず、在地領主の氏名も不明である。

五位田川《ごいだがわ》水系

小川と小川城（図9）

小川の成立に関する詳しいことはわかっていない。

小川に城を築いていた小川氏は、応仁の乱には佐々木家被官として佐和山城を守っている。又、弘治年間（一五五五〜一五五八）には、小川孫三郎が観音寺城改修にかかわっている。元亀二年（一五七一）に織田軍によって小川孫一の盾籠《たてこ》もる小川城が攻めたてられている。小川氏は人質をだして降伏しこれを許され家臣となっている。（『信長公記』巻四）その後秀吉の家臣となっている。

城は五位田川のめぐる小川の集落の中にある。地籍にみえる字城屋敷、城ノ内にあたると考えられる。

躰光寺《たいこうじ》川水系

佐野

佐野は中世には垣見庄の一部であった以外詳しいことはわかっていない。城館も発見されていず、在地領主の存在も不明である。

垣見と垣見城（図11）

垣見はもともと近衛家の荘園である。応仁二年（一四六八）には「垣見之陣」として六角と京極との衝突があったことでも有名である。

「江州佐々木南北諸士帳」には城主阿部井孫兵衛の名が上がっているが詳しいことは不明である。あるいは、国領氏の城とも考えられる。

垣見城は躰光寺川が屈曲する字屋敷、川を堀に取り込んだ字姫屋敷の部分に当たるものと考えられる。

国領と国領城（図11）

国領は躰光寺の枝郷である。地名からもとは国司直轄であったと考えられる。『寛政《かんせい》重修《ちょうしゅう》諸家譜《しょかふ》』[7]によると鎌倉時代の領主は源頼朝からこの地を得た高橋権頭《ごんのかみ》某が国領城に住むようになってから国領氏を名乗り佐々木六角被官となり代々在地領主を務めていたようである。永禄一一年（一五六八）に箕作《みつくり》城で討死にした国領孫左衛門秀久は垣見城に居を移している。秀久の子、孫九郎宗義は父亡き後、小川家に入り元亀年間以降信長の家臣になり、秀吉にも仕えている。

国領城は躰光寺の屈曲部に沿うように築かれている。

躰光寺と躰光寺城（図9）

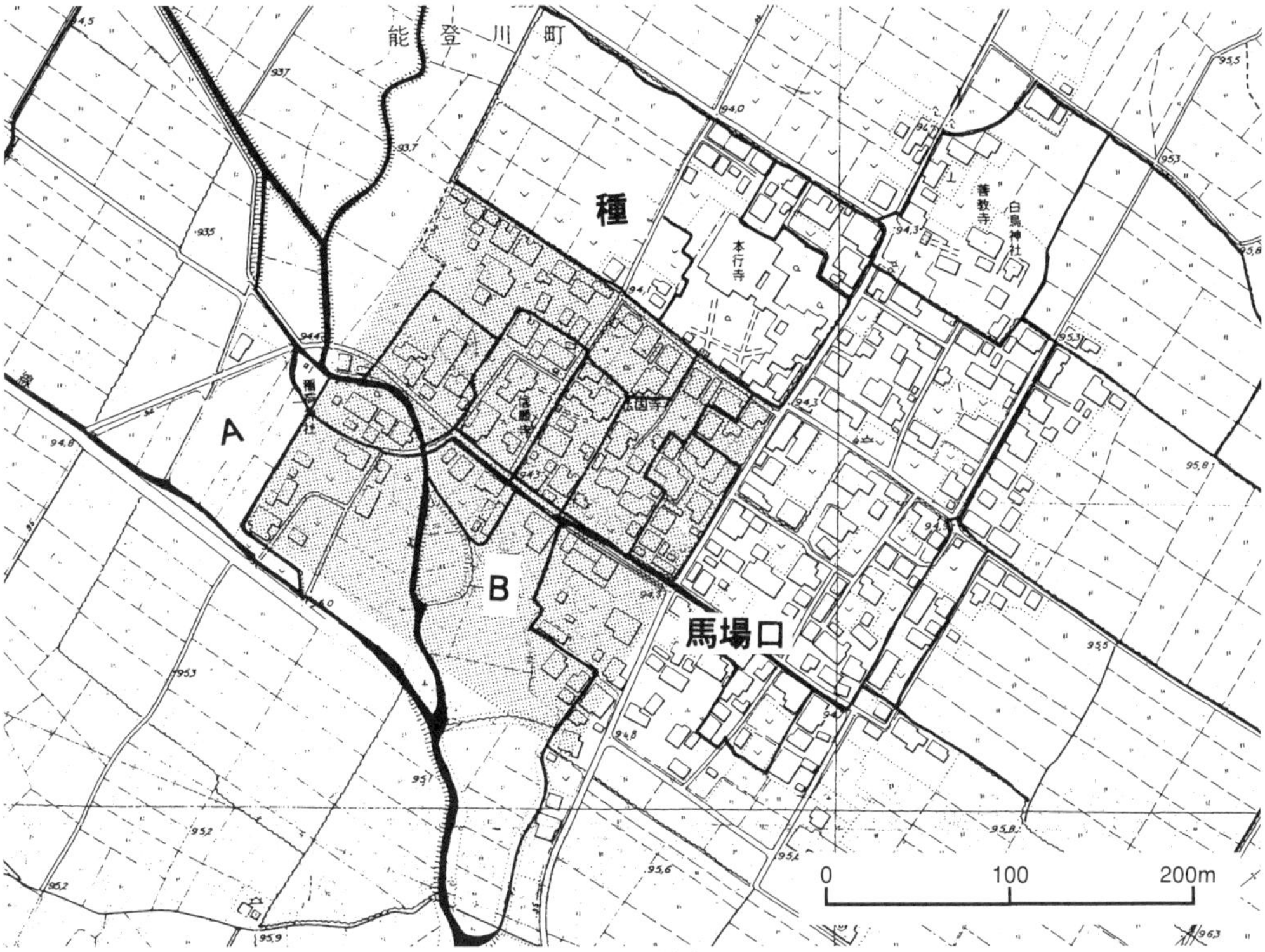

図5　種村城

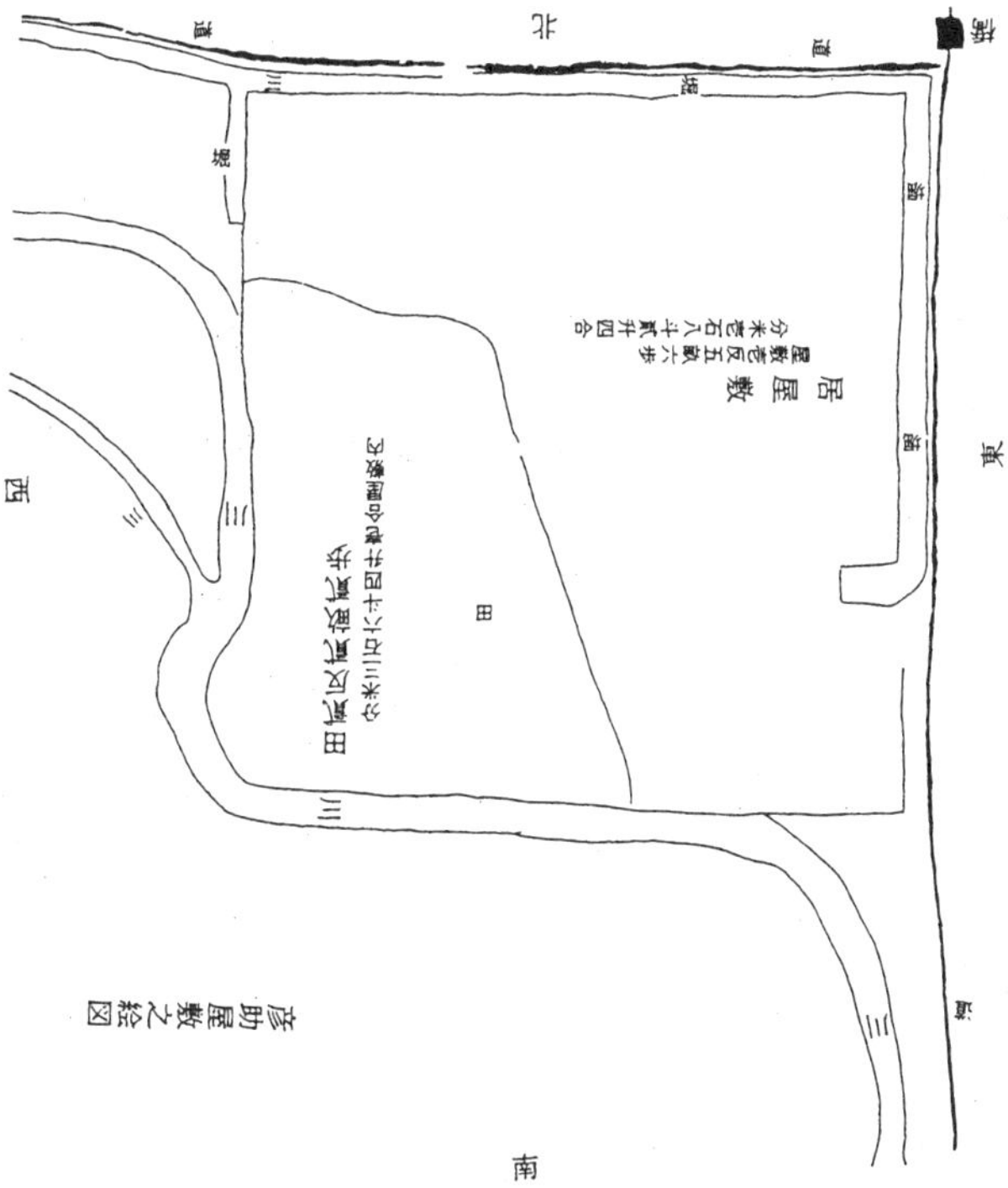

図6　種村城古図（大橋家文書）

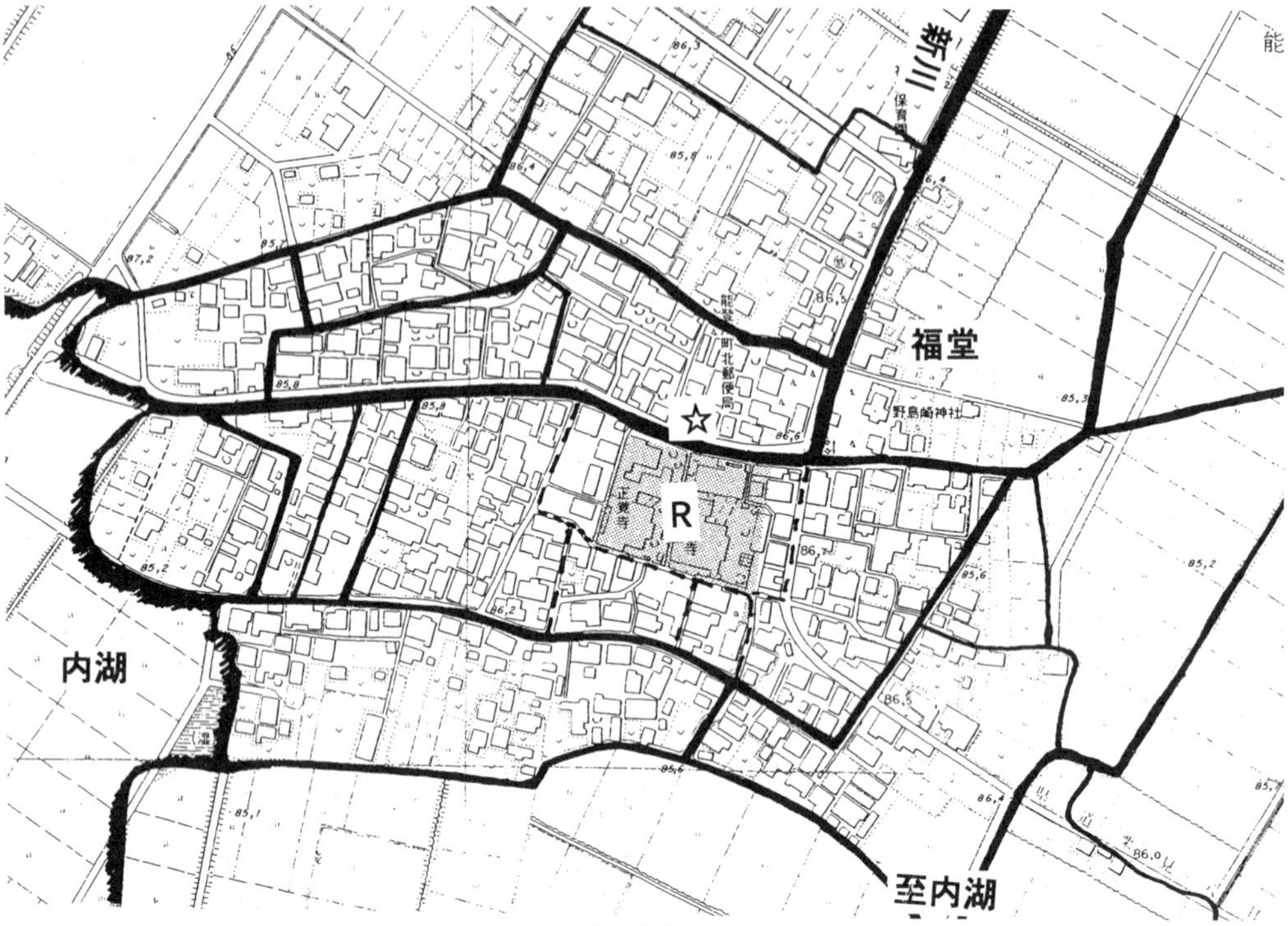

図7　福堂館

図８　今村城

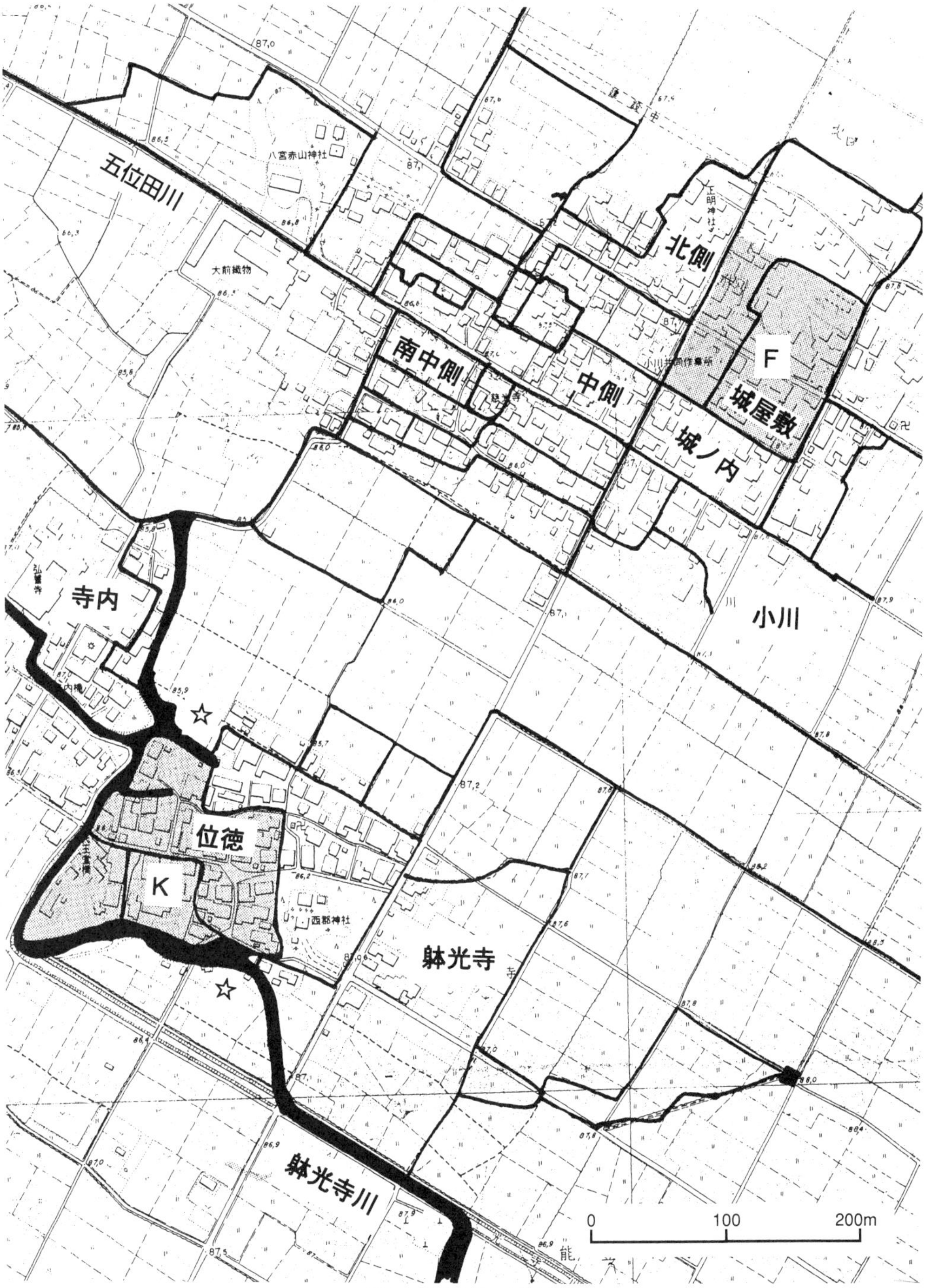

図9　躰光寺館・小川城

図10　新村城

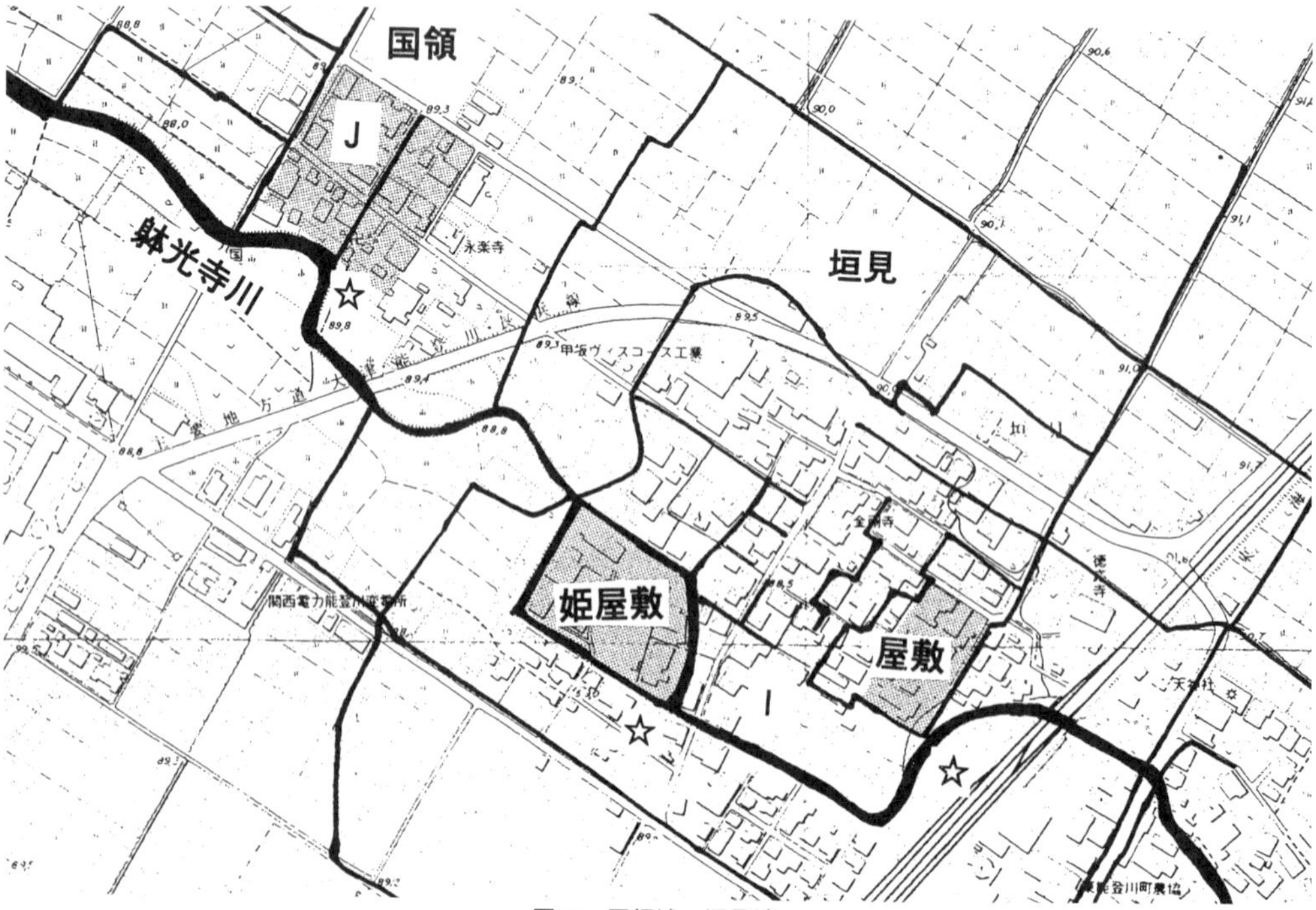

図11　国領城・垣見城

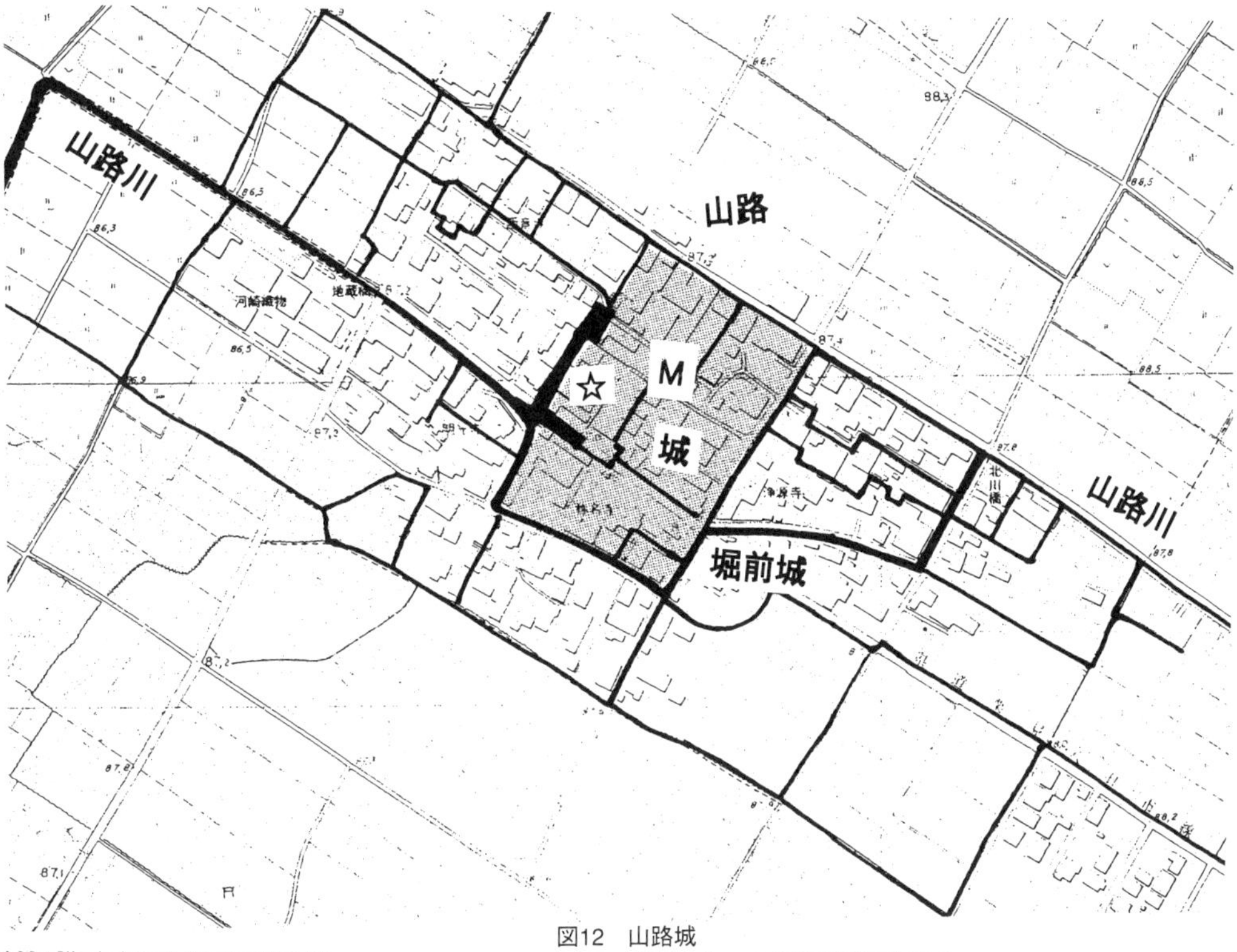

図12　山路城

図13　須田館

躰光寺はもともと京都青蓮院の荘園で系列の躰光寺門前集落として発展したといわれている。文明四年（一四七二）に六角氏に横領停止命令が幕府からだされている。「江州佐々木南北諸士帳」には城主躰光寺小左衛門の名が上がっているが詳しいことは不明である。

躰光寺城は躰光寺川が大きくうねる場所に、川を堀とするように築かれている。地籍では舟入らしきもの（☆）が認められる。

山路《やまじ》川水系

佐生と佐生城

佐生《さそう》の成立については詳細は不明である。領主は後藤氏である。

後藤氏は六角氏の重臣である。永禄六年には観音寺騒動で後藤賢豊父子が殺されているが彼らが佐生城の城主といわれている。この地域で唯一山城を持つ氏族である。佐生城は佐生の背後にある佐生山（標高一五八メートル）山頂に築かれた山城で石垣をもつものである。おそらく麓に館があると考えられるが現在のところ不明である。

林

林は当時、山路村に含まれていたようであり、城館も発見されていず、在地領主の存在も不明である。

山路と山路城（図12）

山路の成立については不明である。在地領主は山路氏で山路兵衛が城主といわれている。山路城は字「城」「城前」等から、この位置と考えられ、山路川が堀となって城をめぐっている。地籍からは堀と舟入（☆）の形態が明確に認められる。

瓜生川水系

猪子と猪子館

猪子《いのこ》はもともと神崎郡垣見村猪子里で垣見の一部であったものが、後に独立したらしい。慶長年間に幕府領を経て大和郡山藩領になったこと以外に詳しいことはわかっていない。

猪子氏は、応永三五年（一四二八）「伊庭《いば》満員《みつのり》書状」（『今堀日吉神社文書』）に伊庭入道とみえ、当時は在地領主であり伊庭氏の被官であった。また、正応期の伊庭氏の系図からも、伊庭盛清が猪子次郎を名乗り伊庭氏の支族であったことがわかる。六角氏滅亡後は蒲生氏郷の家臣となっている。猪子館は瓜生川沿いに築かれている。

能登川（図14）

能登川は、江戸時代以前から伊庭の枝村として認識される集落である。存在していたとされる伊庭湊は古くは古代伊庭庄の荘園の積出港として機能していたいわれている湊（上☆）である。また、近世に至っては、大和郡山藩の積出港（下☆）として機能していた。

伊庭と伊庭城（図15）

伊庭はもともと古代の荘園である伊庭庄の積出港として栄えたものと考えられる集落である。当時の庄域は現在の能登川・

瓜生川
能登川
至内湖
村喜織物
三省織物工場
町立能登川西小学校
中村織布
能登川港郵便局
きぬかさ保育園
中村織布
善明寺
大徳寺
愛宕神社
大阪鉄

図14　能登川湊

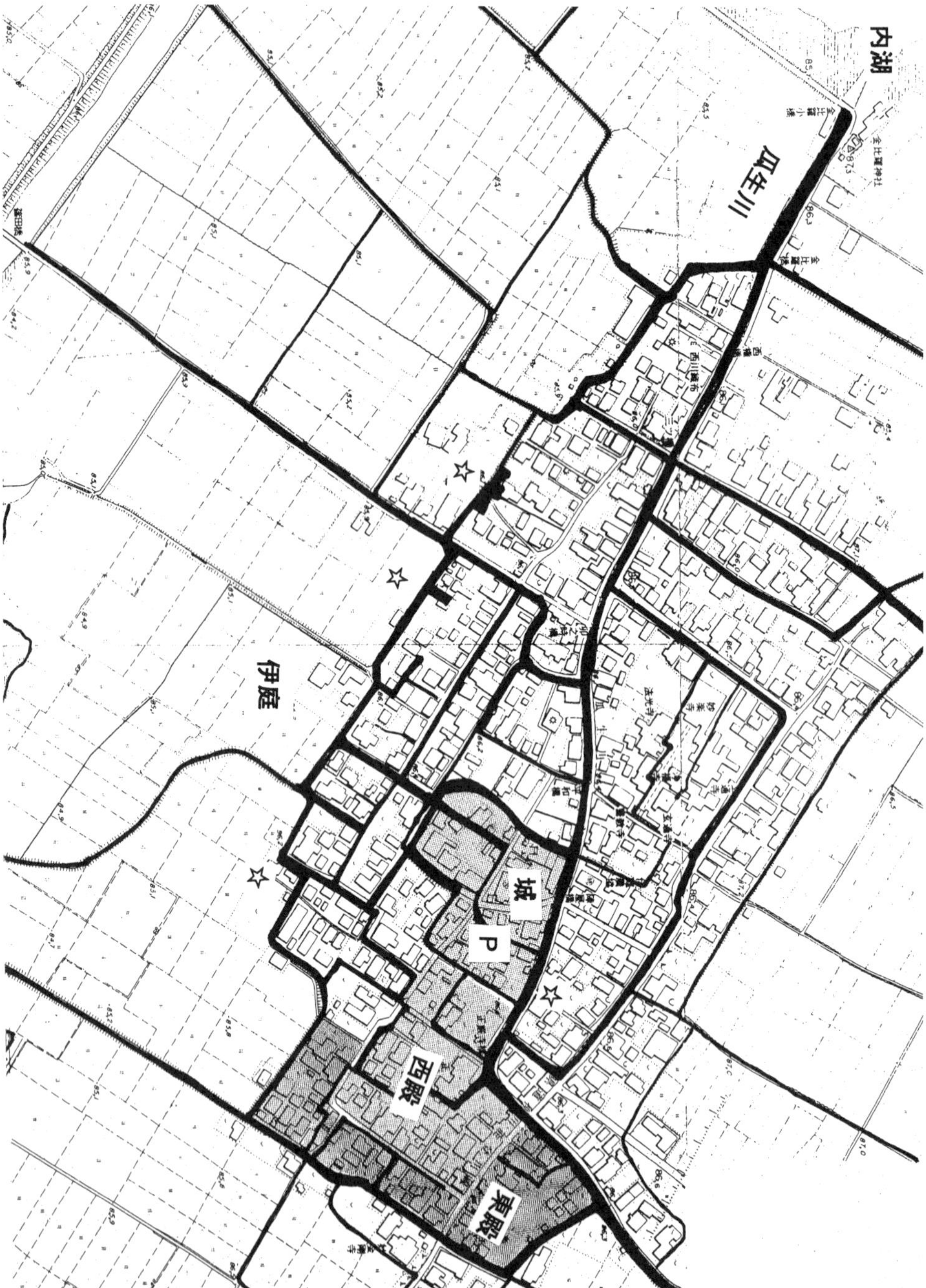

図15　伊庭城

安楽寺・須田・猪子・林・山路・佐野・垣見・躰光寺・小川といわれており、本家は京都の成勝寺、領家は九条家であったらしい。この関係は一三世紀前半まで確認できるようである。その後、長享元年（一四八七）頃から六角氏の横領にあい、支配の実体は在地領主の伊庭氏の手中にあったものと考えられる。

伊庭氏は源平の争乱頃から武士として活躍していた氏族で、佐々木定綱が近江守護となった時から佐々木六角氏被官として仕えている。正応期（一二八八～九三）の伊庭氏の系図によると豊浦冠者三郎大夫行實以下「實」「綱」「高」「定」「盛」等の字を名に使用する人々がみえ、佐野・猪子ら氏族の名もみえ姻戚関係にあることが理解できる。その後の系譜については不明な点が多いが、「小佐治文書軍忠状」文和二年（一三五三）をはじめとして、「観音寺騒動」（永禄六年（一五六三））による失脚まで、六角氏との姻戚もあり、被官としての存在と活動が確認できる有力在地領主である。

伊庭城は、字「城」や「西殿」「東殿」一帯にあったと考えられる。集落の中央を瓜生川が流れ、それに沿うように城が築かれていることがわかる。集落はさらに二重三重に堀がめぐり取囲むような形態をしている。また、いたるところに舟入（☆）状のものが認められる。

須田川水系

須田と須田館（図13）

須田は現在、北須田と南須田とに別れているがもともとは伊庭村のうち須田町でありひとつであった。須田は中世期全般を通じて在地領主須田氏を中心とした集落であった。その後、安土摠見《そうけん》寺《じ》領として天正二〇年（一五九二）に豊臣秀吉の朱印状とともに寄進されたのをきっかけに山塊を越えこの地が蒲生郡須田となっていたと考えられる。この蒲生郡須田村が南須田と北須田として南北に別れたのは、明治一五年の神崎郡への編入によるものである。信長と須田との関わりは天正二〇年以降のものと考えられ、この地を安土城下町の一部としたいとする説もあるようであるがこれについては歴史的根拠がない。

須田氏は伊庭氏庶流である。応永三二年（一四二五）の文書（今堀日吉神社文書）に営業権争論に関して伊庭氏より令を下した須田北殿や享禄四年（一五三一）の浅井氏との争乱、箕浦《みのうら》合戦で太尾山城を守っていた須田殿、永禄六年（一五六三）の観音寺争乱に関わる文書に見える須田七郎左衛門などの名がみえ、代々、この地で六角氏・伊庭氏被官として活動していたと考えられる。

須田館は須田川とは直結していないが、独立した内湖へ続く堀を城前まで引き込み舟入（☆）としているようである。

さて、このようにしてみると中世末に新たに築かれた集落のほぼすべてが、在地領主の館である城館を中核にして形成された集落であり、彼らはその地域で六角氏の被官として活躍しながら地縁血縁を媒介として、核となる城館を築き、住まい、集落を形成してこの地域の支配を行ってきたことがよくわかるであろう。しかも、それら集落や城館が、内湖に続く川と堀とに深く関わって形成されていたことは先に述べたとおりである。

おそらくこれらは、川と内湖とを活用することに重きをおいていたからではないかと考える。彼らにとっての水と川と内湖は生産と生活の基盤であり、村々とを結ぶ交通のネットワークでもあったからではないか。

では、次に交通としての観点からこのことを見てみたい。

現在では、交通の主眼が陸路に重きをおかれているが、中世にあっては、陸路以上に水上交通は有効な交通手段であったようである。

ここでは時代の下る資料ではあるが、残された船と湊の記録から内湖と川とこれら城館・集落の関わりについてみてみたい。

船に関すること

この地域における船に関する文献（註5―②）は、次の七つが知られている。

A：観音寺文書　天正二十年（一五九二）

一　山路村家数高七拾五間此内七人加子之高
　唐へ参候加子壹人小人分可出候

一　ふくど村家数高廿三間此内拾五人加子之高
　唐へ参候加子貳人大分可出候
　当村合四人可罷出候

B：江州諸浦（れう舟ひらた）船之帳（観音寺文書）慶長六年（一六〇一）

伊庭　ひらた舟　九十三艘

C：さわやま御城付分ひらた舟之帳（観音寺文書）慶長期

一　新開村　　十九艘
一　ふくど濱　二十三艘
一　おとめ濱　三十三艘
一　大（躰）光寺　六艘
一　佐野　　一艘
一　山路　　五艘

D：江州湖水諸浦舟員数帳　延宝五年（一六七七）

百七十三艘　伊庭

E：『淡海府志』元禄三年（一六九〇）

伝馬舟三艘　丸舟貳艘　伊庭

右者当牛年運上被召上候ニ付、去年巳年舟改浦々差上、舟員数大小如此。但シ百姓田畑為養所持仕候舟々艜舟ニハ運上除之。云々。

F：『近江輿地史略』

神崎郡　伊庭村
百五艘　内　丸船　三艘
　　　　　　艜　百二艘

G：『滋賀県物産諸所録』明治十一年

山路　七十艘　能登川　五十一艘　須田　十二艘
伊庭　四百八十二艘　躰光寺　四十艘　垣見　一艘
今　一艘川渡し用　小川　二十一艘　阿弥陀堂　一艘

新宮　七艘　　乙女濱　二百五艘　福堂　三百二艘

Aの文献は、豊臣期に福堂と山路に対して、文禄の役に際し加子《かこ》の出役を命じたものである。このことから、両集落に船と船を操る加子の存在がわかる。また、B～Gの文献は、各集落の船の数を明記したものである。これらによると、内湖縁の乙女・福堂・新開・伊庭などは船を多量に持っている事がわかる。当然のことである。しかし、それらに加え躰光寺や山路、佐野などのかなり内陸部の集落にもかなりの船が有ることがわかる。集落における川の利用と船による交通の重要性をうかがい知ることのできる資料である。

川に関すること

川に関する資料（註5—②）としては、以下のものが知られている。

新川

天明四年（一七八四）の「新川筋掘浚之写　証文之事」によると「……大川筋堤根ニ付有之候筋之所、土砂多馳込、川底高ク相成、水不通行ニ付、田畑之害ニ相成、其上船川往来旁難儀之旨願出候ニ付、……」として、今・川南・阿弥陀堂が愛知川筋の堤防沿いの新川の川底（巾九尺より二間迄、底掘壹尺）が高くなり、船の往来に難儀しているので川の浚渫をしたい旨願いが出されている。

このことより、少なくとも今～宮西までの間の新川での船の往来があったとわかる。

山路川

山路川には普請の記録が残っている。文禄年中とある差上手形によると「大川之儀ハ佐野村蔵橋舟付きカラうみ迄、山路村の才判ニ紛無御座候。」とあり、「村之内ハ川幅貳間壹尺ニ御極メ被下候。」と決められているので、改修に当たっても「河幅村之内ハ貳間壹尺」に決めるようにとしている。山路城を横切るこの川幅は、船が通っている新川よりもさらに広い事がわかり船の往来が想定できるものであろう。

また、船の往来については、明治一〇年に出された山路川三枚橋下の井堰の修繕に石船を七八艘を出すことを願い出た文献でも確認できる。

伊庭川

伊庭川に関しては、次のような伝説が残っている。「伊庭川と山路川との分水点は四六個の大石で堰かれて左右に流れてある。元亀の頃、旱魃《かんばつ》があり、伊庭庄の人々は伊庭川を開いて水を引いたから、山路は之に抗して争論となった。此訴訟は織田信長の稲葉山城で開かれ、伊庭から覚部屋敷の助右衛門が出廷したが敗訴となり、人質にとられた助右衛門は屠腹《とふく》して哀訴《あいそ》したから、信長は其義気に感じて通水を免許し、其川上の堰に投込んだ大石を、能登川の竹原甚右衛門が梃子《はしご》でこぢあけ水を下へ流した。今に其家をてこ甚と呼んでいる。伊庭庄は為に二百町歩の田地が旱魃を免れることゝなり、助右衛門の家は永世村の諸役を免除せられた。」（『近江神崎郡志稿』⑽）

生活における集落内を流れゆく水の大切さと川の上下関係を

物語る話である。おそらく、中世にあって水の適切な管理がその集落の生産基盤を左右するような重要なことであったにちがいない。

湊に関すること

湊に関する資料は下記のとおりである。

能登川湊

中世にあっては伊庭庄の外港として機能していた。ただし、文禄三年（一五九四）に徳永寿昌が町割と水路、湊の整備を行っている。地籍図から見た限りでは、集落の北側の溜まり（図14）が古いものに感じられる。それより南の街区と末端の水路と湊が、「下街道筋ニテ、船入モ有之」（『淡海《おうみ》木間攫《こまざらえ》』）に見える徳永が整備した湊（☆）であると考えられる。近世では大津運上米、近代には湖西からの柴や石、近江八幡からの日用品も運ばれたらしい。

山路湊

享保九年（一七二四）の「佐野村明細帳」によると、当時、大和郡山藩の年貢を佐野から山路浦まで川下りさせ能登川の問屋で大船に積替え大津まで運んでいたようである。

また、慶応二年（一八六六）当時、彦根支配下であった山路村と松原湊役人との間で交わされた文書では、彦根藩松原湊の出湊であること、干魃の際は田地用水を堰止めてでも船運に支障をきたさないように申し渡され、山路側は従来どおり丸子船を運用できること、荷揚げの際は田畑を荒らさぬよう水夫に申しつけるなどを取り決めていた記録が認められる。

このように、船をつける湊には、「者と物」を運ぶことによる生産と経済を支える大きな役割があった。したがって、これらを掌握することこそが、集落と地域を押さえることにもなっていたのではないかと考えられる。彼らにとっての水と館と集落との関わりの一端である。

四　六角氏から織田氏へ

六角氏の支配　このように、中世末に城館と共に新たに築かれた集落は、内湖に注ぐ川をより有効に活用していき、また管理していくためにより積極的に川を集落の中へ引き込み、そして城館の堀へと引き込んでいったのである。

能登川町域における後の村となり大字となったこれらの中世的集落は、大きくは守護六角氏の城である観音寺城を中心に据えて、それを取り巻くように、まるで衛星のごとく位置していたことがわかる。そして、地形的には河川というものを系としてラインを引きながら、また組織的には被官という形式的な支配と姻戚という血で結ばれ、ひとつの地域的ネットワークを組みあげており、それらが補完しながら地域の均衡が成り立っていたのである。寄添うことによって作り上げられ、成りたっている強固な地域的支配関係の形態そのものが水と集落との関わりそのものであるといえる。

信長の出現と湖上ネットワーク　しかし、彼らの時代も長くは続かなかった。強固に思えた、この地理的、地縁血縁的なネットワークも、彗星のごとくこの近江の地に現れた天才織田信長には通用しなかったのである。信長は難なく、このネットワークを切断し、各戸撃破し、蹂躙《じゅうりん》していく。強固な信長軍団により「元亀の争乱」でこの能登川地域の城館も次々と破られていくことになるのである。城館の滅亡と衰退である。それに伴う、その後の在地領主の命運も様々であった。その地を安堵されたものもいれば、信長を経て豊臣に仕えた者もいる。そして、永遠にその姿を消した者もいる。それに伴い、ひとつひとつの集落からは城館は消滅していき、この地にも新しい時代と新たな大きな枠組が築かれていくのである。安土城の築城である。

信長は彼らが利用したこの内湖を新たな形として利用した。天正四年（一五七六）、天下布武《てんかふぶ》の拠点として信長は安土城を築いた。安土城は、両脇が内湖に面した湖に浮かぶ要塞である。

琵琶湖をめぐる新たなネットワークとして、長浜城・安土城・坂本城・大溝城という琵琶湖に直結した四つの城をダイヤ形に配し、湖上ネットワークを作ることにより湖上を支配した。(11)近世という時代の到来である。

このように内湖と城の関わりについては中世から続く深い関わりがあったのである。国の真中に母なる琵琶湖をいだく近江にとって、水との関わりが歴史の中でも重要な位置を占めていることが、ここからもわかっていただけたのではないかと思う。

註

（1）①木戸雅寿「水辺の集落の原風景」『湖の国の歴史を読む』、新人物往来社、一九九二年
②木戸雅寿「考古学から見た中近世集落の発展と都市・町の成立」『中世都市研究1』、新人物往来社、一九九四年
（2）『中世集落と灌漑』（『大和古中近研究所資料Ⅲ』）、シンポジウム「中世集落と灌漑」実行委員会、一九九九年
（3）木戸雅寿「中世集落と居館」『城郭研究の奇跡と展望』、城郭談話会、二〇〇一年
（4）『滋賀県遺跡分地図』、滋賀県教育委員会、一九九六年
（5）①『滋賀県の地名』（『日本歴史地名体系25』）　平凡社、一九九一年
②『近江神崎郡志稿』、滋賀県神崎郡教育会、一九二八年
（6）奥野高廣・岩沢愿彦校注『信長公記』角川文庫、一九六九年
（7）『寛政重修諸家譜』、続郡書類従完成会、一九六七年
（8）前掲註（6）
（9）前掲註（6）
（10）前掲註（5）―②
（11）中井均『近江の城―城が語る湖国の戦国史―』、サンライズ印刷出版部、一九九七年

湖上交通史における佐和山城の史的意義

用田政晴

一　松原内湖の船着き場

さきごろ刊行した拙著『信長　船づくりの誤算―湖上交通史の再検討―』(1)の表紙に用いた写真は、明治三八年（一九〇五）に彦根市の松原内湖において撮影された写真である（写真1）。場所は、現在、大洞弁財天《おおほらべんざいてん》（別名、長寿院《ちょうじゅいん》）の正面石段にとりつく部分で、帆を揚げた百石積み程度の丸子船《まるこぶね》二隻と田舟一隻が写っている。石積みおよび石段は、船着き場らしい様相を呈しており、これらは今も住宅街の中に取り残されながらも現地で見ることができる（写真2）。

このあたりの四〇年ばかり前からの状況からすると、この情景は非常に不思議である。一九六〇年ごろは、市街地から一キロメートルほど離れたこの付近に、民家はほとんどなかった。物資を運ぶことが多かった丸子船、それも六反帆と七反帆を揚げた百石積みという大型船が二隻もここに着き、舵まで下ろしている。

ここは大洞弁財天をはじめ、龍潭寺《りょうたんじ》、清涼寺《せいりょうじ》、井伊神社《いいじんじゃ》があるが、いわば船の需要は参拝者だけである。代々の彦根城主は、下屋敷玄宮楽々園《げんきゅうらくらくえん》から船でここに渡り、参詣したという。ならばこの船着き場は、彦根藩四代目城主井伊直興《いいなおおき》が元禄九年（一六九六）正月に弁財天を祀って以降のものということになる。例えば佐和山城の外港は、松原にあったといわれているが、(2)佐和山の麓には、舟入りがなかったのだろうか。

また写真では、この大型の丸子船が舵をわずかながら下ろしている。百石積み程度の丸子船は、荷を満載すると喫水《きっすい》は三尺ほど下がり、舵を目一杯下げると下端はさらに三尺程度下に位置する。つまり二メートル近くの水深がないと、舵を十分に下ろしての帆走は不可能ということになる。松原内湖での大型船の航行の可能性を示唆するものである。

こうしたことから、かつての松原内湖付近の大雑把な地形復元と佐和山城下の再検討を行うことによって舟入の位置を想定し、その結果を新たな佐和山城の史的評価にもつなげていきたい。

写真１　明治時代の松原内湖（彦根市立図書館蔵）

写真2　干拓され住宅街となった現在の松原内湖

二　佐和山城下の復元

『佐和山古図』等をもとにした佐和山城およびその周辺の復元がこれまで行われているが[3]、今回、さらに地形観察とかつての道や水路の聞き取り調査を行い、それを明治二六年測図、大日本帝国陸地測量部作成地図に復元した（図1）。なお、城の遺構の概略は中世城郭分布調査等の成果に依った[4]。

城は、東の中山道に面した側を大手とし、西の松原内湖側を搦手として築城されていることは疑いなく、曲輪や堀切の配置からも東の中山道側を防御正面としている。「追手門」（大手門）のとりつく大きな土居と二重の堀もそれを裏付けるが、一六世紀末の石田三成による「佐《さ》和《わ》山《やま》惣構《そうがまえ》」の普請の形態をとどめると考えられる『佐和山古図』の情報によると、佐和山城の最終段階においてに実質的に城下の中枢として機能したのは、城の西側、松原内湖側の麓であると考えられる。

大手側では、「侍屋敷」が土居を出て広がることはなく、侍屋敷群の最奥部に「客馬屋」があった。それに対し搦手側は、まず「石田屋敷」があり「馬屋」がある。「侍屋敷」は土居をはみ出て、松原内湖縁辺部あるいはさらに外側の土居状遺構と堀推定地まで広がる。侍屋敷の外側には、さらに石ケ崎町、新町、魚屋町、馬喰町と呼ばれる町屋が広がる。

大手側と搦手側の連絡は、「龍潭寺越」と「切通」道（後の朝鮮人街道）の二本の峠越えの道によって行われ、その二本の道に挟まれた山塊に山城の遺構が展開する。ただ、城の曲輪などの遺構とこれらの道は直接つながることはなく、城の遺構にとりつくのは、大手と搦手からの道である。

さてこの二本の道のうち、実質的に機能したのは「龍潭寺越」と考えられる。『佐和山古図』では、「切通」が侍屋敷の中を抜けて旧芹川河口に至るように表現されているのに対し、「龍潭寺越」は「元往還」とあり、松原内湖に面したところでは、今の清凉寺の前で「大カイトウ」（大海道・大街道）を経て「百間橋《ひゃっけんばし》」に取り付き、容易に外港である松原湊に達することができる。

また、この「百間橋」取り付き部分に、古図では空白地がある。これは、「石ケ崎町」という町屋に面した物資の集積地で、内湖での船積みと城下侍屋敷、そして「百間橋」を通って「松原湊」へ送る物資の選別を行った場所であると考えられる。とすればこの付近に、佐和山の内港を想定しても良い。その候補の一つが、先に述べた現在の大洞弁財天下の船着き場である。

蛇足ではあるが、「大カイトウ」は従来、「百間橋」の一部のように考えられていたが、詳細に『佐和山古図』等を観察した成果では、木橋の部分とそれ以外は区別して表現されており[5]、この「大カイトウ」は湿地あるいは浅い内湖にしつらえられた堤防状の道であると考えられる（図2）。そうした類例は、最近発見された安土町大中ノ湖南遺跡の「船着き場」遺構に見ることができる。

この佐和山城は、旧犬上郡と坂田郡の郡境にまたがり、湖と陸路の接点、北陸と東海の分岐地域にある。よって物資流通の拠点ともなり、その拠点「都市」はしばしば「港湾都市」とし

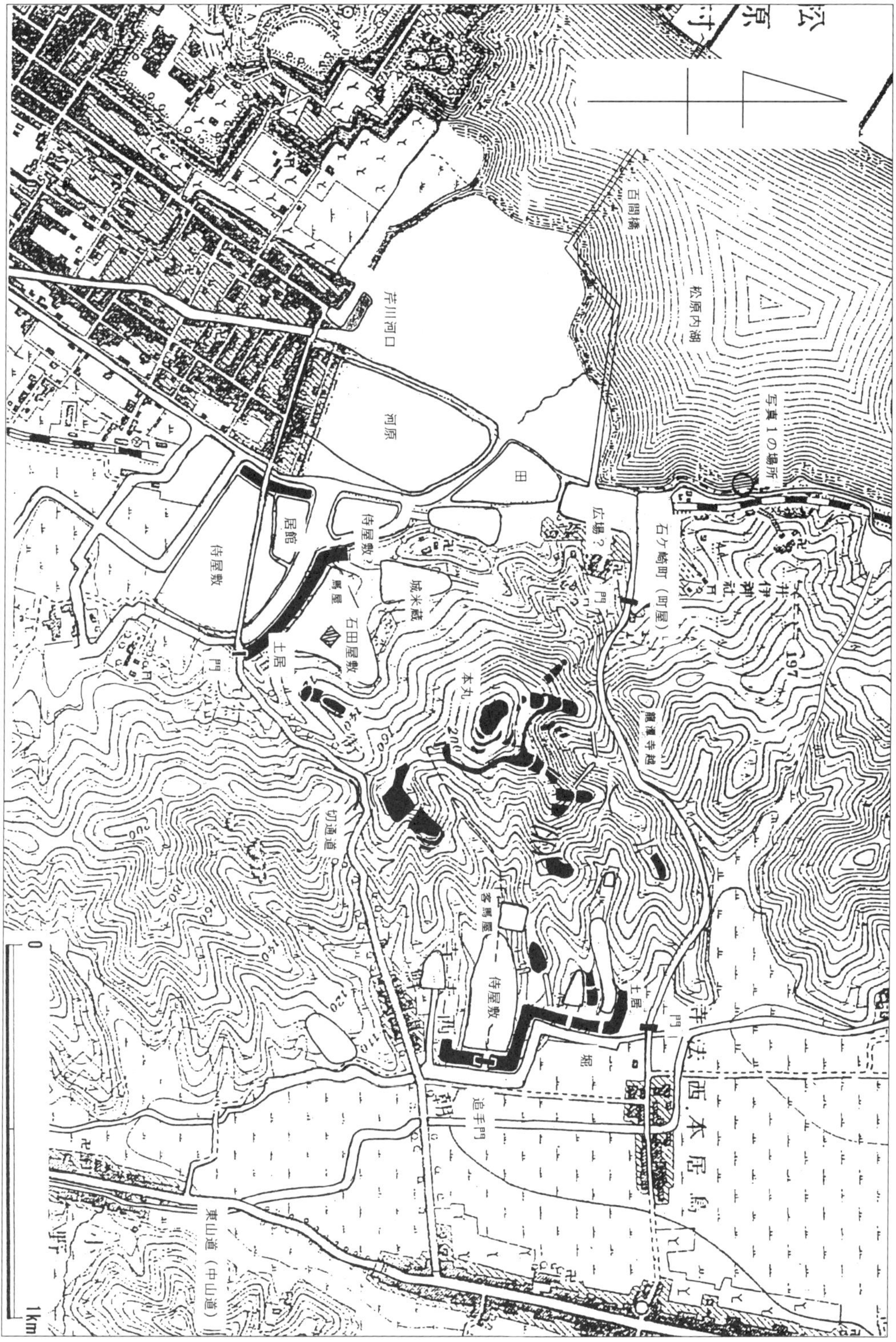

図1　佐和山城下の復元図

て繁栄を遂げる。これらは双方の利害関係と物資管理、租税徴収等の利便性から郡境に発達することが明らかになっている。(6)井伊氏の彦根城下建設以降、一箇所に集中して建立された龍潭寺、清凉寺、井伊神社、長寿院は、これら石田氏の利益の中枢を一括して移設した後、その痕跡を全く異質なものへと転換させた結果であろうと推定する。

三　松原内湖の水深

先に松原内湖での大型船利用について触れたが、かつての松原内湖の地形復元をする資料はあまり多くない。

慶安五年（一六五二）の「湖浦改書」『彦根藩文書』によると、「松原村舟入之口、（中略）常水之深サ四尺五寸」とある。また、熊沢蕃山が、琵琶湖の水を日本海に流すことの検討を行った折、琵琶湖の減水は「七尺なるをもって彦根城の濠は乾上り松原村にある御用早舟十二艘は用をなさず」と答申している。(7)

松原内湖の干拓後の水田は、標高八三・二〜五メートルを計り、琵琶湖の標準水位を八四・四メートルとすると水深一メートル程度となる。とすれば、百石積み程度以上の丸子船などの大型船による帆走は難しくなる。

おそらくは、佐和山城の麓、先述の広場あたりから松原湊までの小型船による輸送と積み替えの不便解消のため設けられたのが、「百間橋」なのだろう。

参考までに、寛文一二年（一六七二）の河村瑞賢《ずいけん》による西廻り航路の整備により、北国物資が琵琶湖輸送を利用しなくなり湖上輸送量が三分の一に衰退したのは、物資の船への積み替えによる手間賃がかさみ、荷が傷んだためとよくいわれているところである。(8)

四　佐和山城の史的再評価の見通し

おそらくは、当初、中山道を意識して大手を東に築かれた佐和山城も、天正年間の早い段階には信長上洛の際の琵琶湖と通じた中継基地として機能し、舟入等が整備されたものと思われる。ただ、『信長公記』による天正三年（一五七五）四月や六月の記述を見る限り、佐和山城を利用した琵琶湖での小早と呼ばれる小形船等の利用に終わっている。本格的に城の松原内湖側を実質的な大手として城下を整備し、湖上路も利用した流通物資の集積、中継、管理を行おうとしたのは、佐和山城の最終段階、三成による「佐和山惣構」によるものだろう。それを補うために建設されたのが「大カイトウ」と呼ばれる堤防状陸路および「百間橋」であり、これにより佐和山城とその外港である松原湊を直接つないでいたと考えられる。

一つの中世の山城が、中世的な陸路支配主義から近世的な水上交通重視の時代を経験したことによって、城の大手と搦手が逆転するという状況を生みだした。

関ヶ原合戦以降の井伊氏の佐和山撤退、彦根城築城の裏には、三成政治の一新、平山城への転換の必要性もあったかも知れな

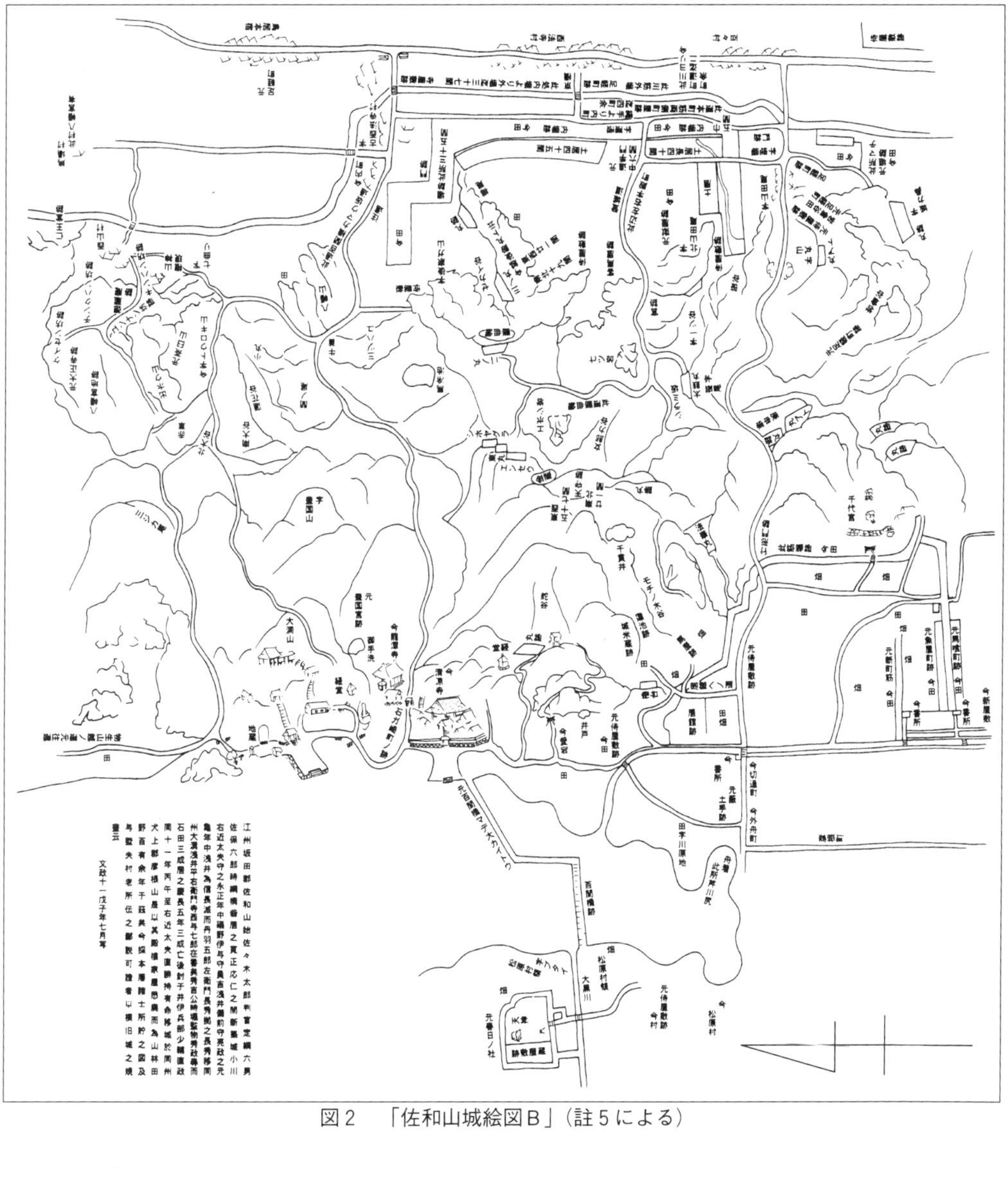

図２　「佐和山城絵図Ｂ」（註５による）

いが、直接的な松原湊の管理とその利用というものも大きな理由であったと考えられる。

註

(1)用田政晴『信長　船づくりの誤算─湖上交通史の再検討─』、サンライズ出版、一九九九年
(2)「松原湊」『滋賀県の地名』日本歴史地名大系二五、平凡社、一九九一年など
(3)母利美和「佐和山城とその遺構」『彦根城博物館─歴史展示ガイドブック─』、彦根城博物館、一九八七年
(4)長谷川銀蔵・長谷川博美・中井均「佐和山城」『滋賀県中世城郭分布調査』五、滋賀県教育委員会、一九八七年
(5)谷口徹「佐和山城の絵図」『彦根城博物館研究紀要』第六号、一九九五年
(6)例えば、舘野克己『日本古代の交通と社会』、塙書房、一九九八年など
(7)『琵琶湖治水沿革誌』一、琵琶湖治水会、一九二五年
(8)脇田修「琵琶湖文化とその移り変わり─近世─」『湖人　琵琶湖とくらしの物語』、同朋舎出版、一九九六年

中世城館と灌漑水利―宇曽川中流域を中心として―

神保忠宏

一　水利灌漑と中世城館

平野部に立地する中世城館は[1]、防御性とともに地域支配の拠点となる機能を有している。特に、河川を巧みに利用して築かれた中世城館は、防御機能のような軍事目的以外の河川利用の可能性を多分に持っていたと考えられる。

そのひとつと言える、水堀と隣接する河川を連結して舟運機能を持つ中世城館は、本稿の対象地域である宇曽川《うそがわ》中流域にも少なからず存在し、河川との密接なかかわりを有している。

その一方で、地域支配、言い換えれば農業経営の要となる中世城館は、農業にとって必要不可欠といえる水、農業用水を管理・支配する機能を持つと考えられる。

最近、歴史地理学の分野で発表された佐野静代の研究[2]は、中世の平野部居館の水堀とそこへ引水する用水路の灌漑範囲から居館領主による用水支配権を想定して、居館主導による土地開発および土地支配システムが構築されていたことを指摘し、そのモデルを提示している（図1）。

筆者も、米を主とする農作物の生育を左右する水を安定して供給することは、地域支配の重要な要素であると考える。取水もしくは分水点などの用水管理拠点に城館を築くことで、在地領主の地域支配を明示する機能があるという[3]視点から対象地域の検討を行った。

本稿は、宇曽川中流域に分布する中世城館を対象に地域支配の要とも言える水利灌漑システムに焦点を当て、中世城館と灌漑水利のかかわりについて小検討をおこなったものである。

二　宇曽川中流域の景観と水利形態

本稿の対象地域となる滋賀県秦荘町《はたしょうちょう》は、湖東平野の中央部、犬上川扇状地と愛知川《えちがわ》扇状地に挟まれるようにして流れる宇曽川流域に位置している。町内を流れる河川もほぼ宇曽川水系に属し、合流を繰り返しながら中山道と交差する地点で一つの川

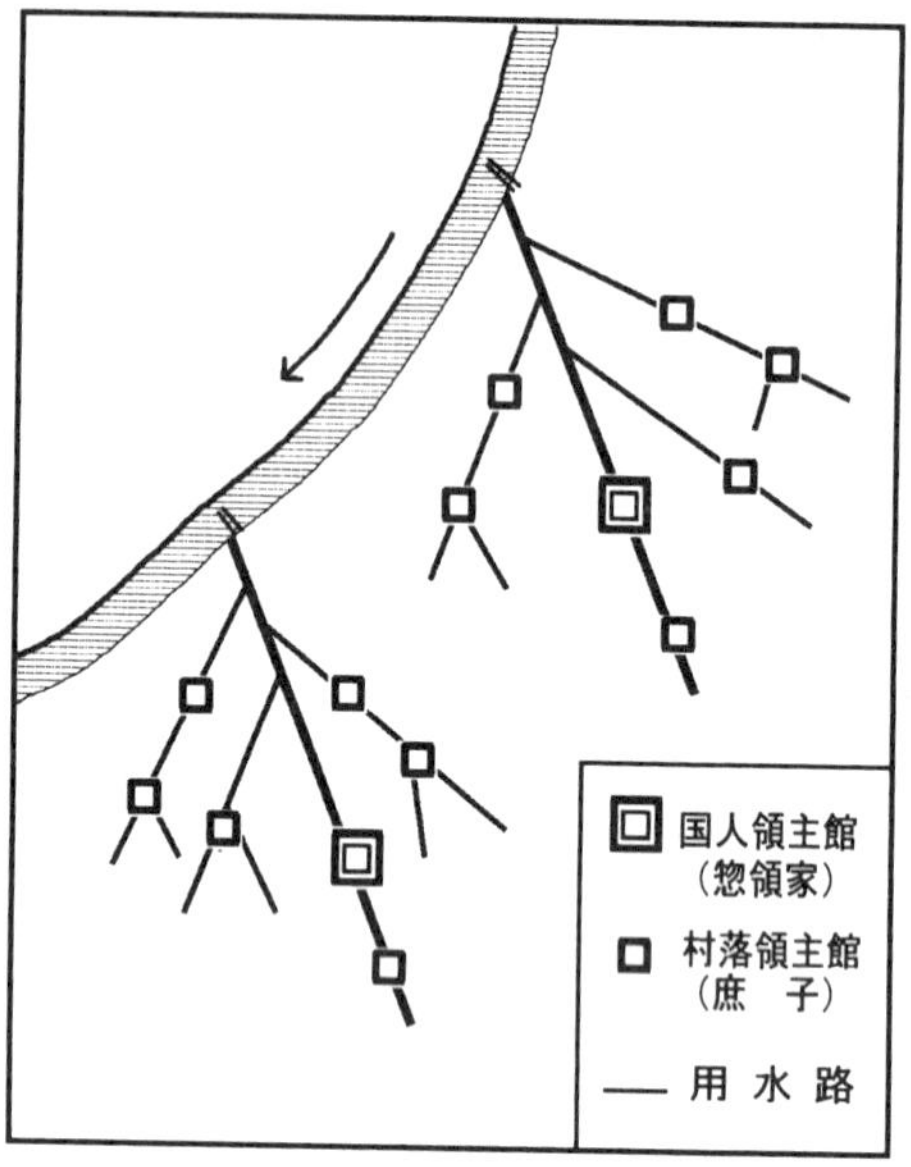

図1　中世後期における用水と居館群ネットワーク
（註2による）

となって琵琶湖にそそいでいる（図2）。

また、ほ場整備が完了するまでは、大字岩倉―軽野―香野庄をむずぶ線の西側では、東へ約三〇度を振る愛知郡条里が施行される一方で、愛知井の末端に位置する場所や軽野の西部においては不定形もしくは異方位の地割が展開していた。

しかし、現在は、ほ場整備や宇曽川改修工事の完了によって、集落内の道路・水路を除けば当時の景観をほとんど残していない。そこで、大正初期の水利調査書[4]や昭和三〇年代に実施された水利調査書類[5]、ほ場整備前の景観を記録した地図・小字図・空中写真[6]などを用いて水利灌漑の復元を行った。その成果が図3である。

この図から判読できる宇曽川水系の水利形態はきわめて複雑である。おおよそ、(一)宇曽川支流岩倉川水系、(二)宇曽川本流水系、(三)南川・五谷川などの宇曽川支流水系、(四)安壷《あんこ》川などの愛知井水系、(五)湧水・溜池による灌漑に大別することができる。いずれも、そのほとんどが近接する水源を利用した灌漑を行っており、さほどの差異は見られない。

ところが、その中で水系を越えた比較的長距離の灌漑水路が存在することに気が付く。

宇曽川右岸より取水して岩倉川の南側にある安孫子までを灌漑範囲とする「銭取井《ぜにとり》」と「押淵井《おしふち》」[7]の存在である。

「銭取井」は江戸時代に開削された伝承を持つ用水である。秦川山山麓の宇曽川右岸より取水して、上之郷・岩倉・東出・安孫子の一部を灌漑するほかに、「高柳井《たかやなぎ》」「鳩川井《はとがわ》」へ用水の一部を供給している。

この水路の特異な点は、一見したところ岩倉川の水系範囲と思える安孫子・東出に宇曽川から引水して耕地を涵養《かんよう》していることである。

しかも、灌漑の末端に位置する安孫子《あびこ》は、中世の安孫子庄に比定される地で、平安時代末期から安孫子氏が開発領主として土着していたと伝えられている[8]。このことは、大規模な土地開発と灌漑水路の開削を予想させるものであり、「銭取井」の起源が江戸時代以前に遡上する可能性を有している。

そこで、この「銭取井」と安孫子にある中世城館を例に、中世城館と灌漑に関する検討を次章でおこなった。

三　安孫子城と「銭取井」による土地開発

秦荘町安孫子は、前章で述べたように中世安孫子庄の一つに比定される地である。考古資料も比較的多く確認されており、安孫子と東出の境に位置する安孫子北遺跡では一二世紀を主とする時期の掘立柱建物跡(9)を多数検出している。このことから、鎌倉時代の前半には安孫子庄の開発が行われていたと考えられる。

当地に築かれた中世城館は、『近江愛智《えち》郡志』(10)によれば南北二つの城跡が存在したと記されている。一つは安孫子集落内の小字「安孫子」にあった安孫子南城、もう一つは大字東出の小字「城」にあった安孫子北城である。いずれも破壊されて遺構をとどめていないが、『滋賀県中世城郭分布調査』の資料(11)などから南北両城ともに一辺八〇メートル前後の方形の曲輪で、水堀が四囲をめぐる構造だったと考えられている。

また、安孫子北城に近接した場所で行われた発掘調査(12)では、一五世紀から一六世紀にかけての遺構・遺物を確認している。

以上の資料を合わせて図示したものが写真1である。

この図をもとにして水堀と水路の関係を仔細に検討すると、安孫子北城は堀と用水の合流は認められないものの、城跡に北接して中井戸川（「押淵井（銭取井）」最末端）が流れている。伝承(13)によれば、これが堀の役割を果たしていたという。一方の安孫子南城は、安孫子南城は堀と想定される水路が「小久保」(14)の最末端と連結している。

このように、城館の構造は不明確であるが、いずれも灌漑水路に近接して城が築かれていることに着目したい。しかも、安孫子北城は、下流に位置する目加田城のように、手近にある岩倉川を取水源にした灌漑ではなく、前項で述べた宇曽川本流を取水源とする「銭取井」とその用水を受けた「押淵井」の最末端に位置しているのである。

また、「押淵井」の関連用水にあたる「高柳井」「鳩川井」は、いずれも安孫子郷の一つに比定されている円城寺を涵養していることから、「銭取井」は安孫子庄の重要な灌漑用水であることは明らかである。

このことから、安孫子庄の土地開発を行うために「銭取井」を開削されたという仮説が成り立つのではないだろうか。

これを推測する傍証が『矢取地蔵縁起』と『蔭涼軒《いんりょうけん》日《にち》録《ろく》』に残されている。

享徳二年（一四五三）の銘が残る『矢取地蔵縁起』とは、「安孫子庄の押立《おしたて》保（現湖東町の一部）と安孫子庄との水論で押立保の衆が安孫子に攻め入った。安孫子側は守りが少なく、やがて矢が尽きて戦うすべを失ってしまったとき、安孫子氏の信心を集めた地蔵が小法師に姿を変えて敵の矢を拾って安孫子側へ加勢したため事なきを得た」という伝承を縁起絵にしたものである。

この伝承は、安孫子庄と押立郷（現湖東町の一部）の水争いが絶えず、双方の領民が弓矢で事を構える事態が生じていたことを端的に表現したものだろう。

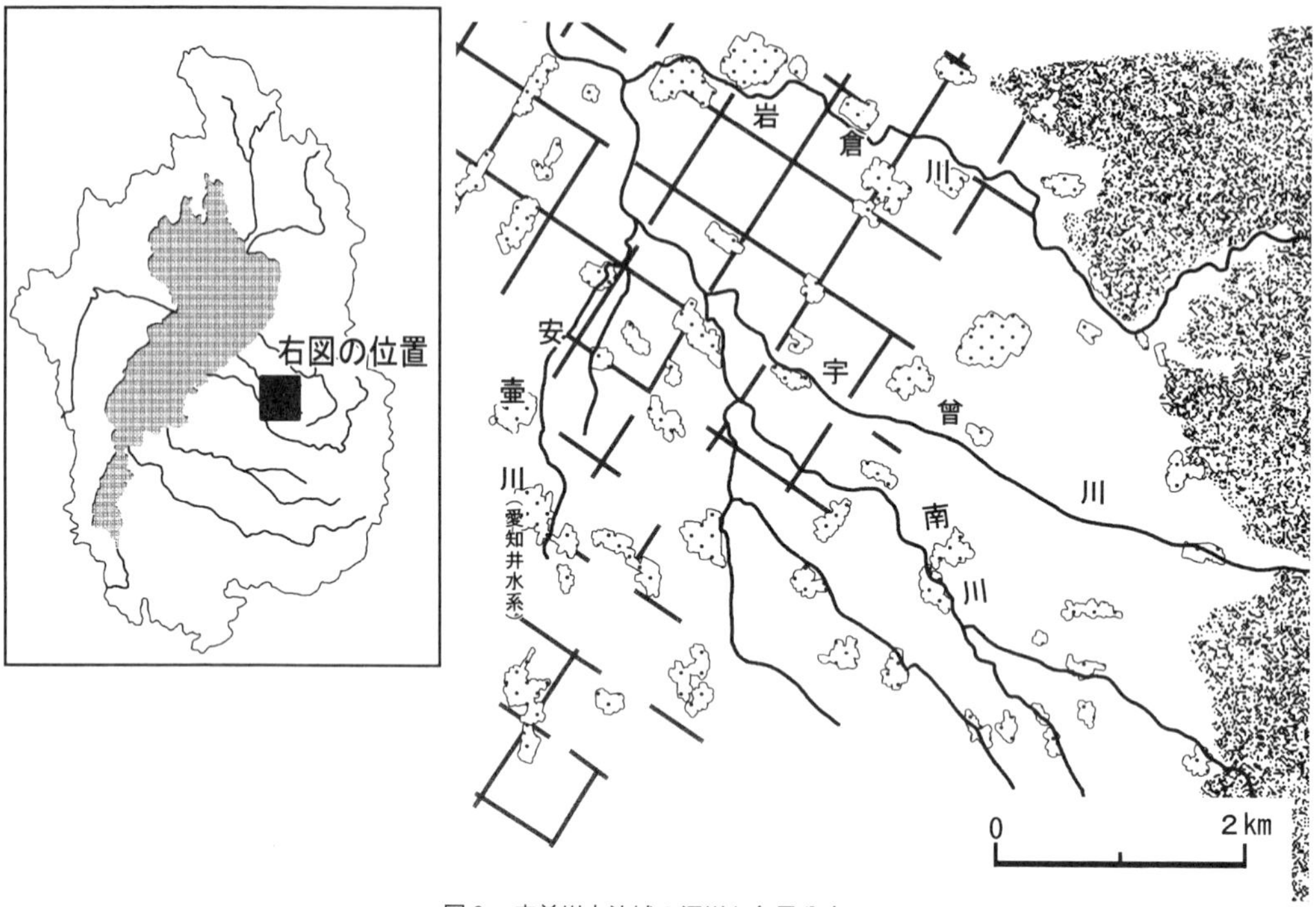

図２　宇曽川中流域の河川と条里分布

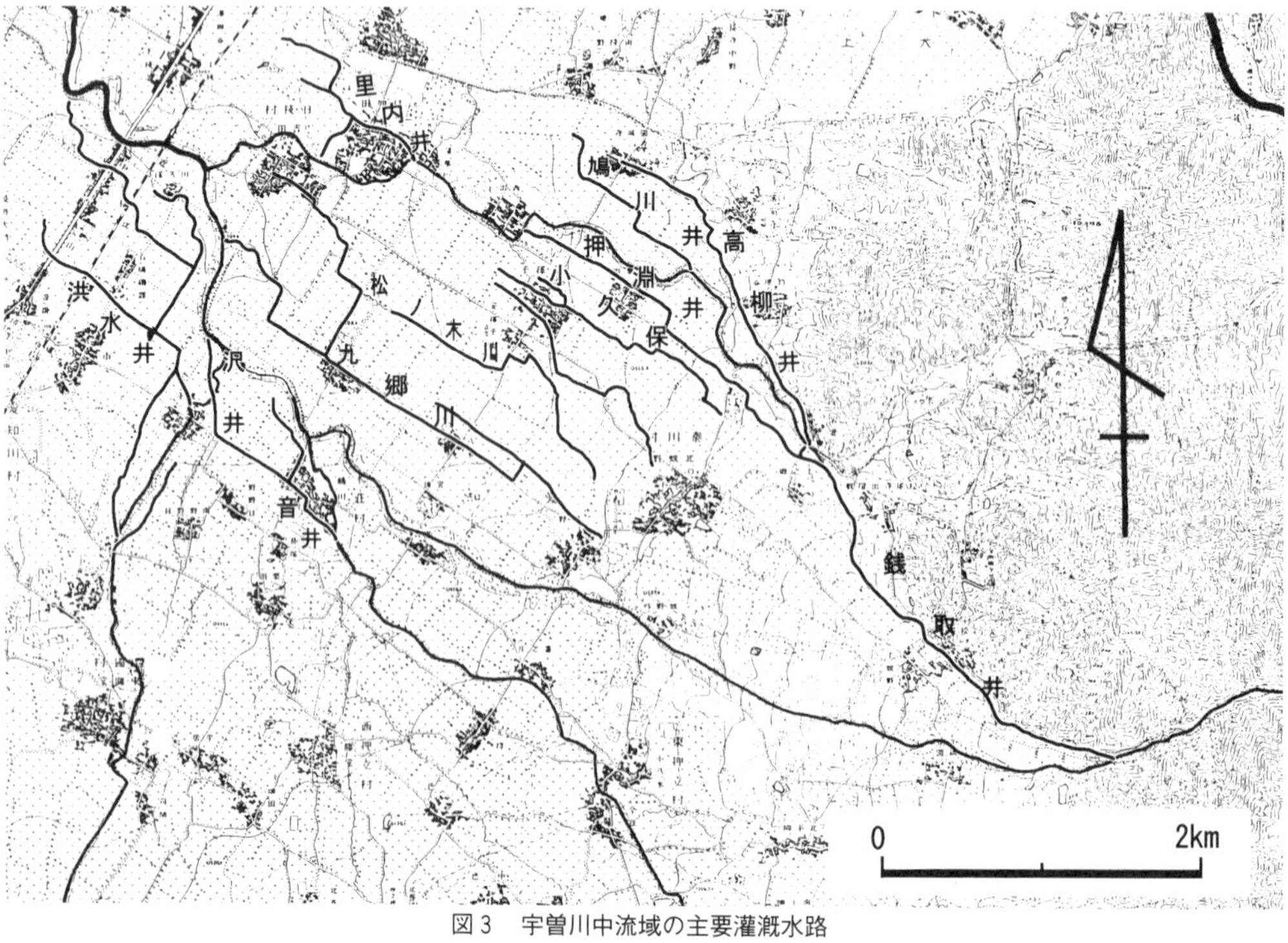

図３　宇曽川中流域の主要灌漑水路

また、『蔭凉軒日録』の寛正五年（一四六四）三月の記録によると、安孫子庄の京都相国寺鹿苑院《ろくおんいん》領と押立保の二階堂山城守の所領との郷民の間に用水論争が発生して弓矢合戦におよんだことがわかる。また、同資料の長享二年（一四八八）七月には、安孫子郷の用水論争に関して、地下からの訴えが上聞に達したと記されている。

さらに後年の出来事になるが、寛政五年（一七九三）に秦川郷と押立郷で争われた銭取川の井水争論では、安孫子庄が立会いで境界を定めたという。このことは、安孫子が銭取井水論に関して立会いできる権限を持つとともに他村がそれを認めていたことを推測させる。

これらの記録は、「銭取井」の開削によって宇曽川右岸の安孫子庄と、左岸に位置する押立郷の間に摩擦が生じて武力もしくは訴訟による争いに発展し、長年にわたって係争が行われていたことを証明したものといえる。言葉を返せば「銭取井」の開削によって安孫子庄の開発が行われ、その水利権を固守するために争論を繰り広げたといえるだろう。

以上のことから、「銭取井」と「押淵井」の末端部が堀とつながる安孫子北城が、灌漑域の用水支配権を有していたと考えるのである。

四　宇曽川中流域の中世城館と水利灌漑域

前項では、安孫子城と「銭取井」の水利関係から灌漑域における用水支配権の推測を行った。それと同様な手法で宇曽川中流域に分布する中世城館の分析を行なった結果、図4のような状況が認められた。

これを水利ごとに分類すれば次のようになる。

①安孫子北城　押淵井（銭取井）
②安孫子南城　湧水（小久保湧）
③目　加　田　城　岩倉川（里内井）
④吉　田　城　湧水（九郷川末端）
⑤矢　守　城　愛知川（安壷川）（註：洪水井：湧水を主に愛知井・宇曽川支流を補水）
⑥島　川　城　宇曽川支流
⑦栗　田　城　愛知川（愛知井末端）+宇曽川支流+溜池などの余水

すなわち、「銭取井」を除けば、大部分の中世城館は近接する水源から灌漑を行っており、それぞれの灌漑域が交錯することなく完結している。また、①目加田《めかた》や吉田、②安孫子北や安孫子南などのように、近接して一見、機能的な連携が認められそうな中世城館でも、水源や水利範囲は個々に異なっており、巧妙に棲み分けられているように見える。

こうして宇曽川中流域を概観すると、地域を統括する勢力によって灌漑水路を軸にした支配が成立していたとは言い難いようである。むしろ、個々の在地領主が土地開発をおこない、

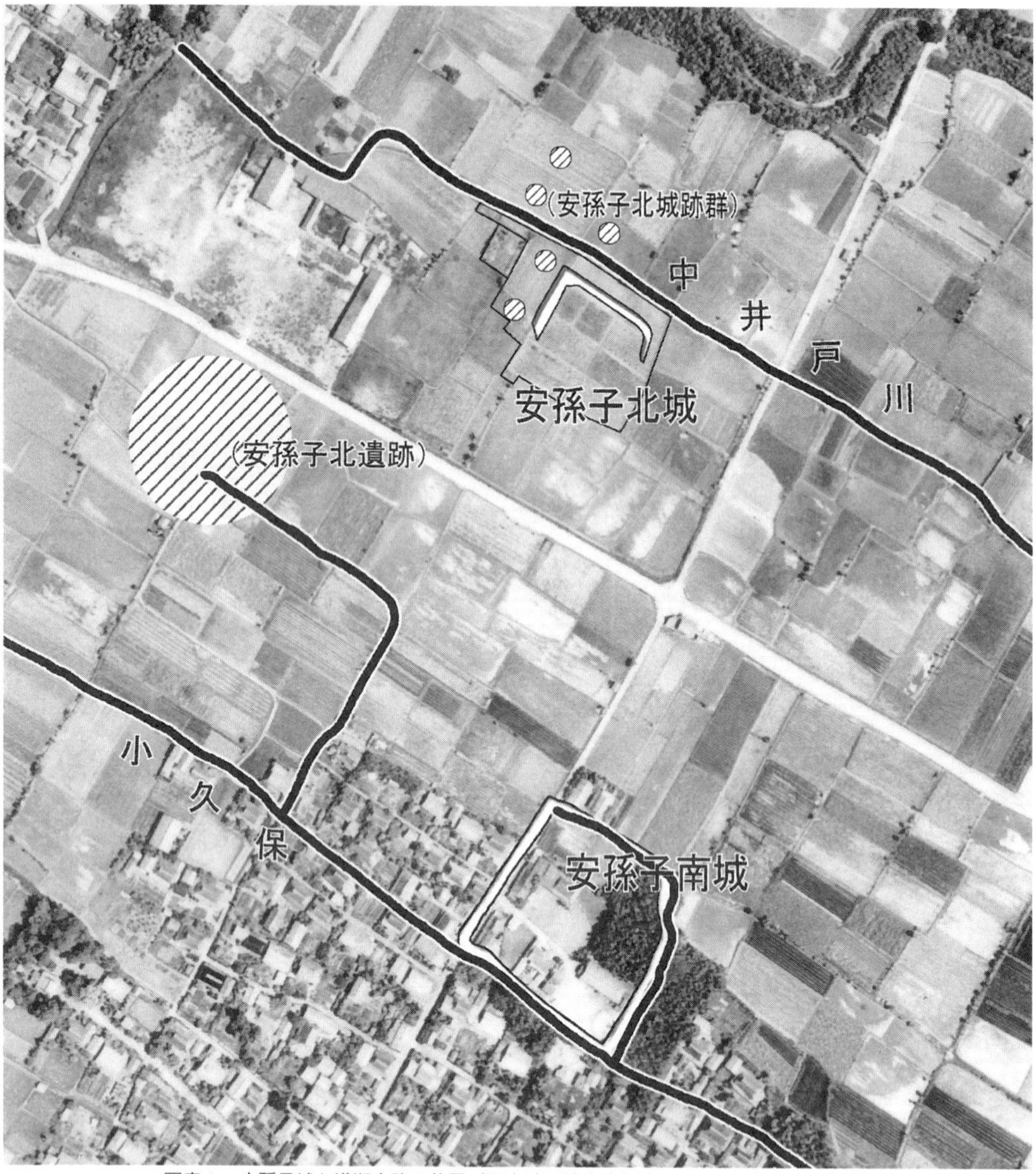

写真１　安孫子城と灌漑水路の位置（国土地理院空中写真Ｃ16-6401をもとに作成）
（安孫子北城は、地籍図をもとに推定して記入した）

個々が水利支配権を有していた感がある。

この状態は、対象範囲における地域的な傾向なのか、それとも佐野の提示するモデルと異なるシステムが機能したのか現段階においては判然としない。しかし、本稿で提示した資料の範囲内で若干の推測を行なってまとめに代えてみたい。

まず、当該地域における強力な支配勢力の有無である。

安孫子城と「銭取井」による土地開発の項で述べたように、「銭取井」をめぐる水論は長期にわたり、時として小競り合いに発展することもあった。これは、用水の支配権が不安定だったことを暗に証明しているのではないだろうか。その推測が成り立つ場合は、水論を調停する強力な支配権力、たとえば在地領主をたばねる国人領主層などの力が微弱だったことを予想さ

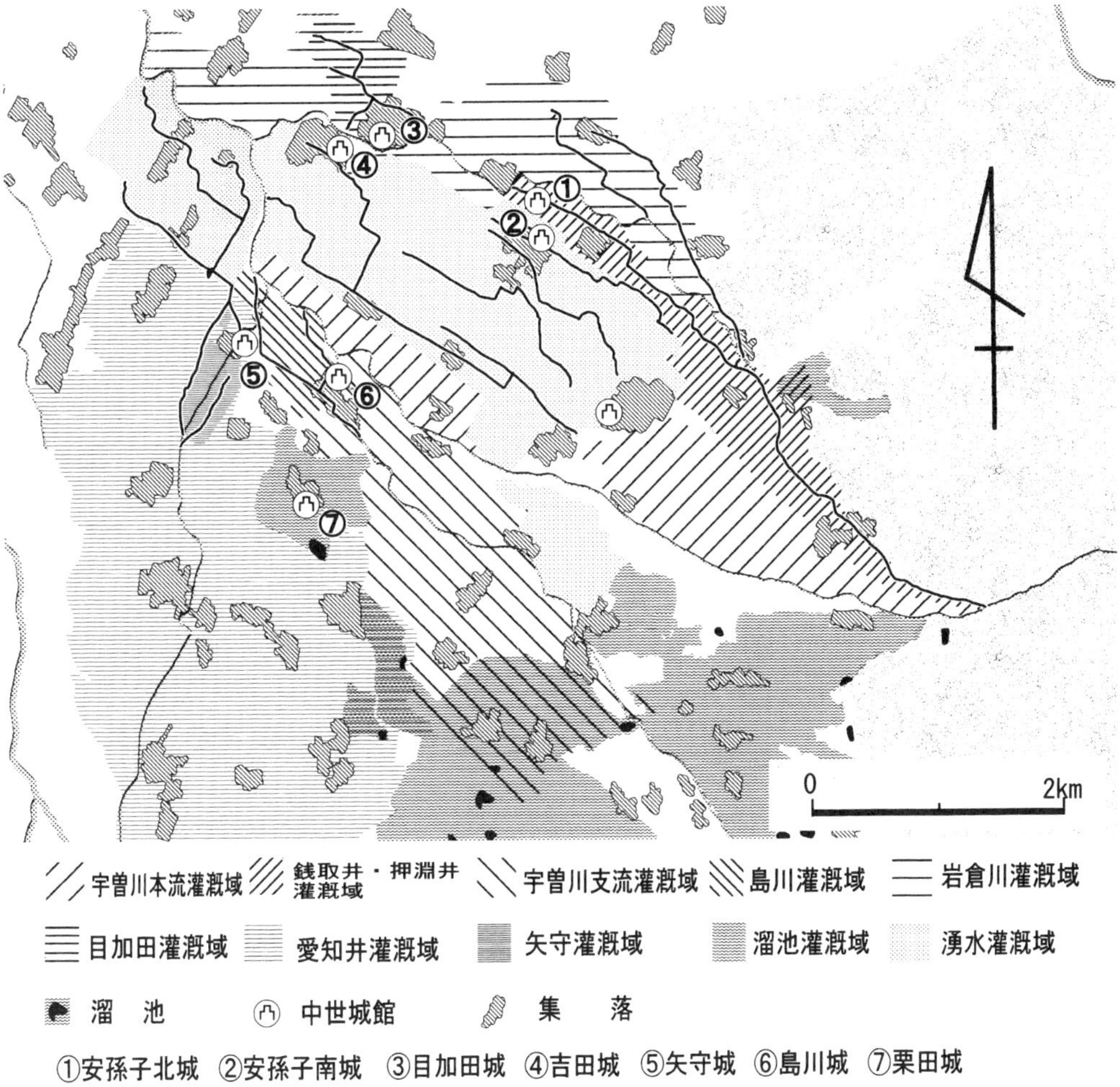

図４　宇曽川中流域の水利灌漑域分類と中世城館の位置

せる。

また、当該地域は多数の荘園が存在して利権が複雑に絡み合うことや、一六世紀以降は佐々木六角氏と京極氏（後に浅井氏）が係争する地域だったことから、不安定な政治状況の中で、在地領主を束ねる強力な支配権が得られなかったとも考えられる。

ならば、当該地域においては支配勢力がまったく存在しなかったのだろうか。

これも推測に過ぎないが、金剛輪寺などの在地有力勢力が支配もしくは仲介をおこなっていたことが予想される。

その一例として、『近江愛智郡志』に収録されている『金剛輪寺文書』に次のような記録が残されている。

それは、安孫子氏と赤田氏（現豊郷町八町）の間で水論が生じたときに金剛輪寺の僧が仲介を行った。その後双方の和解が成立して双方が個別に謝礼のため寺に来訪したという。

この記録のみで全てを判断することはできないが、金剛輪寺などの勢力が在地領主に一定の影響力を与えていたことを推測することができる。

しかし、このことは、一水系の部分的な検

討だけでなく、広域かつ詳細な分析が必要である。また本論もそこまで踏み込む余地がないため、早急な結論はつつしみ、今後の課題としていきたい。

註

（1）本稿で検討する中世の城は、平野部に立地して周囲を堀で囲むようにして築かれたもので占められる。いわば「城」というより防御機能の薄い「居館」に相当する施設と考えられるが、発掘調査などによって構造が明らかになった城はほとんど存在しない状況から、「館」もしくは「城」の機能を持つ「城館」という用語を本稿で用いている。

（2）佐野静代「平野部における中世居館と灌漑水利―在地領主と中世村落―」『人文地理』五一―四、一九九九年

（3）実例として長浜市宮司町の垣見氏館や井口氏館を実見したとき、居館の近在に分水路が存在することに気付いたことがある。

（4）『農業水利及土地調査書』、滋賀県内務部編、一九二二年
なお、図5で用いた水利灌漑域の分類は基本的にこの資料を用いている。

（5）『昭和三七年度土地改良基礎調査表』滋賀県農林部耕地課作成
註4の資料を補うために用いた。

（6）昭和三〇年代の二千五百分の一国土基本図、および一九六一年に撮影された国土地理院の空中写真を利用した。

（7）大正時代の水利調査によると、「銭取井」は大字岩倉小字「押淵」を堺にして下流を「押淵井」と呼称する。「押淵井」の一部は岩倉川の水が一部合流して岩倉川右岸の耕地を涵養している（図五参照）。昭和三七年の水利調査では二つの井水を合わせて「銭取井」と称している。呼称は異なるものの、ほぼ同一の灌漑水路と考えられる。

（8）『近江愛智郡志』巻二、滋賀県愛智郡教育会、一九二九年

（9）「安孫子北遺跡（Ⅰ・Ⅱ）発掘調査報告書―愛知郡秦荘町大字東出・安孫子―」『秦荘町文化財調査報告書　第八集』、秦荘町教育委員会、一九九一年

（10）『近江愛智郡誌』巻三、滋賀県愛智郡教育会、一九二九年

（11）『滋賀県中世城郭分布調査五（旧愛知・犬上郡の城）』、滋賀県教育委員会、一九八七年

（12）①「秦荘町・町内遺跡群調査報告書Ⅰ」『秦荘町文化財調査報告書第6集』、秦荘町教育委員会、一九八八年
②「秦荘町・町内遺跡群調査報告書Ⅱ」『秦荘町文化財調査報告書第7集』、秦荘町教育委員会、一九九一年
③「秦荘町・町内遺跡群調査報告書Ⅲ」『秦荘町文化財調査報告書第10集』、秦荘町教育委員会、一九九五年
④「秦荘町・町内遺跡群調査報告書Ⅳ」『秦荘町文化財調査報告書第11集』、秦荘町教育委員会、一九九七年

（13）前掲註（11）

（14）大字岩倉の小字「小久保」を水源とする湧水路。しかし小字図や空中写真による分析で「押淵井」の末端水路に連結していることを確認した。

川と道を見据えた城郭配置
—瀬田川筋の中・近世城郭群—

松浦俊和

一　瀬田川と城

琵琶湖南湖から流れ出る唯一の河川である瀬田川は、下流で宇治川（京都府域）、淀川（大阪府域）と名前を変え、大阪湾に注ぐ大河で、早くから近江と京・大坂、さらには奈良をつなぐルートの一つとして重要な位置にあった。特に、都が京都に移ってからは、その重要性はより増大することになる。この川を押えることが、当時の権力者にとって最大の関心事であったことは、歴史の流れが明確に示しているといえる。大津京の時、壬申の乱最後の戦いは瀬田橋で行なわれ、藤原仲麻呂の乱で、仲麻呂がまず抑えようとしたのは瀬田橋であった。明智光秀が本能寺の変後にとった行動もしかりである。

瀬田川を抑えることは、結果的にこの川に唯一架かる瀬田橋を抑えることになる。瀬田川筋に立地する城郭を考える時、瀬田川、そして瀬田橋との関わりで見ることは至極当然なことかもしれない。

二　瀬田城の位置と性格

瀬田川筋には、中世から近世初頭にかけて、いくつかの城が築かれている（図1・図11）。その中で中核的な存在として位置づけられる瀬田城（大津市瀬田二丁目）から、まず見ていくことにしよう。

この城は一六世紀から一七世紀にかけての史料に比較的多く見え、ある程度、城の変遷をたどることができる。

『寛政重修諸家譜《かんせいちょうしゅうしょかふ》』（寛政年間に江戸幕府が編修した家系譜の書、以下『家譜』という）によると、瀬田城は、甲賀郡毛牧《もびら》村（現在の甲賀町）に居を構え、のち瀬田に進出した山岡氏の居城として登場する。以下、『家譜』から、その変遷を追っていくと、本拠地の甲賀郡を離れたのは山岡景通の時といわれ、栗太郡大鳥居村（現在の大津市上田上《かみたなかみ》大鳥居町）に居住したとある。そして、三代の資広《すけひろ》（景広）が永享年間（一四二九～四一）に「勢多邑」を平定し、瀬田の「山田岡」の地に城を築き、当地に移ったという。

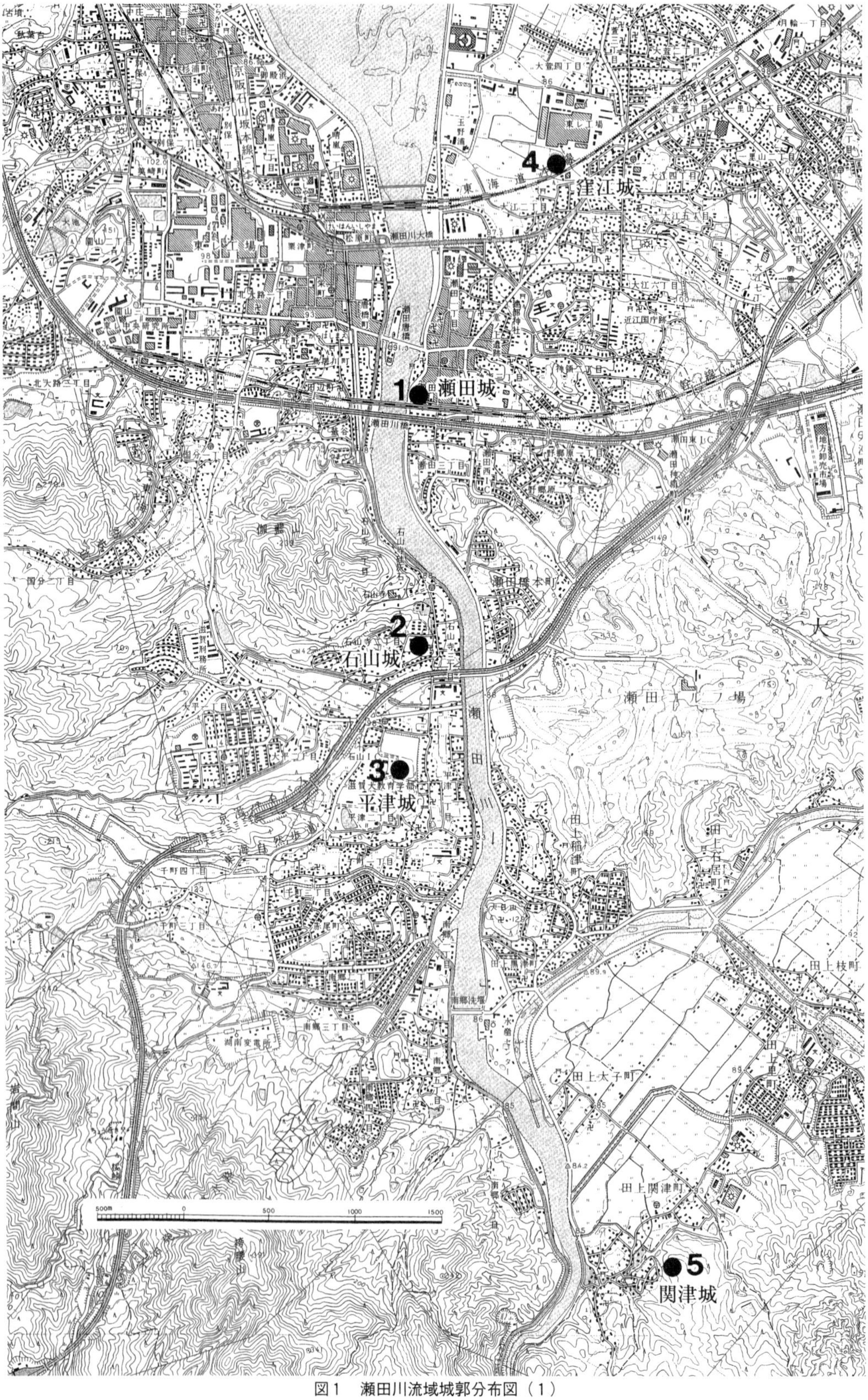

図１　瀬田川流域城郭分布図（１）

ところが、のちの享保一九年（一七三四）編纂の『近江輿地志略《おうみよちしりゃく》』には、瀬田城主山岡景隆画像の賛文を引用し、建武年間（一三三四〜三六）の景房の時に、瀬田城が築かれたと記されており、築城時期については、定まった見解があるわけではない。

さて、瀬田城を築いた山岡資広は、その後、城を長男景長に譲り、自らは「石山の古城」を築いて、そこに移っている。そして、剃髪《ていはつ》後、光浄院と号して園城寺《おんじょうじ》に一宇を建立し、そこで余生をおくったらしい。これが現在の園城寺光浄院であり、この時から山岡氏と園城寺の関係が始まったようである。室町時代、瀬田橋警固の役に園城寺があたるようになったのも（『園城寺文書』）、山岡氏との繋がりがあったためだと思われる。

一方、家督を継いだ景長は六角《ろっかく》氏に属し、近江南部の旗頭として活躍し、当主は代々瀬田城を継いでいる。そして、最後の城主山岡景隆も、はじめは室町幕府の将軍足利氏に仕え、かつ六角氏の有力家臣の一人として活躍していたが、六角氏の居城観音寺城（蒲生郡安土町ほか）の落城を前に織田信長の軍門にくだり、以後信長の家臣として行動する。だが、足利義昭と信長の間に不和が生じるようになると、景隆の立場は微妙なものとなり、たいへん苦しい状況に追い込まれていたと推測されるが、両者の亀裂が決定的となると、景隆は信長側に付くことを選んだようで、以後は、その配下の武将として行動をともにしている。そして、本能寺の変で信長が倒れると、秀吉の傘下に入ったようだが、なぜか賤ケ岳《しずがたけ》の合戦で敵方の柴田勝家に内通していたとして、瀬田城を追われたとある（『多聞院日記《たもんいんにっき》』）。その後の景隆の消息については、史料に記載がなく、まったくわかっていない。

この後の瀬田城は、天正一一年（一五八三）八月、賤ケ岳合戦の戦後処理で、浅野長吉（長政）に与えられている（『多聞院日記』）。だが、浅野長吉の在城期間は短く、同年中には坂本城へ転じており、これ以降、瀬田城はしばらく史料から姿を消すことになる。そして、大坂夏の陣のさなかの元和元年（一六一五）五月四日に、京都付近の庄屋の妻子を人質として瀬田城へ連れて行ったという記録（『義演准后日記《ぎえんじゅごうにっき》』）があり、その名が再び登場するが、これが瀬田城に関する最後の記録となる。

その後、城は荒廃したようだが、『近江栗太郡志《くりた》』（大正一五年刊）によると、天寧和尚が当地を膳所藩主から賜って一庵を建て、臨江庵《りんこうあん》と称したとある。そして、本多家第六代藩主本多康桓の代に、この地を城主の別荘とし、宝暦九年（一七五九）、新たに館を建て静養の地としたという。だが、明治維新後は個人の手に移り、幾多の変遷を経て、現在は旅館となっている（写真1）。

瀬田城の位置については、『家譜』に「瀬田の山田岡」とあるだけで、他の史料にも具体的な場所の記述はない。ただ、当地がのち僧侶の庵、そして膳所藩主本多家の別荘、さらには明治維新後、多くの人の手を経て、現在旅館になっているという経緯から、瀬田橋東詰を南へ一五〇メートルほどくだったところに建つその旅館付近一帯が瀬田城の旧地であったと見られている（図1—第1地点）。大正期の終わり頃、当地には高い堤や深

写真１　瀬田唐橋から瀬田城跡を望む（矢印が瀬田城跡）

い堀が残っていたようで、内側は鬱蒼《うっそう》とした竹林となっていたといい、戦時中にも、北・東・南の三方に、まだ深い堀があり、東西一四〇メートル×南北一五〇メートル程度の広がりがあったらしい。明治二五年作成の地図（大日本帝国陸地測量部発行、縮尺二万分の一）を見ると、当地は、瀬田丘陵から派生し、北西方向に延びる小丘陵が瀬田川に張り出したその先端部に位置しており、城跡推定地は、周囲が水田を呈しているのに対し竹藪地となっている（図2―A）。城跡の西側には道はなく、東側に、瀬田橋を通る東西の道路（旧東海道）から直角に曲がって南下する南北道が記入されていることや、堀の残存状態、瀬田川との位置関係からみて、城の西側は瀬田川に接していた可能性が強い。

この瀬田城の様子を知ると比較的早い時期の記録に、連歌師宗牧《そうぼく》（?～一五四五）が著した『東国紀行』がある。それによると、宗牧は天文一三年（一五四四）、京都から東国へと旅立つが、その途上、近江では、逢坂山を越えて大津へ入り、打出浜《うちではま》から舟に乗り、石山寺に参詣している。そして、そこから再度舟に乗って瀬田川を北上し、「昔の橋二、三くちのこりたるあたりにさしとめてみれば……。せたの城よりつかいあり、……山岡方使案内者して城へをとづれ侍れば……」とあることから、瀬田橋近くに舟を留めて、瀬田城からの使者に案内されて城に入り、そこで山岡氏の接待を受けたようである。直接舟を城の中へ入れたという記述はなく、瀬田城入城時の詳しい様子はわからないが、内容から見て瀬田橋東詰にほど近いところに瀬田城が位置していたことは確かだろう。

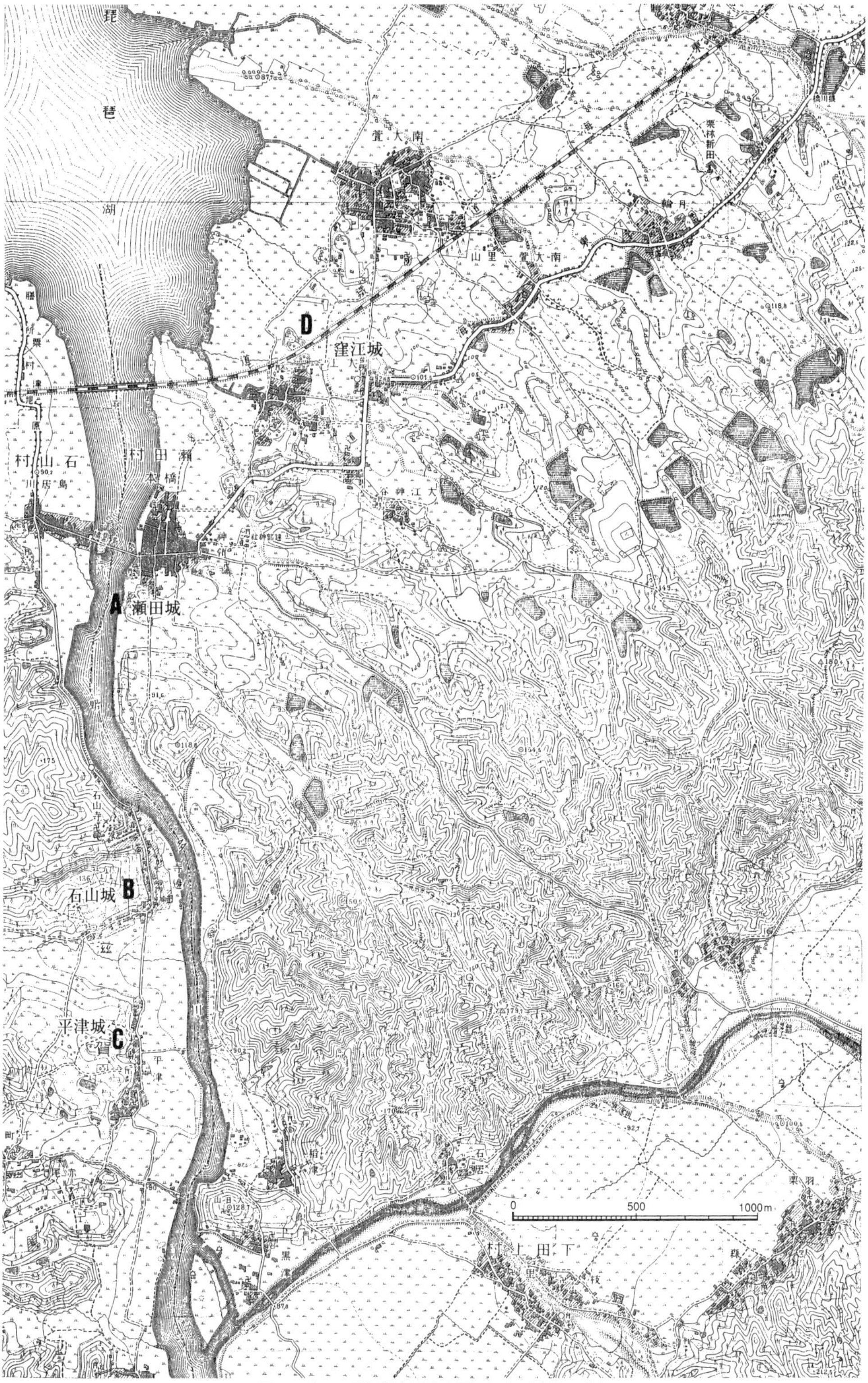

図２　瀬田川流域城郭分布図（２）（明治25年）

当時の瀬田橋の位置については、昭和六二年（一九八七）～平成元年（一九八九）に行われた瀬田川浚渫工事に伴う唐橋遺跡の発掘調査で、現唐橋の南八〇メートルほどの地点の川底から、白鳳・奈良・鎌倉（一三世紀以降）・江戸期の橋脚遺構が見つかっており（図3・4）、おそらく一六世紀中頃の橋も同じような場所にあった可能性が強い。そう考えると、まさに瀬田橋東詰に接するように瀬田城が築かれていたことになる。その規模については、明治二五年作成の地図や周囲の地形などから、北辺は、現在の雲住寺付近、すなわち旧瀬田橋東詰の地点から東へ延びる東西道、東辺は橋本の集落内を南北に走る道、南辺は判然としないが、東海道新幹線や名神高速道路付近で低丘陵の張り出しが終わり、幅の狭い小さな谷が入り込む地形になるように見受けられることから、この付近を南限とすると、東西約一五〇メートル×南北二〇〇～二五〇メートルの範囲が想定される。まさに、瀬田橋及び東海道、さらには琵琶湖南湖を抑えるために、瀬田川を利用して築かれた城と考えてよいだろう。

三　瀬田城と石山・窪江両城

瀬田城の前面を南流する瀬田川筋には、瀬田城のほかにも、いくつかの中世城郭が築かれている。その中に、瀬田城主山岡氏に関わりのある城が二箇所存在する。一つが瀬田城の南、石山寺の寺域に南接するように位置する石山城、もう一つが瀬田城の北東、琵琶湖南湖を臨む大江の地に築かれた窪江城《くぼえじょう》である。

石山城は、大津市石山寺二丁目の関西日本電気㈱石山寮が建つ地（図1―第2地点・図5）にあったといわれており、当地は昔から「フロシロ」（「古城」の転訛か）と通称されていた。寛文一二年（一六七二）の「寺辺村検地帳」（石山寺文書）にも「古城の下」という地名が記載されており、地元の話によると、石山寮が建つ前は周囲に高い堤を巡らせた二反ほどの平坦地があったらしい。外周には堀が巡り、堀の底幅は五～七メートルで、底から堤の上部まで二～三メートルはあったという。

この城は、山岡資広（前掲載）が瀬田城築城後、同城を長男景長に譲り、「石山の古城」を築いたことに始まるといわれている（「古城」とあることから、これより以前に当地に城があった可能性はあるが、詳細は不明）。資広から四代のちの景綱も「石山城に退居」したとあり、景綱から三代のちの景隆（最後の瀬田城主）の弟景猶《かげなお》も瀬田から石山城へ移り住んでいる。また、山岡氏と石山寺の関係も深く、景綱の弟尊賀は出家して石山寺に住み、景猶の弟景光も石山寺世尊院の住職となるなど、瀬田城と石山城・石山寺との繋がりはかなり密接だったようである。

なお、石山城は、元亀四年（一五七三）二月に起こった石山での織田信長と足利義昭との戦いの主戦場としても登場する。この時の城が先に見た山岡氏の営んだ石山城と同一だとする確証はないが、合戦時、石山城は足利義昭方の城として、山岡景隆の弟で、園城寺光浄院住職の暹慶《せんけい》（山岡景友）が守将となり、信長軍に抵抗したとある（『信長公記』『増補筒井家記』など）ことから、園城寺及び山岡氏との繋がりが考えられ、史料の記述内容にや

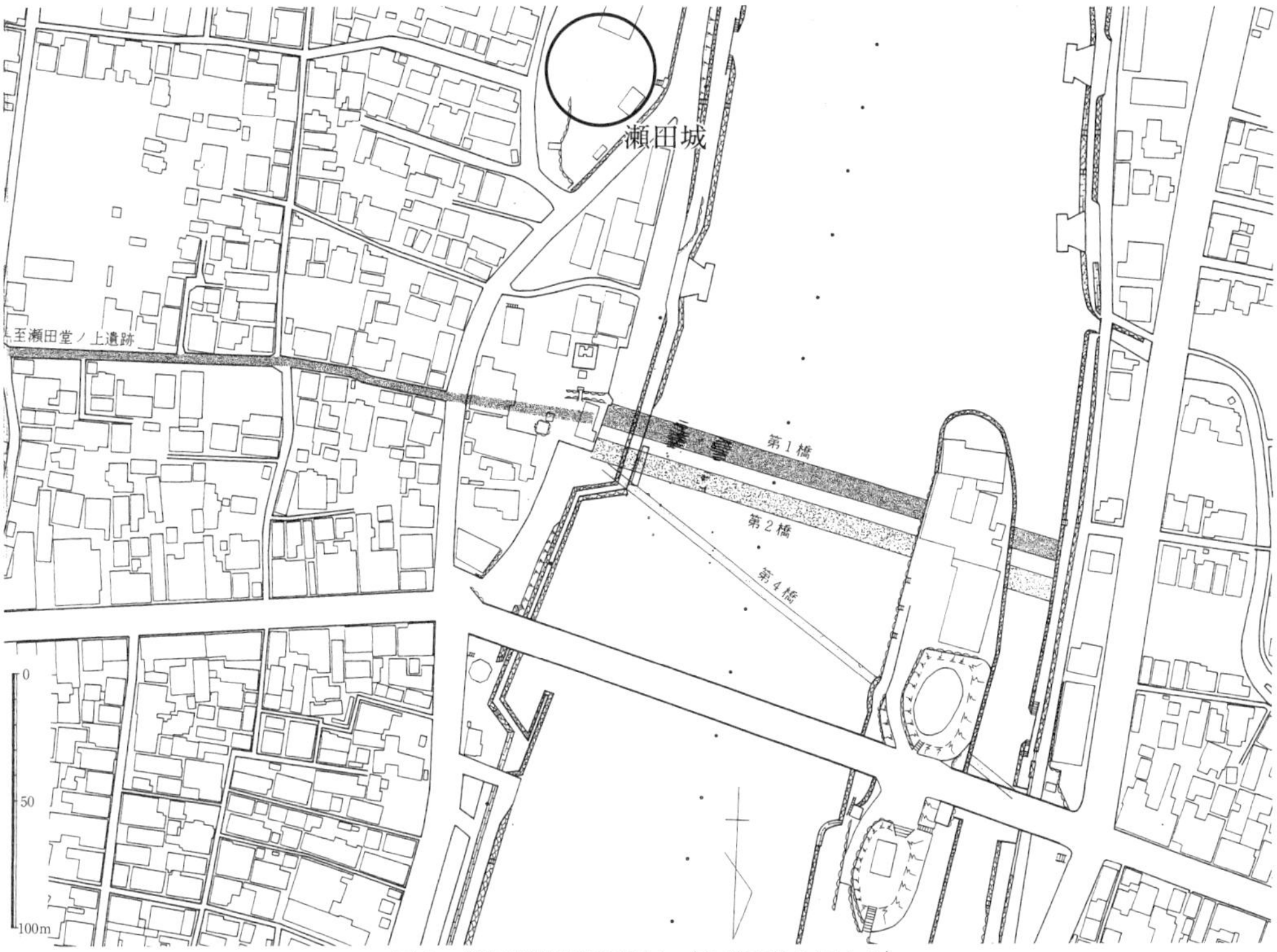

図3　瀬田橋位置復元図1（参考文献5による）

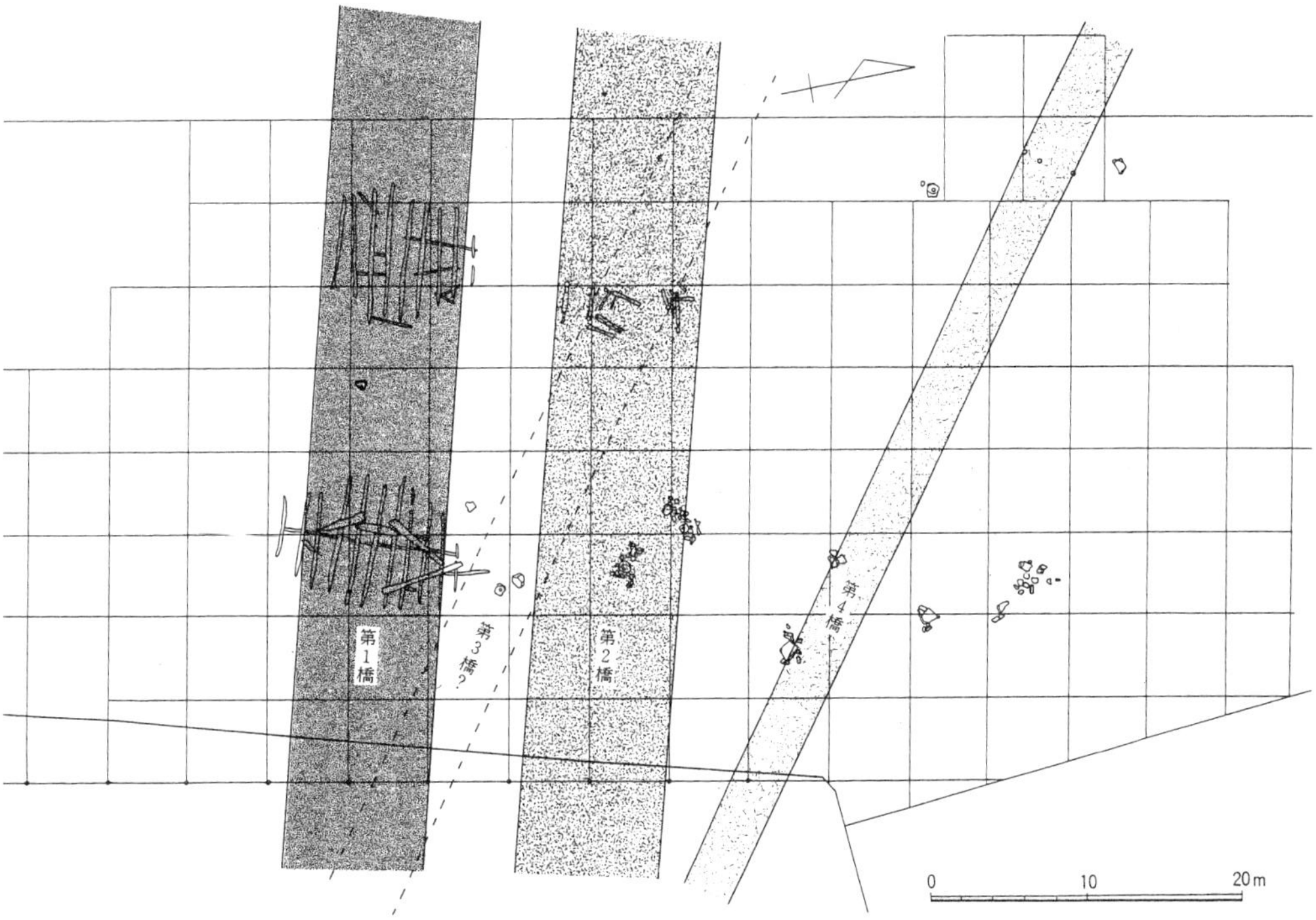

図4　瀬田橋位置復元図2（参考文献5による）

図5　石山城位置図（図1―第2地点）

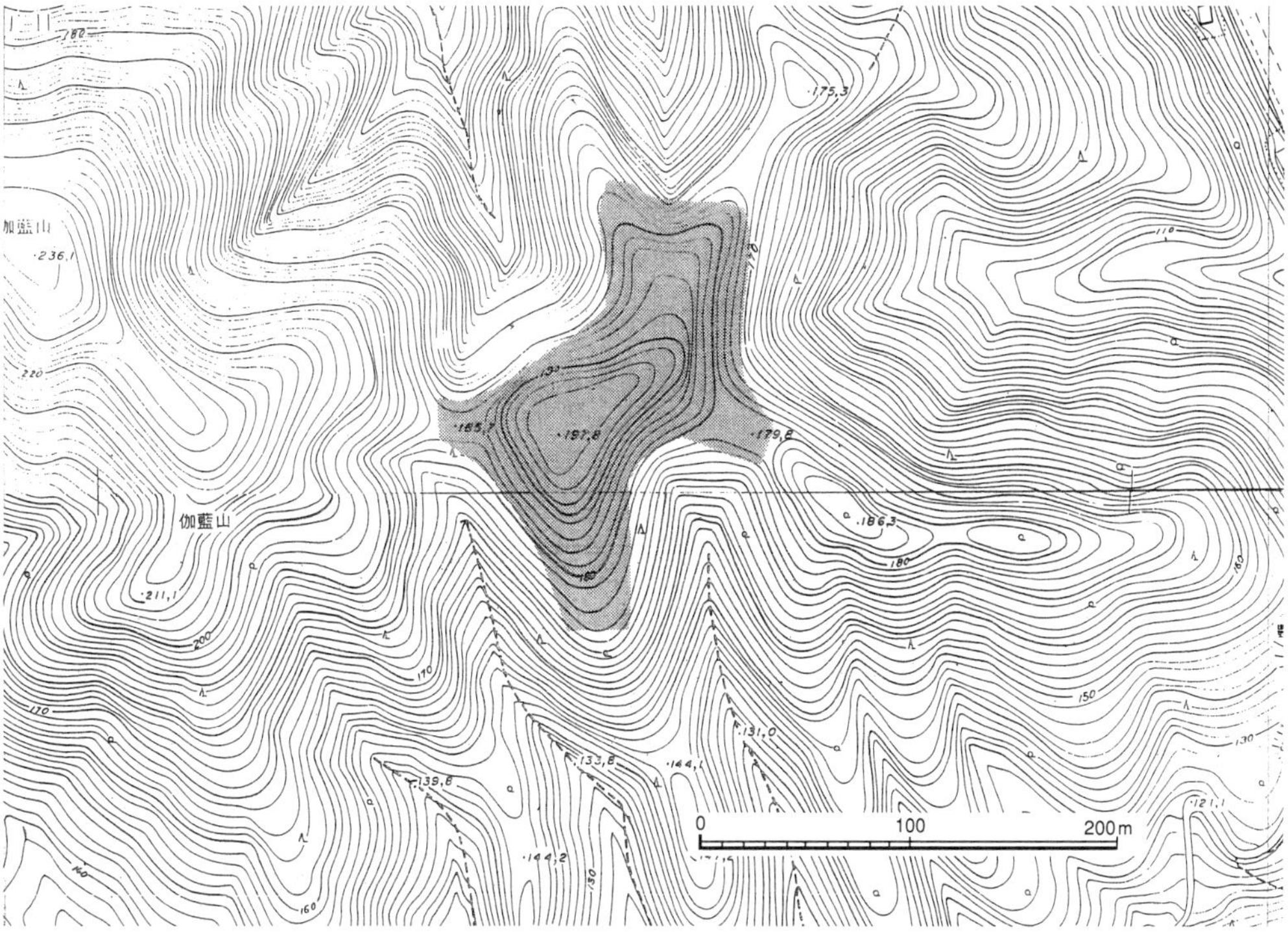

図6　伽藍山頂付近城郭位置図（参考文献4による）

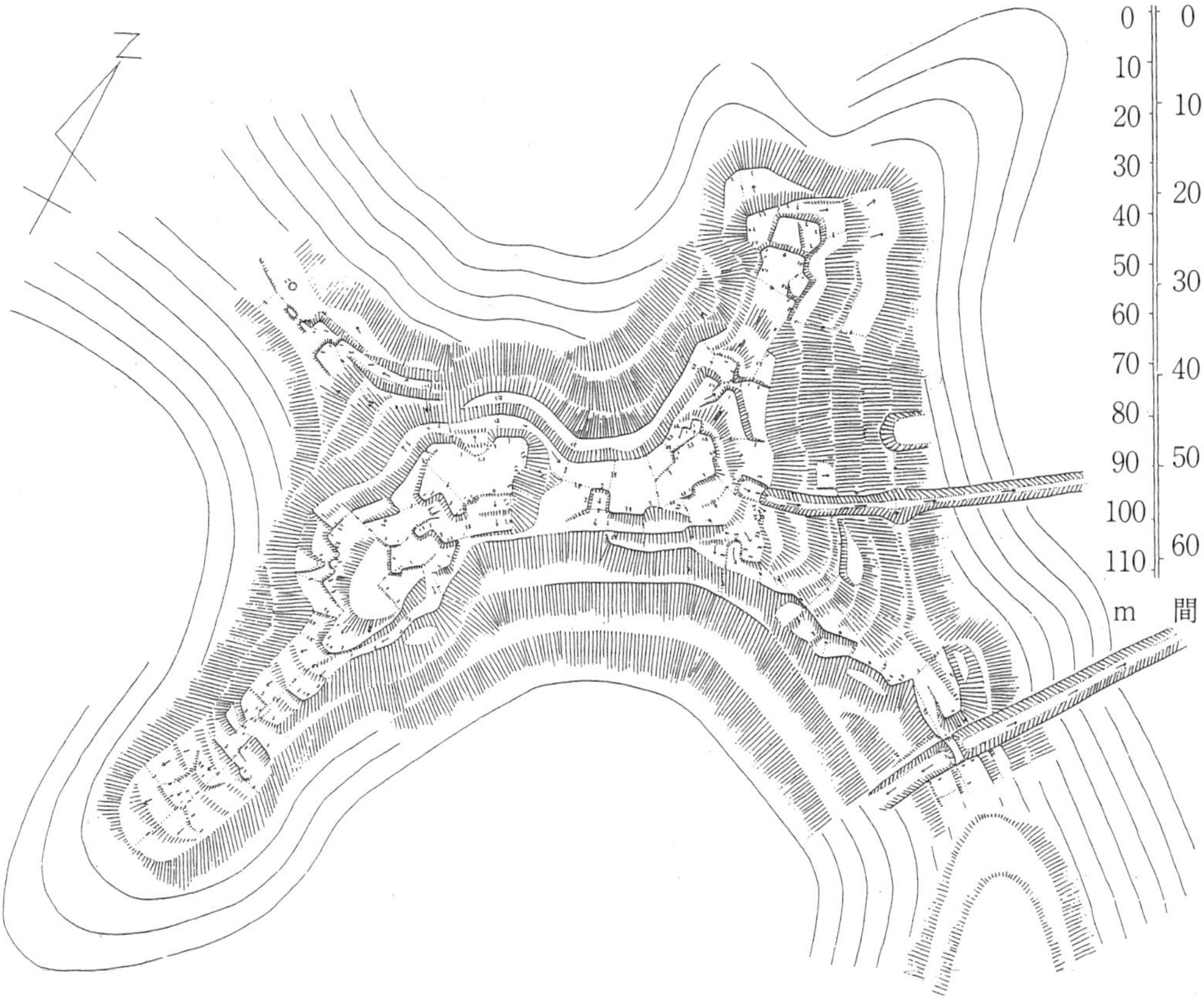

図7　伽藍山頂付近城郭遺構図（参考文献4による）

写真２　西側水田から窪江城跡を望む（手前の河川が城跡南側を西流し琵琶湖に注ぐ）

や齟齬《そご》はあるものの、同一の城と見てよいのではないだろうか。ただ、石山寺背後の伽藍山《がらんやま》頂上から少し下った丘陵尾根上に、堀切や竪堀などの遺構が確認され、城跡の可能性が指摘されている（図7）ことから、例えば、先に見た元亀四年の合戦時に、足利義昭方が築こうとした砦がこれにあたる可能性もまったくないとはいいきれない。

　石山城が築かれた位置は、前面に瀬田川を臨み、すぐ北に山岡氏と密接な繋がりをもつ石山寺があり、かつ前面を南下する道を西にとると、岩間寺・醍醐寺を越えて山科南部の地に至る山越えの道となることから、瀬田川と道を抑え、石山寺を守護する性格を持っていたと考えてよいだろう。

　次に、窪江城は、東レ㈱瀬田工場の敷地内（大津市大江一丁目）にあり（図1—第4地点）、明治二五年作成の地図を見ると、瀬田丘陵から北西方向に派生する低丘陵の先端部に、琵琶湖を臨むように築かれているのがわかる（図2—D地点・図8）。現在、城跡の眼下には水田が広がっているが、湖面との高低差がほとんどないことから、当時はもっと近くまで湖が入り込んでいたと考えられ、例えば城跡の南を西流する小河川などを利用して、舟で湖から直接城の直下まで着けられた可能性は強い（写真2）。

　この城は、享保一九年成立の『近江輿地志略』や文政三年（一八二〇）刊の『栗太郡志』などによると、当初高野甲斐守なる人物（名は慶秀、それまでは栗太郡六地蔵城主という）が城主であったが、同氏の滅亡後、瀬田城主山岡景隆の弟対馬守景祐《かげすけ》が入城して、これを守ったと記載されている。

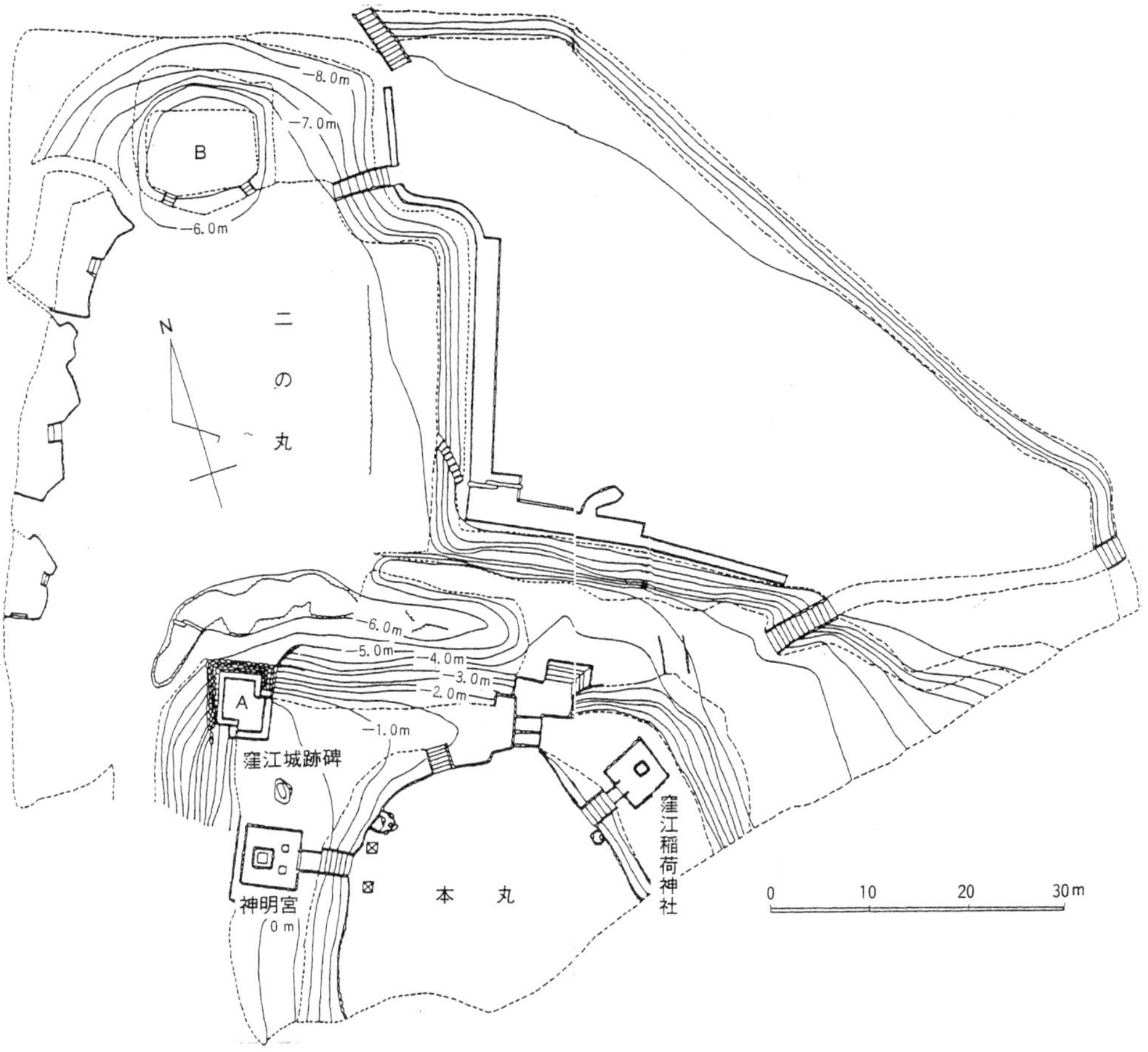

図8　窪江城跡遺構実測図（参考文献1による）

山岡景祐は、兄景隆とともに、六角氏に属していたが、のち織田信長に仕え、各地に出陣している。信長が本能寺で明智光秀に討たれた時、堺にいた徳川家康が急遽岡崎へ戻る際、兄景隆とともに、信楽の山中を道案内し、伊賀国境まで家康を守護したという。だが、賤ケ岳合戦の時、兄景隆とともに敵方の柴田勝家に内通したとして秀吉から領地を没収され、窪江城からも追放されたらしい。その後、家康に仕え、駿府で死去したとされている。

窪江城の立地場所は、琵琶湖南湖及び瀬田川入口を一望に見渡せる丘陵先端部にあたっており、加えて城の西側は東海道から分岐して北進する芦浦街道に接していることから、湖・瀬田川入口、さらには東海道及び芦浦街道を抑える地点を占拠していたといってよいだろう。

以上、二つの城を瀬田城との関わりで見る時、瀬田城を中心に石山・窪江両城が有機的な繋がりをもって配置された可能性が浮かび上がってくる。

四　関津城の場合

瀬田川筋には、先に見た瀬田・石山・窪江城の他にも、いくつかの城跡が確認されている。石山城の南に位置する平津城、南流する瀬田川が、その流れを大きく西方に変える地点（大石淀町付近）を見下ろす丘陵上に築かれた淀城、そして田上関津の地に築かれた関津城などがある。

なかでも、関津城は、現在も土塁などが残っており、城の面影をよくとどめている。場所は、関津集落の高台にある平安台と呼ばれる住宅団地（関津三丁目）の裏手にあたり（図1—第5地点）、高さ二メートル前後の土塁を周囲に巡らせた平坦部（曲輪）が三箇所で確認されている。その一つには出入口と考えられる土塁の切り込みがあり、その前面には、ちょうど城郭の防御施設の一つである枡形《ますがた》に似た遺構も残る（図9）。

このように遺構が比較的よく残っている城だが、その履歴についてはほとんどわかっていない。発掘調査はもちろん、測量調査も行われておらず、本格的な調査の手がまったく入っていないため、築造時期や存続期間など、いっさい不明である。もちろん、文献史料にもほとんど登場せず、わずかに文政三年の『栗太郡志』や江戸時代の「膳所藩明細帳」、大正一五年（一九二六）刊行の『近江栗太郡志』などに、城主として「宇野美濃守」「宇野土佐」「宇野源太郎」といった宇野氏の名やその事歴がわずかに記載されているだけである。

宇野氏は清和源氏の流れをくむ家柄といわれ、承久の乱（一二二一）頃、源太郎守治が戦功をたて、時の鎌倉幕府から関津城を賜ったとある。その後、子孫が田上関津の地に住み、関津城を守護したようで、八幡神社（大石龍門三丁目）や称名寺（関津三丁目）には宇野氏ゆかりの棟札（「天文九年（一五四〇）」「田上関津宇野美濃入道」の記載がある）や五輪石塔（宇野氏の墓と伝える）が残っている。この内容からみて、関津城は少なくとも一三世紀前半から一六世紀中頃まで存続していたと考えてよいようである。

この関津城が立地する地点は、城跡の西方、瀬田川に沿って、関津集落から関津峠を越え大石方面へ抜ける道（先は宇治田原を経て南山城地域へ抜ける道や、信楽方面への道に通じる）が走り、北方の丘陵裾部には田上里町への道（先は里町で右折して信楽方面へ通じる）があることから、両道の合流点を見下ろす場所にあたっている。「関津峠」は平安時代の天安元年（八五七）に大石関（「天安の三関」の一つ）が置かれた場所と推定され、古代から山城と近江を繋ぐルートの一つとして重要な位置にあった。

さらに、江戸時代、瀬田川筋の黒津と関津には津（舟着場）が置かれていた。関津については、慶長一九年（一六一四）二月、膳所《ぜぜ》藩主から大石富川村に対して出された関津浜での木柴商いを保障する黒印状（藩主が押印して発給した文書）が残っており、黒津浜とともに、近村から出る木柴などの林産物を大津町に積み出す浜として、膳所藩の公認を得ていたことがわかる。いずれも「浜」とあることから、積み出し場の施設がどのようなものであったか判然とせず、いずれの時期まで遡れるのかわからないが、関津城が築かれていた時期、関津浜が舟着場として機能していた可能性は充分に考えられ、当城は「道」、さらには「瀬田川」と「関津浜」を抑える性格を持っていたのではないだろうか。

五　その他の瀬田川筋の城郭

最後に、関津城と一緒に挙げた平津城と淀城についても、簡

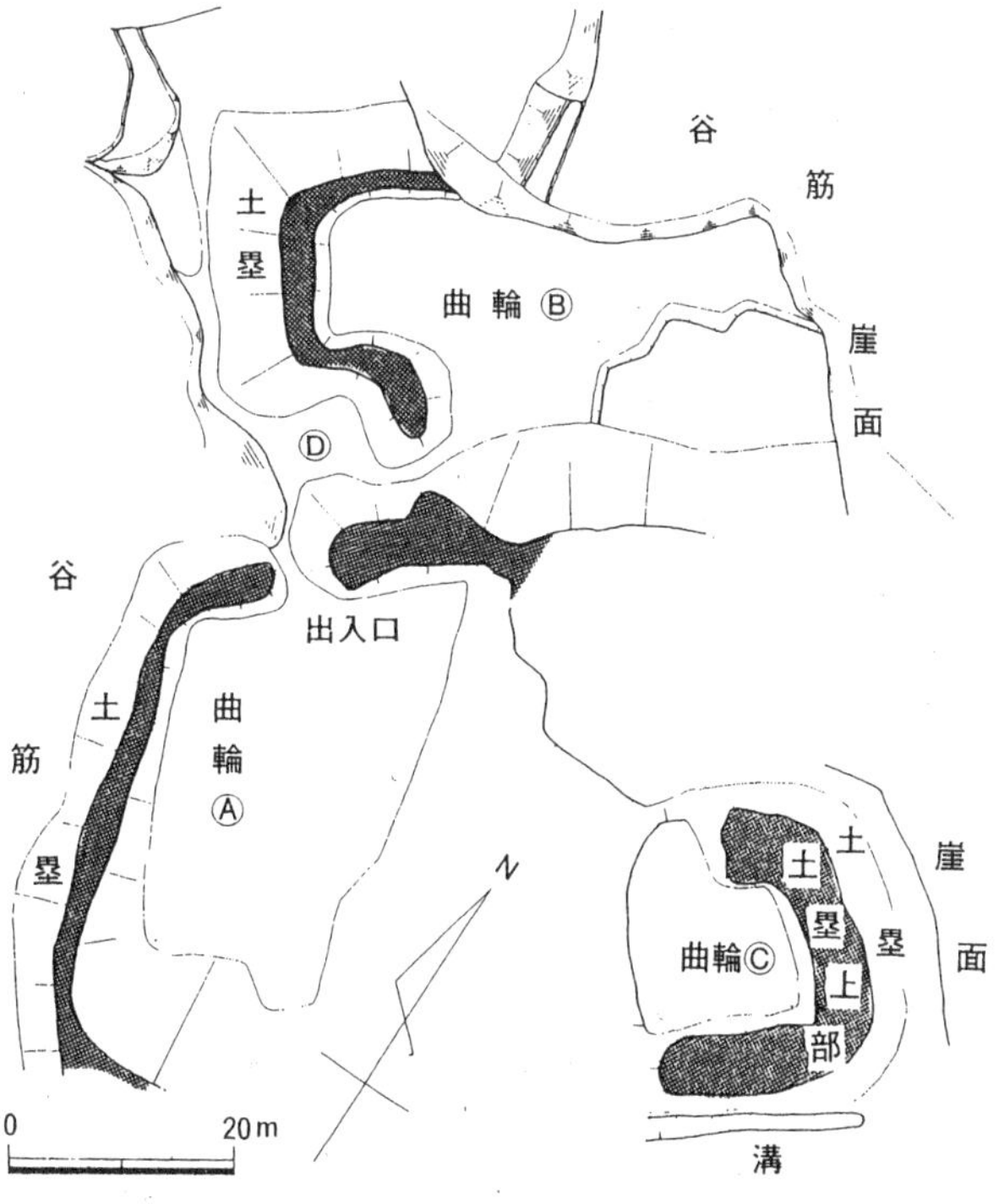

図９　関津城遺構実測図（参考文献１による）

単に触れておこう。

まず、平津城は、滋賀大学教育学部（大津市平津二丁目）の敷地内に建つ平津ケ丘寮付近（石山城の南約九〇〇メートルの地点）にあったといわれており（図1—第3地点・図10）、一帯の小字名が「城山」と呼ばれ、周囲に「原屋敷」といったように「〇〇屋敷」と通称される場所が数箇所あったらしい。地元の話によると、平津ケ丘寮一帯は、かつて高さ約一・八メートルの土塁を周囲に巡らせた広さ三反余りの平坦地で、東西の二箇所に出入口らしい切れ込みがあり、土塁の外側には堀が巡っていたという。これは、明治一四年（一八八一）刊行の『平津村誌』に、「本村北山上ニアリ。樹木中東城戸・西城戸・廃堞及ビ濠渠、今尚存在ス」とある記載内容にも符号している。

この城の事歴はほとんどわからないが、享保一九年成立の『近江輿地志略』や先に見た『平津村誌』に、井上越前守の屋敷跡、井上越前守重尚の堡塞《ほさい》跡として記載されているものにあたるようである。井上重尚なる人物は天正年間頃（一五七三～九二）の人で、石山寺奉行を務め、寺領のうち八千石を支配していたが、織田信長に追われて（元亀四年、信長と足利義昭との間に起こった石山城合戦か）、京都へ逃れたといわれていることからみて、同城も石山城とともに石山寺に深く関わった城であったことがうかがえる。ここには瀬田城主山岡氏との繋がりは記されてはいないが、石山寺を通じて山岡氏との関わりも当然考えられ、瀬田城に関連する城の一つとして位置づけてよいかもしれない。この地に立つと、今は見通しが悪いが、明治二五年作成の地図（図2—C地点）を見ると、城の東側を南北に走る道から瀬田川まではまったく民家は見られず、水田が一面に広がっており、瀬田川を一望の下に見渡せたことと思う。すぐ北にある石山城とともに、瀬田川を航行する舟を監視するには格好の地だといえる。

次に、淀城は、瀬田川に流れ込む大石川に架かる高橋を渡った左前方に見えるこんもりとした山にあり、今も「城山」という小字名が残っている（図11）。当地はすでに造成が行われてしまっており、かつての地形を復元することは難しいが、造成以前には土塁跡らしき土盛りがあったという。今も人工的な平坦部が一部に残っており、かつてそこに城が築かれていたことをわずかだがうかがうことができる。当城の履歴についてはほとんどわからないが、『近江輿地志略』や『近江栗太郡志』、さらには地元の伝承で、山口玄蕃頭が守備した城だといわれている。この人物は、豊臣秀吉に仕え、加賀大聖寺城六万石の城主となった山口正弘のことであるが、彼と淀城との関係について具体的に書かれたものは何もない。

当地は、瀬田川に沿って、近江から山城へ抜ける二本の山越えの道、すなわち「曽束《そつか》越」と「宇治田原越」の分岐点に近く、それを抑える最適の地であることは、誰が見ても明らかで、また、瀬田川を見下ろす位置にもあることから、川を監視する目的も併せ持っていたのだろう。

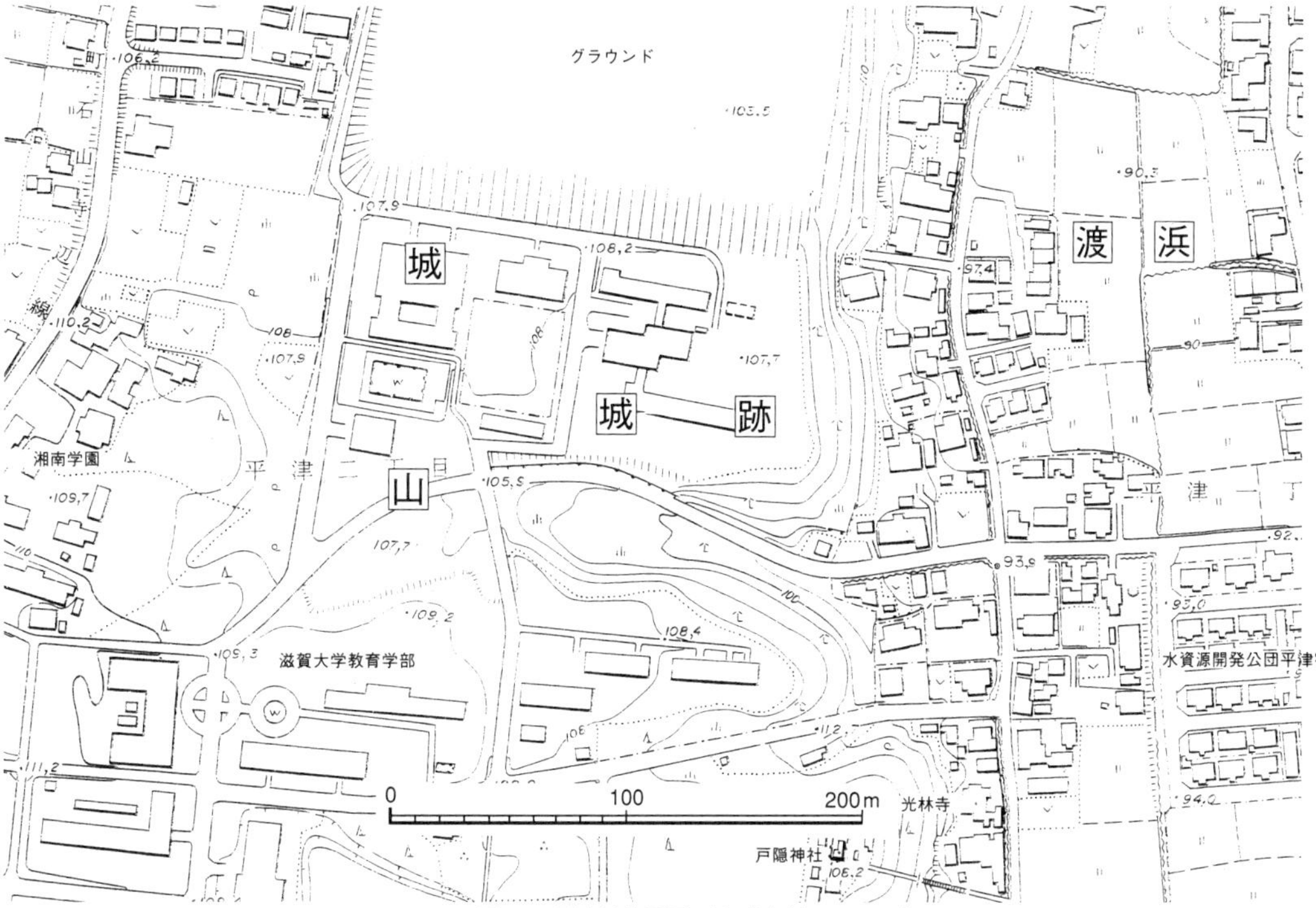

図10　平津城位置図（参考文献１による）

図11　淀城位置図（○印）

六　川・橋・道と城郭配置

これまで、瀬田城を初めとする瀬田川筋に築かれた六箇所の城跡を見てきたが、そのいずれもが、瀬田川と道、それも道の分岐点を抑えるような配置をとっていることが浮かび上がってきた。しかも、関津城や淀城は別として、それが瀬田城を中心に、瀬田橋と瀬田川筋、さらに東海道及びそれから分岐する道を確保し抑えるために、各城が有機的に繋がっているように受け取れるのである。

瀬田城主山岡氏は、戦略上重要な瀬田橋を抑える地点に本拠を置くことで、その存在をより大きなものにしていった。さらに、山岡氏は先に見たように、園城寺や石山寺との繋がりも強く、信長にしても、一目置かざるをえない存在だったのではないだろうか。

山岡氏が甲賀郡から瀬田の地に進出した理由はわからないが、京・大坂と東国を結ぶルートの中で軍事上最重要地点の一つである瀬田川及び瀬田橋を抑えたことは、同氏にとって大きな転換期となったことは確かだろう。それ以後、周辺地域において新たに城を築いたり、従来からあった城を勢力下に置くなど、意識的に瀬田川筋を抑えることを目的とした方策を取っているように思える。

すなわち、山岡資広が瀬田城を築いてすぐ、瀬田城を長男に譲り、石山寺のすぐ南の高台に石山城を築き、入城している。この地は、瀬田城とは瀬田川を挟んで対岸になるが、南約一・四キロメートルに位置することから、同城の築城により、瀬田川を行き来する舟や、山科から醍醐寺・岩間寺を越えて、平津の地に入る山越えの道、さらには瀬田川西岸を北上する道などの監視ができるようになったといえる。さらには、瀬田橋を抑えた時、唯一瀬田川を渡ることができた「供御瀬《くごせ》」が、同城の南一・五～二キロメートルの地点（大戸川との合流点付近から大日山にかけての地域）にあり（図1・図2）、これを監視する目的も大きかったのではないかと考えている。供御瀬は、元亀四年（一五七三）二月の石山城合戦で、足利義昭方に与した石山城を織田信長方の軍勢が攻める時、柴田勝家率いる一隊が土地の者の案内で田上方面から供御瀬を渡り、北上して搦手から石山城へ向かったことからもわかるように、瀬田橋が落とされたり、抑えられたりした場合、戦略上重要な役割を果たしていたのである。

これは、石山城のすぐ南に位置する平津城についても同じことがいえる。同城は、瀬田城主山岡氏との直接の繋がりは確認できないが、石山寺を介して行き来があったことは充分に予想され、石山・平津両城で南からの敵方の動きを監視する役目を担っていたのではないだろうか。

一方、瀬田城の北東約一・五キロメートルに位置する窪江城は、山岡景隆の時、弟が入城して城を守ったとあることから、北方、すなわち湖上の舟の行き来や湖東方面からの人・物の動きを監視するために勢力下に置いたものと考えている。いずれの城も瀬田城からほぼ等距離にあって、瀬田川及び湖で繋がっているのである。瀬田城は川に面し、川から堀に直接水が引き込まれていた可能性があり、城内から舟で直接瀬田川へ漕ぎだせたとも考えられる。また、石山城では、石山寺の前面に寺への参詣のための舟着場があり、平津城では、「平津」という地名と、城の東側にある「渡浜」という小字名から、城の直下に津（舟着場）の立地が考えられ、両城とも瀬田城とは舟による行き来もできたようである。もちろん、窪江城は、先に見たように湖から直接城の直下まで船を乗り入れられた可能性があり、いずれの城とも道だけではなく、舟による行き来もできる位置に築かれているといってよい。

このように見てくると、山岡氏は東海道における軍事上最重要地点の一つである瀬田橋の東詰に接して瀬田城を築くことにより、一挙に橋と東海道を抑え、瀬田川及び琵琶湖南湖における舟の行き来を監視できるようになった。そして、それをより強固なものにし、本城の完全な防御体制を作りあげるために、石山や窪江といった城を配置していったのではないかと推測しているのである。

いずれの城も、これまで発掘調査の手が加わっていないため、その存在時期すら判然としない現状では、多くを語るのはさしひかえたい。ここでは、それぞれの城に関する文献史料や地形、立地などから検討を加え、そこから導き出された一つの考え方を示した。今後、本格的な発掘調査が行われれば、当然それぞれの城を取り巻く状況も大きく変わることが予想され、新たな考え方が出されることだろう。それを期待して筆を置くことにする。

参考文献

1 『大津の城—ふるさと大津歴史文庫二』、大津市役所、一九八五年
2 『新修大津市史』第三巻　近世前期、大津市役所、一九八〇年
3 『新修大津市史』第九巻　南部地域、大津市役所、一九八六年
4 『滋賀県中世城郭分布調査九（旧滋賀郡の城）』、滋賀県教育委員会　一九九二年
5 『唐橋遺跡—瀬田川浚渫工事関連埋蔵文化財発掘調査報告書Ⅱ—』、滋賀県教育委員会、一九九二年

写真3　瀬田城空中写真（米軍撮影　R22-1　110　1948年）

琵琶湖・河川支配と城郭
―織豊期城郭の材木調達を中心に―

松　下　　浩

一　安土築城

天下統一を目指す織田信長は、天正《てんしょう》四年（一五七六）その居城を近江国琵琶湖東岸の安土に定め、築城を開始した。安土城は、それまでの城郭とは大きく異なり、高石垣《たかいしがき》で縄張《なわばり》を施し、天主をはじめとした高層建築物と、屋根を飾る金箔瓦《きんぱくがわら》を持つなど、視覚的要素の強い城郭である。これは、信長が畿内・東海・北陸など日本の中央部分をほぼ手中に収め、天下統一政権として完成に近づいたことに対応するものであった。従来の戦闘中心の城づくりから、政治的なイメージアップをねらった城づくりへと転換するその画期となる城が安土城だったのである。

安土築城にあたって信長は美濃・尾張・伊勢・越前・若狭といった当時の自らの勢力圏から多量の人間を動員し、高い技術を持った職人たちを集めている。これは信長がこれらの地域を勢力下においていたからこそ可能だったのであり、信長の権力のあり方に対応した城郭のあり方であるといえる。すなわち築城という行為には築城主体の権力の特質が現れるのである。

しかしながら、安土築城についての資料は非常に少なく、その実態を知ることはできない[1]。『信長公記』やフロイスの『日本史』などにその様子が記されているものの、断片的なものであり、全体を明らかにすることはできない。

ここに紹介する山本家文書[2]は安土築城に直接かかわる資料ではないが、築城のあり方について重要な示唆を与えるものである。この資料の分析を通して、安土築城ひいては信長権力の性格について検討してみたい。

二　山本家文書

山本家は旧近江国高島郡南船木村（現滋賀県高島郡安曇川《あどがわ》町南船《みなみふな》木《き》）でかつて材木座の頭を務めていた家である。南船木は、安曇川が琵琶湖へ注ぐ河口に位置する集落で、古来より朽木《くつき》・葛《かつら》川《がわ》など湖西の山々から伐り出された材木は安曇川を使って琵琶

写真１　安曇川河口より琵琶湖をのぞむ

湖へ運ばれており、安曇川と琵琶湖との接点である船木に材木の売買を引き受ける座が発達したのである。

まずは資料の内容について紹介しておこう。

史料１　堀田秀勝書状

尚以御馳走候て御出肝要ニ存候、以上、

安土大宝坊之材木、其浜迄付候て、在之由候、然者従大宝坊重々信重様江御理之事候、可無異儀候様ニ被入御精可被通候、自然舟なと無都合候者、是又二三艘可有御馳走候、尚期後音候、恐々謹言、

卯月三日　　堀弥次左
　　　　　　秀勝（花押）

保勘左
太夫　まいる御宿所

安土大宝坊の材木をそちらの浜に送った。ついては大宝坊からもたびたび信重様に断ってあるので、間違いないよう取り扱うこと。もし船の都合がつかないようなら、二、三艘都合《そうつごう》をつけることを申し渡したものである。

内容からみて宛所の「保勘左／太夫」は船木の材木座人《ざいもくざにん》、差出人の「堀弥次左秀勝」については材木の伐り出しから送り出しまで湖西の材木取り扱いを管掌する役人であると考えられる。文中「信重様」とあるのは織田信澄《おだのぶずみ》であるが、(3) 信澄は天正六年（一五七八）、磯野員昌《いそのかずまさ》逐電《ちくでん》後、湖西一帯を支配しており、「信重様江御理」という文言からもこの書状が出された当時湖

西地域が信重（信澄）の支配下にあったことがうかがえる。すなわち「堀弥次左秀勝」については信澄の家臣として湖西の材木の管理にあたっていた人物と考えられるのである。江戸時代のものであるが、大溝城《おおみぞじょうか》下の様子を描いた「織田城郭絵図面」[4]中の家臣団屋敷と考えられる部分に「堀田弥次左衛門」と書かれているのが、この人物に比定できると思われる。

織田信澄は本能寺の変の直後、天正一〇年（一五八二）六月五日に大坂城において織田信孝《おだのぶたか》・丹羽《にわ》長秀《ながひで》に殺されることから、この書状の年代はそれ以前に限られる。信澄が湖西一帯を支配するのは天正六年以後のことであるが、同じ山本家文書中の天正四年十月十日付織田信重判物写《はんもつうつし》[5]で信重が材木座の権利を安《あん》堵《ど》しており、またその奥書に「右者、磯野丹波守、左馬頭御養子ニして高嶋郡之内今津より南を知行〆、今津より北者丹波守御隠居ニ領ス由、」と記されており、それ以前から高島郡の南部を支配していたということなのでそれ以前である可能性もある。それでも「安土」における普請用材木《ふしんようざいもく》ということからすれば、安土城築城が始まる天正四年以後としてよく、結論としてこの書状の年代は天正四年から天正一〇年に限定される。

文中「安土大宝坊」については、天正一〇年五月に徳川家康が安土を訪れた際宿舎とした所である。「五月十五日、家康公、ばんばを御立ちなされ、安土に至つて御参着。御宿大宝坊然るべきの由上意にて、」（『信長公記』[6]巻十五）と書かれており、大宝坊の指定は信長の指示であったことが分かるが、この書状は家康を迎えるための大宝坊の新築あるいは改修に伴うものとも考えられる。そうであるならばこの書状の年代はさらに天正一〇年頃に絞られるが確証はない。

史料2　堀田秀勝書状

自久太郎殿御材木之届被仰候、可無別義被仰付候て、可然存候、尚追而可申述候、其浜ニ御入候材木之事候、尚以別義なく御出肝要ニ存候、恐々謹言、

堀弥次左

五月二日　秀勝（花押）

伴式

保勘左

太夫まいる御宿所

「久太郎殿」より材木を届ける様仰せ付けられたので、間違いなく送り出すように申し伝えたものである。

差出・宛所とも史料1と同様であり、年代についても同様に考えてよいと思われる。したがって、天正四年から天正一〇年の間に限定できる。

「久太郎殿」は堀秀政《ほりひでまさ》であるが[7]、堀は信長の馬廻りとして活躍している人物である。堀が城持ちとなるのは賤ヶ岳合戦《しずがたけかっせん》後、天正一一年（一五八三）八月に佐和山城を居城として与えられてからのことであるが、「（天正七年）七月廿六日、石田主計・前田薩摩両人召寄せられ、堀久太郎所にて御振舞仰付けられ候。」（『信長公記』巻十二）とあるように、奥州《おうしゅう》から馬と鷹を献上しにき

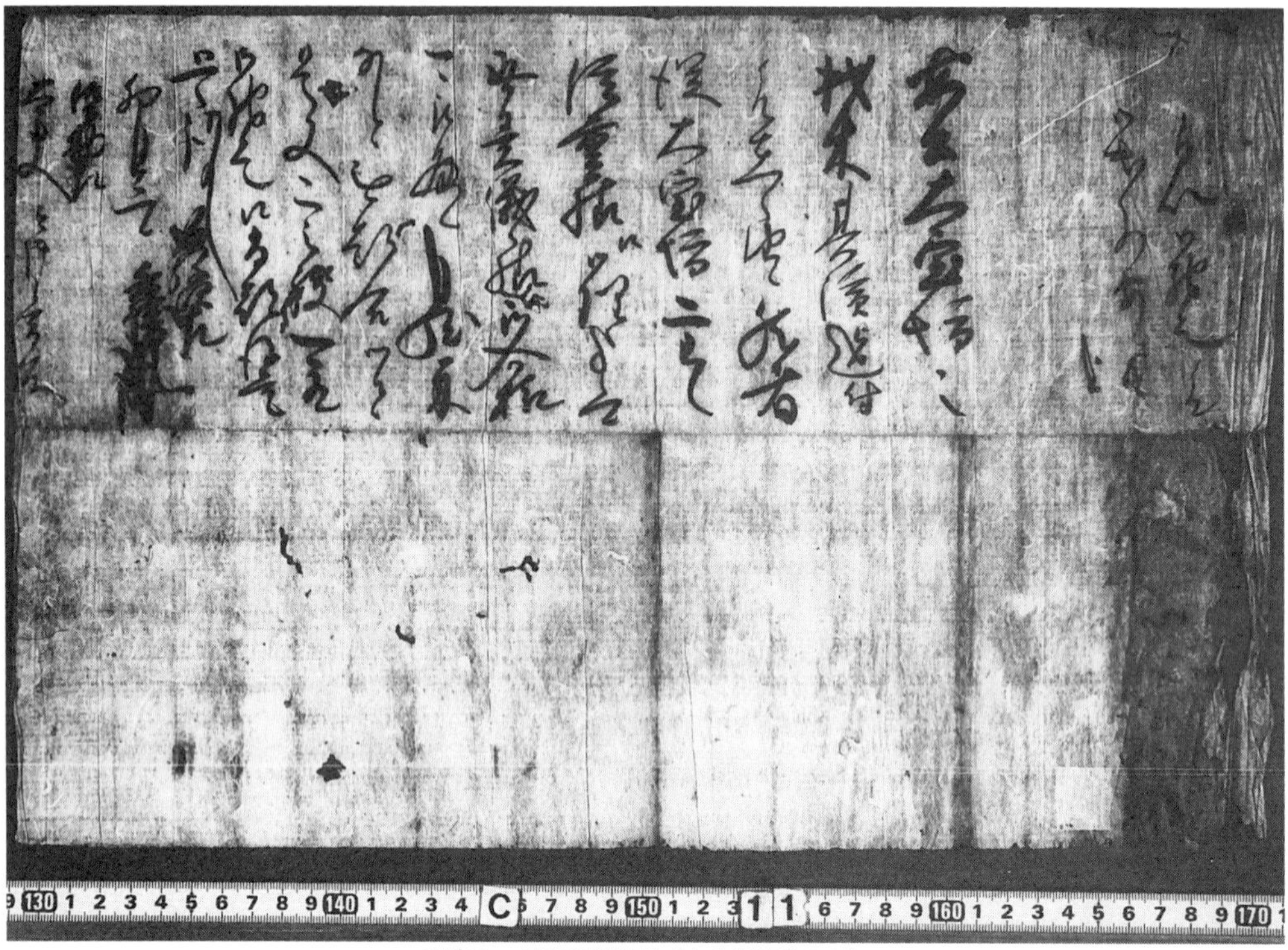

写真２　堀田秀勝書状（山本家文書Ｃ11）

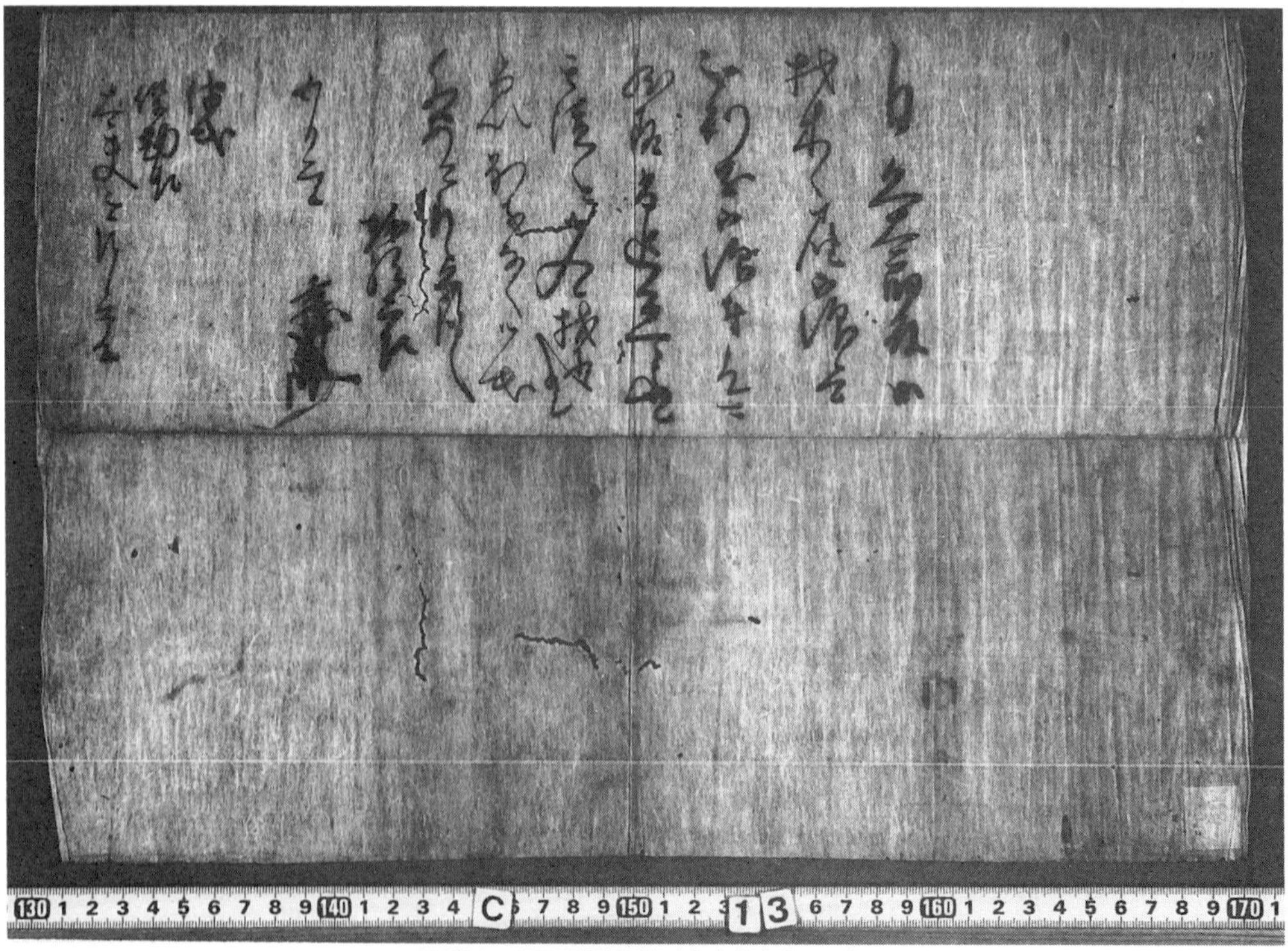

写真３　堀田秀勝書状（山本家文書Ｃ13）

た鷹匠《たかじょう》を自身の屋敷でもてなしており、安土に屋敷があったことが確認できる。したがってこの書状は、堀の安土屋敷の修復、または新築に関わるものということができる。

以上二点の史料はこれまで未紹介のものであるが、安土城下町の建設に関わる貴重な史料ということができる。すなわち、安土城下町の建設にあたり、湖西の山から伐り出された材木が利用されたこと、その材木の調達にあたり、湖西の材木の販売を一手に担っていた船木の材木座を利用していたことが明らかとなるからである。このことから考えると、安土城そのものについても同様に湖西の材木が利用された可能性は非常に高いといえるであろう。もちろん湖西の材木だけですべてをまかないきれたかどうかは定かではなく、他の地域からも原材料が調達された可能性は否定できないが、すくなくとも湖西の材木利用についてはこれを極めて蓋然性の高いこととして確認できたという点で、安土城の築城の様相はさらに具体的になったといえるのではないだろうか。

三　船木材木座《ふなきざいもくざ》

船木材木座の具体的な起源は不明である。座の由緒書《ゆいしょがき》(8)（山本家文書）によれば、「京極佐々木、当国領地之時節、高嶋郡司永田刑部少輔殿、九里三郎左衛門と申、御支配ニ而、材木寸別并年用米指上ケ申由、其上当浜座人共、其時節者銘々舩数多所持仕候ニ付、御公用并右国司御用相弁申由、右御恩賞ニ朽木谷材木商売支配被　仰付之旨、古来ゟ中伝候、」と書かれており、京極《きょうごく》氏の時代に、高島郡を支配していた永田刑部少輔《ながたぎょうぶしょうゆう》に材木の明細と運上《うんじょう》を納めており、座人の持ち船で公用を勤めることの恩賞として朽木谷の材木商売の支配を仰せ付けられたとしている。由緒を時代をさかのぼって記した史料であり、近世の材木座の起源を室町時代にさかのぼらせることで自らの権利の正当性を主張するための創作とみることもできるが、後述するような船木の立地を考えるとここに記されているように、室町時代には船木の材木商が朽木谷の材木売買を独占的に行っていたことは十分考えられることである。

湖西の山々から伐り出された材木の利用については古代から確認できる。(9)正倉院文書中の造石山寺《ぞういしやまでら》関係文書には、石山寺山《さん》作所《さくしょ》について記したものが含まれているが、山作所としては甲《こう》賀《か》山作所、田上《たなかみ》山作所とともに高島《たかしま》山作所があげられている。高島山作所の具体的な位置については不明であるが、高島町近辺の湖西の山であることは間違いなかろう。ここから伐り出された材木は石山寺造営だけでなく、奈良東大寺の造営にも用いられているのである。正倉院文書中の「榲榑漕運功銭米注文」は高島から奈良へ材木を運ぶ筏賃《いかだちん》の報告であるが、これによると材木は小川津《おがわつ》から宇治津《うじつ》を経て泉津《いづみつ》へという運送経路が書かれている。小川津から琵琶湖を通り、瀬田川から宇治川を経て木津川《きづがわ》沿いの泉津で陸揚《りくあ》げされ、そこからは陸路を通って奈良へ運ばれていたのである。問題となるのは小川津であるが、現在安曇川町大字上小川・下小川に比定する説と、朽木村大字小川の二説があって定かではない。いずれの説をとるにせよ小川津は内陸部の川沿いの津であり、そこから川（安曇川もしくは鴨川《かもがわ》）を下って琵琶湖へ出ていたことは間違いないようである。

船木の地は安曇川が琵琶湖に注ぐ河口に位置し、河川水運と湖上水運の結節点として流通上極めて重要な地点であったといえる。その重要性のため、船木には山門《さんもん》の湖上関《こじょうせき》があったことが指摘されている。

史料3　山門使節連署過書（南禅寺文書⑽）

（花押）
（花押）
（花押）
（花押）
（花押）
（花押）

南禅寺材木船四百五拾艘事、任奉書之旨、無其煩可勘過之状、如件、

享徳四
閏四月　日

坂本七ヶ関所
堅田関所
日吉船木関所

この史料は南禅寺《なんぜんじ》の御用材木を琵琶湖上を運ぶにあたり、湖上関の通過を認めたものである。

ただしこの「船木」の地名に関しては近江八幡にも同名の地があり、(11) 湖西の船木ではない可能性もあるが、前述したような立地上の重要性からみて、湖西の船木に湖上関があったことは十分考えられることである。また、次の史料は永亨《えいきょう》四年（一四三二）に南禅寺風呂《ふろ》材木を朽木から湖上を通って運ばせたことが確認できるものである。船木の名は見えないものの、安曇川を通って船木から湖に出た可能性は高い。

史料4　室町幕府奉行人連署過書（南禅寺文書）

南禅寺風呂材木注文（注文封裏）、自江州朽木運送云々、坂本七ヶ所并山門知行諸関、無其煩可被勘過之由候也、仍執達如件、

永享四
三月二日　　為行（花押）
　　　　　　為種（花押）

山門使節御中

こうした船木の流通上の重要性を考えれば、彼の地の商人たちが座を組織して、流通拠点を掌握しようとするのは当然の帰結である。中世における材木座の存在を直接示す史料はないものの、座的な流通独占組織があったことは十分考えられよう。

信長が船木の材木座に手を伸ばすのは天正元年（一五七三）のことである。次の史料はそのことを示すものである。

史料5　磯野員昌書状写（山本家文書[12]）

当谷材木入買令停止候、自然至而兎角之儀者、惣別相支可
有注進候、堅可加　成敗候、恐々謹言、
天正元
十二月十四日　　丹波守
員昌御判
朽木
商人衆中

右者、織田信長公天正元酉之年、天下ヲ知而丹波守江高嶋
一郡被遣、高嶋郡之内新庄ニ御居城之由、

佐和山城から湖西の地に移した磯野員昌が、朽木谷の商人に谷の材木の売買を禁じているが、これは朽木谷の材木売買を船木の座人に限定することを意味している。その後天正四年には織田信重[13]（信澄）が「丹州可為如置目」と、磯野員昌の政策を踏襲《とうしゅう》する書状を出している。

このように座を把握し、安土城下町や安土城を建設するために、彼らを使って湖西の材木を調達したのであるが、ここで注目しておきたいのは座を利用して材木の調達を図っている点である。湖西地域は磯野員昌や織田信澄を通して織田氏の支配する所となっており、直接的に材木を調達することも可能であったと思われるが、そのような方法をとらずにすでに存在した座を利用しているのである。この点は織田政権の座政策を考える上でも重要な問題であるので、次章においてこの問題について触れたい。

四　織《お》田《だ》政権《せいけん》と座《ざ》

織田政権の座政策《ざせいさく》については楽市楽座《らくいちらくざ》が著名であり、一般に信長は座を否定的に扱ったものと考えられている[14]。しかしながら信長が楽市楽座を実施したのは岐阜、安土など城下町と、近江湖南一向一揆《いっこういっき》を鎮圧した後、その拠点であった金森《かねがもり》に対して行った例が見られるだけで、既に指摘されているごとく、限られた地域においてのみ楽市楽座が実施されていたのである[15]。

むしろ大山崎《おおやまざき》の油座《あぶらざ》、近江《おうみ》建部《たてべ》の油座や、越前《えちぜん》の軽物座《かるものざ》・唐人座《とうじんざ》など信長は座を安堵しており、決して座の否定が信長の座政策の基本ではなかったことがうかがえるのである。家臣団の地域支配についてみても、柴田勝家《しばたかついえ》が越前北庄《きたのしょう》の城下において楽市楽座を実施した際も軽物座・唐人座については対象外としており、織田政権の政策として座の安堵と楽市楽座とが矛盾することなく行われていたのである。

こうした座政策の意図するところを織田政権による楽市楽座の典型《てんけい》である安土城下町での場合を例に検討してみよう。

史料6　安土山下町中掟書（近江八幡市所蔵[16]）

定　　安土山下町中
一、当所中為楽市被仰付之上者、諸座・諸役・諸公事等悉
免許事、

一、往還之商人、上海道相留之、上下共至当町可寄宿、但
於荷物以下之付下者、荷主次第事、
一、普請免除事、
一、伝馬免許事、但、御陣・御在京等御留守難去時者、可致合力事、
一、火事之儀於付火者、其亭主不可懸科、至自火者遂糺明、
其身可追放、但、依事之躰可有軽重事、
一、咎人之儀、借屋并雖為同家、亭主不知其子細、不及口
入者、亭主不可有其科、至犯過之輩者、遂糺明可処罪過
事、
一、諸色買物之儀、縦雖為盗物、買主不知之者、不可有罪
科、次彼盗賊人於引付者、任古法贓物可返付之事、
一、分国中徳政雖行之、当所中免除事、
一、他国并他所之族、罷越当所仁有付候者、従先々居住之
者同前、雖為誰々家来、不可有異儀、若号給人、臨時課
役停止事、
一、喧嘩・口論并国質・所質・押買・押売・宿之押借以下
一切停止事、
一、至町中譴責使・同打入等之儀、福富平左衛門尉・木村
次郎左衛門尉両人仁相届之、以糺明之上可申付事、
一、於町並居住之輩者、雖為奉公人并諸職人、家並役免除
事、付、被仰付、以御扶持居住之輩、并被召仕諸職人等、各別事、
一、博労之儀、国中馬売買、悉於当所」可仕之事、
右条々、若有違背之族者、速可」被処厳科者也、
天正五年六月日
（朱印）

第一条は有名な楽市楽座の宣言である。あらゆる座の課役《かやく》、諸負担を免除している。負担免除の内容が以下の条文に示されているが、第三条の普請役《ふしんやく》、第四条の伝馬役《てんまやく》、第九条の給人役《きゅうにんやく》、第一二条の家並役《いえなみやく》などの課役が免除されている。この他第五・六・七条では犯罪に対して住人の権利を保護し、第一〇条・一一条では不当な暴力行為を禁止しており、住人に対する不当な取り扱いが無いことを述べている。そして第八条では徳政免許の条項があり、商人の債権保護がうたわれている。この他第二条では安土への寄宿を強制し、第一三条では国中の馬売買を安土に集中するなど、安土へ人々を集めることを意図した条項がみられる。

この掟書の意図するところは、安土が安全で商権が保護された場所であることをうたい、人々の集住を図ることにある。こうして集められた多くの人々が、城下町の産業や商業を盛んにし、領国経済を発展させるのである。

従来、この楽市楽座政策は、営業独占を図る特権的な座組織を解体し、自由商業を実現したものとして肯定的に評価されてきた[17]。しかしながら、当時の近江国内の商業の状況[18]から考えてみると、在地の商人たちが自ら勝ち取った営業権を守るため座を組織していたものを、信長が権力の力によってこれを自らの足下に集め、掌握しようとしていることがうかがえる。あくまで権力への奉仕が目的なのであり、これまで座の本所《ほんじょ》に対して

なにがしかの貢納を行っていたものが、信長へのより多くの奉仕を要求されることに代わったのである。

安土城下町の自由と安全はあくまで信長によって保障されたものであり、住人たち自身が獲得したものではない。いわば上から与えられたものに過ぎず、権力の体制や方針が変われば、瞬時にして失われてしまうものなのである。現に本能寺の変の情報を伝え聞いた安土城下町は大混乱をきたし、炎上する所もあったのである。

座の安堵については、ここで取り上げた船木の材木座を例に考えてみるとよいだろう。船木の座人は旧来の特権を認めてもらっているが、その一方で安土城下町の建設にあたって材木の調達に利用されている。座の持つ商業機能を活用して物資の収集、運搬を図っているのである。すなわち座を自らに奉仕するものとして利用しているのである。

このように考えると、楽市楽座と座の安堵という一見矛盾した政策が実は同じ意図のもとに行われていることがうかがえるだろう。いずれも商工業者を権力に奉仕する集団として位置づけているのである。船木の材木座をめぐる事例は、そのことを具体的に示すものである。

五　琵琶湖・河川の支配と信長

船木の材木座の事例は琵琶湖・河川支配の問題にも関連している。琵琶湖は近江の中央に位置し、東西交通および日本海岸・太平洋岸間の交通の要に位置する。全国統一を目指す織田政権が近江を支配するにあたり、琵琶湖の掌握を目指すのは当然の成り行きである。

永禄《えいろく》一一年（一五六八）、足利義昭《あしかがよしあき》を伴い上洛を果たした時から信長は琵琶湖の支配に着手する。[19] 永禄末から元亀《げんき》初年にかけて、沖島《おきしま》、堅田《かたた》、打下《うちおろし》などの湖上勢力を傘下におさめ、琵琶湖の制海権を掌握することに成功した。元亀年間の浅井《あざい》・朝倉《あさくら》との戦いで水軍として活躍したこれら湖上勢力は、信長による近江征服の後は水運の担い手として活動することになる。

信長の琵琶湖支配は、湖上ネットワークと呼ばれる城郭政策によって果たされている。[20] これは、羽柴秀吉《はしばひでよし》の長浜城《ながはまじょう》、織田信澄の大溝城、明智光秀《あけちみつひで》の坂本城、信長自身の安土城の四城を湖岸に築くと同時に、中世以来の港を取り込んで城下町を形成し、湖上水運の掌握をねらったものである。その一方で堅田、沖島、志那《しな》の市川氏など旧来湖上水運を担ってきたものにはその権利を保障し、自らの配下として様々な活用をはかっているのである。

船木の事例は流通拠点に城郭を築いて直接的に流通を支配するのとは異なり、流通の担い手を掌握することで流通支配を行おうとする点で堅田等と同様の方法であったことがわかる。安土のように拠点に城郭を築き、そこへ商人たちをあつめることで彼らの担っていた商品流通を自らのもとに集中させるという直接的な方法とともに、座などの自立的な商人組織の権利を保障し、その見返りとして権力に奉仕させることで彼らの持つ流通管理力を利用しようという間接的な方法の二つの方法が使い分けられている。一見相矛盾するこれら二つの方法は、権力への奉仕という目的においては完全に一致しているのである。

そのことは琵琶湖・河川の支配についても同様である。流通支配が琵琶湖・河川支配の大きな目的の一つであることはいうまでもない。その実現にあたっては、湖上ネットワークのように、拠点に城郭を築き、城下町に港を取り込んで直接的にこれを支配する方法と、様々な湖上勢力の存在を認めながら権力に奉仕する集団として利用することによってこれをはたす方法との二種類が存在したのである。

信長の近江支配のあり方全体をみても自己に従う旧勢力[21]を温存し、これらを利用しつつ支配を行っているのであるが、船木の事例はまさしくかかる信長の近江支配のあり方に合致するものということができよう。

最後に豊臣期における船木の状況をみておこう。

史料7　成綱・賢頼・賢信連署状（山本家文書）

猶々村々百姓共ニ指帋遣し候、自然筏士共不相届、代り共御□細を頼申候間、引配被加御分別候て、可被下候、以上、

三七様御材木、昨今ニ悉相下申候間、今晩至其津ニ、参着可申候、此御材木御注文、其方文も御座候哉、若無御座候てハとなん、此方へ被下候御注文うつし遣候間、於其方御請取候御材木と被引合、御算用候て御覧あるへし、大倍相済可申候と存候、追々破風板四枚、貫八本下申候、是にて相済申候、次ニ松の四百木之内、三本板柱弐本ハ、殿様安土御座敷之御材木之内紛候て参候間、先々御預リ候て、被置可被下候、猶追而可申候、恐惶謹言、

七月八日　賢信（花押）
賢頼（花押）
成綱（花押）

（切封ウハ書）
「（墨引）　朽菅右
伴式殿　宮兵
大夫殿　参御宿所　成綱」

「三七様」の材木を下したので今夜そちらの津に着くことを伝え、材木の注文を記した文書が無ければ困るだろうから写を送るのでそれと引き合わせて算用すること、送った材木の内に「殿様安土御座敷」の材木が紛れているのでそれについてはそちらで一旦預かって後日送ってもらいたいことを述べたものである。

「三七様」は織田信孝であるが、信孝は天正一一年五月二日に自害しており、この書状はそれ以前のものであることがわかる。問題は年代の上限をいつに設定するかであるが、それについては次の史料が手がかりとなる。

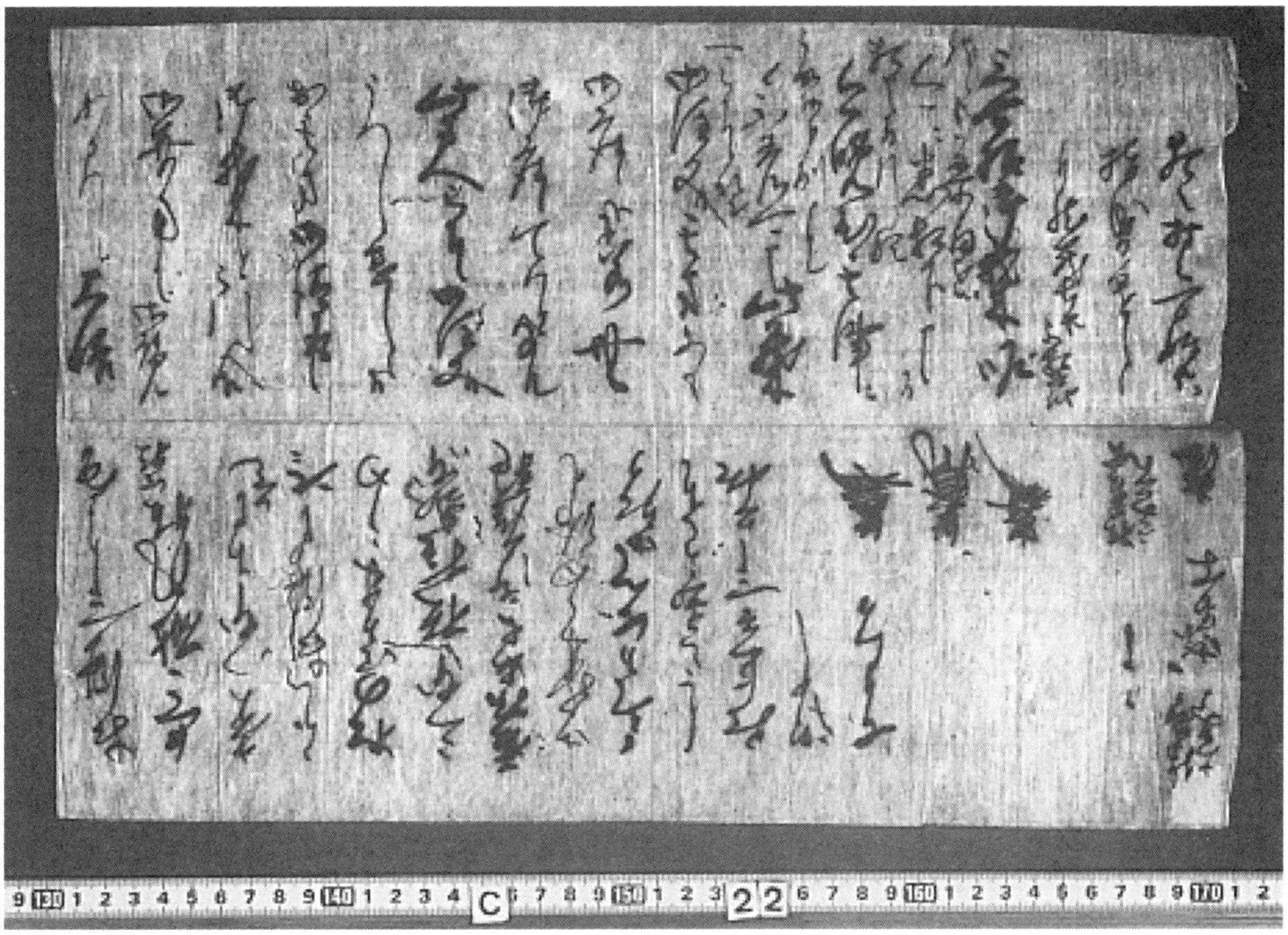

写真４　成綱・賢頼・賢信連署状（山本家文書Ｃ22）

史料８　成綱・賢頼・賢信連署状（山本家文書）

尚々土たい木之事、頼申候、以上、
長秀様より澤城土たい木事被仰出候、然共大水候て、此方より相下候段中々成不申候、其浜ニ松の長木候由たれ〳〵の見候へ共、各御馳走候て可給候、此方にハはや悉出来、川ハたまて出置申候へ共、下申事五日十日之内にハ成申間敷候間、大夫殿なとへ御談合候て、当座事相調候様ニ御馳走頼入申候、猶此□□可申候、恐々謹言、

二月十九日　　飯又左（花押）
宮兵（花押）
菅右（花押）

舟木
筏士中
参

長秀様から「沢城」の土台木のことを仰せ付けられたが、大水のためこちらから材木を送るのが困難であり、その浜にある材木で当座をしのぐよう述べたものである。[22]「沢城」とは現マキノ町沢《さわ》にあったとされる沢村《さわむら》城と考えられる。沢村城はもと沢村の在地領主田屋淡路守《たやあわじのかみ》の居城であったが、信澄の大溝入部《にゅうぶ》によって廃城されたものを、清洲会議《きよすかいぎ》の後、志賀・高島郡を支配することになった丹羽長秀が修築したとされている。このことによれば、この書状は丹羽長秀が沢村城修築の際に材木を徴発したことについてのものと考えられ、したがってこの書状の年代は清洲会議のあった天正一〇年六月から、長秀が柴田勝家

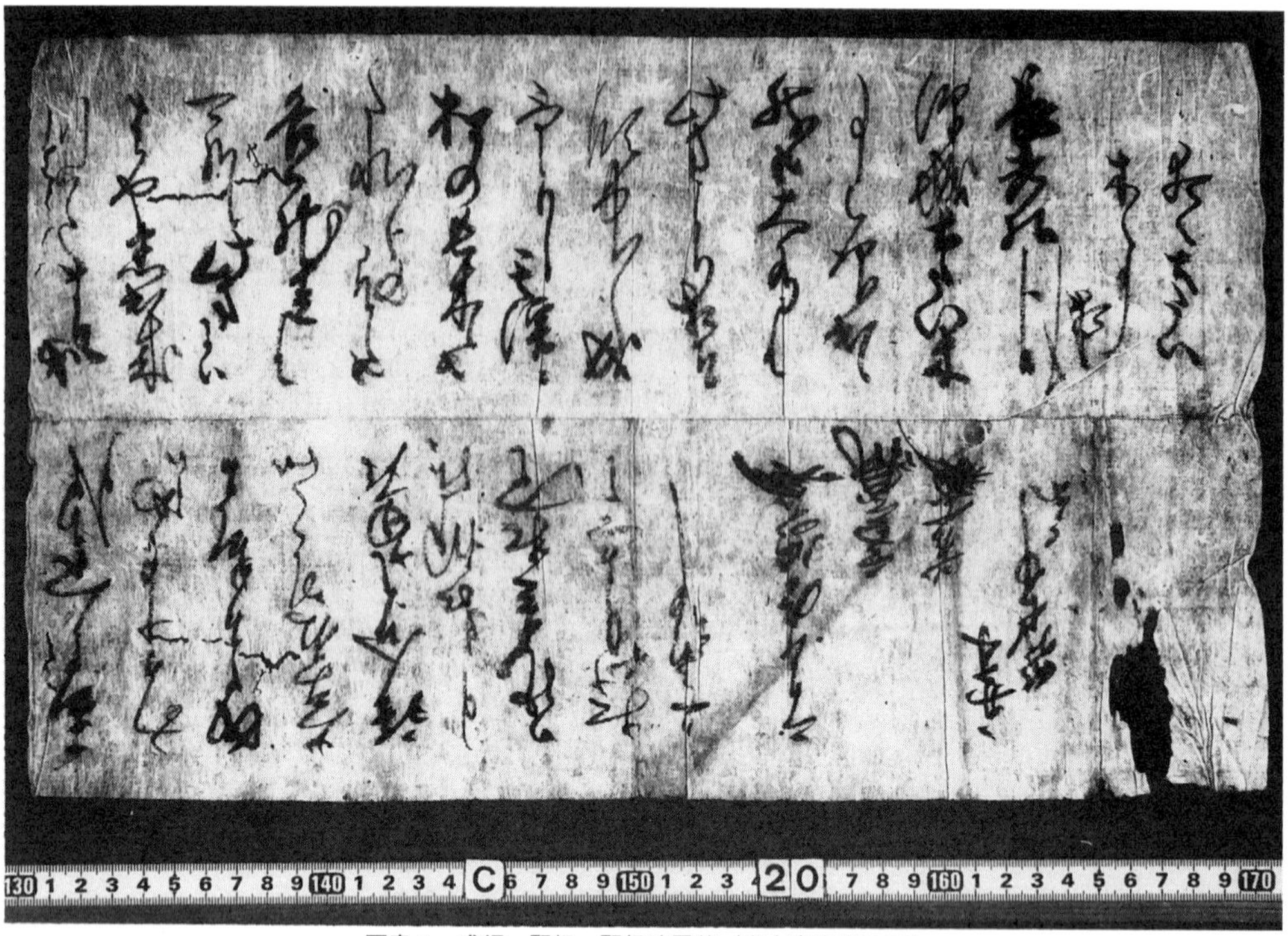

写真5　成綱・賢頼・賢信連署状（山本家文書C20）

の旧領越前へ移る天正一一年五月までとなり、天正一一年二月一九日とすることができる。

差出の成綱《なりつな》・賢信《かたのぶ》・賢頼《かたより》は史料7の差出と花押が一致し、同一人物であることが分かる。書状の内容からみて彼ら三人は史料1、2の堀田秀勝と同様、湖西の材木流通を管理する役人と考えられるが、史料8から、丹羽長秀のもとでかかる役目をおっていたと考えられる。したがって史料7の書状の年代についても丹羽長秀が湖西を支配する時期、すなわち天正一〇年六月の清洲会議以後とすることができ、天正一〇年七月八日と比定できる。

文中の「殿様」はこの差出人が丹羽長秀配下であることからすれば、丹羽長秀と考えられる。長秀の安土屋敷については『信長公記』巻十に、「(天正五年)九月廿八日、安土にて惟住五郎左衛門所に御寄宿。」とあることから信長時代からすでに存在していたことが確認できる。この書状は本能寺の変以後に、長秀屋敷が修築する必要に迫られたことを示しており、おそらく本能寺の変にともなう城下の混乱の中で、屋敷が焼けたものと考えられる。ただし、殿様という名称は長秀に対するものとしてふさわしいかどうかという疑問は残る。(23) この時期に殿様と呼ばれうる人物としては織田家当主以外に考えられず、であるならば清洲会議によって当主となった信忠《のぶただ》の遺児《いじ》三法師《さんぼうし》がそれにあたる。しかしこの時三法師はまだ三歳であり、殿様と呼ぶには幼すぎるようにも思われる。「殿様安土御座敷」については誰のものか確定はできない。

一方信孝は清洲会議によって岐阜城を得るのであるが、この材木が岐阜へ運ぶためのものであるかどうかは疑わしい。わざわざ湖西で伐り出した材木を琵琶湖を横断したうえ、陸路岐阜へ運搬するのは非常な困難が伴うと考えられるからである。むしろ湖岸のどこかに屋敷があったと考えた方がよく、そうなると一番可能性が高いのは安土である。信孝の屋敷が安土にあったかどうかは確認できないが、信忠・信雄については「（天正八年）五月三日、中将信忠卿・北畠信雄卿、安土に至つて御出。御自分御座所の御普請仰付けられ候。」（『信長公記』巻十三）とあることから信長時代からその存在が確認できる。おそらく信孝についても信長時代より安土屋敷があり、長秀屋敷と同様、本能寺の変後の城下の混乱によって焼けたと思われる。

史料9　成綱・高信・賢頼連署状（山本家文書）

　猶々松木物四五本、其外貫四三寸之儀、未進申候間、
　頓而可申付候、参次第御越候て可被下候、以上、
態令申候、仍安土御殿御材木之事、中左近殿より急可申旨、十兵かたへ御催促申候、右之御材木之儀ハ、大倍相下申候間、早々御越被成候て、可然存候、下奉行仕候老共、不届様ニ十兵被申、迷惑仕候、其津へ参次第、御越被成候而可被下候、為其如此候、猶追而可申候、恐々謹言、
　七月廿六日
　宮兵
　　賢頼（花押）
　飯五兵
　　高信（花押）
　朽菅右
　　成綱（花押）
伴式殿
大夫殿
　御宿所

「安土御殿」の材木を早く送るよう「中左近」が「十兵」に催促したが、それについては大半が送り済であること、「下奉行」を務める者たちが不届であると「十兵」がいうのは迷惑であることを述べている。

差出の賢頼・成綱は史料7・8とも共通しており、高信《たかのぶ》は初登場であるが、連署であるから同役と考えられる。したがっていずれも丹羽長秀配下で、湖西の材木流通を管理する役人たちと考えられる。「中左近」については詳細は不明であるが、石《いし》田三成《だみつなり》や増田長盛《ましたながもり》ら秀吉子飼いの奉行人に対して、自分の息子が預かって返そうとしない秀吉の船を引き渡すよう命令してほしいと依頼する書状が存在する（大阪市立博物館蔵）(24)。両者が同一人物かどうか確証はないが、書状の年代は天正一〇年代の初めと考えられ、内容からみて琵琶湖の船についてのものとみることができることから、その可能性は高いといえよう。

この文書の年代は、史料7と同様丹羽長秀が湖西支配を行っていた時期と考えられることから、天正一〇年六月を上限とし、天正一一年五月を下限とすることができる。したがってこの文書の年代は天正一〇年に比定できる。ただし長秀の後坂本城主となる杉原家次《すぎはらいえつぐ》は、天正一一年八月一日に志賀郡・高島郡で所

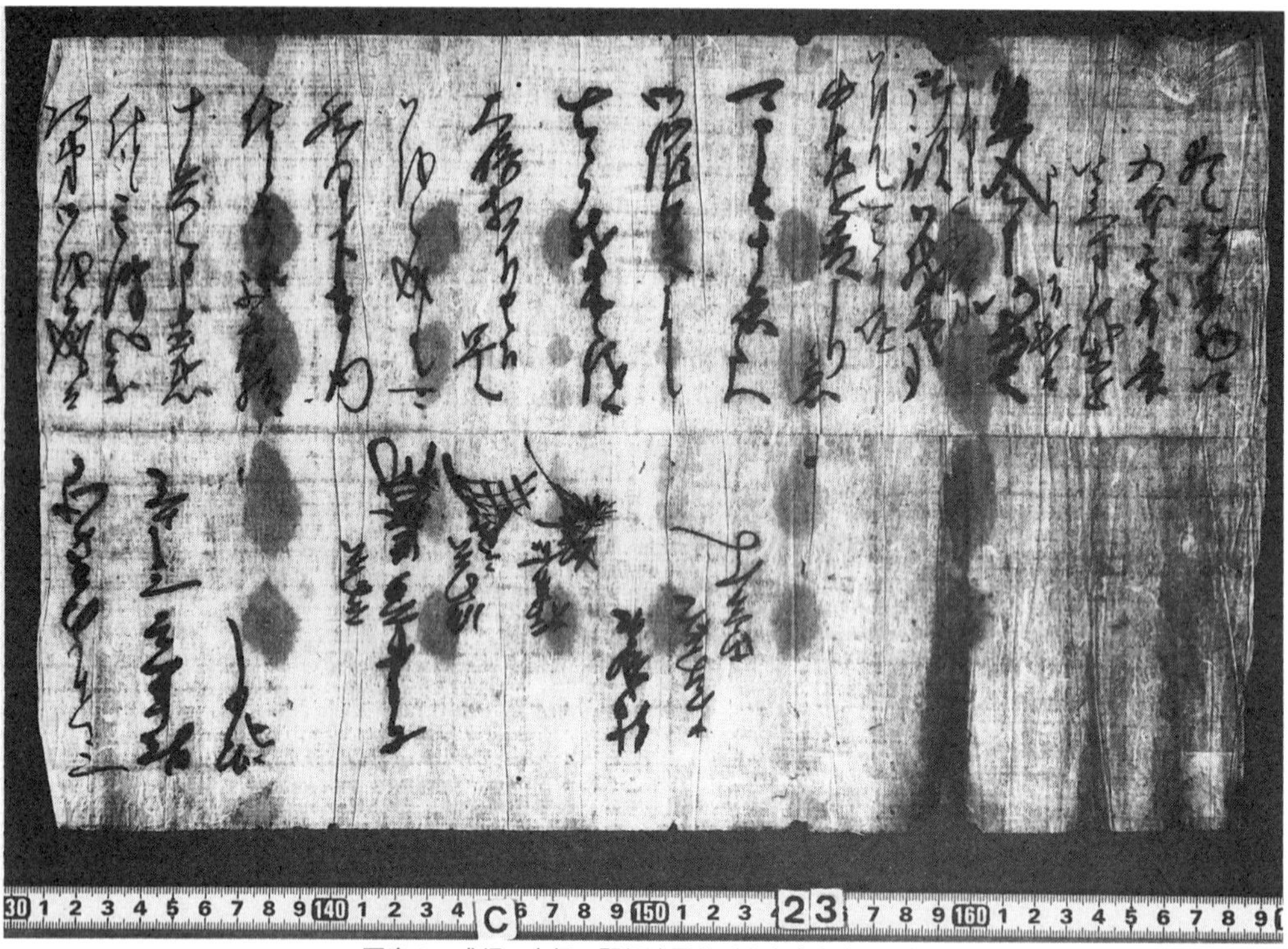

写真6　成綱・高信・賢頼連署状（山本家文書C23）

領を宛行《あてが》われており、それまでは長秀の支配が続いたとも考えられる。そうすると天正一一年とも考えられるが、いずれにせよ本能寺の変以後の安土において御殿が焼け、その修復用もしくは、御殿新築用の材木を徴発していることに変わりはない。

問題は「安土御殿」を誰の御殿とみるかである。材木の催促をしている中左近《なかさこん》の仕える人物、羽柴秀吉の御殿とも考えられるが、御殿という名称はさらに上位の人物を想像させる。だとするならば、一番可能性が高いのは清洲会議によって織田家の当主となった三法師である。秀吉は、天正一〇年八月一一日付惟住長秀宛《これずみながひであて》書状（専光寺《せんこうじ》文書）において長秀に対し、三法師を安土に迎えるにあたって普請を急ぐよう指示している。[25] 普請についての指示を長秀に出していること、この書状の差出人が長秀配下であること考をえるならば、この安土御殿は、秀吉書状において普請を急がせている三法師の御殿とするのが適当であろう。

これらの史料は本能寺の変以後、安土において普請用の材木が必要とされたことを示しており、本能寺の変を経て安土が荒廃するのではなく、混乱の中から再生しようとしていたことがうかがえる。従来安土城は天正一〇年六月一四日の焼失によって機能停止とみるのが一般的であったが、その後も織田家の居城としての意義を失うことなく存続しつづけていたのである。

ちなみに安土城が廃城となるのは天正一三年、近江八幡に豊臣秀次《とよとみひでつぐ》が城を築いた時である。それまでに羽柴秀吉は賤ヶ岳合戦の前年に織田信孝を自害させ、織田信雄を小牧長久手合戦《こまきながくてがっせん》

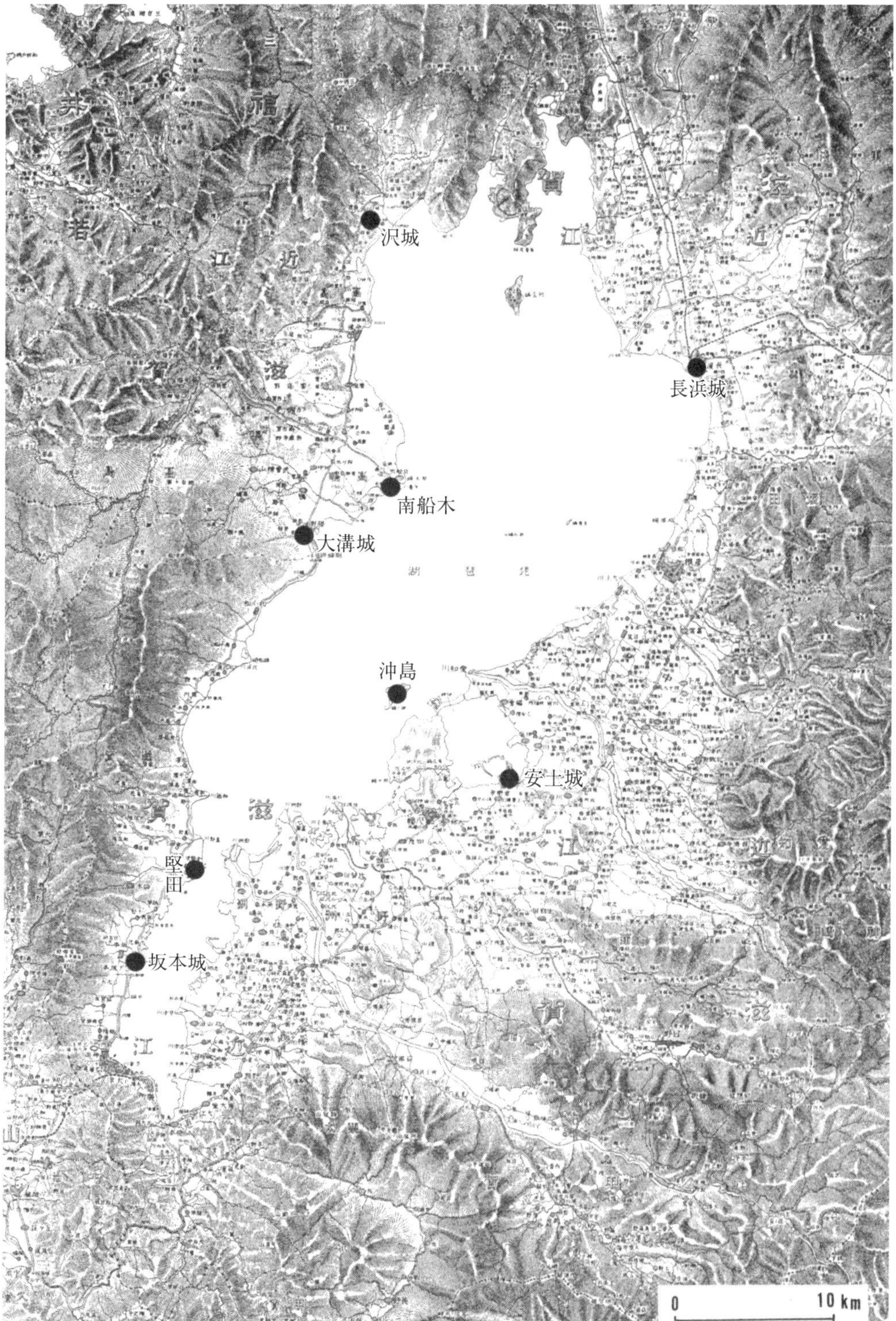

図1　関連地図（『滋賀県の地名』日本歴史地名大系　第25巻　平凡社1991年特別付録　輯製二十万分一図復刻版に加筆）

の単独講和によって屈服させることで織田家中から抜け出し、そのことによって羽柴と織田の序列は逆転し、織田家の天下を象徴する安土城は機能を完全に失うのである。[26]

ところで、これら材木調達がいずれも船木の座人を通して行われている事実は注目できるであろう。本章の課題を越えてしまうが、秀吉は信長と異なり、座を解体して旧来の特権を有していたものから権利を奪い、新しい担い手にそれを受け継がせている。[27]湖上水運においては堅田や志那の市川氏など信長によって権利を安堵されていたものの権利を否定し、新しい水運の担い手として大津百艘船《ひゃくそうせん》仲間を組織し、芦浦観音寺《あしうらかんのんじ》に湖水船《こすいふな》奉行《ぶぎょう》として水運の統括を命じている。ただし秀吉がこうした流通改編政策をとるのは天正一三年以降であり、それ以前は織田政権期の政策が踏襲されている。しかしながら船木の材木座については、江戸時代以降もその権利を認められているのであり、ここにみられる船木の材木座の利用が決して織田期の遺制として理解できるものではないであろう。また秀吉は必ずしも旧来の流通勢力を排除して新興勢力を取り立てたわけではなく、旧勢力を換骨奪胎《かんこつだったい》しながら存続させている例も指摘されており、[28]船木の材木座についても同様に考えることもできよう。

ともかく残された課題は多い。今後とも近江を舞台にかかる課題に取り組んでいきたい。

註

（1）従来の安土城に関する研究は天主復元を題材とした建築史の側からのものであり、築城行為を歴史的に分析したものは皆無である。建築史からする安土城の研究の代表的なものとしては内藤昌『復元安土城』（講談社選書メチエ、一九九四年）があげられるが、築城についてはその課程を編年的に述べているに過ぎない。

（2）山本家文書の概要および史料的性格については『安土城・織田信長関連文書調査11　山本家文書目録』（滋賀県教育委員会、二〇〇一年）を参照。以下に紹介する史料の写真および釈文は同書に依った。

（3）信重が信澄にあたるかどうかは確証はない。ただし、山本家文書にある天正四年の織田信重書状の宛先が船木商人であり、また今津地下人中に宛てた天正九年の信重判物写（川原林文書『琵琶湖と中世の人々』滋賀県立安土城考古博物館、一九九八年）が存在し、信澄が湖西を支配していた時期に、これらの文書が出されていることから、信重が信澄である可能性は高い。

（4）個人蔵。なお、絵図の読解にあたっては『天下布武へ—信長の近江支配』（滋賀県立安土城考古博物館、一九九三年）掲載の写真図版を使用した。

（5）「従諸侯頭載之御証文数通・新古御検地帖面、座役米・年用・無地高訳并諸手形・諸書物、其外舩木材木座仲間由緒書載之写」（山本家文書）

（6）奥野高廣・岩沢愿彦校注『信長公記』角川文庫、一九六九年。以下、『信長公記』の引用は同書による。

（7）以下の堀の事績については谷口克広著・高木昭作監修『織田信長家臣人名辞典』（吉川弘文館、一九九五年）に依った。

(8) 前掲註(5)

(9) 『安曇川町史』、安曇川町役場、一九八四年

(10) 以下ここに取り上げた以下の南禅寺文書の翻刻については、『琵琶湖と中世の人々』(滋賀県立安土城考古博物館、一九九八年)掲載の写真図版に依った。

(11) 『近江蒲生郡志』巻一、滋賀県蒲生郡役所、一九二二年

(12) 前掲註(5)

(13) 前掲註(5)

(14) ①奥野高廣『信長と秀吉』、至文堂、一九五五年
②今井林太郎『織田信長』朝日文庫、一九九一年

(15) 脇田修『近世封建制成立史論』、東京大学出版会、一九七七年

(16) ここに取り上げた史料の翻刻については『安土城・1999』(滋賀県立安土城考古博物館、一九九九年)掲載の写真図版に依った。

(17) 前掲註(14-①)

(18) 脇田晴子「中世の自主的交通路管理と近江商人の独占―『中世商業の展開』再論―」『人間文化』四、滋賀県立大学人間文化学部、一九九八年

(19) 松下浩「織田政権の琵琶湖支配」『琵琶湖とその集水域の歴史』(『琵琶湖博物館開設準備室研究調査報告第八集』)琵琶湖博物館開設準備室、一九九七年

(20) 中井均『近江の城―城が語る湖国の戦国史―』サンライズ印刷出版部、一九九七年

(21) 松下浩「信長の近江支配と天下布武」『日本文化のかなめ』、サンライズ出版、二〇〇一年

(22) 『滋賀県中世城郭分布調査八(高島郡の城)』、滋賀県教育委員会、一九九一年

(23) この点については、二〇〇一年八月一六日に安土町公民館において行われた一六一七会滋賀例会で堀新氏と桐野作人氏よりご指摘いただいた。

(24) この史料については長浜城歴史博物館学芸員太田浩司氏のご教示による。

(25) (前略)

一、若子様之儀、未無御越候由候、普請等無出来ニ付而、右之分ゟ相聞候ニ、其方程近候間、貴所被煎御肝候ハて不叶事候、其元御普請をハ、先々被置候ても、安土御普請急度被仰付、不被参越候事御油断と存候、左様ニ候へ者、其方我等外聞あしく候間、山崎普請をも打置候て、其方同前ニ安土へ罷越可申付候哉、坂本へ成共御越候様ニ可有御馳走儀候条、被入御精尤候、よるの程なとも、上様之御事御忘候ハヽ、くらやミニ可罷□□□知行ニ付候、□□□其上山城之知行悉□知候上ハ、是又我等存事候、

(後略)

八月十一日　　秀吉(花押)

惟五郎左殿

御返報

(『大日本史料』第十一編之二)

(26) 『残照』(滋賀県立安土城考古博物館、一九九四年)展示解説

(27) 前掲註(21)

(28) 前掲註(15)

第二部

資料編

――湖畔の城

1 山本山城

浅井氏小谷城の西翼を守る支城

東浅井郡湖北町・伊香郡高月町

山本山城は滋賀県東浅井《ひがしあざい》郡湖北町山本・津里、伊香《いか》郡高月町西阿閉《にしあつじ》・熊野に位置する中世の山城跡である。山本山城の歴史は古く、治承四年（一一八〇）一二月一六日、以仁王の平家追討の令旨に呼応した山下兵衛尉義経ら千余騎の拠る近江山下城が平知盛、資盛らの軍によって攻められている（『玉葉』）。この山下城が山本山城のことであろうと考えられている。

戦国時代には京極氏の被官であった阿閉《あつじ》氏の居城となるが、尾上《おのえ》城の浅見対馬守が浅井亮政に対抗して山本山城を占拠し立て籠った。後に浅見氏は浅井氏方に属したため、山本山城は小谷城の支城として再び阿閉氏が入れ置かれた。

元亀元年（一五七〇）、浅井長政は織田信長に反旗を翻した。これより天正元年までの三年間にわたって湖北地方は浅井長政と織田信長の熾烈な戦いに蹂躙《じゅうりん》されることとなる。その最末期、小谷城攻めに際して、「阿閉淡路守盾籠《たてこも》る居城山本山へ、木下藤吉郎遣はされ、麓を放火候。然る間、城中の足軽ども百騎ばかり罷り出で、相支へ候。藤吉郎見計らひ、どうと切りかゝり切り崩し、頸数五十余討ち捕る。信長公御褒美《ごほうび》斜めならず。」（『信長公記』元亀三年七月廿二日条）。とあり、山本山城が浅井軍の前線基地として防戦している様子がわかる。

ところが、翌年八月には、「江北阿閉淡路守御身方の色を立て」（『信長公記』天正元年八月八日条）とあり、阿閉淡路守が信長方に内応し、山本山城を開城してしまった。この山本山城の開城によりすべての支城を失った小谷城はあっけなく落城してしまう。このように山本山城は小谷城の西翼を守る重要な支城だったのである。

城は賤ケ岳《しずがたけ》より琵琶湖に沿ってそそり立つ山系の最南端、標高三二四メートルの山本山の頂部に位置している。この山本山は西に琵琶湖につながる野田沼が、東・南側は余呉川が流れる要害の地であった。野田沼は当時山本山麓にまで広がっていたと考えられる。

城の構造は最高所に土塁を巡らせた主郭を配し、北方尾根筋に土塁囲いの曲輪が八箇所と堀切六条が交互に配されており、これらは一番馬場、二番馬場、三番馬場と称されている。主郭の東側に突出した尾根上には北、西辺に土塁を築いた曲輪が配されている。

写真１　山本山城跡（尾上港より）

主郭の南側に削平の甘い曲輪があるが、これは昭和四〇年代に掘削を受けたもので、本来はしっかりとした副郭であった。また、主郭の南辺土塁が開口して虎口状となっているが、これも近代の破壊であるといわれている。
なお、山麓に広がっていた野田沼まで百石船が入っていた。

（中井　均）

参考文献

1 『滋賀県中世城郭分布調査七（伊香郡・東浅井郡の城）』、滋賀県教育委員会、一九九〇年
2 柴田実監修『日本歴史地名大系二五　滋賀県の地名』、平凡社、一九九一年

写真２　山本山城跡主郭土塁

図1　山本山城跡位置図（昭和50年）

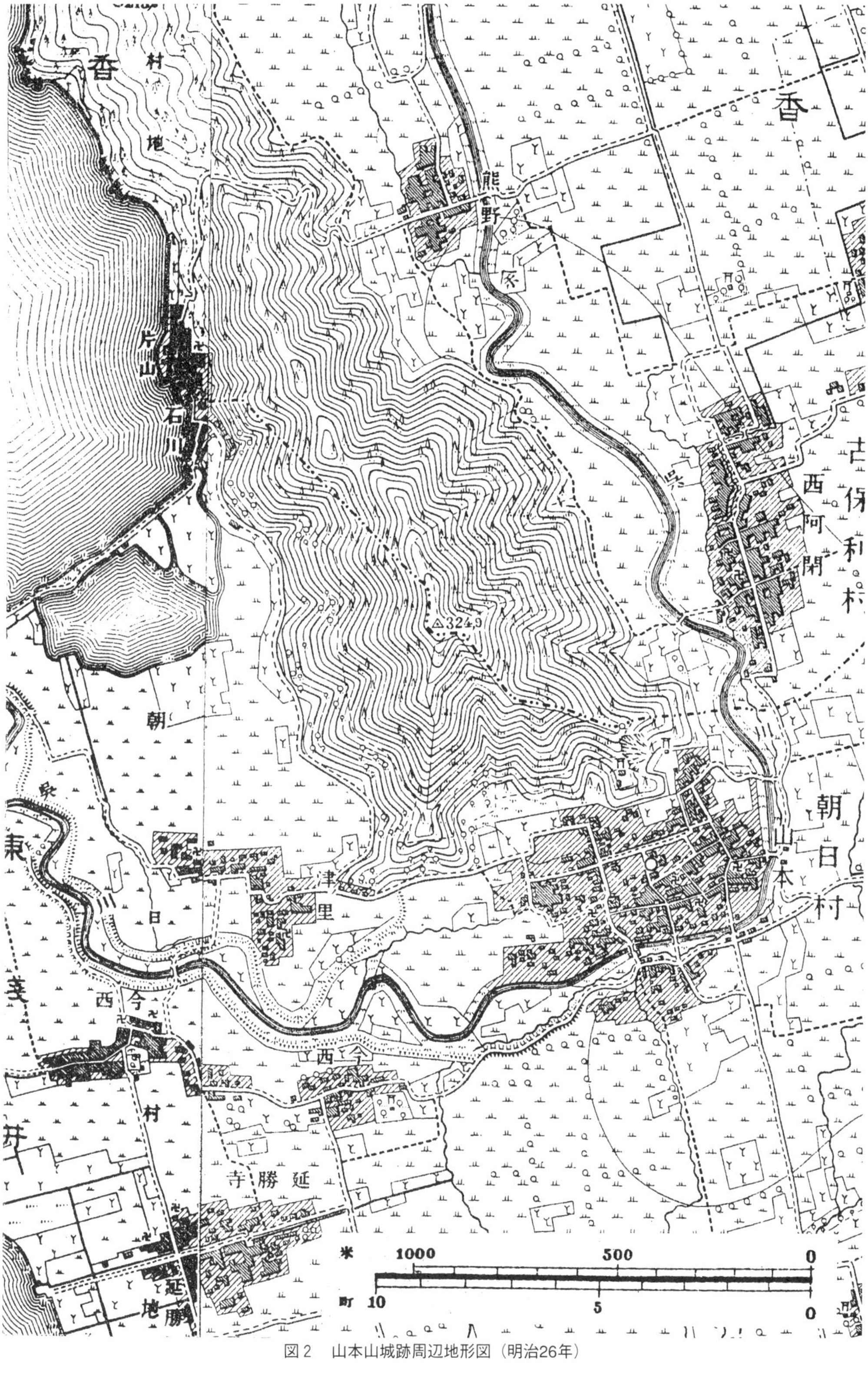

図2　山本山城跡周辺地形図（明治26年）

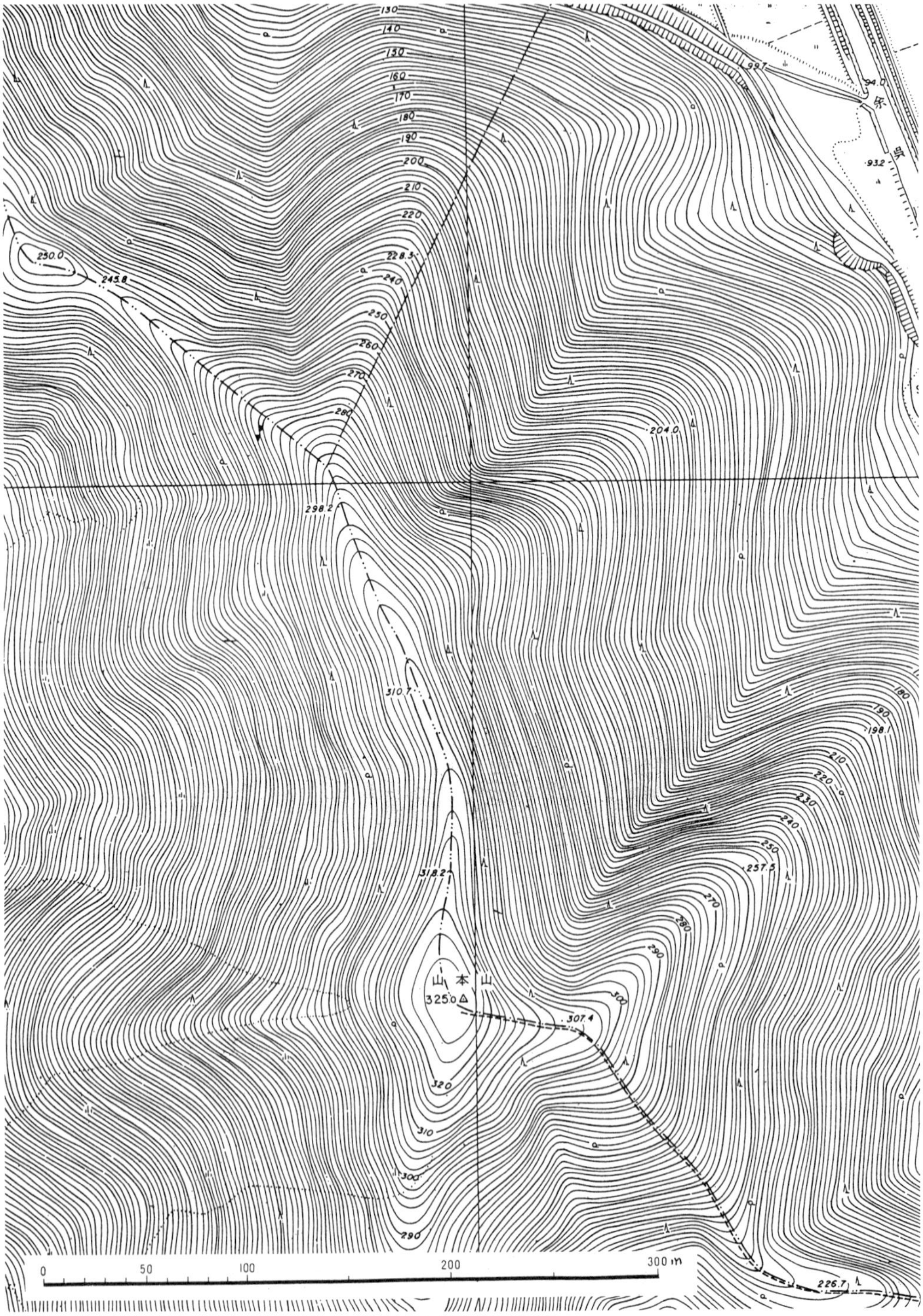
130
140
150
160
170
180
190
200
210
220
228.5
240
250
260
270
280
250.0
245.8
298.2
204.0
310.7
318.2
山本山
325.0
307.4
320
310
300
290
180
190
198.1
210
220
230
240
250
257.5
270
280
290
300
226.7
0
50
100
200
300 m

図３　山本山城跡地形図

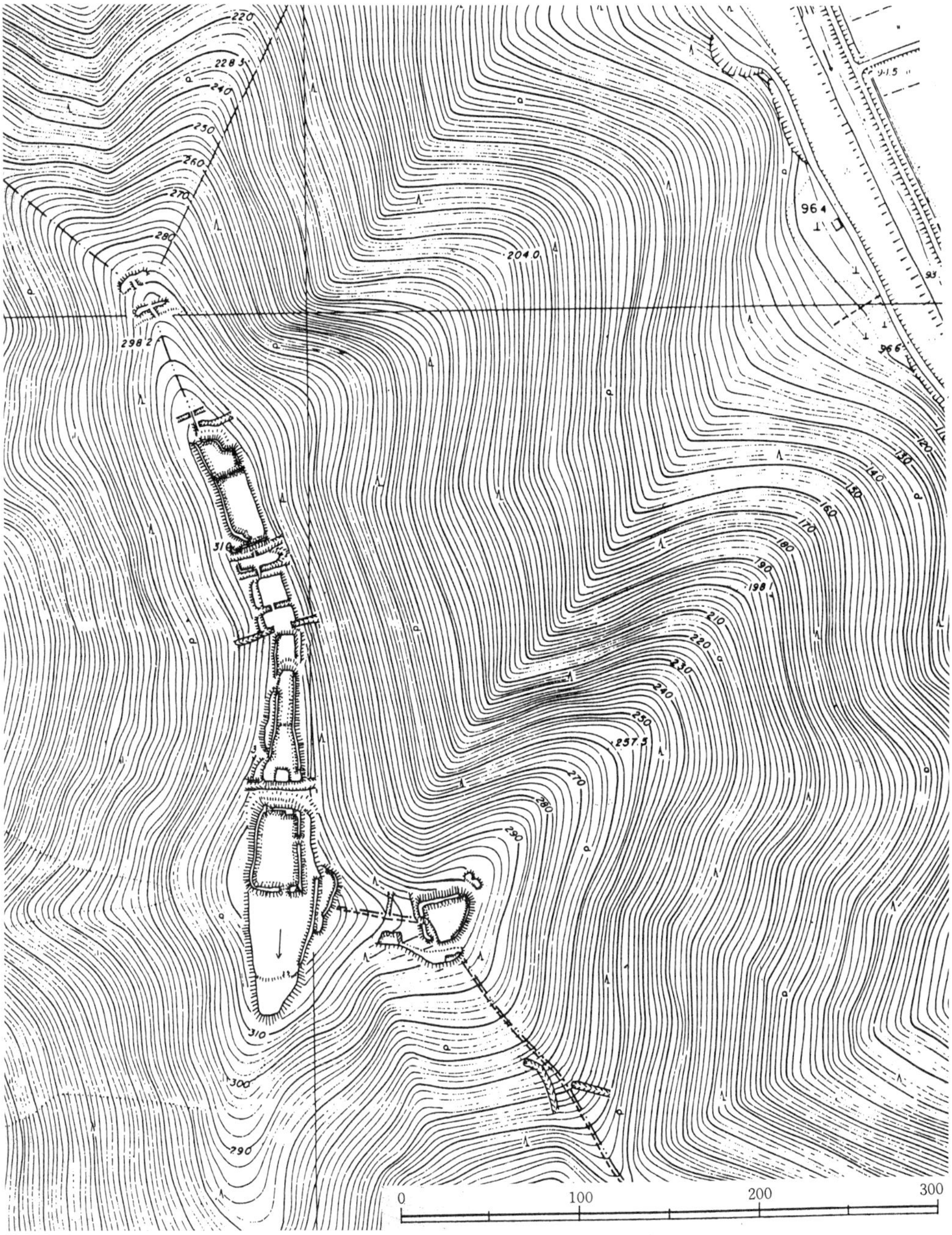

図4　山本山城跡略測図（参考文献１による）

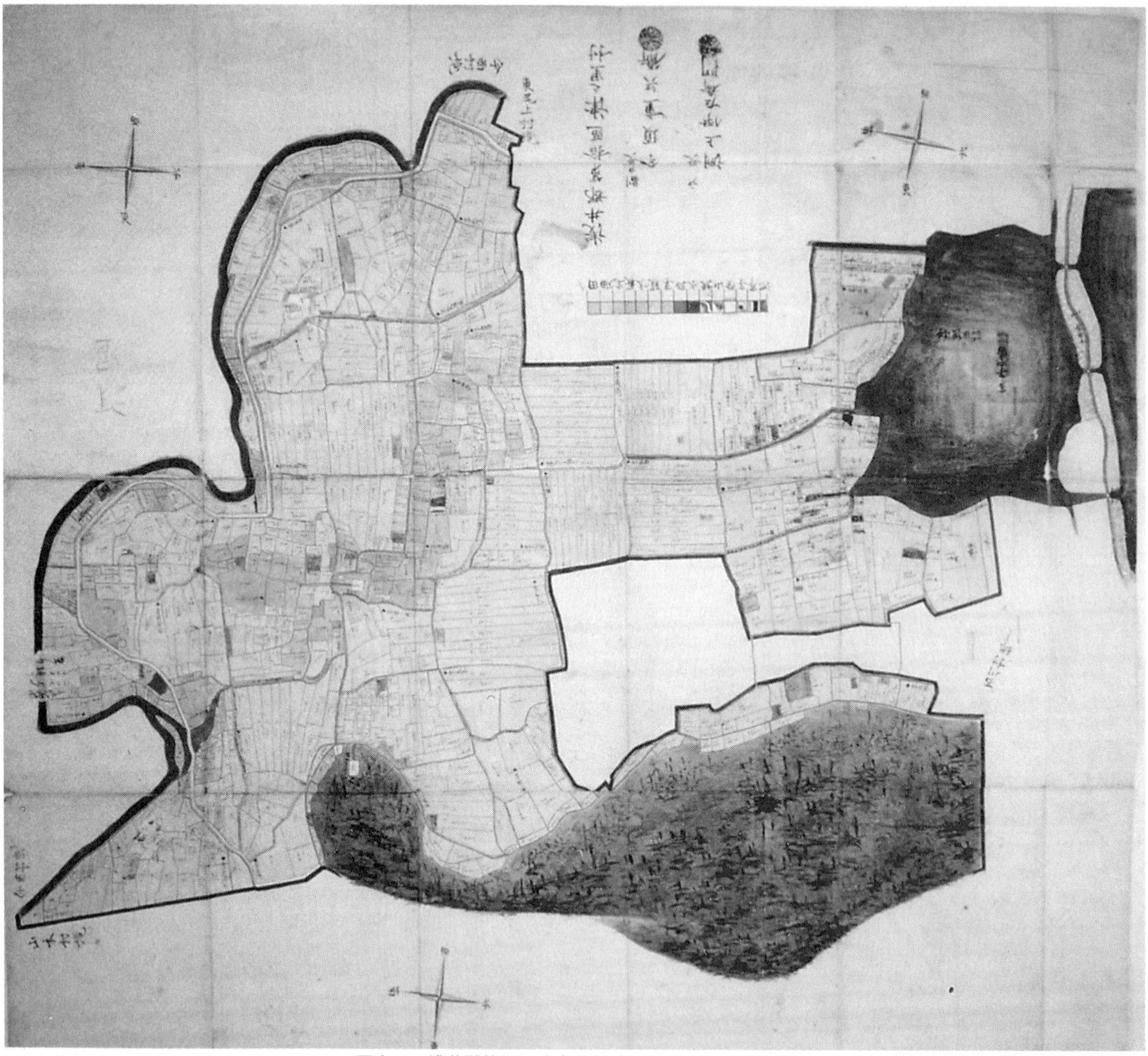

写真３　浅井郡第拾区津之里村地籍図（湖北町役場蔵）

写真4　山本山城空中写真　右が北（国土地理院撮影　KK-61-10 C7-14）

2

尾上城

港湾掌握のための浅見氏の居城

東浅井郡湖北町

尾上《おのえ》城は滋賀県東浅井郡湖北町尾上に所在する平地の中世城館跡で、浅見氏の居城であった。

浅見氏は京極氏の被官であった。大永三年（一五二三）三月、浅井亮政は京極高清を尾張に追い、その子高延を浅見貞則の「小野江城」に擁したとある（『江北記』）。この「小野江城」が尾上城のことであろうと考えられる。

大永五年一〇月、貞則は早崎に対して「当城（尾上城）要害」のための人足を課しているが、早崎側に先例なしとして拒否されている。この尾上城修築にかかわる夫役を寺社領に命じた行為が反感を買い、京極氏被官の盟主的立場は浅井亮政に取って代わられた。

尾上は余呉川の河口に位置しており、古くは小野江とも記されていた。現在の尾上港は余呉《よご》川の北岸に位置しているが、明治初年の地籍図には余呉川の南岸に石垣による突堤があり、船入と記されており、ここが江戸時代までの尾上湊であった。

尾上城の築城にはこうした港湾の掌握が重要な目的であったと考えられる。

現在、地上には尾上城跡の痕跡は認められない。集落の中央小江神社付近が城跡と推定されている。特に神社の西に隣接する近世の有力者であった「滝本藤太夫」屋敷跡が有力な候補地であり、通称「十二石《じゅうにいし》」または「城ケ石《じょうがいし》」と呼ばれる、礎石と思われる石が一二個並んでいたといわれている。

ただ、地籍図等には居館を示すような地籍は記されていない。

（中井　均）

参考文献
1 『滋賀県中世城郭分布調査報告七（伊香郡・東浅井郡の城）』、滋賀県教育委員会、一九九〇年
2 柴田実監修『日本歴史地名大系二五　滋賀県の地名』、平凡社、一九九一年

図１　尾上城跡位置図（昭和50年）

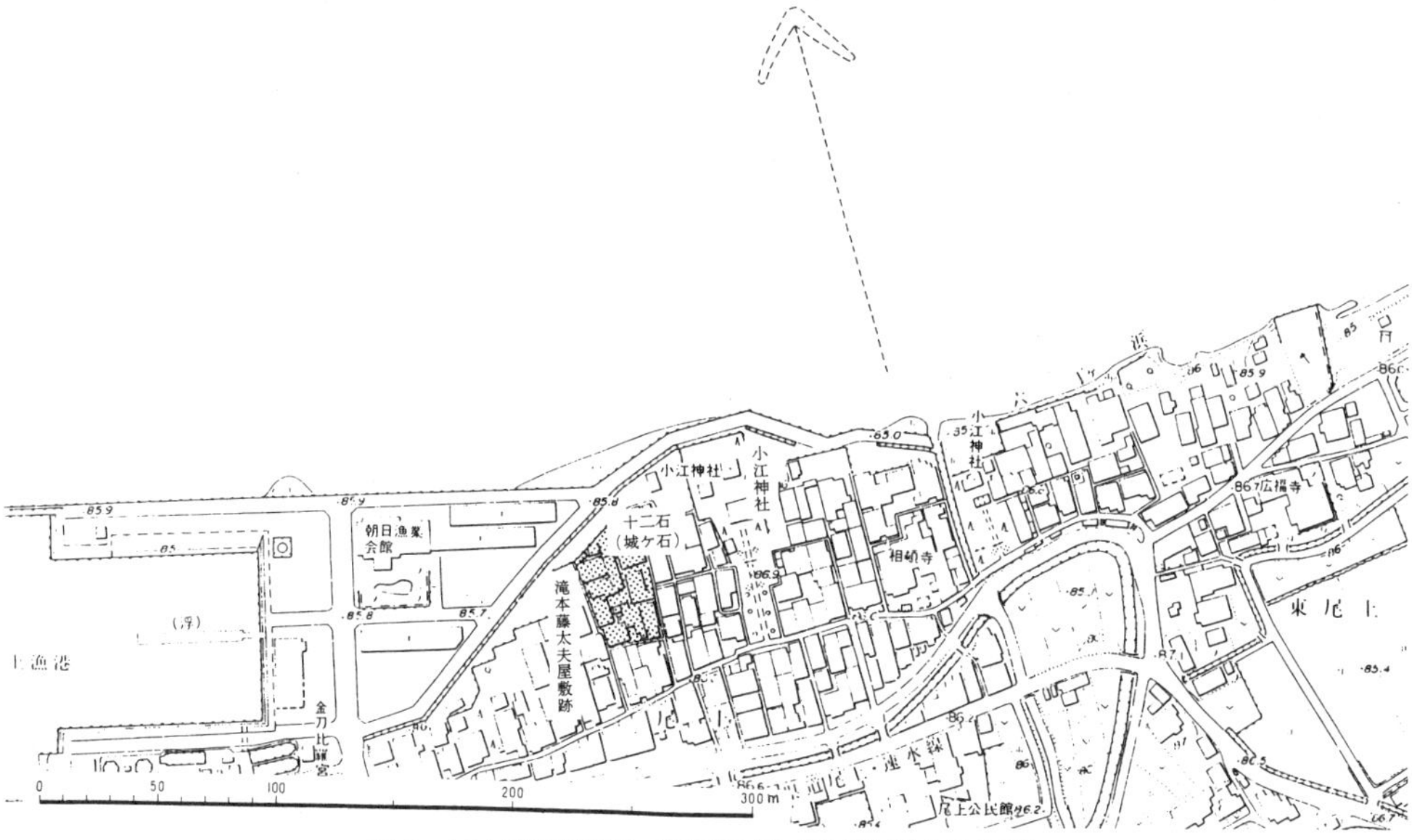

図２　尾上城跡地形図（網目地点）（参考文献１による）

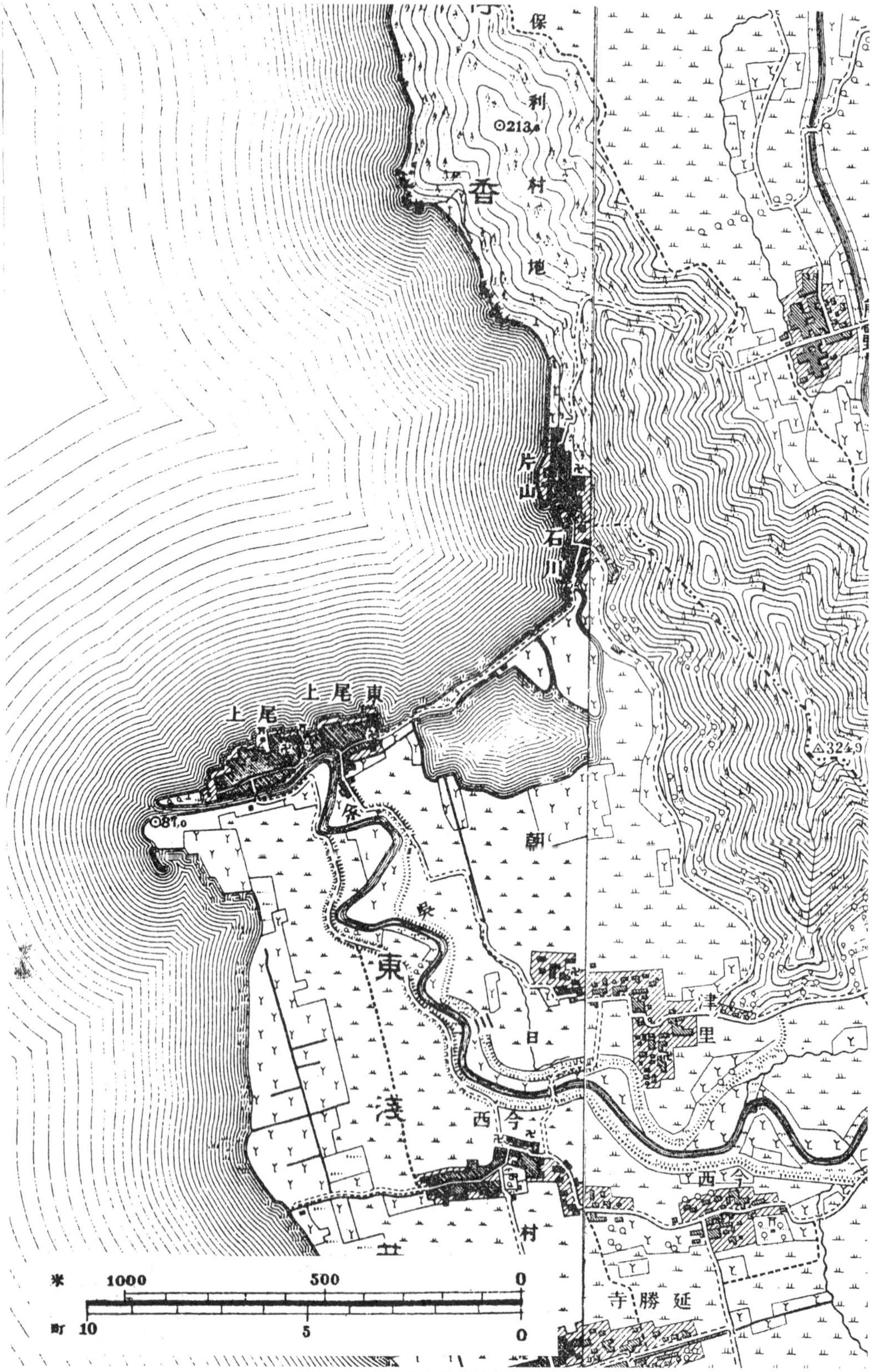

図3　尾上城跡周辺地形図（明治26年）

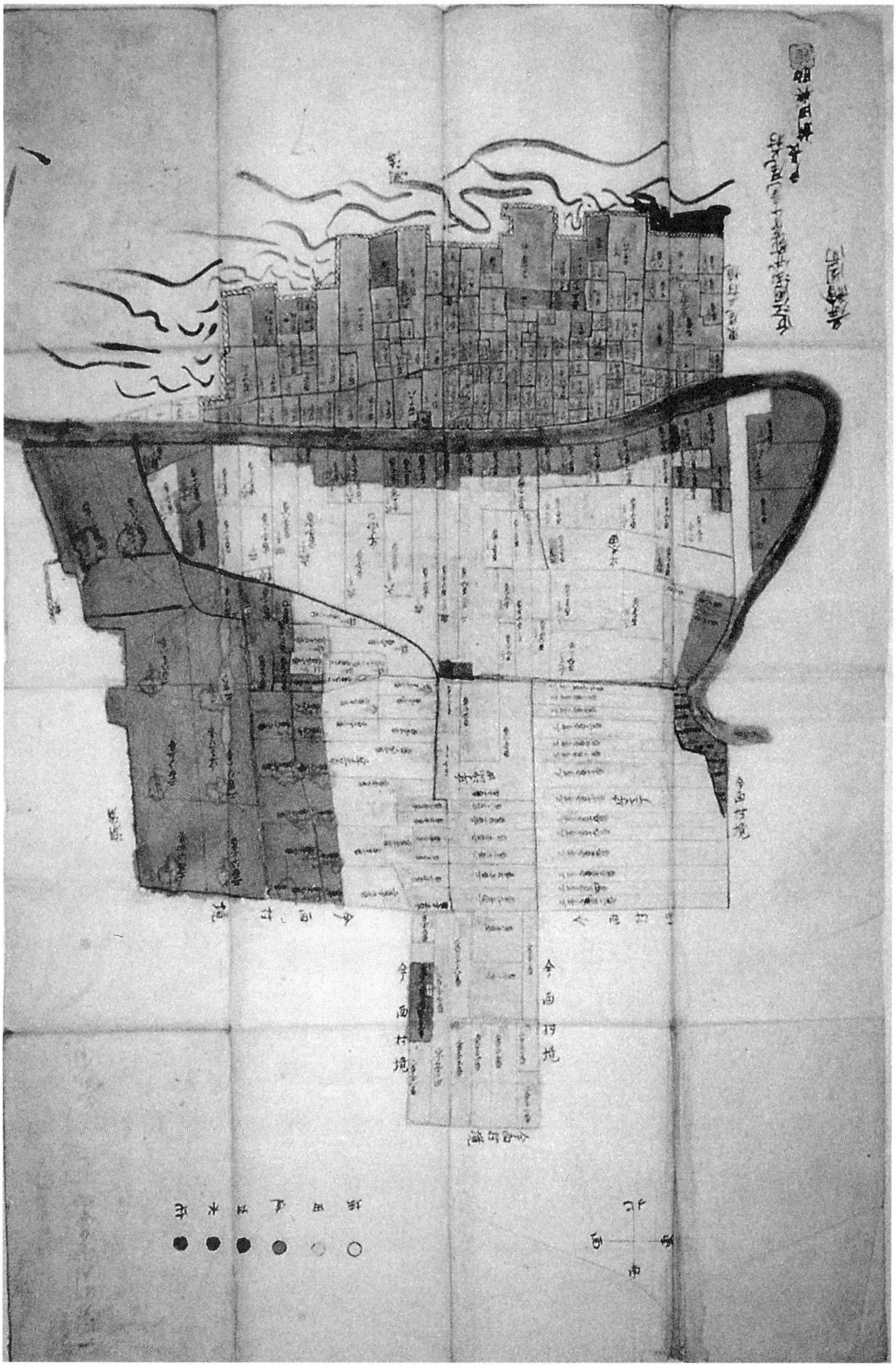

写真1　尾上地籍図（湖北町役場蔵）

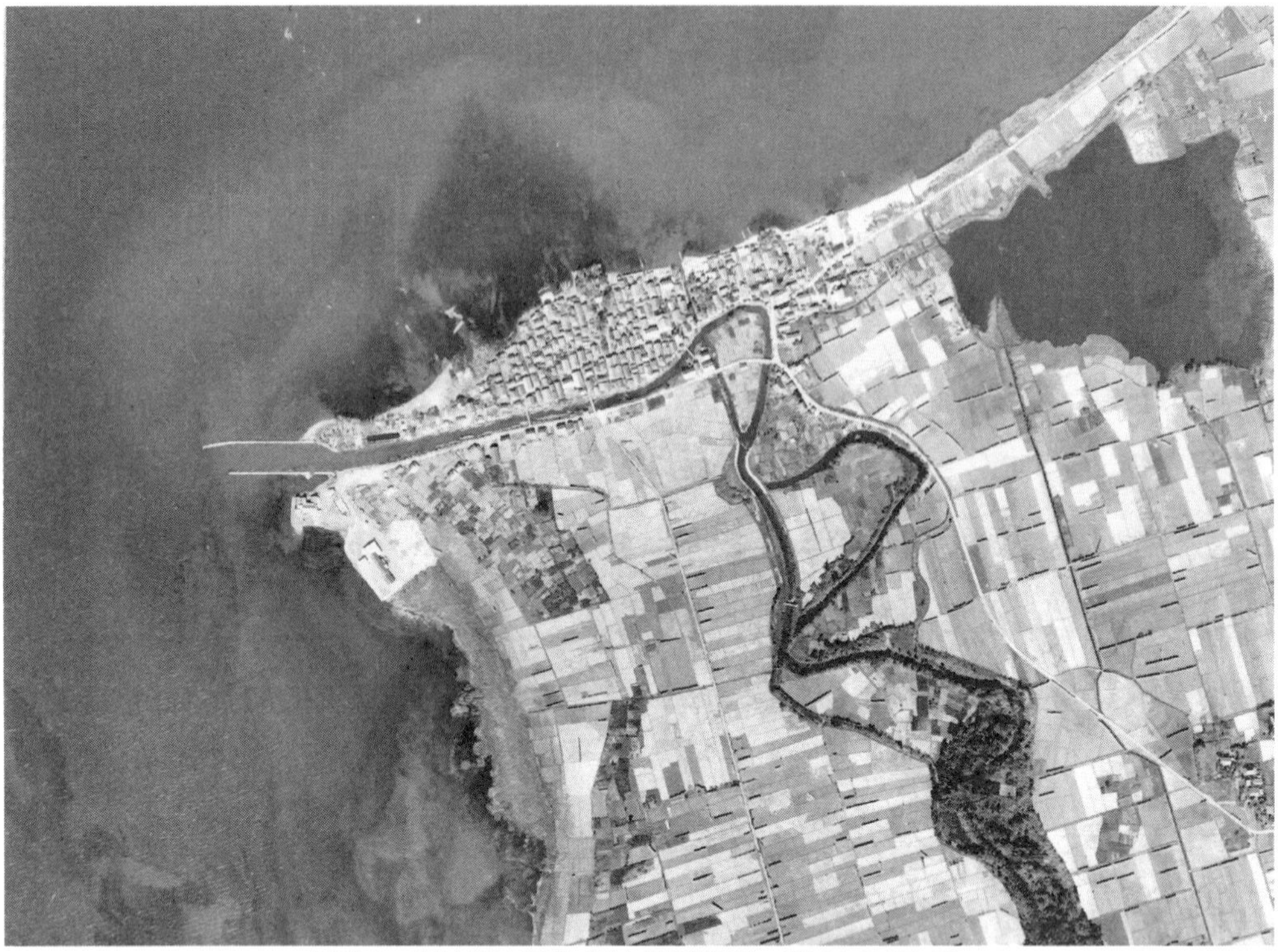
写真２　尾上城空中写真（国土地理院撮影　KK-61-10 C7-13）

写真３　尾上城拡大空中写真（国土地理院撮影　KK-61-10 C7-13）

3 長浜城

秀吉支配地の最初の拠点

長浜市

長浜城は滋賀県長浜市に所在する琵琶湖岸に築かれた織豊系の城郭である。

天正元年（一五七三）、浅井久政、長政父子を小谷城に滅ぼした織田信長は羽柴秀吉に「江北浅井跡一職」を与えた。秀吉は一旦小谷城に入るが、新たに支配地の拠点として長浜城の築城を開始した。

元和元年（一六一五）、内藤信成が摂津高槻城に転封となり廃城となる。この廃城に際して石材、木材は彦根築城に転用され、城の痕跡を残さぬほど破壊されてしまった。

城跡の中心は現長浜城天守の西北の小山付近で小字「本丸」と呼ばれている。江戸時代の伝承などをもとに、近代になってから書き写したとみられる絵図によると、この天守の北に「御用船囲場所」、すなわち船入が存在していたようである。

城の東側は長浜町絵図では内堀跡の水路と、二重の外堀跡が記されている。その間に家臣たちの屋敷が並んでいたと推定される。延宝六年（一六七八）の長浜古城跡検地帳によれば、御馬屋や御蔵屋敷と、その付近に守田屋敷、伊右衛門屋敷という地名が記されており、この付近が武家地であったことを示している。この御蔵屋敷や御馬屋のあったところは、防波堤でおおわれ港湾施設があった場所とみられている。

城跡では数次にわたる発掘調査が実施されているが、昭和五二年の第二次調査は天守跡の小山の北裾部でおこなわれた。その結果、天守跡は地上一・五メートルまで版築された人工の土盛りであることが判明した。さらに東西方向の六〇メートルにもおよぶ石垣が検出された。この石垣は内堀と接する天守台の護岸用とみられ、堀に向って降りる階段状の石段も見つかっており、琵琶湖から城内に出入りする船入施設の一部であったと考えられる。

ところで、第一次の調査では琵琶湖に向って延びていく石垣の基底部が検出されており、長浜城は現在よりももっと琵琶湖に突出して築かれていた城であったことが明らかとなっている。また、江戸時代に作成された長浜町絵図によると堀跡の水路が琵琶湖に直結しており、積極的に湖を取り込んだ城であったことがわかる。現在のところ「御用船囲場所」と御蔵屋敷と少なくとも二箇所以上の港湾施設が存在した湖《うみ》の城であった。

（中井　均）

写真１　長浜城跡（中央が太閤井戸）

参考文献

1　『滋賀県中世城郭分布調査六（旧坂田郡の城）』、滋賀県教育委員会、一九八九年
2　谷口義介・宮成良佐『北近江の遺跡』、サンブライト出版、一九八六年
3　太田浩司・森岡栄一『解説書 湖北・長浜と秀吉』、市立長浜城歴史博物館、一九九六年
4　長浜文化財シンポジウム実行委員会『シンポジウム 近世城下町の諸相 長浜町遺跡の調査成果から 発表資料』、二〇〇〇年

図1 長浜城跡位置図（昭和63年）

図２　長浜城跡周辺地形図（明治26年）

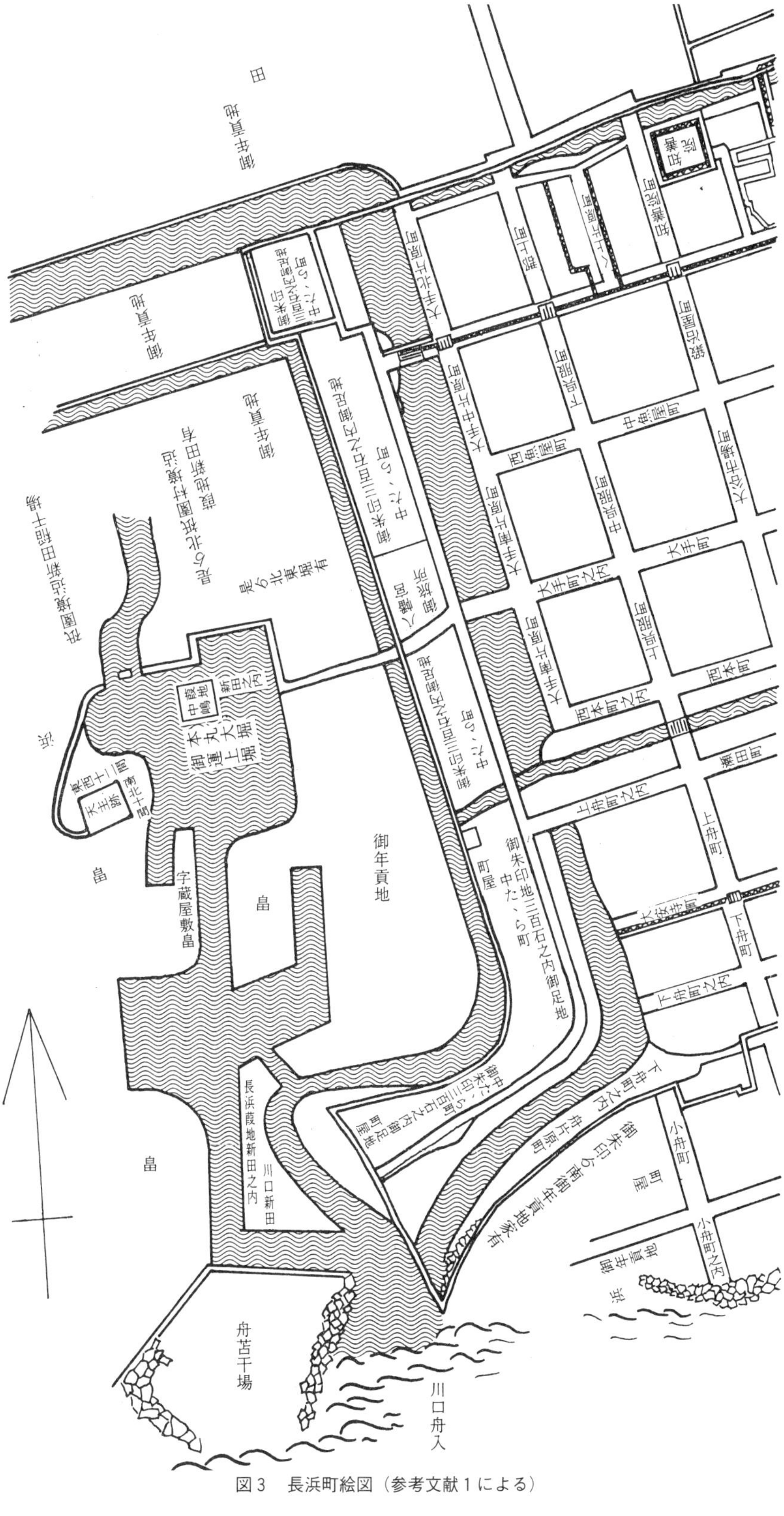

図3　長浜町絵図（参考文献1による）

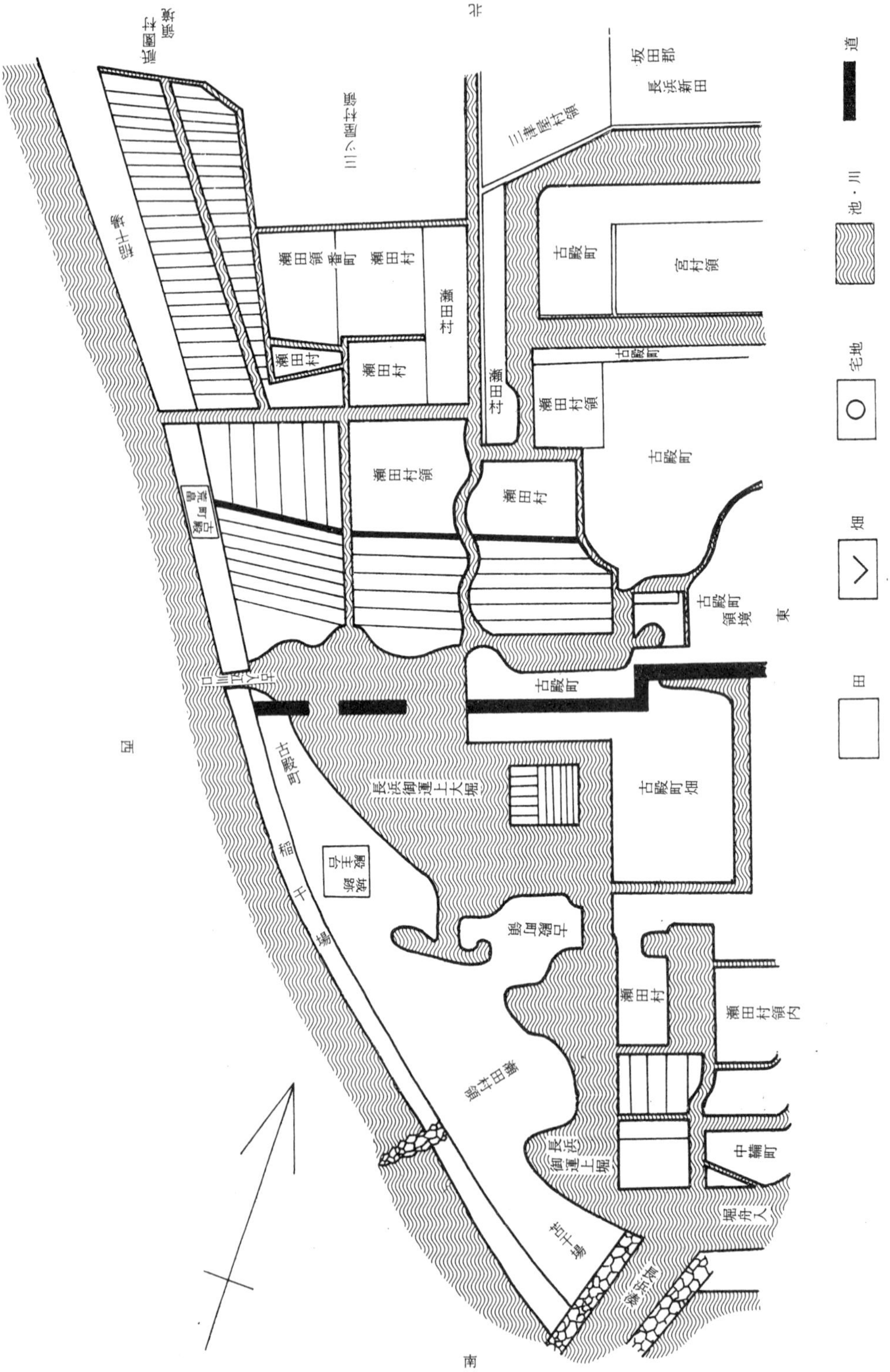

図４　坂田郡長浜新田絵図（参考文献１による）

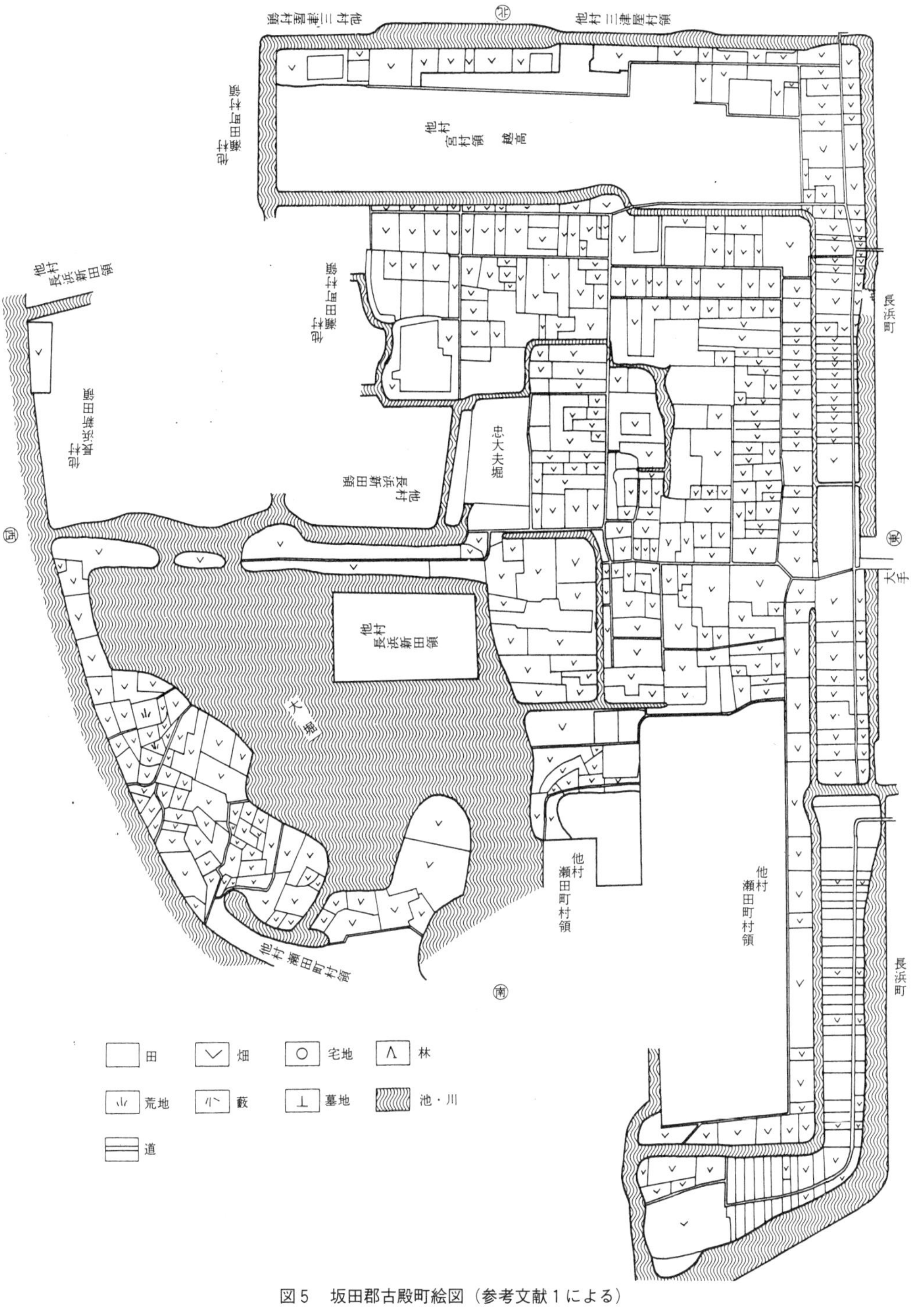

図5　坂田郡古殿町絵図（参考文献1による）

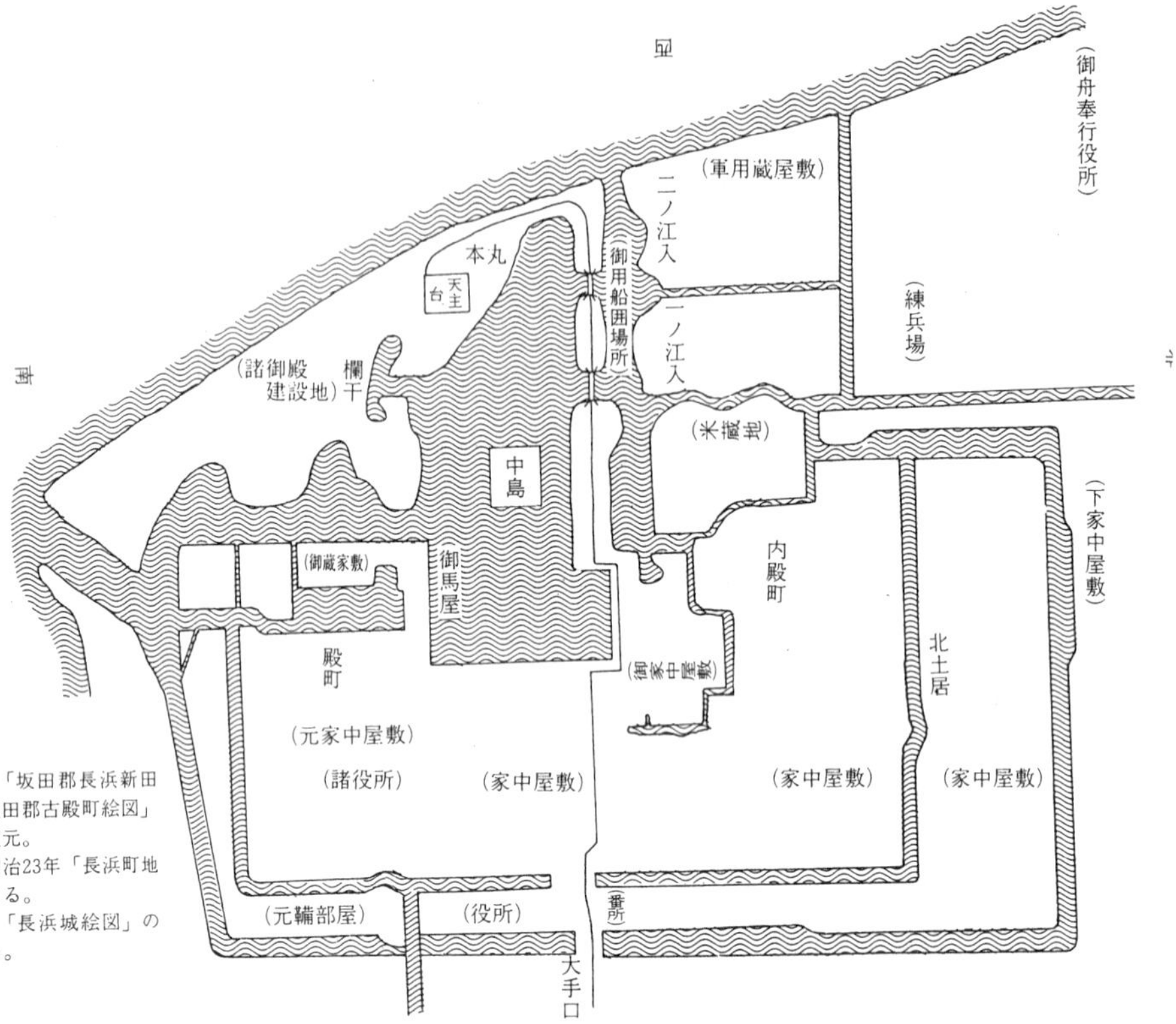

・縄張りは、「坂田郡長浜新田絵図」、「坂田郡古殿町絵図」を参考に復元。
・地名は、明治23年「長浜町地籍図」による。
・（　）は、「長浜城絵図」の記載による。

図6　長浜城縄張推定図（参考文献1による）

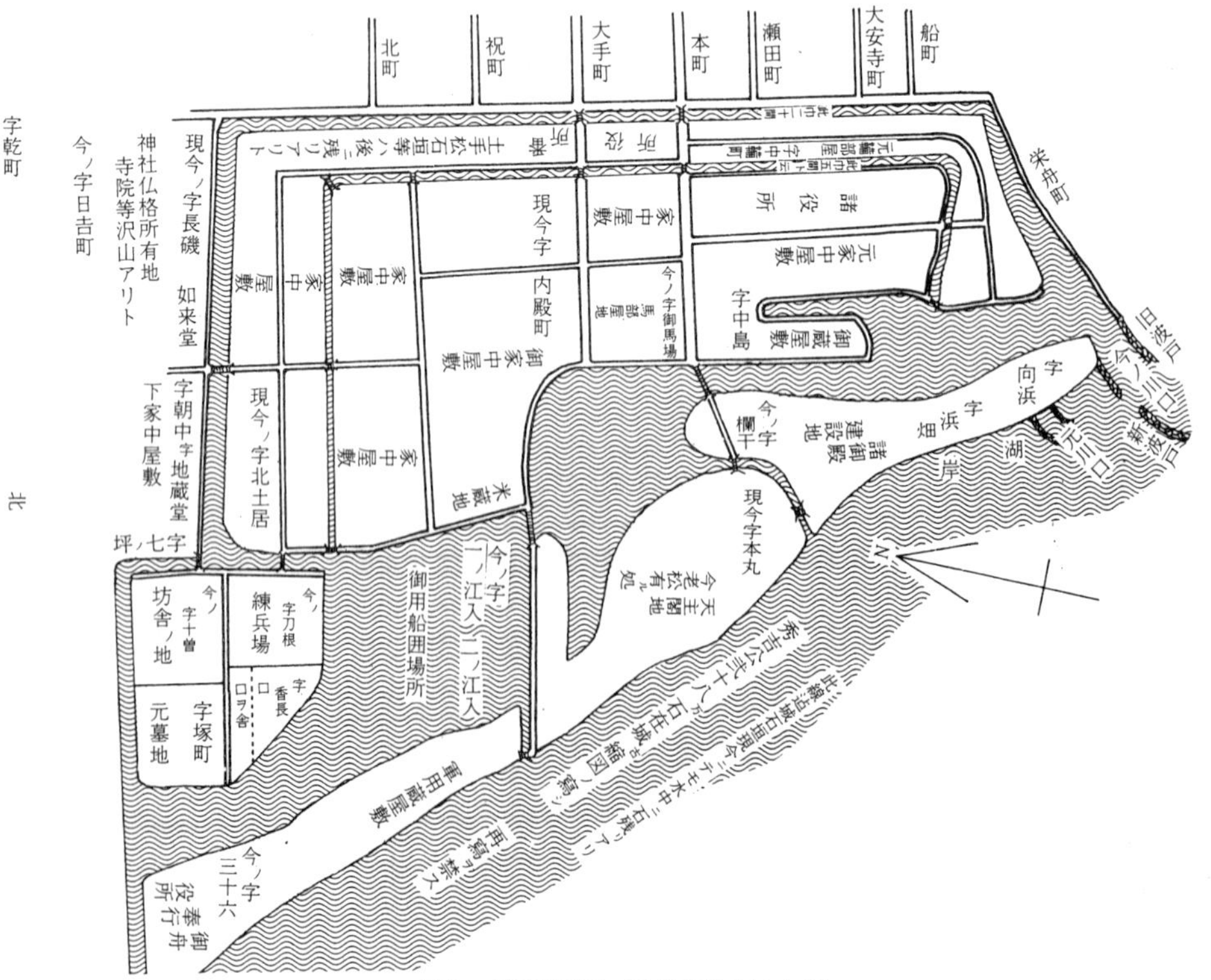

図7　長浜城絵図（参考文献1による）

図8　長浜城縄張現地比定図（参考文献1による）

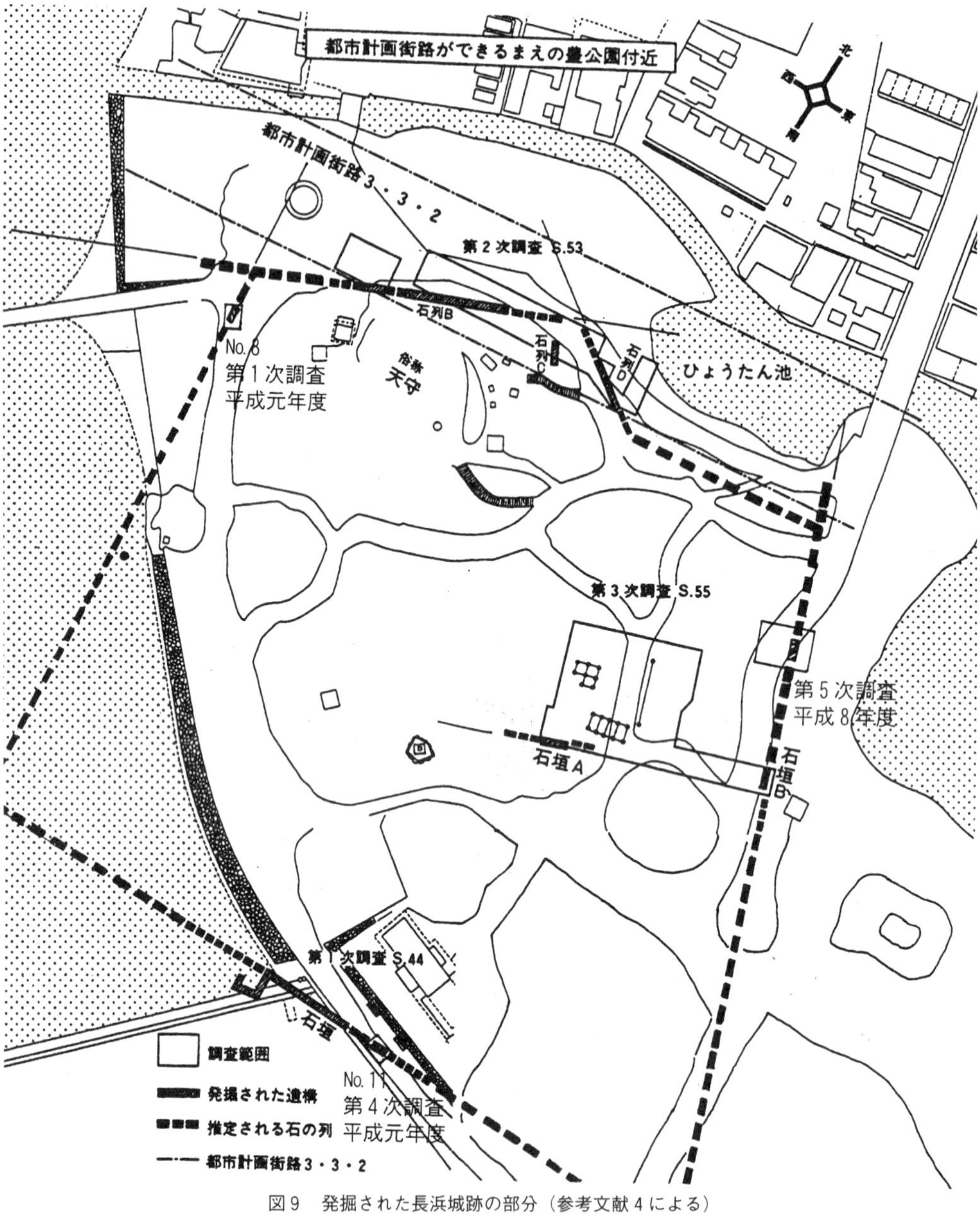

図9　発掘された長浜城跡の部分（参考文献4による）

写真2　長浜城空中写真（国土地理院撮影　KK-61-5 C2-6174）

写真３　長浜城拡大空中写真（国土地理院撮影　KK-61-5 C2-6174）

4 朝妻城

古代から商業・軍事に関わる要港

坂田郡米原町

朝妻城跡は滋賀県坂田郡米原町朝妻筑摩《あさづまちくま》に所在する平地城館跡である。その中心は中島神社付近であろうと考えられる。

城主新庄氏は、『寛政重修諸家譜《かんせいちょうしゅうしょかふ》』巻第八二〇の「新庄家譜」によると、藤原秀郷流を称し、俊名の時に近江国坂田郡新庄（現近江町新庄）に住して新庄氏を名乗り、俊名より八代の後裔蔵人直昌のときに朝妻城を築き、移り住んだと記されている。

直昌の子、直頼が城主のとき六角定頼に攻められ落城し、一時六角方の属城となった。しかし、浅井長政が六角軍を破り、直頼が再び城主として入れ置かれたという（『改定近江国坂田郡志』）。

直頼は後に羽柴秀吉に仕え、天正一一年（一五八三）、摂津山崎城（現京都府大山崎町・大阪府島本町）へ移封となり、朝妻城は廃城となった。

廃城後、耕地となり現在城跡の痕跡を認めることはほとんどできない。ただ、小字「向蔵」は地元で通称「殿屋敷」と呼ばれており、近年まで南北二〇〇メートル、東西二〇〇メートルにわたって水堀が四周を巡っていた。水堀の痕跡が現在でも用水路として東辺と南辺に残存している。中島神社はこの水堀の内側に鎮座しているが、この地も以前は五〇×五〇メートルの水堀が巡っており、ここが朝妻城の主郭であったと考えられる。こうした水堀の状況より朝妻城は複郭の方形館タイプの構造であったことが読み取れる。なお、推定外堀の北側には小字「馬場」地名が残されている。

新庄氏の朝妻移住については朝妻湊の掌握が最大の要因であったと思われる。この朝妻湊とは天野川の河口に築かれた湊で、隣接地には筑摩御厨《つくまみくりや》が設置されており、古代より琵琶湖の要港であった。湖上交通が発達した室町時代中期以降は湖北、湖南間は陸路によらず、朝妻～坂本間の船便が頻繁に利用された。『言継卿記《ときつぐきょうき》』によると天文二年（一五三三）、山科言継は午前二時に朝妻から乗船し、午後五時頃坂本に到着しており、おおよそ一五時間の船便であった。

朝妻湊は北陸、若狭から京都への租税、年貢を運搬するのが主な目的であったが、記録によると南禅寺再建の用材が運ばれるなど飛騨、美濃からの材木の出荷港でもあった。

また、朝妻湊は室町幕府の料所にもなっていた。

元亀三年（一五七二）、織田信長は木下藤吉郎に命じ、北国より大坂本願寺へ通う諸商人の通行を姉川から朝妻まで禁止させている。

このように朝妻湊は湖北における商業、軍事に関わる重要な港であり、ここを掌握するために新庄氏は朝妻城を築いたものと考えられる。

（中井　均）

参考文献

1 『滋賀県中世城郭分布調査報告六（旧坂田郡の城）』、滋賀県教育委員会、一九八九年

2 高橋昌明「第三章　中世　第二節　南北朝の動乱と室町時代　三、陸上交通と湖上交通」『米原町史　通史編』、米原町、二〇〇二年

3 中井均「第三章　中世　第三節　戦国時代　二、町内の城を巡る」『米原町史　通史編』、米原町、二〇〇二年

写真１　朝妻城跡

写真２　朝妻湊跡

4 朝妻城

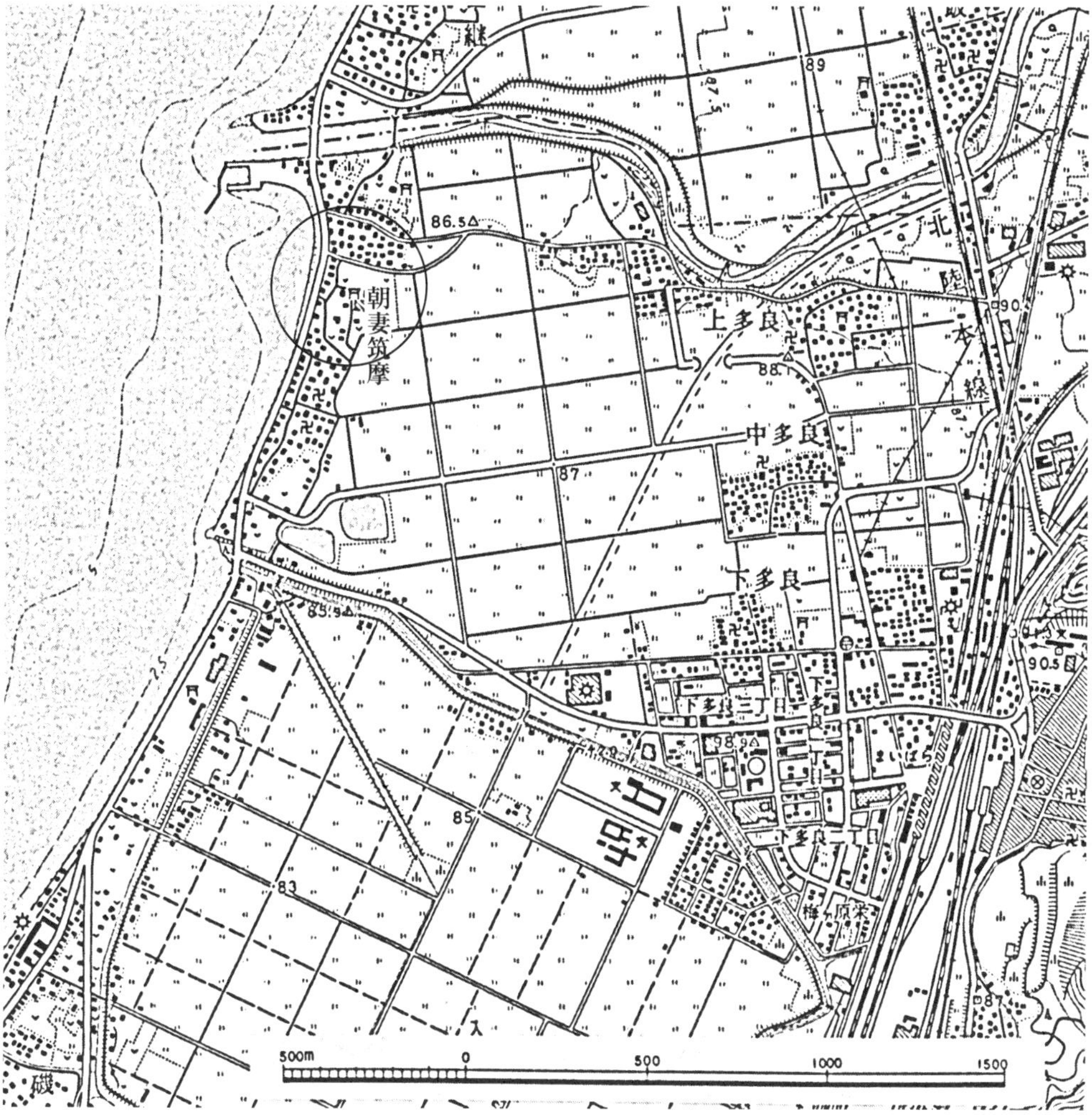

図1　朝妻城跡位置図（平成９年）

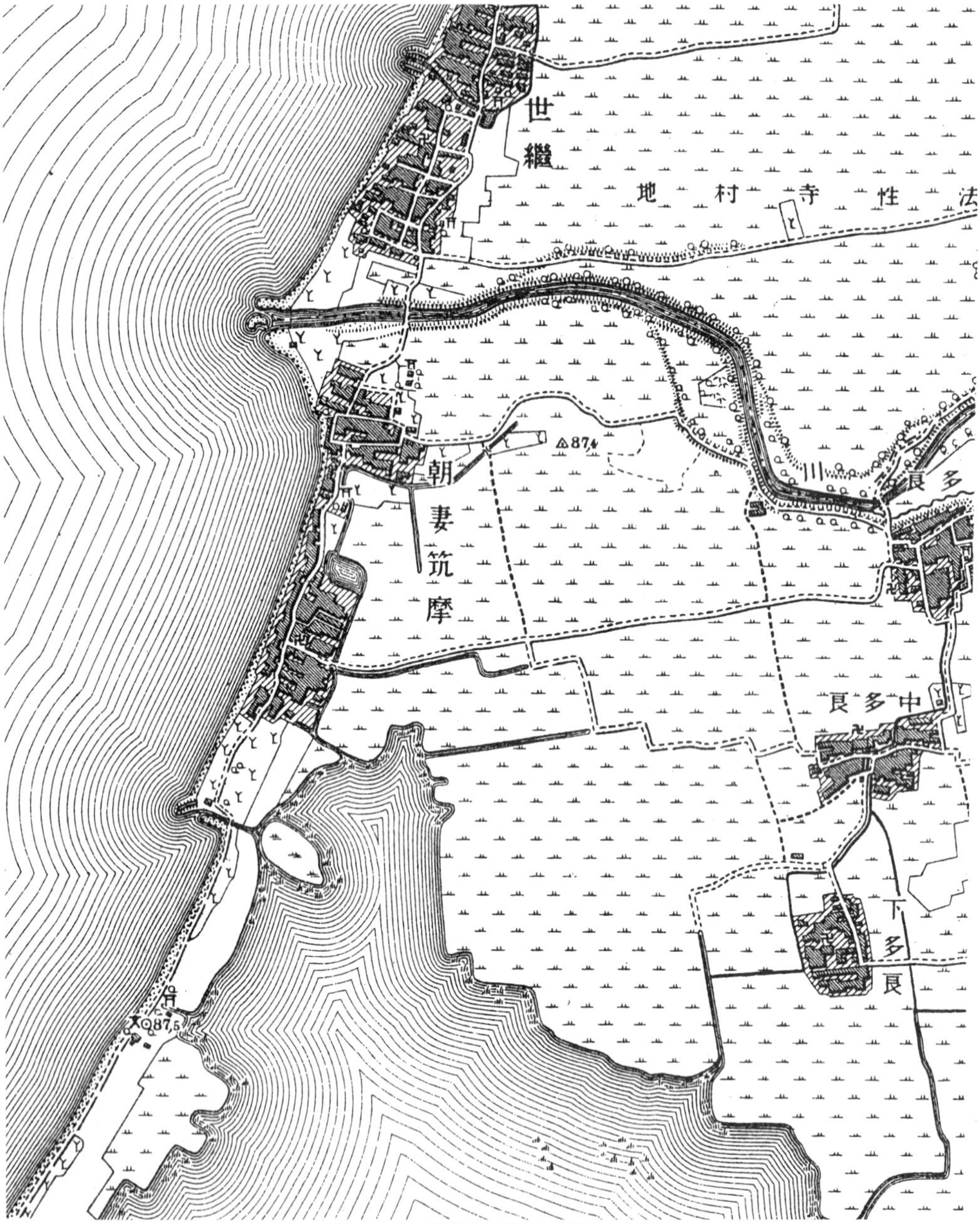

図2　朝妻城跡周辺地形図（明治26年）

朝妻神社
朝妻筑摩
明光寺
朝妻樋門
中嶋神社
86.5
86.1
87.5
86.7
85.9
87.2
85.8
86.3
85.1
86.1
86.0
86.5
85.5
86.4
86.0
85.9
86.9
85.4
85.5
0
50
100
200
300 m

図3　朝妻城跡地形図

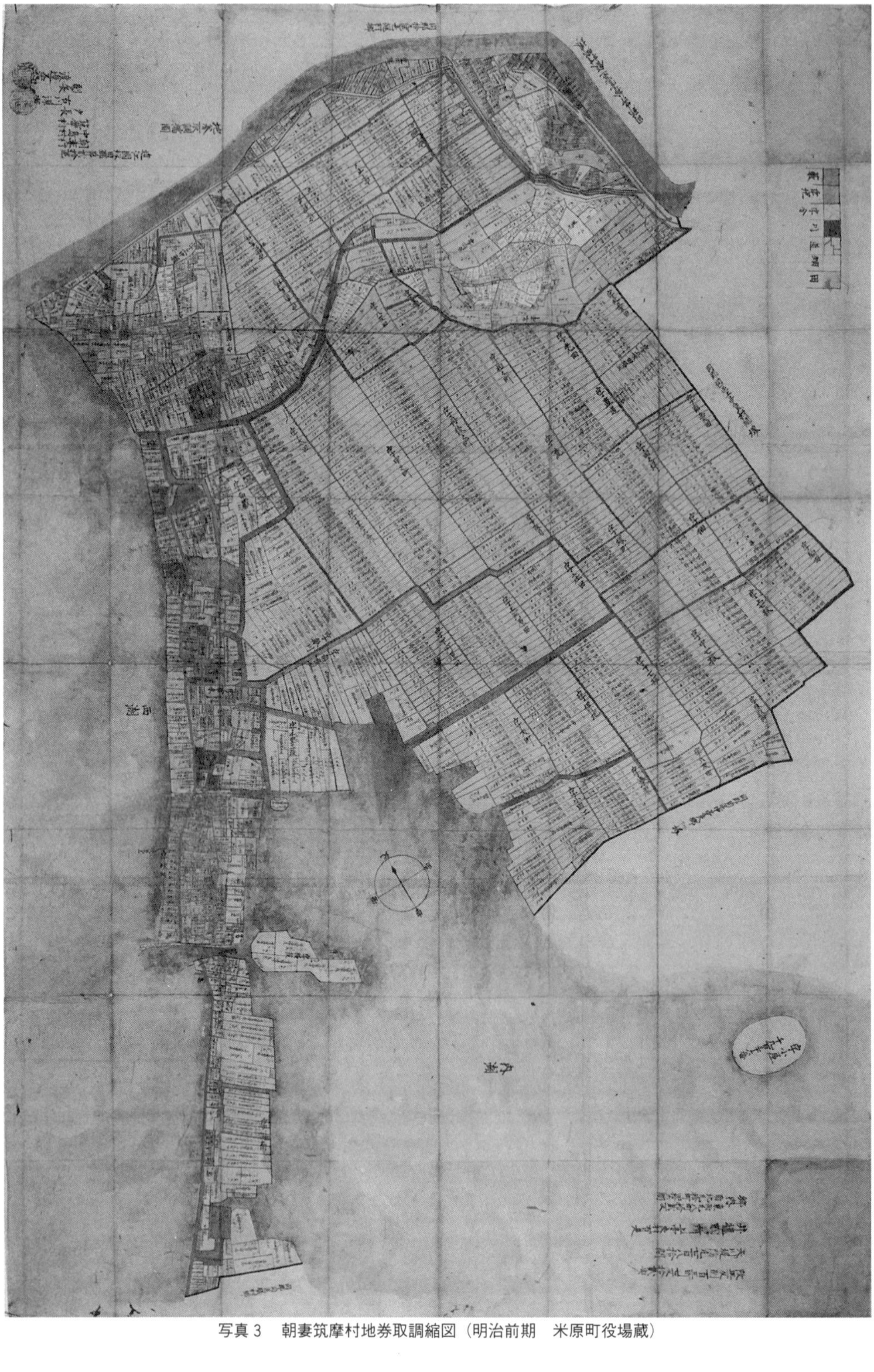

写真３　朝妻筑摩村地券取調縮図（明治前期　米原町役場蔵）

図４　朝妻筑摩地籍図（参考文献１による）

写真４　朝妻城空中写真（国土地理院撮影　KK-61-5 C6-6213）

写真５　朝妻城拡大空中写真（国土地理院撮影　KK-61-5 C6-6213）

5 佐和山城

浅井、織田、豊臣氏、そして井伊氏の城へ

彦根市

佐和山城跡は滋賀県彦根市佐和山町、古沢町、宮田町、里根町、小野町にまたがる標高二三三メートルの佐和山一帯に築かれた戦国期から織豊期にかけて存続した山城である。

現在は彦根市に所在しているが、これは市町村合併の結果であり、元来は坂田郡鳥居本村であった。戦国時代の坂田郡は江南の六角氏と江北の京極氏、浅井氏の国境であり、佐和山城はこの国境を監視、守備する境目の城として築かれたと考えられる。この坂田郡と犬上郡の郡境には佐和山城を起点として菖蒲嶽《しょうぶだけ》城、鎌刃《かまは》城、地頭山《じとうやま》城、太尾山《ふとおやま》城、磯山城などが点々と築かれ、江南と江北の境目を固めていた。

元亀二年（一五七一）、浅井長政軍の最前線基地として磯野員昌が籠城していたが、織田信長に下り開城した。信長は丹羽長秀に佐和山城を与えた。当時信長は岐阜城を居城としており、岐阜～京都間の往来に佐和山城を度々利用して宿泊している。この段階で佐和山城の性格は境目の城から信長の近江における居城的性格へと機能が変化したようである。さらに織豊系城郭としてそれまでの戦国期の土つくりの城から大改修を受けたことはまちがいない。

天正一三年（一五八五）、豊臣秀吉の近江支配で堀尾吉晴が、同一八年には石田三成が城主として配されている。ここで豊臣大名の領国支配の核としての城郭へと三度機能が変わったのである。

慶長五年（一六〇〇）、関ヶ原合戦の論功行賞によって井伊直政が三成の旧領を与えられ、佐和山城に入城するが、同八年頃より始まった彦根築城により廃城となった。

廃城によって石材、木材が持ち運ばれただけではなく、石田三成の城ということで徹底した破城（城割り）がおこなわれたようで、城跡の遺構はほとんど残されていない。

城跡は頂上の主郭を中心に西の丸、塩硝蔵、二の丸、三の丸、太鼓丸、法華丸などが佐和山の尾根筋全域に配されており、各曲輪間や尾根先端には堀切が設けられている。これらの曲輪は平坦面としては残存しているが、織豊系城郭としての石垣はまったく認められない。わずかに本丸北東斜面に隅石が残るのみで徹底した破城の実態を見ることができる。

城跡東山麓には谷筋をせき止めるように巨大な土塁が残

存しており、これが山麓居館部の遺構と推定されている。この土塁の前方には中山道が縦貫しており、この街道を押さえることが目的であり、それが城の正面であった。

ところが現在伝わる佐和山古図によると城跡西山麓には石田三成屋敷をはじめ馬屋、城米蔵、侍屋敷や堀が描かれている。これは佐和山城の正面が入れ替わったことを示しているようである。つまり、戦国期の境目の城としての佐和山城は中山道を正面とした土の城であった。織豊系の城として改修された段階で、松原内湖方面、つまり湖を取り込んだ城として湖側を正面としたわけである。

山麓の松原では元亀四年五月に信長は巨大な軍船の建造をおこなっている。『信長公記』によると、「佐和山へ御座を移され、多賀・山田山中の材木をとらせ、佐和山麓松原へ勢利川《せりかわ》通り引下し、国中鍛冶・番匠《ばんじょう》・杣《そま》を召寄せ、御大工岡部又右衛門棟梁にて、舟の長さ三十間・横七間、櫓を百挺立てさせ、艫舳に矢蔵を上げ、丈夫に致すべきの旨仰聞かせられ、在佐和山なされ、油断なく夜を日に継仕候間、程なく、七月五日出来訖。事も生便敷《おびただしき》大船上下耳目を驚かす。案のごとく、」とあり、佐和山城の山麓に港湾施設が存在し、その港湾を重要視していた城であった。

（中井　均）

参考文献

1　中井均『近江の城―城が語る湖国の戦国史―』、サンライズ印刷出版部、一九九七年

2　谷口徹「佐和山城の絵図」『彦根城博物館研究紀要』第六号、彦根城博物館、一九九五年

3　谷口徹ほか『彦根の歴史―ガイドブック―』、彦根城博物館、一九九一年

写真１　佐和山遠景

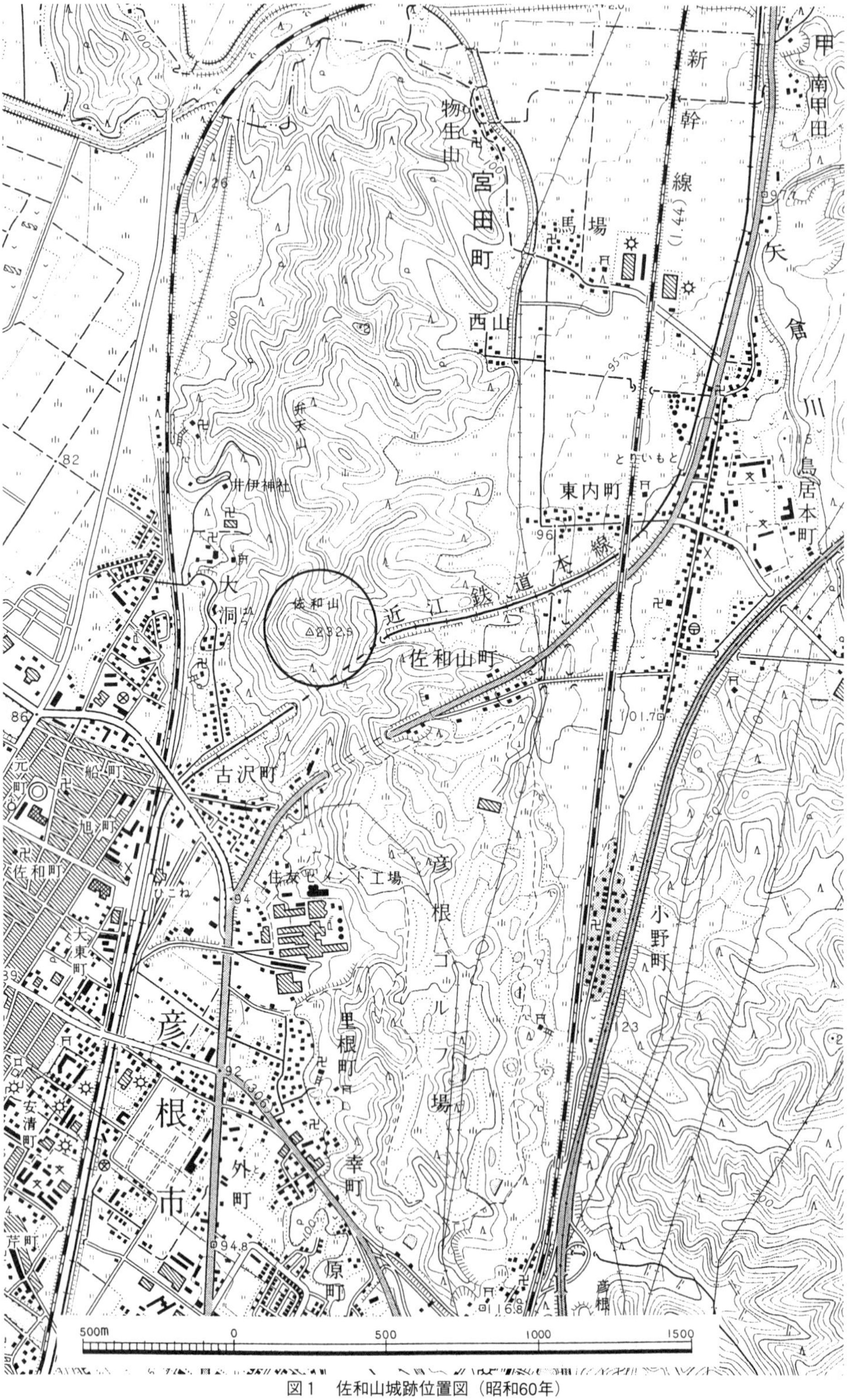

図１　佐和山城跡位置図（昭和60年）

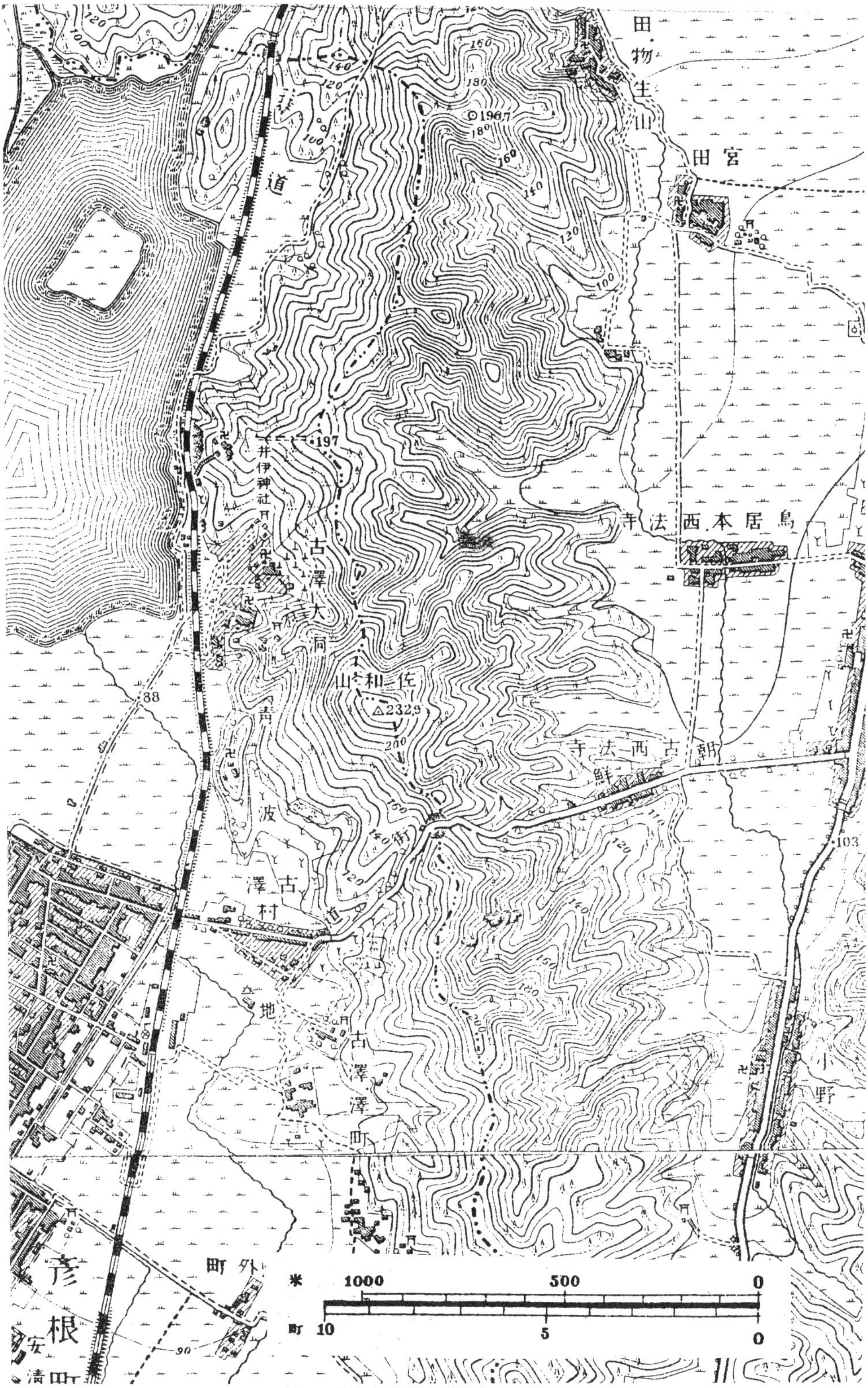

図2 佐和山城跡周辺地形図（明治26年）

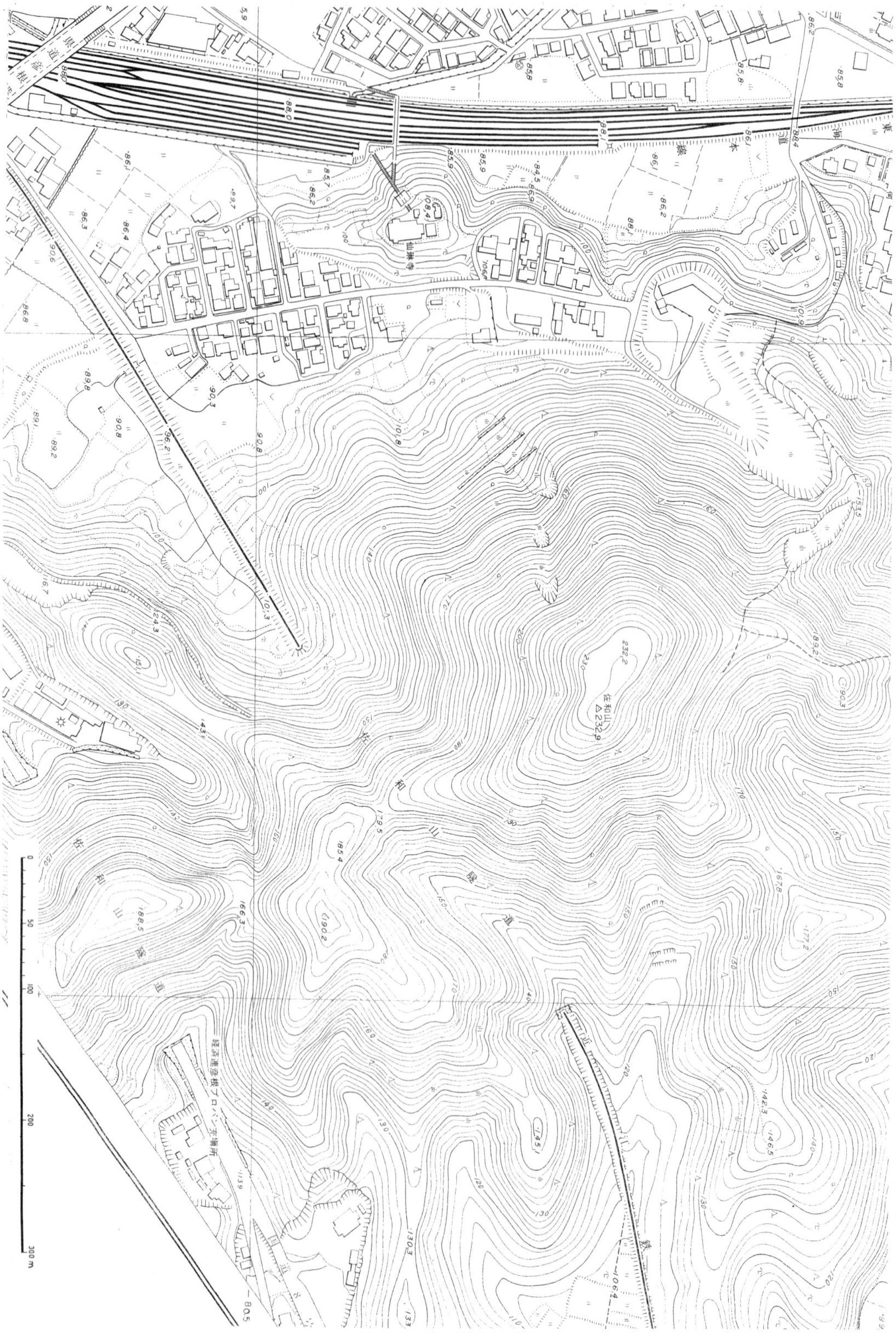

図３　佐和山城跡地形図

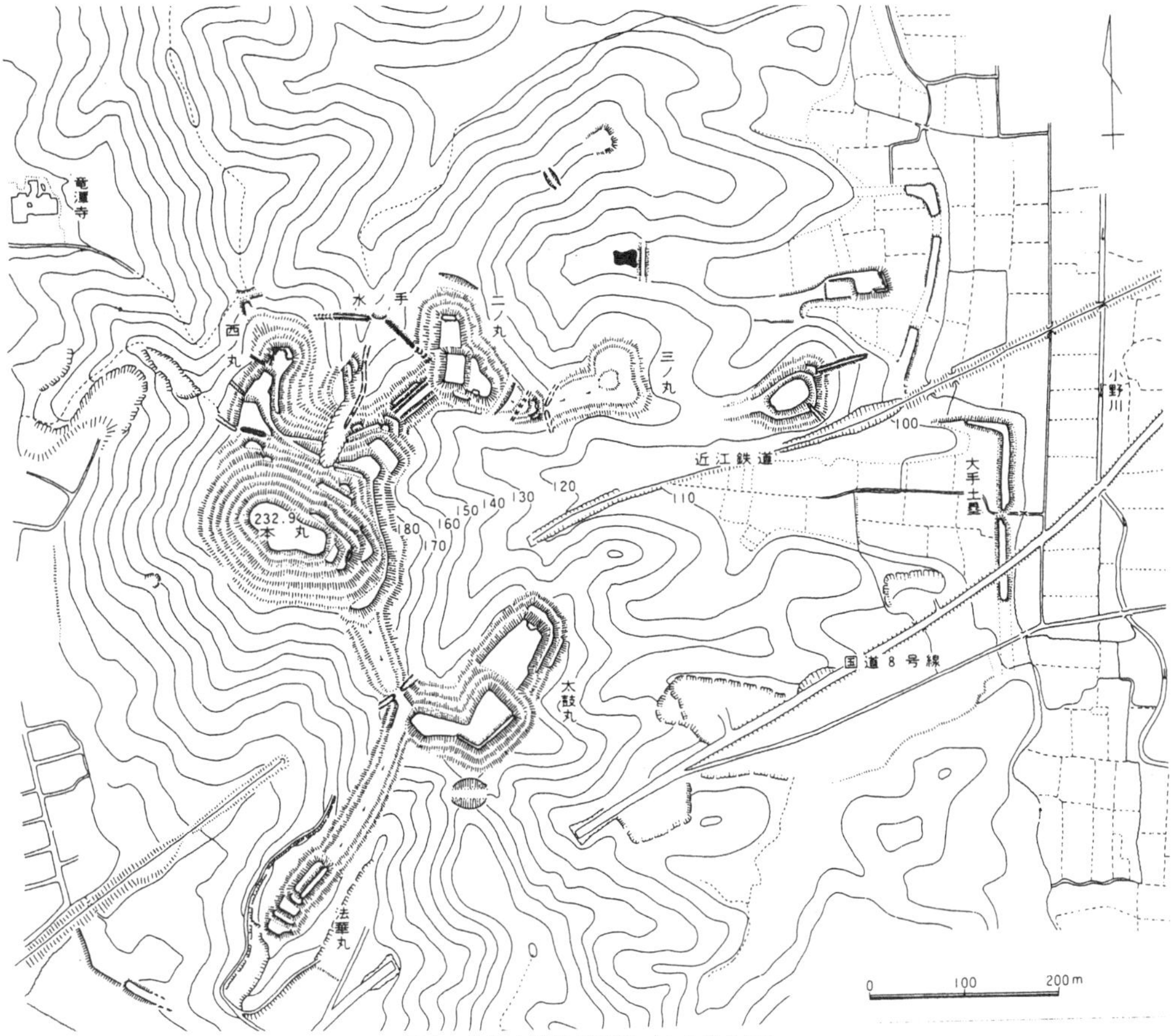

図4　佐和山城跡概要図（中井均作図）

写真2　佐和山城跡に残存する石垣

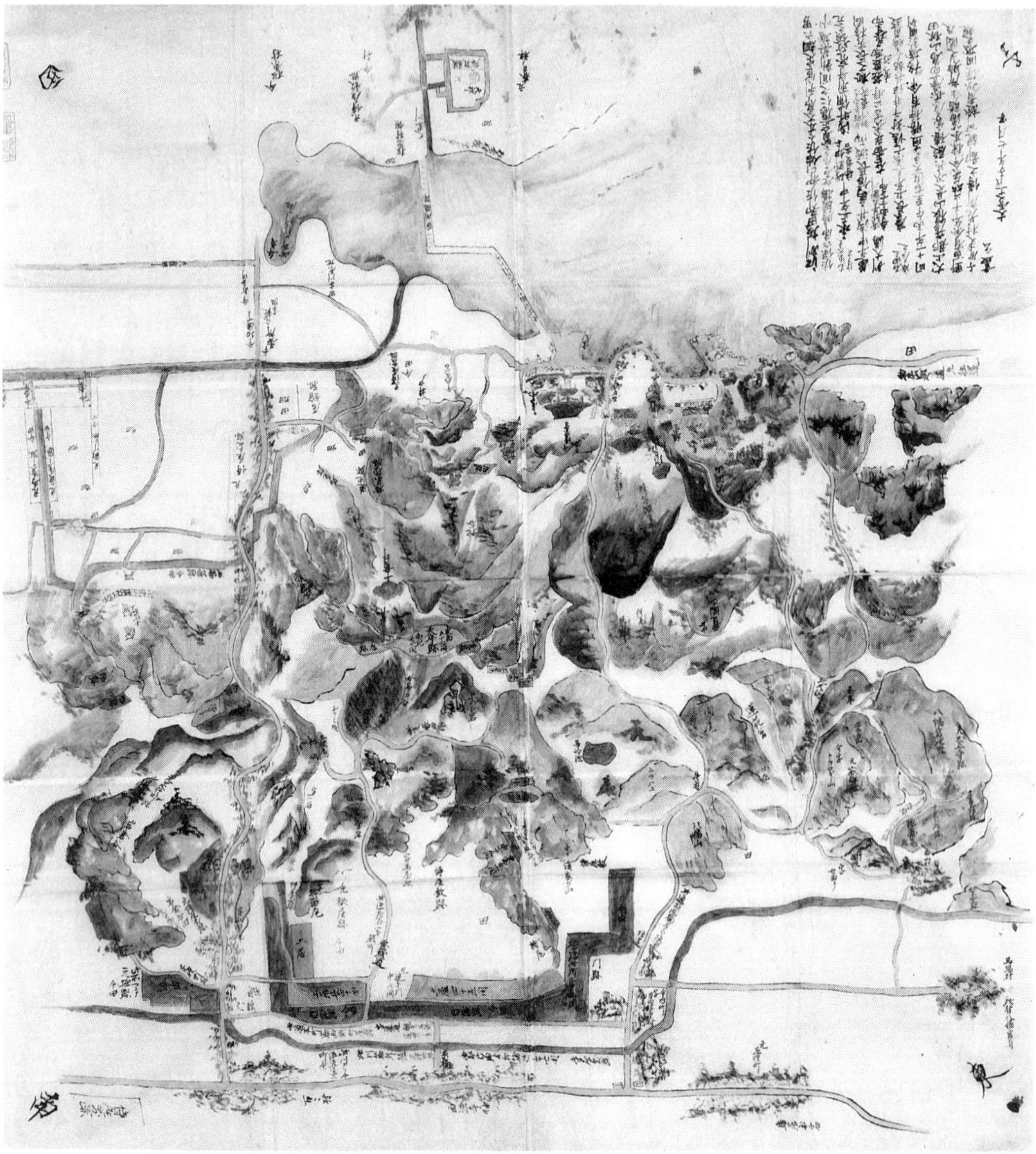

写真３　佐和山城絵図（彦根城博物館蔵）

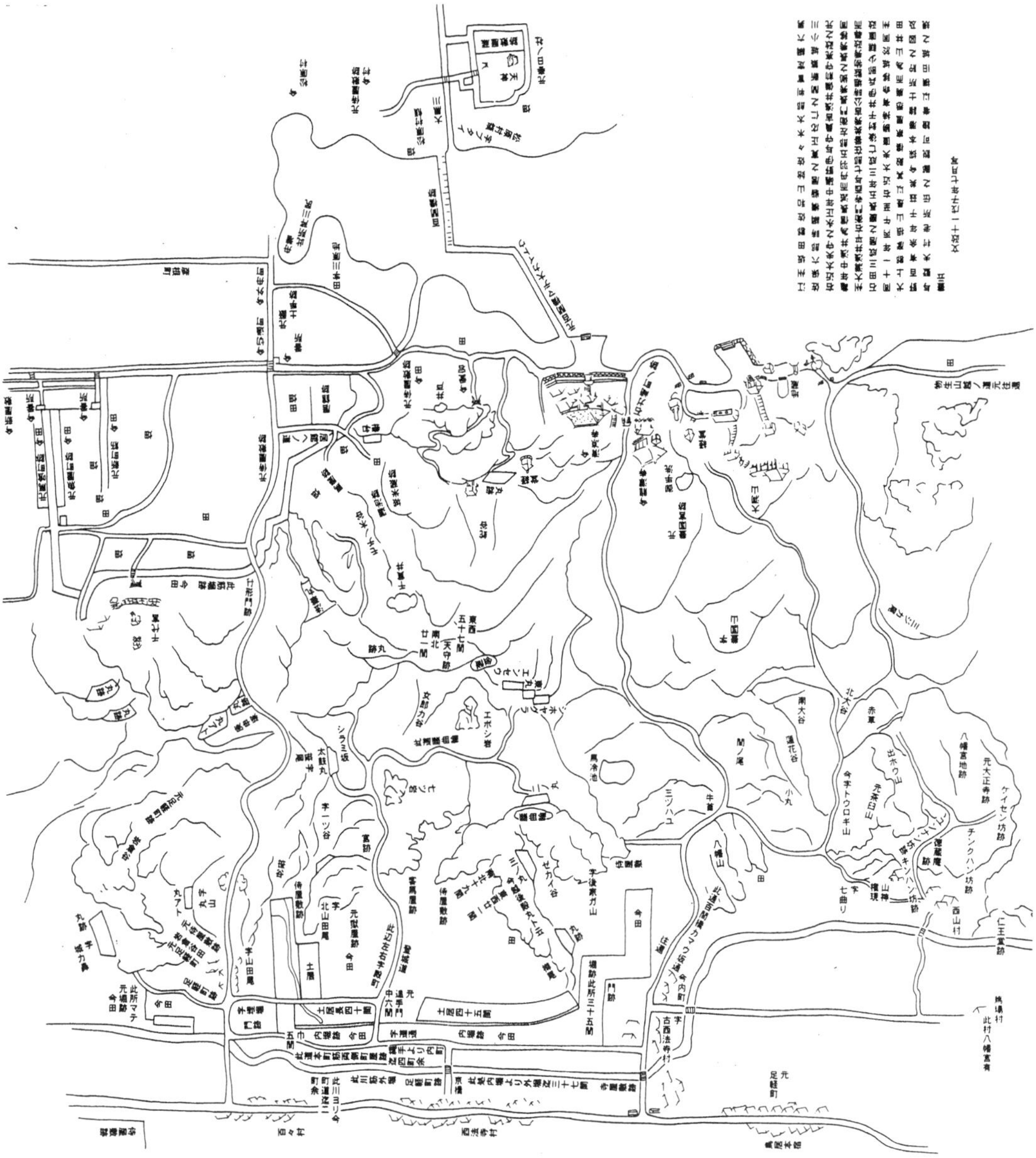

図5　佐和山城絵図トレース図（参考文献2による）

写真４　佐和山城空中写真　右が北（国土地理院撮影　KK-61-5 C9-9081・9082を合成）

写真５　佐和山城拡大空中写真　右が北（国土地理院撮影　KK-61-5 C9-9081・9082を合成）

6 彦根城

徳川譜代大名の筆頭井伊家の居城

彦根市

彦根城は滋賀県彦根市金亀《こんき》町に所在する近世城郭である。

慶長五年（一六〇〇）、関ヶ原合戦の論功行賞によって石田三成の旧領は井伊直政に与えられた。移封直後、直政は三成の居城佐和山城を居城とし、そこで没している。その子直継は慶長八～九年に彦根山に新城を築いた。これが彦根城である。築城にあたっては公儀より奉行が遣わされ、助役大名を動員した幕府普請であった。完成した彦根城は明治維新まで、徳川譜代大名の筆頭井伊家の居城となった。

城の構造は彦根山に配された本丸・西の丸・出曲輪・観音台・太鼓丸・鐘の丸と、山麓に内堀で囲まれた表御殿・米蔵・山崎曲輪が狭義の城郭部分である。彦根城博物館所蔵の「御城内御絵図」は文化一一年（一八一四）に作成された精密な城絵図であるが、ここに描かれているのも内堀以内の部分であり、城郭部分がどこまでを指すのかを端的に物語っている。

ところで、従来彦根城は典型的な平山城といわれてきた。しかし、ここで城郭部分の構成を検討してみると、実は彦根山部分の城郭部と山麓部の表御殿部分に分離していることに気づく。つまり、山上の詰め城と、山麓の居館に分離した戦国期の山城型として築かれているのである。こうした縄張りの観点から彦根城は明らかに山城に分類されるべきであろう。

構造からも山城的な施設が採用されているが、その典型的なものが鐘の丸と太鼓丸間の空堀と、西の丸と出曲輪間の空堀であろう。戦国期の土つくりの山城で曲輪間の防御として設けられた空堀が近世城郭である彦根城にも採用されている点は注目される。

さらに注目できるのは、鐘の丸から大手門へ一条、鐘の丸と本丸から表御殿の両端へ二条、西の丸から空堀の両裾へ二条、計五条にのぼる竪石垣《たていしがき》（登り石垣）と、それに付随する竪堀が山腹に巡らされ、山上と山下を一体化する防御施設が設けられている。こうした竪石垣は文禄・慶長の役で日本軍が築城した倭城の影響によって近世城郭に出現した施設で、彦根城以外では淡路洲本城、伊予松山城などに見られるにすぎない。

城郭部分の外側にはさらに中堀、外堀が巡らされ、北辺

写真１　彦根城跡俯瞰図（彦根城博物館蔵）

は松原内湖に面し、西辺は琵琶湖に面しており、琵琶湖を積極的に取り込んだ構造であったことも明白である。

ところで、内・中・外堀が北西隅で一箇所に直結して、琵琶湖に繋がっており、琵琶湖に突出して石垣の突堤があり、ここが船入であった。船入内の水路内が彦根藩港としての松原湊で、御蔵米を管理する松原御蔵も設けられており、蔵米輸送が集中していた。

また、船入内の中島は「御船造所」が置かれたほか、松原湊へ通じる水路に面して船蔵や水主《かこ》衆の屋敷が立ち並んでいた。

（中井　均）

参考文献

1　谷口徹ほか『歴史群像　名城シリーズ六　彦根城』、学習研究社、一九九五年
2　中井均『近江の城―城が語る湖国の戦国史―』、サンライズ印刷出版部、一九九七年
3　谷口徹ほか『彦根の歴史―ガイドブック―』、彦根城博物館、一九九一年
4　母利美和ほか『湖上水運の盛衰と彦根三湊』、彦根城博物館、一九九九年

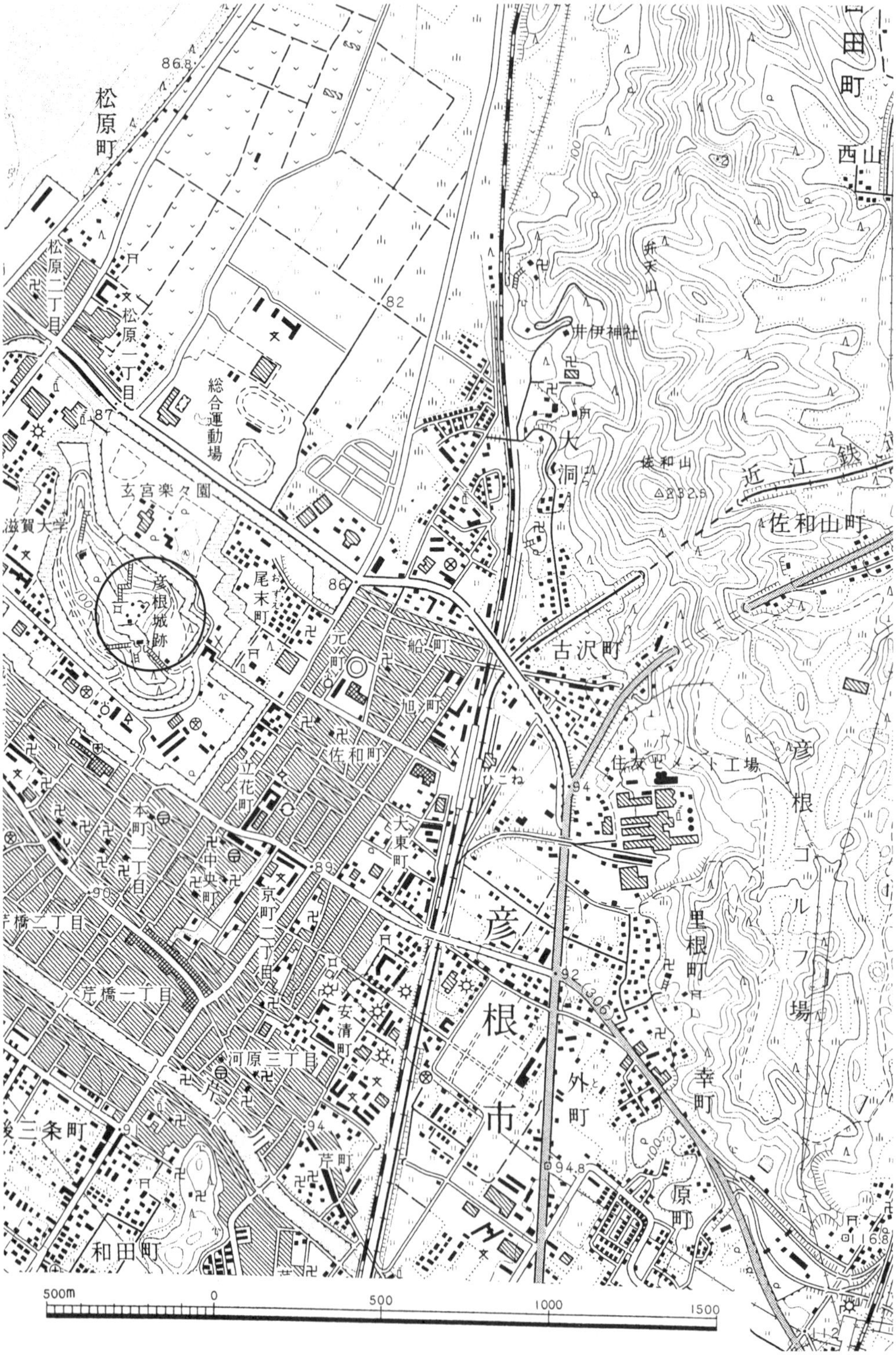

図１　彦根城跡位置図（昭和60年）

図2　彦根城跡周辺地形図（明治26年）

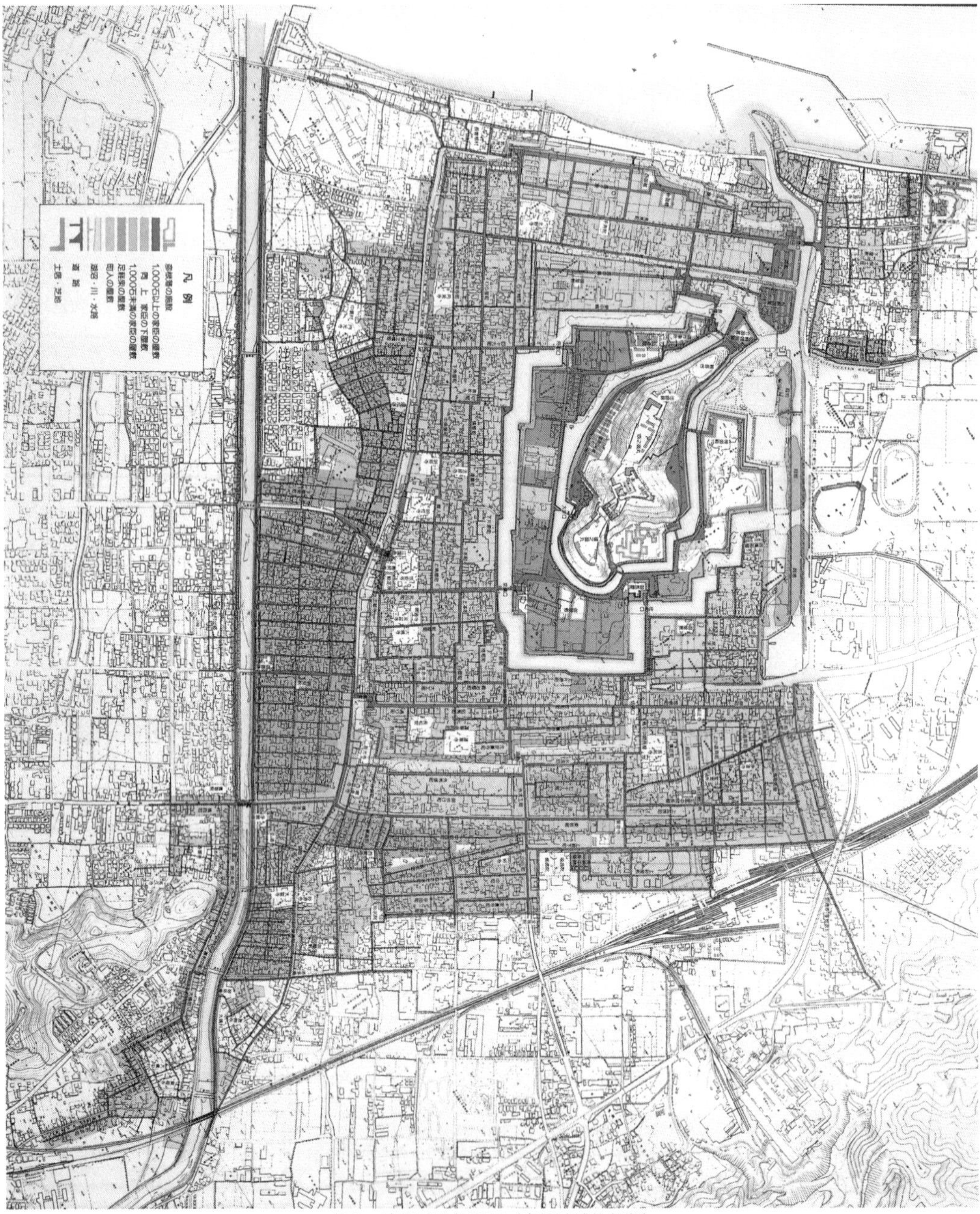

図３　彦根城跡位置図（彦根城博物館蔵）

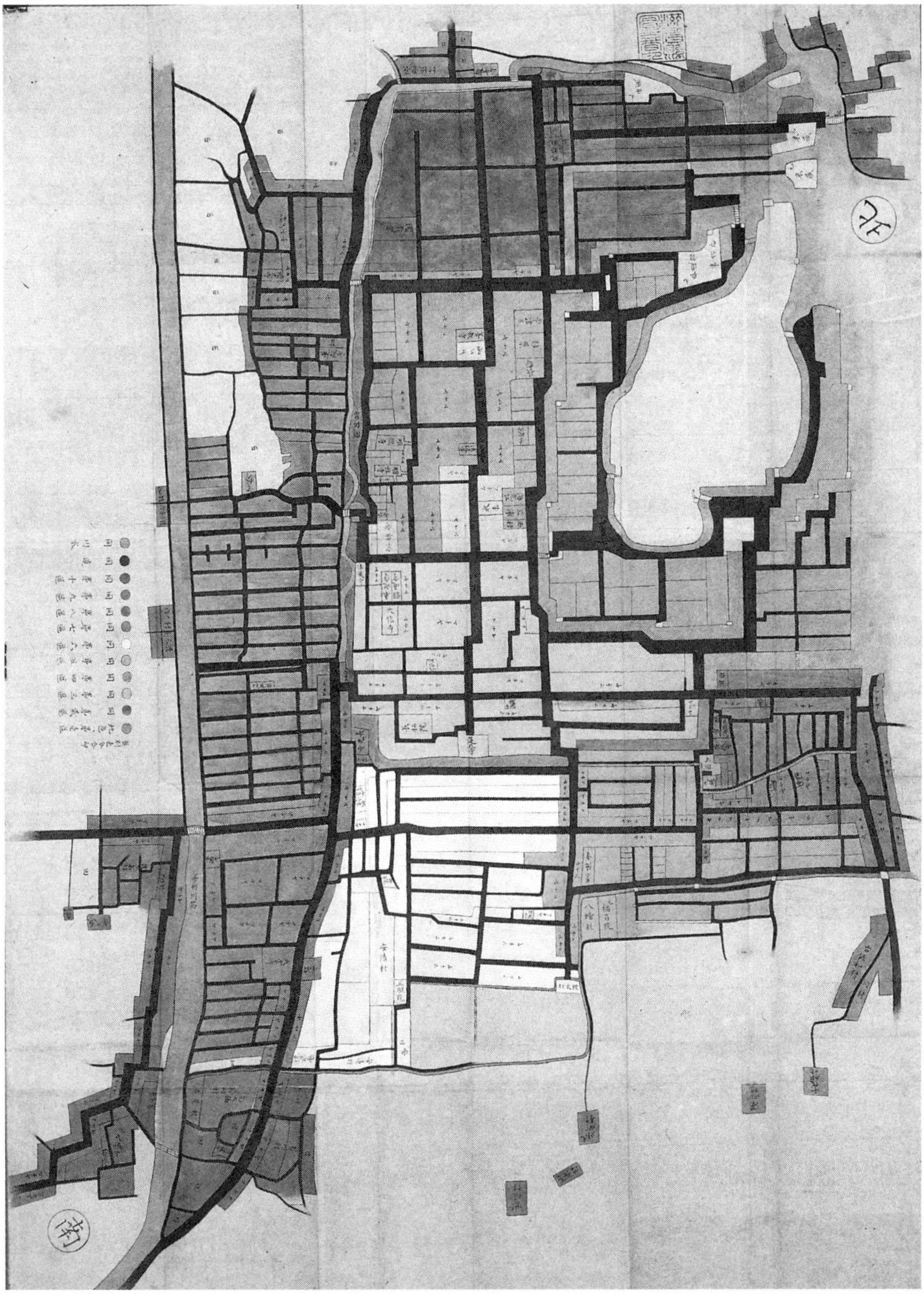

写真２　犬上郡彦根市街全図（明治前期　滋賀県立図書館蔵）

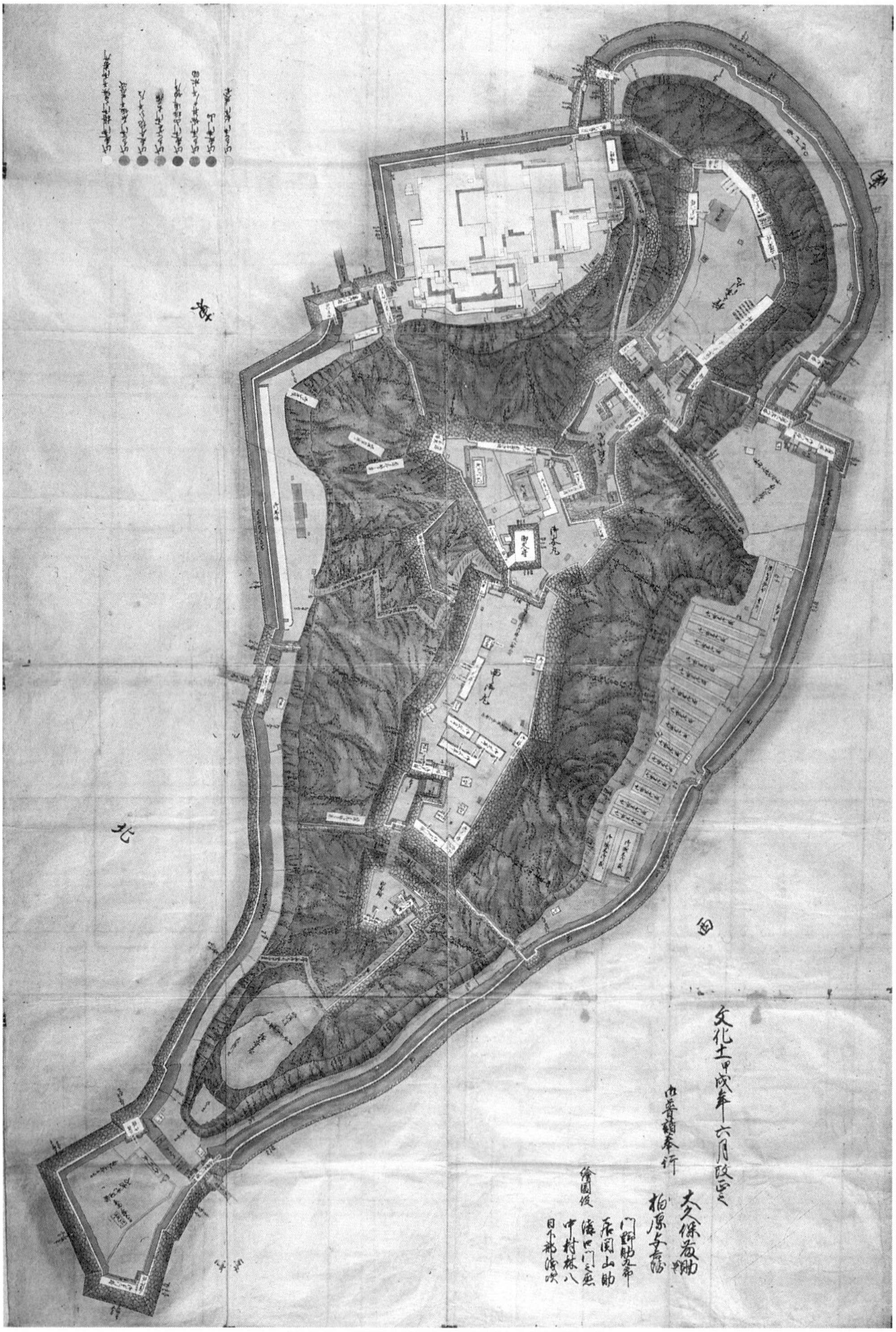

写真３　御城内御絵図（彦根市立図書館蔵）

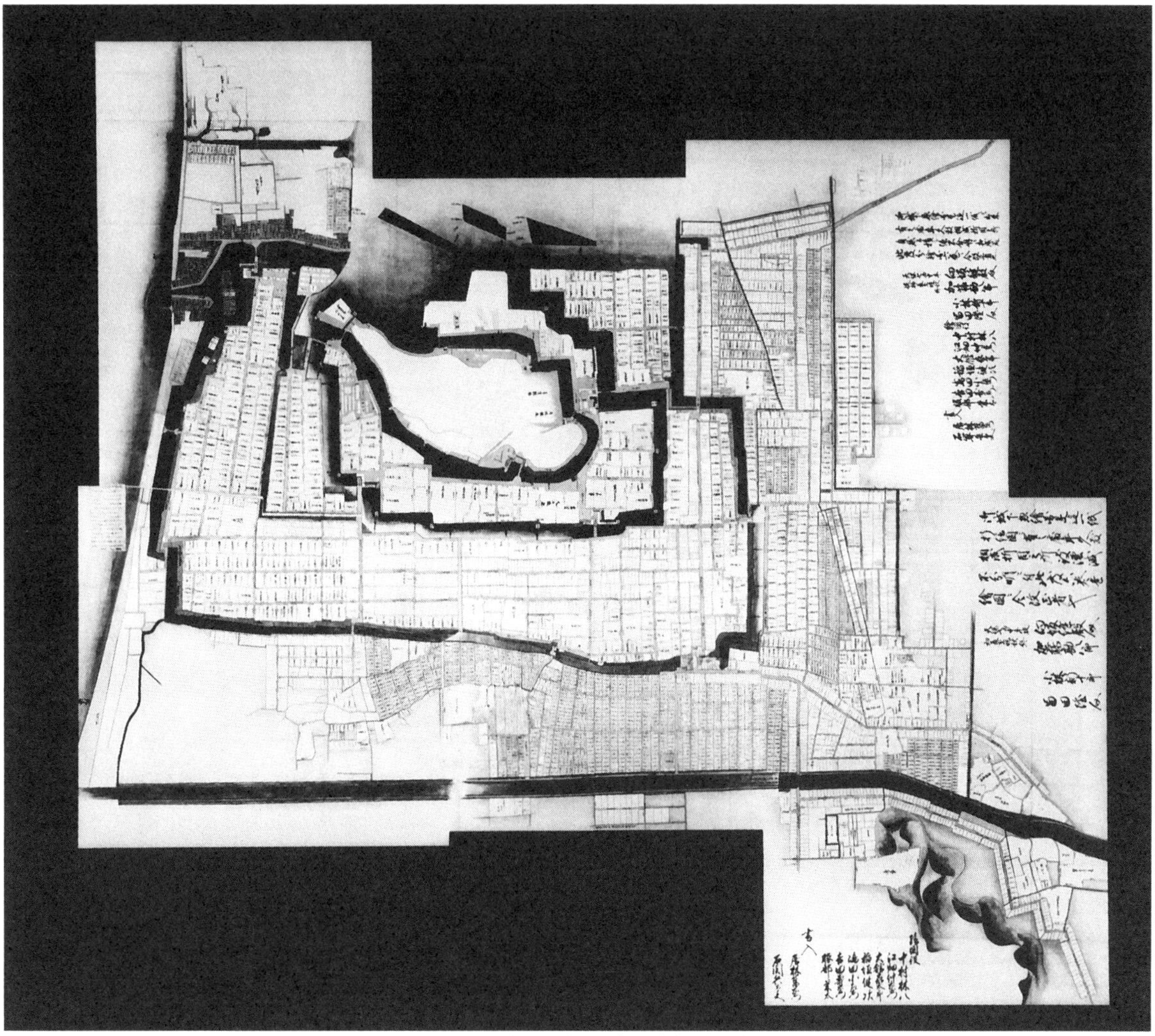

写真４　御城下惣絵図（彦根城博物館蔵）

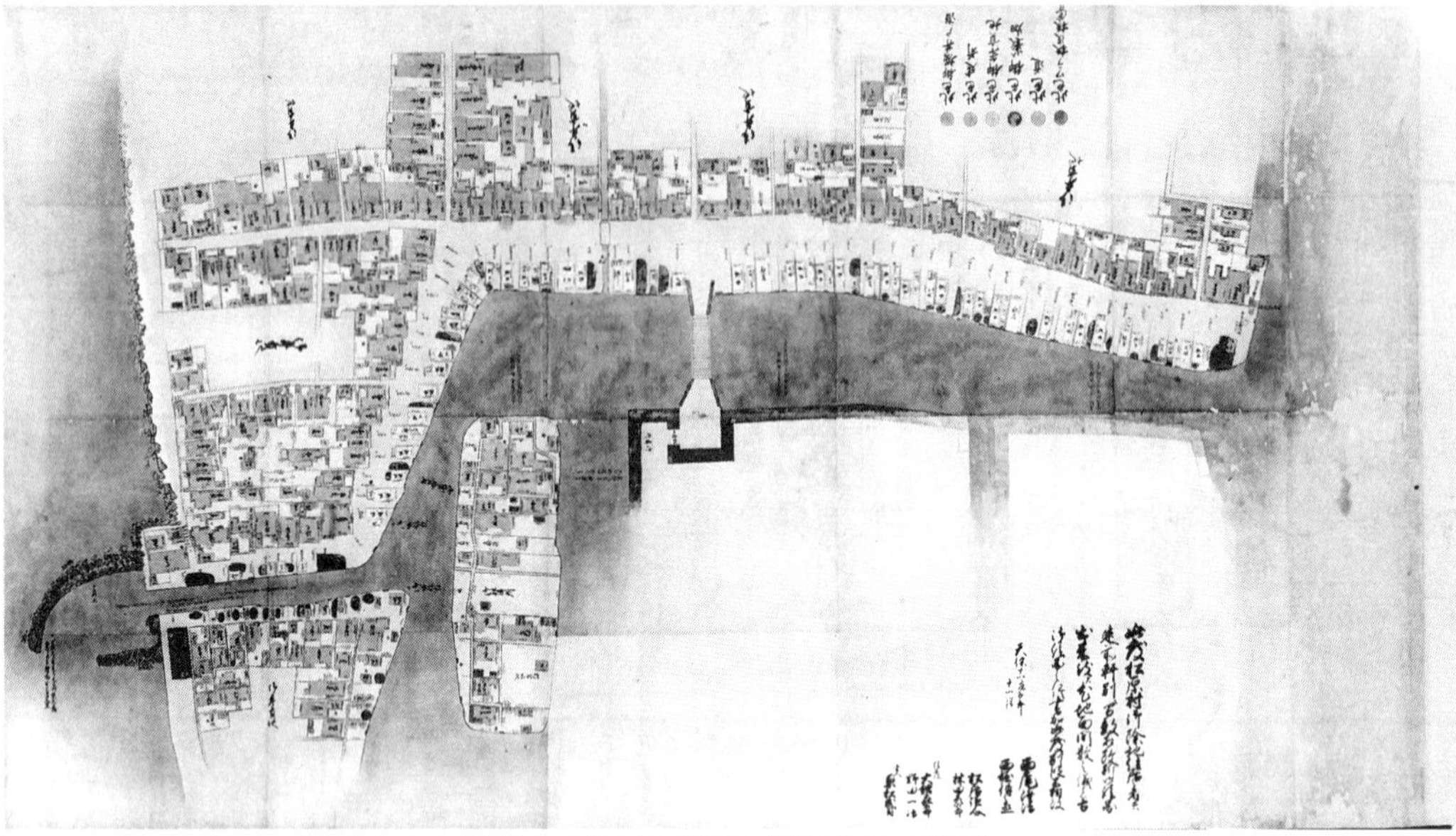

写真５　松原村除地絵図（彦根市立図書館蔵）

写真６　彦根城跡航空写真　右上が北　平成10年10月撮影（彦根市都市計画課）

写真７　彦根城空中写真（国土地理院撮影　KK61-5 C9-9080（上）C10-274（下））

7 安土城

織田氏の天下の象徴

蒲生郡安土町・神崎郡能登川町

沿革　安土城は、滋賀県蒲生《がもう》郡安土《あづち》町と神崎《かんざき》郡能登川《のとがわ》町にまたがる安土山に、織田信長《おだのぶなが》によって築かれた城である。

天正三年（一五七五）に甲斐の武田勝頼《たけだかつより》を長篠《ながしの》合戦でうち破った織田信長は、翌天正四年安土築城を開始する。築城にあたっては丹羽長秀《にわながひで》を総奉行とし、畿内・美濃・尾張・伊勢・越前・若狭などから人夫を動員し、狩野永徳《かのうえいとく》を初め、後藤平四郎《ごとうへいしろう》、たい阿弥《あみ》など当代一流の職人を集めて城づくりを行っている。天正七年（一五七九）には天主が完成し、信長はそこへ移っている。その後天正一〇年（一五八二）六月二日の本能寺の変で信長が明智光秀《あけちみつひで》に討たれると、今度は光秀が入城し、城内の財宝を家臣たちに分け与えたという。光秀は安土城の留守居として女婿の秀満《ひでみつ》を残し、京へと戻るが、六月一三日、毛利攻めから急遽とって返した羽《は》柴秀吉《しばひでよし》と光秀が洛西山崎《らくせいやまざき》の地で戦い、光秀が敗れたという知らせを受けた秀満は安土から坂本へと向かう。秀満が安土を出た六月一四日から一五日にかけて安土城は焼失した。

安土城の焼失原因については諸説があって定かではない。第一の説は秀満が安土城を離れる際に焼いたとするもので、後世に編纂された軍記物に採用されている説である。第二の説は本能寺の変の報を受けた信長の次男織田信雄《おだのぶかつ》が領国伊勢から安土へとやって来て安土城を焼いたというもので、フロイス「日本史」に記されている。第三の説は安土城下の火災が類焼したというもので、『兼見卿記《かねみきょうき》』に記されている。これらの諸説はいずれも決定的証拠がなく、説得力に欠けている。秀満説はいずれも後世の編纂物に記されたものであり、秀吉の天下が確定する段階で明智方を悪者とするために秀満に放火犯のぬれぎぬをきせたとも考えられなくない。信雄説については、そもそも本能寺の変後、信雄は安土までたどり着けておらず、また何故放火したかという合理的説明が付かない。城下よりの類焼説では、城下町と天主・本丸を結ぶ百々橋口道《どどばしぐちみち》に位置する旧摠見寺《そうけんじ》が江戸時代末まで焼け残っており、また『兼見卿記』の記述もあくまで伝聞として記していることから成り立ちにくい。近年の発掘調査でも炎上範囲は黒金門《くろがねもん》より内側の主郭周辺部に限られており、何者かが意図的に火を付けたことは間違いない。

安土城の廃城についてはこの安土城焼失をもってそう考

えるのが一般的であったが、実際にはこの後も羽柴秀吉、織田信雄、信忠《のぶただ》の遺児三法師《さんぼうし》が安土へ入城しており、天主・本丸部分については焼失していたものの、他の部分についてはまだ城郭の施設が残っていたと思われることから、城としての機能は失われていなかったと考えられる。安土城は信長の居城であるが、織田氏の天下を象徴する城でもある。したがって信長の死によって安土城が機能を喪失するのではなく、信長の後継者によって安土城は継承されるのであり、逆に信長の後継者であることを周囲に知らしめるために安土城に入城してこれを継承したことを示す必要があったのである。本能寺の変は信長の天下統一への道を途絶えさせたかもしれないが、織田家中《おだかちゅう》自体は存続しており、その中での主導権争いが繰り広げられていたに過ぎないのである。

このように考えると安土城の廃城は織田家の天下が終焉をむかえる時ということになるが、それが天正一三年（一五八五）である。この時、小牧長久手《こまきながくて》の合戦で徳川家康《とくがわいえやす》と組んだ織田信雄は羽柴秀吉と単独講和を結び、上洛に応じた。これによって信雄は秀吉の軍門に下ったこととなり、先に柴田勝家《しばたかついえ》と結んで秀吉と対決し、破れた信長の三男織田信孝《おだのぶたか》がすでに自害していたことから、織田家中における信長の後継者争いは秀吉の勝利で決着した。時代は織田氏の天下から秀吉の天下へと移行していくのであり、織田氏の天下の象徴である安土城は機能を失う。というよりも、安土城の存在自体が邪魔になるのであり、秀吉はこの年安土に近い近江八幡《おうみはちまん》に甥《おい》の秀次《ひでつぐ》を入れて八幡城《はちまんじょう》を築くのである。

立地と構造　安土城は琵琶湖東岸の内湖である大中《だいなか》の湖《こ》の南、小中《しょうなか》の湖《こ》、伊庭内湖《いばないこ》、西の湖に面した標高一九〇メートルの安土山上に築かれた。山の西北東の三面は内湖に面し、南側は堀の役割を果たす入り江を経て湿地帯につながっている。山の南西部分は微高地で、城下町が広がっていた。山の麓は標高約九〇メートルで、比高差は百メートルである。比較的低い山に築かれた平山城ということができる。

安土山は山頂を中心として北、北東、北西、南東、南西の五方向に尾根筋が延びており、城跡の遺構は主として南東の尾根と南西の尾根に囲まれた南斜面で確認できる。最も高い山頂部分に天主台跡があり、そこを中心として主郭部が展開している。天主台直下に本丸跡、本丸の東側に三の丸跡、天主台の西側に二の丸跡がある。主郭部には四個所の虎口《こぐち》があるがそのうち三個所については城外へいたる道につながっている。北虎口は山の東側（現能登川町側）を南東の尾根筋と北東の尾根筋の間の谷を通ってくだる搦手道《からめてみち》に、南西虎口（黒金門）は南西の尾根筋を通る百々橋口道に、南東の虎口は主郭南面を通って大手道につながっている。一方北東の虎口は主郭外周をめぐる道につながるだけで、直接城外に出ることはできない。

写真１　空から見た安土城

黒金門から主郭部へ入ると正面に二の丸の石垣が見えるが、そこを南へ向かうと二の丸の石垣沿いに本丸へとたどりつく。一方北へ向かうと伝長谷川邸跡《はせがわていあと》と呼ばれる郭にいたる。ここには織田信雄、高長《たかなが》、長頼《ながより》、信武《のぶたけ》の四代の供養塔が存在する。この四代は信雄を祖とする大和松山藩の歴代藩主で、五代信休《のぶやす》の時に丹波柏原《たんばかいばら》藩へ減封《げんぷう》となるが、この供養塔は柏原藩によって奉納されたものと思われる。安土山は江戸時代摠見寺《そうけんじ》によって支配されるが、歴代摠見寺住職は柏原藩主の養子でもあり、寺の経営に藩から山役人が派遣されるなど、柏原藩と摠見寺とのつながりは密接である。

大手道は山の南面の谷筋を直線的にのぼって西に折れ、七曲り状の道を経て百々橋口道との分岐点にいたる。そこから主郭南面を通って三の丸南の主郭部南東虎口にいたる。大手道沿いには下から伝羽柴秀吉邸跡、伝前田利家邸跡、伝徳川家康邸跡、伝武井夕庵《たけいせきあん》邸跡などの諸郭が存在する。ちなみにこれらの名称は貞享《じょうきょう》四年（一六八七）に作成された安土城を描いた最も古い絵図である「近江国蒲生郡安土古城図」によるものであり、あくまで伝承に過ぎない。

百々橋口道上には旧摠見寺跡がある。摠見寺は信長が安土城内に建立した寺院であるが、『信長公記』天正九年七月一五日条に百々橋口から摠見寺に提灯《ちょうちん》を吊したことが記されているのが摠見寺についての初見資料である。本能寺の変後、安土城が焼失した時も焼け残り、江戸時代には安土山を支配し、現在にいたっている。その間、嘉永《かえい》七年（一八五四）に火災で本堂、書院などの主要な建物を焼失し、現在の場所に移転している。創建当初の伽藍は本堂、拝殿、鎮守社と表門、裏門、現存する三重塔、二王門《におうもん》だけであったが、慶長《けいちょう》年間に書院、庫裏《くり》が建てられ、江戸時代には僧坊部分が拡張されている。

百々橋口道の北側の谷筋には七曲がり道と呼ばれる葛籠《つづら》折《お》れ状の道が旧摠見寺跡東側の郭から山裾に向かって延びている。さらに北側の北西の尾根筋には七兵衛平《しちべえだいら》と呼ばれる郭が存在する。ここは安土古城図では「織田七兵衛信澄」と書かれており、伝織田信澄《のぶずみ》邸跡に比定されている。

この他北の尾根筋には二箇所のピークがあるが、その南側のピークは薬師平と呼ばれ、城の遺構が確認できる北端となっている。また北側のピークには砲台があったとされるが、遺構としては確認できない。また南東の尾根筋上にもいくつかの郭が存在する。

城跡の現状は崩れかけた石垣を残すのみで、城郭の建物は存在しない。わずかに摠見寺の三重塔と二王門（いずれも重要文化財）が信長時代の建物として現存するのみである。

城下町《じょうかまち》　安土城下町の建設は安土築城と同時期と思われ、天正五年六月には楽市楽座《らくいちらくざ》の掟書として有名な安土山下町中掟書《げちょうちゅうおきてがき》（近江八幡市蔵、重要文化財）が出されている。この掟書は安土城下町における負担免除と権利保障をうたい、城下への多くの人々を集めることを意図して出された経済振興政策である。その結果かなりの人が安土に集まったようで、フロイスの日本史にはその賑わいの様子が記されている。

安土城下町の範囲は、現在の安土町下豊浦《しもとようら》、上豊浦《かみとようら》、常楽寺《じょうらくじ》、慈恩寺《じおんじ》、小中《こなか》あたりに比定されている。北限は当時の内湖に接し、東限は台地から地形が一段下がる現東南寺《とうなんじ》付近、南限は明確ではないが沙沙貴《ささき》神社から景清道《かげきよみち》の南側辺り、西限は『信長公記』に「安土町末慈恩寺浄厳院」と書かれていることから浄厳院《じょうごんいん》の西側、通称「西の木戸」と呼ばれているあたりと考えられ、発掘調査によって検出される遺構もほぼその範囲と一致している。

安土城下町は、その街路の区画から三つの地域に分けることができる。常楽寺・慈恩寺地域は蒲生郡条里とその町割りが一致する。その東、下豊浦から上豊浦にかけての町の中心部分は若干東に街路が振れており、さらに東側の通称新町《しんまち》地区ではさらに東に振れている。安土城下町が成立する以前は、この辺りには薬師寺領豊浦荘《とようらのしょう》があったとされ、城下町も豊浦荘の旧集落を前提に建設されたと考えられている。こうした三つの異なる町割りの存在は、城下町の成立過程を考える上でも興味深い。安土城下町は極めて短期間に建設が行われたものと考えられ、また発掘調査の成果やフロイスの記述などからは未だ建設途上であったこともうかがえる。当初から全体計画を持って新しい町の建設にあたったのではなく、現状を踏まえながら、町作りを行った結果がこうした町割りのあり方に反映されているのではないだろうか。

城下町地域での発掘は小規模な緊急発掘で行われており、城下町の規模や構造を明確化する遺構は検出されていないが、城下町時代の遺構は確認されており、その様子をうかがうことはできる。もっとも大きな成果があがっているのは下豊浦十七《じゅうなな》地区の調査である。ここからは敷地を区切る区画溝や井戸、便所と思われる枡溜《ますだ》めなど町屋に伴う遺構が見られ、各種の土器や陶磁器類など生活遺物が多く出土している。また日常雑器だけでなく天目茶碗《てんもくぢゃわん》などの嗜好品も出土しており、文化的な生活があったことがうかがえる。特殊なものとしては、木舞竹《こまいたけ》を組んだ土壁や人骨付きの鎧が出土している。また下豊浦敷来《しきらい》地区ではるつぼなど小鍛冶《こかじ》関連遺物が出土し、城下町での生業のあり方をうかがうことができる。

発掘調査の歴史　安土城跡の発掘調査は昭和一五年・一六年（一九四〇・四一）に天主・本丸跡で実施されたのが最初である。この時は天主、本丸建物の礎石が検出され、金箔瓦《きんぱくかわら》や陶磁器、金具など様々な遺物が発見された。その後昭和三五年から五〇年にかけて主郭部の整備が行われ、発掘調査と石垣の修理が行われた。平成元年度からは特別史跡安土城跡調査整備事業が開始され、本格的に調査のメスが入れられることとなった。この調査整備事業では、主郭部だけでなく安土城跡全体を調査対象としており、また調査とあわせて環境整備も行われている。これまで大手道沿いの諸郭、百々橋口道、搦手道と主郭部の調査が終了している。事業は当初二〇年計画で進められており、現在も継続中である。

指定　安土城跡は大正一五年一〇月二〇日に史蹟指定を受け、昭和二七年三月二九日特別史跡に指定された。山内には摠見寺がいまも存在しているが、摠見寺の三重塔《さんじゅうのとう》と二《に》王門《おうもん》、門内の金剛力士像《こんごうりきしぞう》、寺蔵《じぞう》の鉄鐔《てつつば》が重要文化財に指定されており、寺蔵の安土城古図（近江国蒲生郡安土古城図）、伝織田信長所用陣羽織《じんばおり》、伝豊臣秀吉所用陣羽織、判金《はんきん》、織田《おだ》信長像が安土町指定文化財となっている。また能登川町南須田《みなみすだ》の超光寺《ちょうこうじ》表門は元摠見寺の裏門であったが、明治一二年に移築されたものである。平成七年三月三一日に滋賀県指定文化財となっている。

史料　安土城を扱った主要な文献史料としては以下のものがある。

『信長公記』

（奥野高広・岩沢愿彦校注『信長公記』角川文庫、一九六九年）

（巻九）

安土山御天主の次第

石くらの高さ十二間余なり。

一、石くらの内を一重土蔵《どぞう》に御用ひ、是より七重なり。

二重石くらの上、広さ北南へ廿間、西東へ十七間、高さ十六間ま中有り。柱数《はしらかず》弐百四本立。本柱《ほんばしら》長さ八間、ふとさ一尺五寸、六寸四方、一尺三寸四方木。

御座敷の内、悉く布を着せ黒漆なり。

西十二畳敷《でふじき》、墨絵に梅の御絵を狩野永徳《かのうえいとく》に仰付けられ、か丶せられ、何れも下より上迄、御座敷の内御絵所《ゑどころ》悉く金なり。同間《おなじま》の内御書院あり。是には遠寺晩鐘《ゑんじばんしょう》の景気《けいき》か丶せられ、其前にぼんさんをかせられ、次四てう敷、御棚に鳩の御絵をか丶せられ、又十二畳敷、鵝《が》をか丶せられ、則鵝の間と申すなり。又其の次八畳敷、奥四てう敷に雉《きじ》の子を愛する所あり。

南又十二畳布《じき》、唐《から》の儒《ジュ》者達をか丶せられ、又八でう敷あり。

東十二畳敷、
次三でう布、
其次、八でう敷、御膳拵へ申す所なり。

又其次八畳敷、是又御膳拵へ申す所なり。

六でう敷、御南戸《なんど》、又六畳敷、
何れも御絵所金なり。

北ノ方《かた》御土蔵《どぞう》あり。其次御座敷、
廿六でう敷、御南戸なり。西六でう敷、
次十でう敷、又其次十でう敷、
同十二畳敷、御南戸の数七つあり、
此下に金燈炉《きんどうろ》をかせられたり。

三重め、十二畳敷、花鳥《くわちょう》の御絵あり。則、花鳥の間と申すなり。別《べち》に一段四でう敷御座の間あり。同花鳥の御絵あり。

次南八畳布《じき》、賢人《けんじん》の間にひょうたんより駒《こま》の出でたる所あり。

東麝香《じやかう》の間、八畳敷・十二でう敷、御門の上、
次八でう敷、呂洞賓《リョトウビン》と申す仙人并にふゑつの図あり。

北廿畳敷、駒の牧の御絵あり。

次十二でう敷、西王母《せいわうぼ》の御絵あり。

西御絵はなし。御縁二段広縁《ひろえん》なり。

廿四でう敷の御物置の御南戸あり。

口に八でう敷の御座敷これあり。

　柱数《はしらかず》百四十六本立なり。

四重め、西十二間に岩に色々木を遊ばされ、則、岩の間と申すなり。

次西八畳敷に竜虎《りゅうこ》の戦《たたかい》あり。

南十二間、竹色々か丶せられ、竹の間と申す。

次十二間に松ばかりを色々遊ばされ、則、松の間と申す。

東八でう敷、桐に鳳凰《ほうわう》か丶せらる丶。

次八でう敷、きよゆう耳をあらへば、そうほ牛を牽いて帰る所、両人出でたる故郷の躰《てい》。

次御小坐布《こざしき》、七畳敷、でいばかりにて御絵はなし。

北十二でう敷、是に御絵はなし。

次十二でう敷、此内西二間の所にてまりの木遊ばさる。

次八畳敷、庭子《にはこ》の景気《けいき》、則、御鷹の間と申すなり。

　柱数九十三本。

五重め、御絵はなし。南北の破風口に、四畳半の御坐敷両方にあり。こ屋の段《だん》と申すなり。
六重め、八角四間あり。外柱《とばしら》は朱なり。内柱《うちばしら》は皆金なり。
釈門十大御弟子《みでし》等、尺尊成道《しゃくそんじゃうだう》御説法《ごせっぽう》の次第、御縁輪に
は餓鬼《がき》共・鬼共かゝせられ、御縁輪のはた板にはしやち
ほこ・ひれうをかゝせられ、高欄ぎぼうしほり物あり。
上七重め、三間四方《しはう》、御坐敷の内皆金なり。そとがは是又金なり。
四方の内柱には上竜《のぼりたつ》、下竜《くだりたつ》、天井には天人御影向《てんにんごやうがう》の所、
御坐敷の内には三皇・五帝・孔門十哲・商山四皓・七賢
等をかゝせられ、ひうち・ほうちやく数十二つらせられ、
挟間《サマ》戸《ト》鉄《くろがね》 なり。
数六十余あり。皆黒漆《こくしつ》なり。御座敷内外《うちそと》柱惣《そう》に漆《ウルシ》にて布を着せさせられ、其上皆黒漆なり。
上一重のかなくは後藤平四郎仕候。
京《きやう》・田舎《ゐなか》衆《しゅ》手を尽くし申すなり。
二重めより京のたい阿弥かなくなり。
御大工《だいく》岡部又右衛門、漆師《ぬっし》首《かしら》 刑部《きやうぶ》、
白金《しろかね》屋の御大工宮西遊左衛門、
瓦、唐人の一観《いっくわん》に仰付けられ、奈良衆焼き申すなり。
御普請奉行、木村二郎左衛門。
以上、

(巻九)

(天正四年二月二三日) 御馬廻御山下《おんざんげ》に各《おの〳〵》御屋敷下され、面々手前々々の普請申付けらる。

(巻十)

(天正五年) 九月廿八日、安土にて惟住五郎左衛門所に御寄宿。

(巻十一)

(天正六年) 去年冬、三位中将信忠卿へ進せられ候御名物の御道具、正月四日に万見《まみ》仙千代所にて御ひらきの御会《ごくわい》なさる。

(天正六年正月一日) 御礼として、安土に至つて近衛殿御成り、町屋に御座《おはします》の躰聞食し及ばれ、宮内卿法印所御宿に仰付けられ、

(天正六年) 八月十日に、万見仙千代所へ南部めし寄せられ、御振舞仰付けられ、

(巻十二)

(天正七) 七月廿六日、石田主計・前田薩摩両人召寄せられ、堀久太郎所にて御振舞《おんふるまひ》仰付けられ候。相伴《しやうばん》は津軽の南部宮内少輔《くないのせふ》なり。御天主見物仕候て、か様に御結構の様《タメシ》、古今《ここん》承り及ばず、生前の思出忝きの由候キ。

(巻十三)

(天正八年) 五月三日、中将信忠卿・北畠信雄卿、安土に至つて御出。御自分御座所の御普請仰付けられ候。

(巻十五)

一番　御先、御一門の御衆なり。
二番、　他国衆、

三番、　　在安土衆、

今度は大名・小名によらず、御礼銭百文づゝ自身持参候へと、堀久太郎・長谷川竹両人を以て御触れなり。惣見寺毘沙門堂御舞台見物申し、おもての御門より三の御門の内、御殿主の下、御白洲まで祗候仕り、爰にて面々御詞を加へられ、先々次第のごとく、三位中将信忠卿・北畠中将信雄卿・織田源五・織田上野守信兼、此外、御一門歴々なり。其次、他国衆。各階道《キダハシ》をあがり、御座敷の内へめされ、忝くも御幸の間拝見なさせられ候なり。御馬廻・甲賀衆など御白洲へめされ、暫時逗留の処、御白洲にて皆々ひゐ候はんの間、南殿《なんでん》へ罷上り、江雲寺御殿を見物仕候へと上意にて、拝見申候なり。

御座敷惣金、間毎に狩野永徳仰付けられ、色々様々あらゆる所の写絵《うつしゑ》筆に尽くさせられ、其上四方の景気、山海・田薗・郷里、言語道断《ごんごだうだん》面白き地景申すに計りなし。是より御廊下続きに参り、御幸の御間拝見仕候へと御諚にて、かけまくも忝き、一天君《いつてんのきみ》・万乗の主の御座《ござ》御殿へ召上《のぼ》せられ、拝濫《ラン》に及ぶ事、有難く、誠に生前《しやうぜん》の思ひ出なり。御廊下より御幸の御間、元来檜皮葺《ひはだふき》、金物日に光り、殿中悉く惣金なり。何《いづ》れも四方御張付け、地を金に置上げなり。金具所は悉く黄金を以て仰付けられ、斜粉《ナヽコ》をつかせ、唐草を地ぼりに、天井は組入れ、上もかゝやき下も輝き、心も詞も及ばれず。御畳、備後表《びんごおもて》、上々に青目なり。高麗縁《かうらいべり》、雲絹縁《うんげんべり》、正面より二間の奥に、皇居の間と覚しくて、御簾の内に一段高く、金を以て瑩立《みがきたて》、光輝き、衣香当《あたり》を撥《はらつて》四方に薫じ、御結構の所あり。東へ続ひて御座敷、幾間もこれあり。爰には御張付、惣金の上に色絵に様々かゝせられ、御幸の御間拝見の後、初めて参り候御白洲へ罷下り候処に、御台所の口へ祗候候へと上意にて、御厩の口に立たせられ、十疋宛《づゝ》の御礼銭、忝くも信長直《ぢき》に御手にとらせられ、御後へ投《なげ》させられ、他国衆、金銀・唐物、様々の珍奇を尽し上覧に備へられ、生便敷《おびたゝしき》様躰申し足らず。

(巻十五)

(天正一〇年) 五月十五日、家康公、ばんばを御立ちなされ、安土に至つて御参着。御宿大宝坊然るべきの由上意にて、御振舞の事、維任日向守に仰付けられ、

ルイス・フロイス『日本史』

(松田毅一・川崎桃田訳、中央公論社、一九八一年)

[第三三章]

彼は、都から十四里の近江の国の安土山《アヅチヤマ》という山に、その時代までに日本で建てられたもののなかでもっとも壮麗だといわれる七層の城と宮殿を建築した。すべては截断せぬ石から成り、非常に高く厚い壁の上に建ち (後略)

[第四七章]

オルガンティーノ師は、信長が異常な満悦をもって宮殿の建築を自慢し、身分ある武将たちが彼に迎合するために、安土の新しい市《まち》に豪華な邸宅を作りたがっていることがい

かに信長の意向に添うものであるかを知っていたので、（同地）で適当な場所を入手することを切望していた。
[第四七章]
（我らの）修道院が信長の宮殿の近くにあり、彼はつねにそれを目前に眺めていた
[第五三章]
（信長）は、中央の山の頂に宮殿と城を築いたが、その構造と堅固さ、財宝と華麗さにおいて、それらはヨーロッパのもっとも壮大な城に比肩し得るものである。事実、それらはきわめて堅固でよくできた高さ六十パルモを越える―それを上回るものも多かった―石垣のほかに、多くの美しい豪華な邸宅を内部に有していた。それらにはいずれも金が施されており、人力をもってしてはこれ以上到達し得ないほど清潔で見事な出来栄えを示していた。そして（城の）真ん中には彼らが天守《テンシュ》と呼ぶ一種の塔があり、我ら（ヨーロッパ）の塔よりもはるかに気品があり壮大な別種の建築である。（中略）

信長は、この城の一つの側に廊下で互いに続いた、自分の邸とは別の宮殿を造営したが、それは彼の（邸）よりもはるかに入念、かつ華美に造られていた。我ら（ヨーロッパ）の庭園とは万事において異なるその清浄で広大な庭、数ある広間の財宝、監視所、粋をこらした建築、珍しい材木、清潔さと造作の技巧、それら一つ一つが呈する独特でいとも広々とした眺望は、参観者に格別の驚愕を与えていた。

[第五三章]
巡察使が安土山に到着すると、信長は彼に城を見せたいと言って召喚するよう命じ、二名の身分ある家臣を派遣して往復とも随伴せしめた。なお（信長）は、修道院にいるすべての司祭、修道士、同宿たちにも接したいから（と言い）、いっしょに来るように命じた。彼らが着くと、下にも置かぬように歓待し、城と宮殿を、初めは外から、ついで内部からも見せ、どこを通り何を先に見たらよいか案内するための多くの使者をよこし、彼自らも三度にわたって姿を見せ、司祭と会談し、種々質問を行い、彼らが（城）の見事な出来栄えを賞賛するのを聞いて極度に満足の意を示した。
[第五五章]
彼は近江国の安土山に、実に見事で不思議なほど清潔な城と宮殿を造営した。彼がもっとも誇っていたことの一つは、その邸の美麗さと財産、ならびに七層を数える城塞であった。
[第五八章]
司祭たちが上記の島に向かって出発した直後の土曜日に、明智は安土に到着したが、彼に抵抗を試み得る者はすべて逃亡してしまうか、またはおらなかったので、彼は反抗されなかった。そのため、彼はただちに信長の居城と館を占拠し、最高所（天守閣）に登り、信長が財宝を入れていた蔵と広間を開放すると、大いに気前よく仕事に着手し、

まず彼の兵士たちに、ほとんど労することなく入手した金銀を分配した。

［第五八章］

明智の軍勢が津の国において惨敗を喫したことが安土に報ぜられると、彼が同所に置いていた武将は、たちまち落胆し、安土に放火することもなく、急遽坂本城に退却した。しかしデウスは、信長があれほど自慢にしていた建物の思い出を残さぬため、敵が許したその豪華な建物がそのまま建っていることを許し給わず、そのより明らかなお知恵により、付近にいた信長の子、御本所（信雄）はふつうより知恵が劣っていたので、なんらの理由もなく、（彼に）邸と城を焼き払うよう命ずることを嘉し給うた。（城の）上部がすべて炎に包まれると、彼は市にも放火したので、その大部分は焼失してしまった。

山本家文書（文献5―11）

堀田秀勝書状

尚以御馳走候て御出肝要ニ存候、以上、

安土大宝坊之材木、其浜迄付候て、在之由候、然者従大宝坊重々信重様江御理之事候、可無異儀候様ニ被入御精可被通候、自然舟なと無都合候者、是又二三艘可有御馳走候、尚期後音候、恐々謹言、

堀弥次左

卯月三日　秀勝（花押）

保勘左

太夫　まいる御宿所

堀田秀勝書状

自久太郎殿御材木之届被仰候、可無別義被仰付候て、可然存候、尚追而可申述候、其浜ニ御入候材木之事候、尚以別義なく御出肝要ニ存候、恐々謹言、

堀弥次左

五月二日　秀勝（花押）

伴式

保勘左

太夫　まいる御宿所

成綱・賢頼・賢信連署状

猶々村々百姓共ニ指帋遣し候、自然筏士共不相届、代り共御□細を頼申候間、引配被加御分別候て、可被下候、以上、

三七様御材木、昨今ニ悉相下申候間、今晩至其津ニ、参着可申候、此御材木御注文、其方文も御座候哉、若無御座候てハとなん、此方へ被下候御注文うつし遣候間、於其方御請取候御材木と被引合、御算用候て御覧あるへし、大倍相済可申候と存候、追々破風板四枚、貫八本下申候、是にて相済申候、次ニ松の四百木之内、三本板柱弐本ハ、殿様安土御座敷之御材木之内紛候て参候間、先々御預リ候て、被

置可被下候、猶追而可申候、恐惶謹言、

七月八日　　賢信（花押）
　　　　　　賢頼（花押）
　　　　　　成綱（花押）

（切封ウハ書）
「（墨引）
伴式殿　　　　　　杤菅右
大夫殿　　　参　　宮兵
　　　御宿所　　　　成綱」

成綱・高信・賢頼連署状

猶々松木物四五本、其外貫四三寸之儀、未進申候間、頓而可申付候、参次第御越候て可被下候、以上、

態令申候、仍安土御殿御材木之事、中左近殿より急可申旨、十兵かたへ御催促申候、右之御材木之儀ハ、大倍相下申候間、早々御越被成候て、可然存候、下奉行仕候老共、不届様ニ十兵被申、迷惑仕候、其津へ参次第、御越被成候而可被下候、為其如此候、猶追而可申候、恐々謹言、

七月廿六日　　宮兵
　　　　　　　賢頼（花押）
　　　　　　飯五兵
　　　　　　　高信（花押）
　　　　　　杤菅右
　　　　　　　成綱（花押）

伴式殿
大夫殿
　御宿所

武井夕庵《せきあん》書状（「八幡神社文書」奥野高廣『増訂織田信長文書の研究』下、吉川弘文館）

在安土之儀付而、御使僧被差上候、殊料帋廿帖送給候、御懇志之至候、遠路急上候、御着本望候、此方山上ニ自上様家を御作候て被下候故、屋敷も可然地ニ候、可被御心易候、仍当寺之事、少も不可有疎意候、喜太郎在岐阜之事候条、御用之儀可被仰候、城介殿様も此方御普請為御見廻、御逗留候間、当寺之事、能々可申上候、猶兵部卿殿へ申候、恐々敬白、

卯月六日　　　二位法印
　　　　　　　妙云（花押）
　八幡山
　　年行
　　御返報

羽柴秀吉書状（「専光寺所蔵文書」『大日本史料』第十一編之二）

（前略）

一、若子様之儀、未無御越候由候、普請等無出来ニ付而、右之分ゟ相聞候ニ、其方程近候間、貴所被煎御肝候ハて不叶事候、其元御普請をハ、先々被置候ても、安土御普請急度被仰付、不被参越候事御油断と存候、左様ニ候へ者、其方我等外聞あしく候間、山崎普請をも打置候て、其方同前ニ安土へ罷越可申付候哉、坂本へ成共御越候様ニ可有御馳走儀候条、被入御精尤候、よるの程なとも、上様之御事御忘候ハ、、くらやミニ可罷□□□知行ニ付候、□□□其

上山城之知行悉□知候上ハ、是又我等存事候、
（後略）
八月十一日　　秀吉（花押）
惟五郎左殿
御返報

「兼《かね》見《み》卿《きょう》記《き》」（『史料纂集兼見卿記』第二　続群書類従完成会）
（天正十年六月）十五日、壬申、安土放火云々、自山下類火云々、
（天正十年六月）十六日、癸酉、三七郎殿其外諸勢至安土下向云々、
（天正十一年閏正月）□□□、己亥、羽柴筑前守自安土上洛了、

「多聞院日記」（『増補続史料大成　多聞院日記』三　臨川書店）
（天正十一年閏正月）十二日、昨夜雪降了、順慶法印従去四日御本所アツチヘ被出付、為礼筑州同道昨日帰了云々、東国之程ハ滝川・家康・三七殿・柴田以下大旨令一味雪消ハ可打出之由有沙汰、如何、

安土山下町中掟書（近江八幡市所蔵）
定　　安土山下町中
一、当所中為楽市被仰付之上者、諸座・諸役・諸公事等悉免許事、
一、往還之商人、上海道相留之、上下共至当町可寄宿、但於荷物以下之付下者、荷主次第事、
一、普請免除事、
一、伝馬免許事、
一、火事之儀於付火者、其亭主不可懸科、至自火者遂糺明、其身可追放、但、依事之躰可有軽重事、
一、咎人之儀、借屋并雖為同家、亭主不知其子細、不及口入者、亭主不可有其科、至犯過之輩者、遂糺明可処罪過事、付、被仰付、以御扶持居住之輩、并被召仕諸職人等、各別事、
一、諸色買物之儀、縦雖為盗物、買主不知之者、不可有罪科、次彼盗賊人於引付者、任古法贓物可返付之事、
一、分国中徳政雖行之、当所中免除事、
一、他国并他所之族、罷越当所仁有付候者、従先々居住之者同前、雖為誰々家来、不可有異儀、若号給人、臨時課役停止事、
一、喧嘩・口論并国質・所質・押買・押売・宿之押借以下一切停止事、
一、至町中譴責使・同打入等之儀、福富平左衛門尉・木村次郎左衛門尉両人仁相届之、以糺明之上可申付事、
一、於町並居住之輩者、雖為奉公人并諸職人、家並役免除事、但、御陣・御在京等御留守難去時者、可致合力事、
一、博労之儀、国中馬売買、悉於当所可仕之事、
右条々、若有違背之族者、速可被処厳科者也、

天正五年六月　　五月二日　　秀勝（花押）

日　　（朱印）

織田信雄《のぶかつ》定書（近江八幡市所蔵）

定

安土山下町中之儀、任　先代条数之旨、聊不可有相違、并
今度一乱之刻、方々預物・質物等之叓、其主家於放火者、
不可及是非、但相残家申事、於在之者、奉行相断、遂糺明、
証人次第可随其者也、

天正拾壱年正月日　（花押）

安土城の評価　安土城は近世城郭の嚆矢《こうし》として注目されてきたが、具体的にはこれまで天主の成立に主眼をおいて議論されてきた。安土城の天主は現存期間が三年余りと極めて短く、それについて記された史料もほとんどないため、江戸時代以降、多くの論者によって復元がなされてきた。近年では宮上茂隆《みやがみしげたか》と内藤昌《ないとうあきら》との論争が著名であるが、いずれも決め手に欠けるため、議論としては雲散霧消《うんさんむしょう》してしまった感があり、決着を見るにはいたっていない。しかしながら、現状では種々の史料を駆使しながらもっとも実証的な研究を行っているのがこの両者であり、新史料の発見が見られない現在、研究の水準となっている。内藤説は加賀藩大工頭池上家に伝わる「天守指図」という史料をもとに復元を行ったものである。内藤は現地の実測を踏まえ、礎石の配置と指図とが整合することからこの指図を安土城の指図であると判断した。そこに描かれた天主の構造は従来の常識をはるかに越えた独特のもので、特に地階から四階までが吹き抜け構造となっており、地階中央に宝塔《ほうとう》が置かれていたとする復元は発表当時かなりの衝撃を巻き起こしたようである。この内藤説に対して宮上は、天守指図の信憑性を否定し、あくまで創作に過ぎないとする。そして基本資料である『信長公記』の諸写本を比較検討し、前田家に伝わる『安土日記』がもっとも信憑性の高いものとして、これと豊臣時代の大坂城天守をもとに復元案を作成した。

近年は城郭研究が飛躍的な発展を遂げる中で、天守という建造物に注目するのではなく、縄張を重視する研究が相次いで発表され、安土城についてもそうした観点からの研究がなされようとしている。また城跡の発掘調査の事例の増大によって、従来地表面観察をもとに縄張を議論していたことについての反省も指摘されている。

安土城についてもかかる状況を踏まえ、再評価をする段階にきているといえよう。平成元年度から実施されている発掘調査によってようやく安土城全体の縄張を考える手がかりが得られようとしているのである。

大手道《おおてみち》の調査成果　最初に調査のメスが入れられたのは大手道と道沿いの郭群である。発掘調査によって大手道は規模・構造・ルートとも調査前の状況とは大きく異なるこ

とが明らかとなった。大手道は山麓から直線で北にむかって約一〇〇メートル進み、西に折れて三〇メートル進んだ後七曲がり状に進み、三叉路に至る。東へ進めば主郭南面を通って三の丸南虎口につながり、西へ進めば旧摠見寺跡から百々橋口道につながり城下町へと続く。この三叉路は発掘調査で確認されたもので、従来大手道は主郭西側の黒金門につながっていたが、発掘調査の結果大手道と黒金門をつなぐ道が発見されず、大手道は黒金門へと至らないことが明らかとなったのである。

大手道の直線部分は石段の幅は約七メートル、両側に石敷きの側溝を持ち、さらにその外側に石塁があるという構造を持っていたことが発掘調査で確認された。摠見寺焼失後、大手道の上に郭が築かれて仮本堂《かりほんどう》が建てられたことで道のルートが変えられ、現摠見寺の建っている郭を迂回するように上に登っていくようになっており、また石段自体も近代にふき替えられていたのであるが、発掘調査によって摠見寺の郭の下から築城当時の大手道が発見され、現在は当時の姿に復元整備がされている。

大手道の石段を登ってすぐのところ、西側には伝羽柴秀吉邸跡、東側には伝前田利家邸跡があり、発掘調査によってほぼ全容が明らかとなっている。伝羽柴邸跡は上下二段の郭から成っており、大手道から下段部への入口部分からは櫓門《やぐらもん》の遺構が発見された。近世城郭の虎口としては一般的な櫓門であるが、城郭に導入された最も古い事例として注目できる。この他下段部からは、規模の大きな厩跡《うまやあと》が発見されている。一方上段部からは、大手道からの入口部分で高麗門《こうらいもん》の跡が発見され、大手道際の一段下がった部分からは隅櫓跡《すみやぐらあと》が発見された。さらに上段部を奥に進むと式《しき》台《だい》・遠侍《とおざむらい》・主殿《しゅでん》・内台所《うちだいどころ》から成る殿舎跡《でんしゃあと》が検出されている。

伝羽柴邸跡の向かいに位置する伝前田邸跡は大きく三段の郭で構成されている。大手道からの入口部分は伝羽柴邸跡の櫓門跡と相対する場所に位置するが門の遺構は破壊されており、規模・構造等は明らかではない。この入口部分は内枡形《うちますがた》になっており、北側に武者溜《むしゃだ》まりや櫓台《やぐらだい》、東側に上の郭に登る石段を隠すように蔀石塁《しとみせきるい》が発見された。その脇を通って東へ進むと厩《うまや》跡があり、さらに奥へ行くと上段に登る石段がある。蔀石塁の裏には上段へ登る二つの石段が隠されているが、北向きの石段は多聞櫓《たもんやぐら》の下をくぐって上段郭の西側から入るようになっており、一方東へ登る石段は主殿に直接通じていたようである。上段郭の建物は西の石垣際から多聞櫓、台所・遠侍、奥座敷《おくざしき》が確認された。台所・遠侍と奥座敷との間に主殿があると考えられるが未調査で確認はされていない。また多聞櫓の床下にあたる場所から石垣に挟まれるように設置された木樋《もくひ》が発見された。上下二段の樋で構成されており、上段の箱樋《はこひ》で水を一旦拾い、下段の樋に流すという構造になっている。この樋の中に詰まった土を分析した結果、若干の寄生虫が確認され、台所の排水を流したものではないかと考えられる。

大手道沿いにはこの他伝徳川家康邸跡、伝武井夕庵邸跡などの郭がある。いずれも単郭構造《たんかくこうぞう》で、建物の礎石と考えられる遺構が発見されているが、どのような性格の建物かは明らかではない。

百々橋口道《どどばしぐちみち》の調査成果　大手道につづいて実施された百々橋口道の調査では旧摠見寺の遺構が確認された。摠見寺の遺構は百々橋口道の北側に集中しており、大きく四段の郭から成っている。一番高い郭からは本堂・拝殿・鎮守社《しゃ》の跡が発見された。本堂は中世密教寺院の本堂特有の平面構造を持っている。この高い郭から西に進むと二段の郭があり、書院、庫裏《くり》の跡が発見されている。逆に東の方へ進むと一段下がったところに長屋跡《ながやあと》、木小屋跡《きごやあと》などの僧房部分がある。一方百々橋口道の南側には三重塔が現存しており、鐘楼跡《しょうろうあと》が発見された。また百々橋口道上に表門跡と裏門跡が確認されている。さらには庫裏の下層から礎石が発見されており、詳細は不明であるが信長が家康を安土城に招いた時に能を催した能舞台の遺構ではないかと推測される。百々橋口道には摠見寺跡のあるピークから山裾にかけての道沿いにもいくつかの郭が確認できるが、機能や構造については明らかではない。また道については改修が加えられているものの、コースについては変更がなかったことが確認された。

搦手道《からめてみち》の調査成果　大手道、百々橋口道につづいて搦手道の調査が実施された。搦手道沿いにはいくつかの郭が張り付いており、絵図では山裾部に「蔵屋敷」と書かれ、「台所道」の記載もある。搦手道から主郭部へ入ると絵図に「台所」と書かれた郭にいたることから、このような名称が付けられたのであろう。

平成八年度からの三箇年の搦手道の発掘調査では道の構造が明らかとなった。搦手道は山腹部と山裾部で大きくその構造が異なっている。山腹部では曲がりくねって石段が続くのに対し、山裾部では石段を使わないスロープ状になっていた。また搦手口では、湖が山裾まで入り込んで入江状になっていたことが確認され、水深の浅い部分では底を溝状に掘り込んでいる遺構が発見された。おそらく船が通る航路として用いられたものと思われる。搦手道はその構造からみて、湖辺部から陸揚げされた物資を荷車を用いて山裾の郭に運び入れ、主郭部の台所郭へと日常品を運び込むための道であると考えられる。スロープ状の道は荷車が通るのに適しており、山腹部の折れ曲がった道は見通しを悪くして防御性を高め、日常品の運搬を安全に行なうことができるからである。また湖辺部の溝状遺構の中から木簡が出土した。木簡は長さ一五センチ、幅一～二センチの薄い笏《しゃく》のような形状をしており、片面に「弐斗五升　又三郎／市郎兵衛」、もう片面に「卯月十日　本郷」と書かれていた。おそらく城内に運び込まれた物資に付けられた荷札ではないかと考えられる。この木簡の出土も、搦手道が物資搬入路であることを裏付けるものである。

主郭周辺部の調査成果　これら城内道の調査と並行し平成七年度から主郭部周辺の調査が実施された。この調査では、主郭の高石垣《たかいしがき》を囲むように外周路が通っているのが発見された。外周路上にはいくつかの門跡と武者隠《むしゃかく》しが緻密に配置されており、高い防御性を示している。また外周路沿いには伝堀久太郎《ほりきゅうたろう》邸跡、伝米蔵跡、伝煙硝《えんしょう》蔵跡、伝台所跡などの郭群がある。このうち伝煙硝蔵跡からは、整然と積まれたままの多量の瓦が発見されている。主郭部への虎口は四箇所存在する。北虎口は搦手道とつながっており、南西虎口（黒金門）は百々橋口道と、南東虎口は大手道とつながり、それぞれ城外へといたるが、北東の虎口だけは主郭外周路とのみつながっている。

主郭部の北虎口周辺からは四棟の門と二棟の建物跡が発見されたが、これらは各々独立した建物ではなく、共通の計画線上に建てられたものであることが確認された。このことからみて北虎口一帯は一連の大規模な建物によって覆い尽くされていた可能性が高い。

黒金門から本丸へは二の丸南帯郭を通り、石段をのぼって天主台南の帯郭を通って本丸へいたる。その間、二の丸帯郭と、石段をのぼった所で門跡が確認されている。

天主台西面直下の二の丸東溜《ひがしだ》まりからは、天主炎上の際焼け落ちたと思われる多量の瓦層の下から、火を受けた礎石とその上に残る焼けた柱痕や壁が発見されている。主郭周辺部からはいたるところから炎上の痕跡が発見されているが、建物の焼け残りが見付かったのはここだけである。またここからは十能《じゅうのう》や鍬先といった工具類がまとまって発見された。普請に伴うものか、地鎮祭のような儀礼用とも考えられるが、何のためのものか用途は不明である。

本丸跡の調査成果　本丸跡からは建物跡が確認された。本丸跡と天主跡は昭和一五年・一六年に一度発掘調査が行われており、礎石群が確認されていた。しかしこの時は周辺部の調査が不十分だったため、これまで本丸建物を一棟の建物として理解してきたが、平成一一年度に行われた発掘調査では本丸跡の礎石が抜け跡も含めて全て確認され、本丸建物の概要が明らかにされた。本丸建物は東西二棟とそれを結ぶ渡り廊下状の建物の計三棟からなり、このうち西側の建物は八間×一一間とほぼ正方形をしており床束礎《ゆかづかそ》石を伴っている。礎石配置は内裏《だいり》清涼殿《せいりょうでん》の平面を裏返しにしたプランに酷似しており、また床束礎石を伴うという礎石のあり方は高床の建物であることを示唆しており、清涼殿風の建物という推測を裏付ける。対してもっとも東側の建物は三間×一一間と南北に長い建物であり、東側に一部張り出しを持っている。この建物の東側は三の丸の石垣であるが、その間に石桝《いします》・石組溝《いしぐみみぞ》・石列があり、石列の内側はタタキ状になっている。このタタキ状の部分からは越前で産出する笏谷石《しゃくたにいし》製の手水鉢《ちょうずばち》状容器が据えられていた。このように様々な施設が見られるこの建物は、西側の表向き建物に対する裏方の建物ではないかと考えられる。東西の建物は南側の渡り廊下風の建物でつながっているが、全体としてコの字形をしており、東西建物の間に庭と推定される空間が見られる。

本丸建物北辺からは建物の北限を示す葛石《かずらいし》が検出された。このことは、本丸建物が北側の本丸取付台とは分離した建物であったことを示している。また本丸北辺でも東辺と同様石枡が発見された。どのような用途に用いたのかは不明である。

本丸西辺の天主台石垣直下からは焼土層を伴ったカマド状遺構三基が検出されている。また本丸北辺の、本丸から本丸取付台に上る石段付近からも、下層より焼土を含む遺構面が検出されている。これらは層位からみると本丸建物の遺構面の下層から検出されており、本丸の造成工事に伴う何らかの遺構とも考えられるが確証はない。

本丸跡を取り巻く本丸取付台、三の丸からも建物の礎石が確認されている。建物の構造を解明するにはいたっていないが、礎石の配置は本丸建物と整合性を持っており、一連の建物であった可能性は高い。

本丸建物については『信長公記』天正一〇年正月朔日の記述で、信長が家臣たちに「御幸の間」を見学させたことが記されている。それによると、天主下の御白州《おしらす》から南殿《なんでん》、江雲寺《こううんじ》御殿《ごてん》を通り、御廊下続きに御幸《みゆき》の間《ま》にいたり、御白州へ戻るルートをとったことが書かれており、これらを遺構に比定すると、御幸の間が本丸西側建物、南殿が東西建物をつなぐ渡り廊下、江雲寺御殿が三の丸建物、御廊下が三の丸から本丸北東虎口の櫓門をへて本丸取付台上の建物にあたると考えることができる。

この他本丸跡からは、北西隅天主台直下に本丸建物とは別の礎石が発見されている。フロイス日本史には天主と本丸御殿とを結ぶ階段があることが記されているが、その階段の礎石とも考えられるが確証はない。

天主跡の調査成果　平成一二年度に実施された天主穴蔵《あなぐら》部分の調査では天主地階の床構造を解明する手がかりが得られた。床面にタタキが施されていたが、戦前の調査報告にあるように全面タタキではなく、タタキの施されている部分とそうでない部分とがあることが確認された。また天主の礎石とその間にある小さな床束礎石とが発見され、その分布状況を詳細に検討することで、地階のどの部分が床張りでどの部分が土間であったかが明らかとなるであろう。

戦前の調査でも注目されていた穴蔵中央のピットについては新たな知見は得られなかった。戦前の調査で瓶《かめ》の破片が発見されていたが、新しい調査で発見されたものとあわせても完形となるにはほど遠く、埋まっていた瓶が壊れたものではなく、埋め土に破片が紛れ込んだと考えた方がよいと思われる。内藤説では天主地階中央部分に宝塔があり、その下に瓶が埋められていたとされているが、その点については否定された。またこのピットについては掘立柱の抜き跡とする説もあったが、穴の形状は柱の抜き跡と見ることはできなかった。ピットの性格が明快に解明されるにはいたらなかったが、従来の様々な推測が根拠のないものであることは明らかとなったと思われる。

出土遺物　発掘調査による出土遺物としては、大手道沿いの伝羽柴邸跡・伝前田邸跡で土器や陶磁器などの生活遺物が多数出土しており、日常生活品以外に茶器や香炉など嗜好品も出土している。主郭部からは多量の瓦が出土しており、多くの軒先瓦《のきさきがわら》に金箔《きんぱく》が施されている。安土城の金箔瓦は大坂城《おおさかじょう》や伏見城《ふしみじょう》など秀吉時代のものとは異なり、瓦当《がとう》面《めん》の文様の凹面のみに金箔が貼られている。特殊な瓦としては鬼瓦や飾り瓦のほか、城郭に使用された最古の事例である鯱瓦《しゃちほこがわら》（金箔貼り）が出土している。

文献史料　安土城の建設に関わる資料は『信長公記』以外にほとんどなく、その具体的な状況を知ることはできなかったが、ごく最近琵琶湖の西岸安曇川《あどがわ》町南船木《みなみふなき》の旧家から、かつて南船木に存在した材木座に関する文書が発見された。その中に、天正期の書状類が含まれており、安土城下町の建設にあたって湖西の材木の調達を指示していることが確認された。このことは城下町だけでなく城自身についてもあてはまると思われ、安土城築城の材木が湖西の山から伐《き》り出されたものである可能性が指摘できる。

安土城と琵琶湖　安土城は三方が湖に面しているため、容易に琵琶湖に出ていくことができる。信長もしばしば安土から琵琶湖を横断して対岸の坂本へ渡っているが、城から琵琶湖へ出るための船入《ふないり》遺構については、搦手道湖辺部において航路と見られる溝状遺構が見つかったのみで、船着き場等は発見されていない。地形からみると、搦手道の他、七曲り道の山裾部も同じように入江状になっており、船入となっていた可能性は高い。また南面の堀についても百々橋から内湖へとつながっており、大手道からも船でこぎ出すことはできよう。

（松下　浩）

参考文献

1 『滋賀県史蹟調査報告　第十一冊安土城址』、滋賀県、一九四二年
2 『特別史跡安土城跡修理工事報告書（Ⅰ）』、滋賀県教育委員会、一九六五年
3 ①『特別史跡安土城跡発掘調査報告』、一、滋賀県教育委員会、一九九一年
②『特別史跡安土城跡発掘調査報告』、二、滋賀県教育委員会、一九九二年
③『特別史跡安土城跡発掘調査報告』、三、滋賀県教育委員会、一九九三年
④『特別史跡安土城跡発掘調査報告』、四、滋賀県教育委員会、一九九四年
⑤『特別史跡安土城跡発掘調査報告』、五、滋賀県教育委員会、一九九五年
⑥『特別史跡安土城跡発掘調査報告』、六、滋賀県教育委員会、一九九六年

⑦『特別史跡安土城跡発掘調査報告』、七、滋賀県教育委員会、一九九七年
⑧『特別史跡安土城跡発掘調査報告』、八、滋賀県教育委員会、一九九八年
⑨『特別史跡安土城跡発掘調査報告』、九、滋賀県教育委員会、一九九九年
⑩『特別史跡安土城跡発掘調査報告』、一〇、滋賀県教育委員会、二〇〇〇年
⑪『特別史跡安土城跡発掘調査報告』、一一、滋賀県教育委員会、二〇〇一年

4
①『特別史跡安土城跡環境整備事業概要報告書』、Ⅰ、滋賀県教育委員会、一九九四年
②『特別史跡安土城跡環境整備事業概要報告書』、Ⅱ、滋賀県教育委員会、一九九五年
③『特別史跡安土城跡環境整備事業概要報告書』、Ⅲ、滋賀県教育委員会、一九九六年
④『特別史跡安土城跡環境整備事業概要報告書』、Ⅳ、滋賀県教育委員会、一九九七年
⑤『特別史跡安土城跡環境整備事業概要報告書』、Ⅴ、滋賀県教育委員会、一九九八年
⑥『特別史跡安土城跡環境整備事業概要報告書』、Ⅵ、滋賀県教育委員会、一九九九年
⑦『特別史跡安土城跡環境整備事業概要報告書』、Ⅶ、滋賀県教育委員会、二〇〇〇年
⑧『特別史跡安土城跡環境整備事業概要報告書』、Ⅷ、滋賀県教育委員会、二〇〇一年

5
①『安土城・織田信長関連文書調査報告』、一、滋賀県教育委員会、一九九二年
②『安土城・織田信長関連文書調査報告』、二、滋賀県教育委員会、一九九三年
③『安土城・織田信長関連文書調査報告』、三、滋賀県教育委員会、一九九四年
④『安土城・織田信長関連文書調査報告』、四、滋賀県教育委員会、一九九五年
⑤『安土城・織田信長関連文書調査報告』、五、滋賀県教育委員会、一九九六年
⑥『安土城・織田信長関連文書調査報告』、六、滋賀県教育委員会、一九九七年
⑦『安土城・織田信長関連文書調査報告』、七、滋賀県教育委員会、一九九八年
⑧『安土城・織田信長関連文書調査報告』、八、滋賀県教育委員会、一九九九年
⑨『安土城・織田信長関連文書調査報告』、九、滋賀県教育委員会、二〇〇〇年
⑩『安土城・織田信長関連文書調査報告』、一〇、滋賀県教育委員会、二〇〇一年
⑪『安土城・織田信長関連文書調査報告』、一一、滋賀県教育委員会、二〇〇一年

6 『安土城・1999』、滋賀県立安土城考古博物館、一九九九年
7 内藤昌『復元安土城』、講談社選書メチエ、一九九四年
8 『近江蒲生郡志』、滋賀県蒲生郡役所、一九二二年
9 小島道裕『城と城下』、新人物往来社、一九九七年
10 中井均『近江の城—城が語る湖国の戦国史—』、サンライズ印刷出版部、一九九七年

図1　安土城・八幡城位置図（平成4年）

図２　安土城・八幡城周辺地形図（明治26年）

百々橋口道
摠見寺跡
七曲道
黒金門跡
伝織田信忠邸跡
伝武井夕庵邸跡
大手道
伝羽柴秀吉邸跡
現摠見寺
伝前田利家邸跡
大手門跡
二の丸
天守跡
本丸
三の丸
搦手道
0
200 m

図3　安土城跡平面図

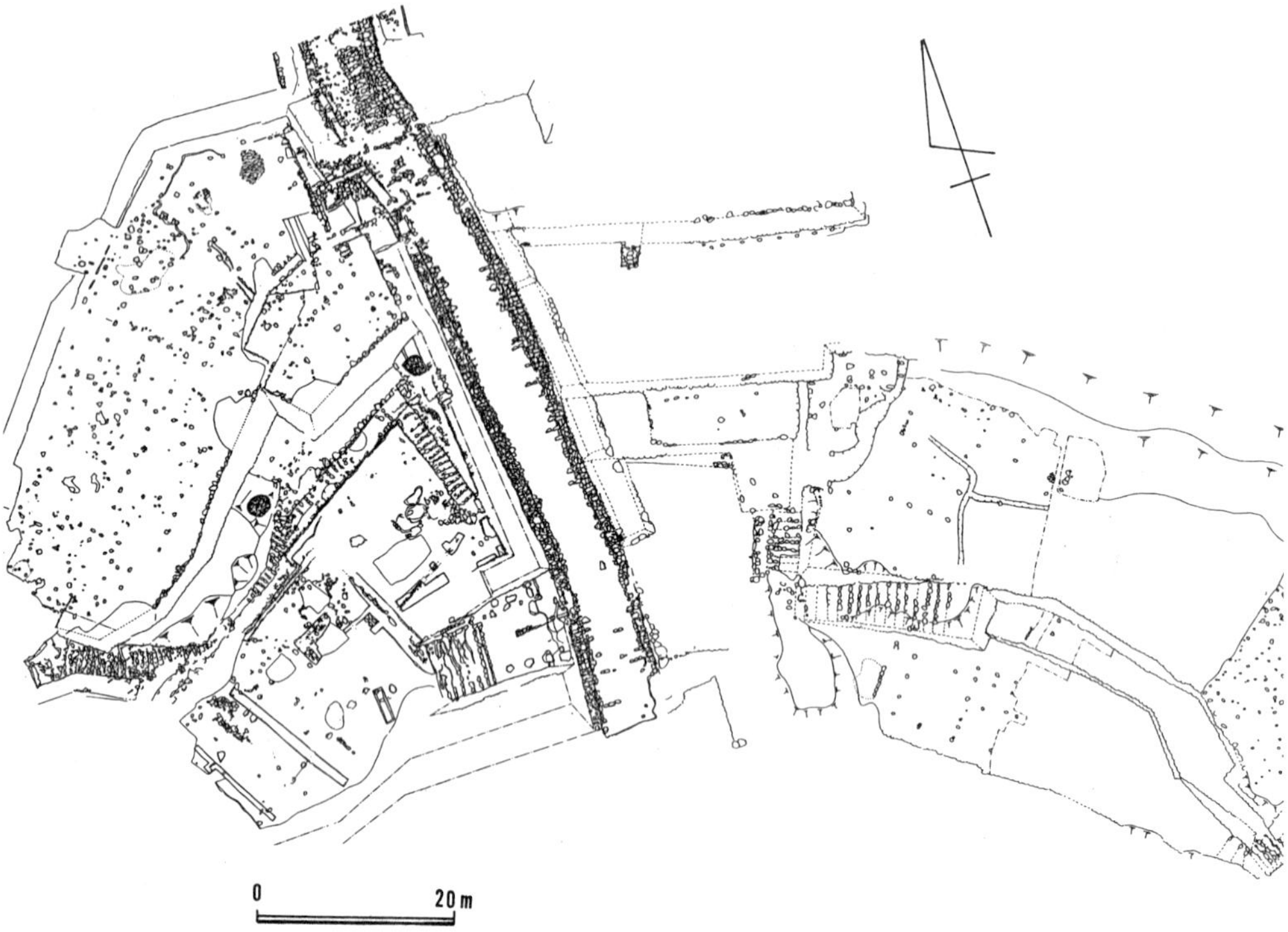

図４　伝羽柴秀吉邸跡・伝前田利家邸跡遺構平面図（文献６による）

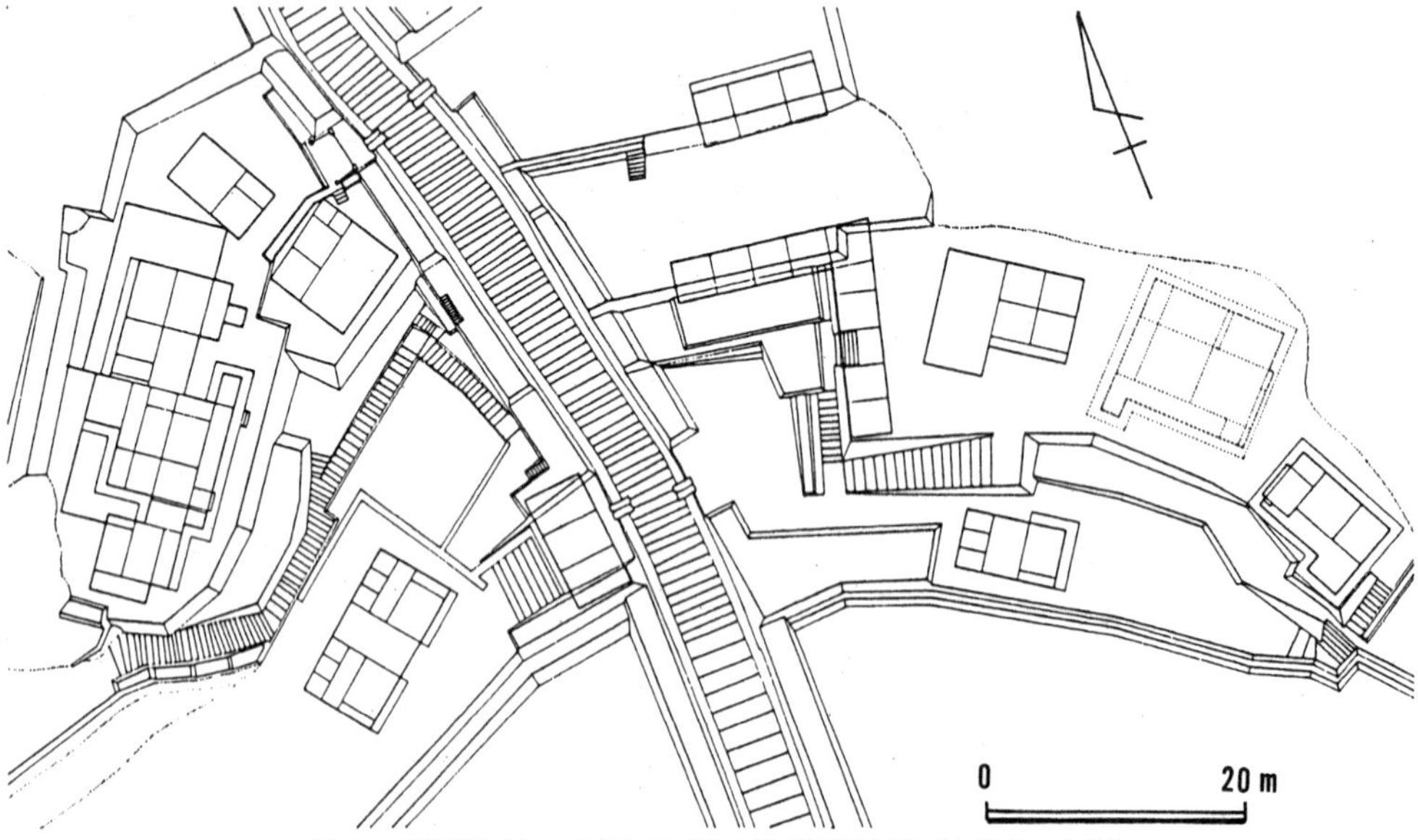

図５　伝羽柴秀吉邸・伝前田利家邸屋敷復元平面図（文献６による）

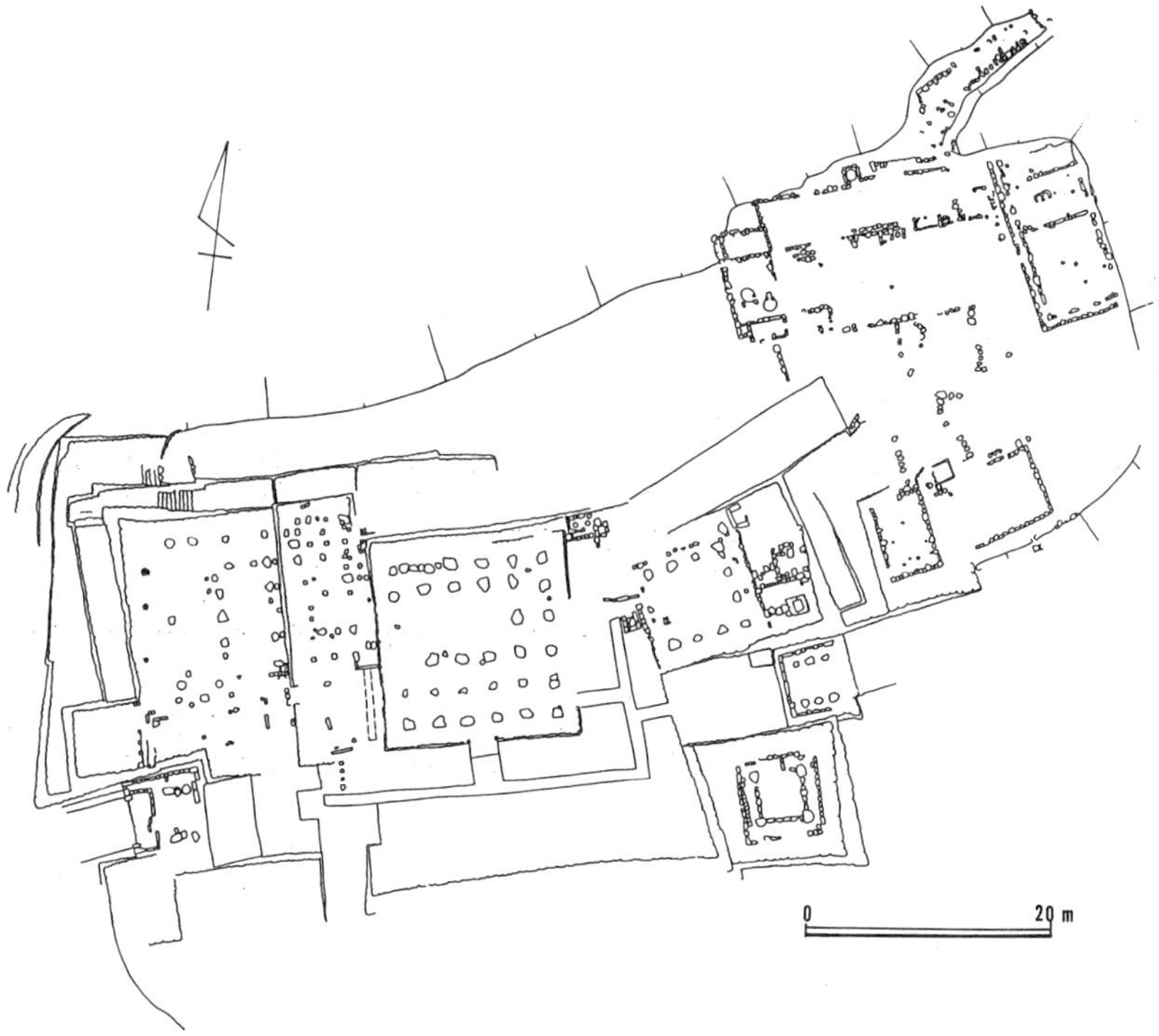

図6 摠見寺跡遺構全体図（文献6による）

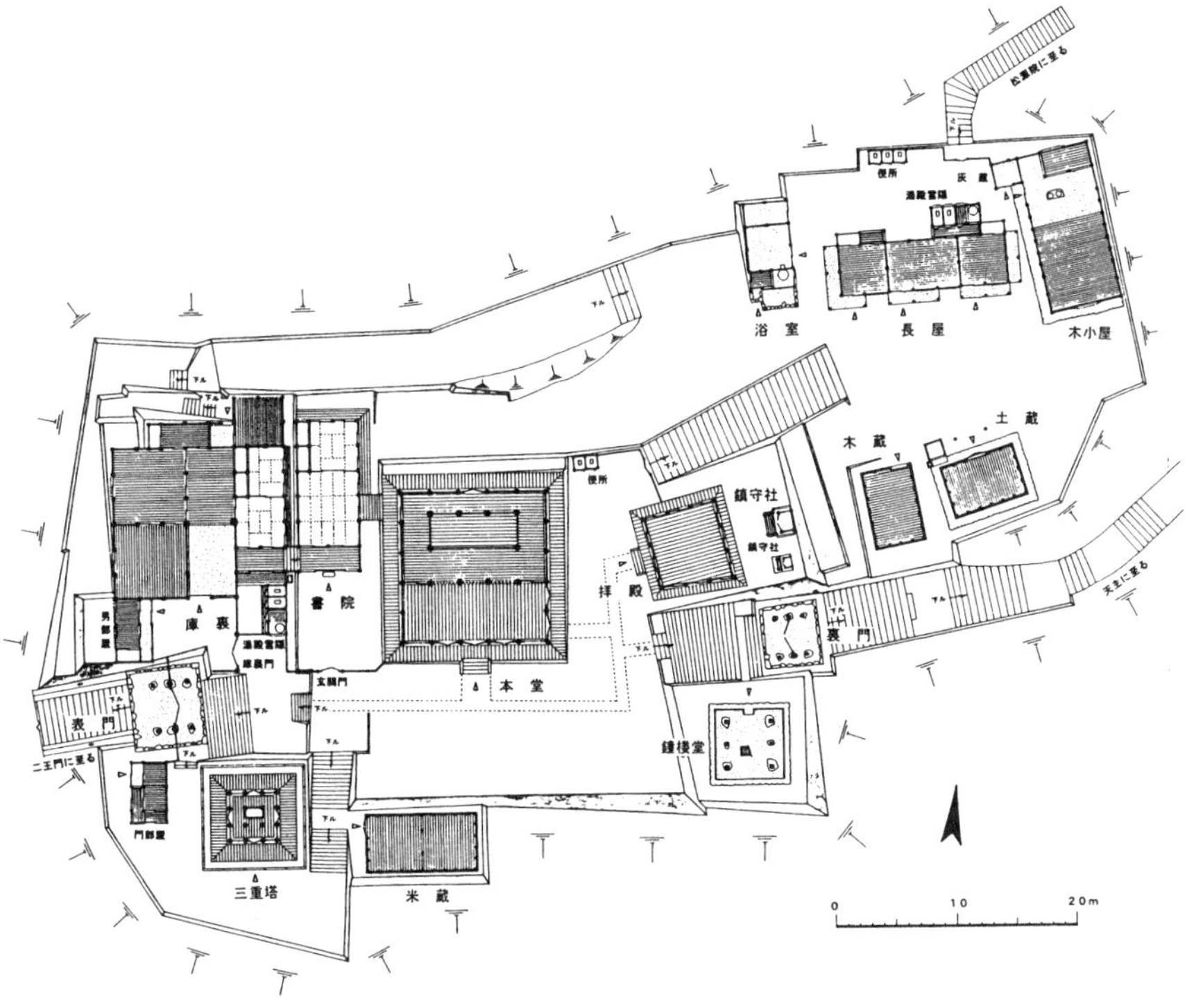

図7 摠見寺跡遺構復元図（文献6による）

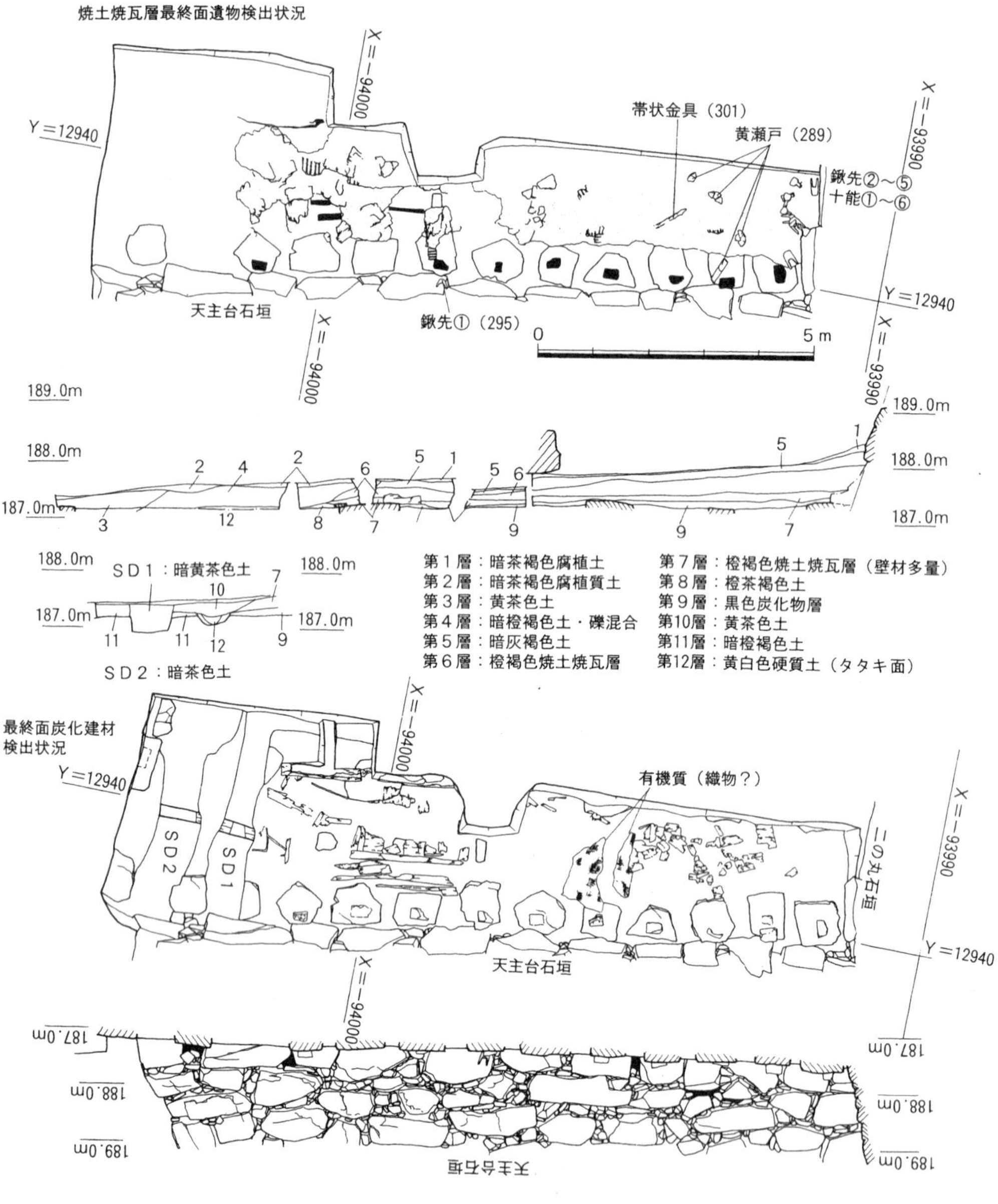
焼土焼瓦層最終面遺物検出状況
X＝−94000
Y＝12940
帯状金具（301）
黄瀬戸（289）
X＝−93990
鍬先②～⑤
十能①～⑥
天主台石垣
鍬先①（295）
0
5 m
189.0m
188.0m
187.0m
SD1：暗黄茶色土
SD2：暗茶色土
第１層：暗茶褐色腐植土
第２層：暗茶褐色腐植質土
第３層：黄茶色土
第４層：暗橙褐色土・礫混合
第５層：暗灰褐色土
第６層：橙褐色焼土焼瓦層
第７層：橙褐色焼土焼瓦層（壁材多量）
第８層：橙茶褐色土
第９層：黒色炭化物層
第10層：黄茶色土
第11層：暗橙褐色土
第12層：黄白色硬質土（タタキ面）
最終面炭化建材検出状況
有機質（織物？）
SD2
SD1
二の丸石垣

図８　主郭西面二の丸東溜り遺構平面図（文献３—⑧による）

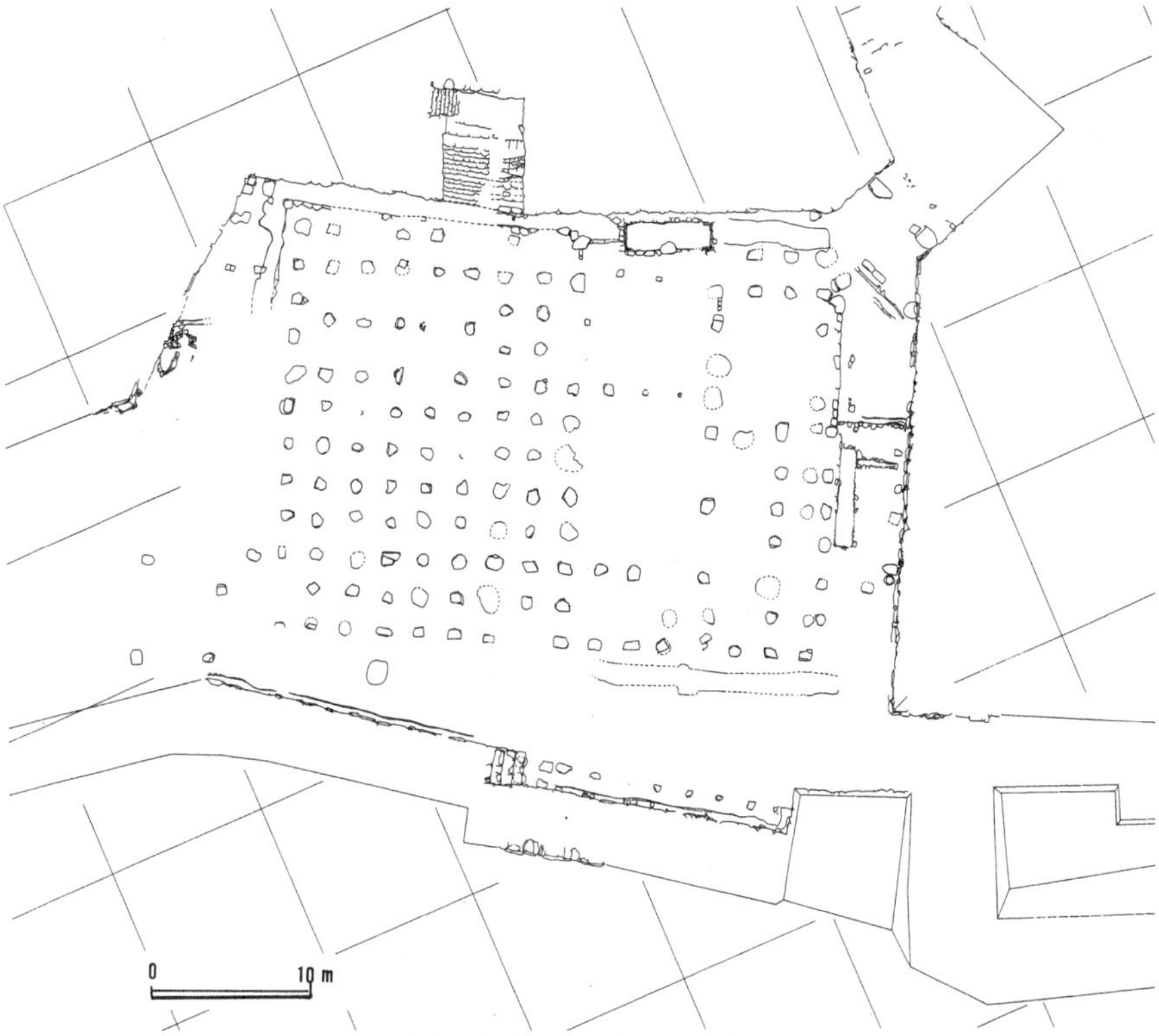

図9　本丸跡遺構平面図（文献3—⑪による）

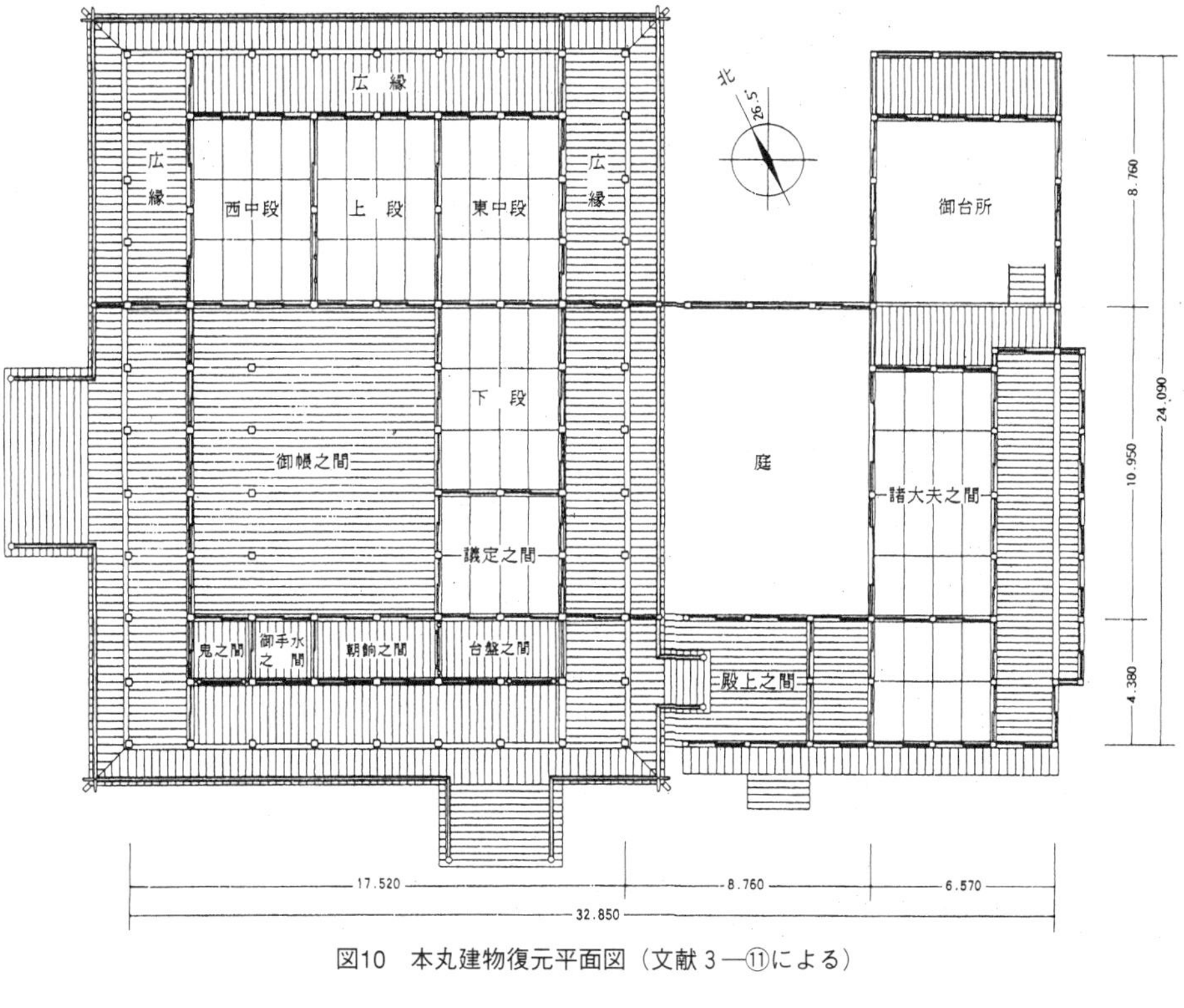

図10　本丸建物復元平面図（文献3—⑪による）

図11　搦手口トレンチ配置図（文献３—⑩による）

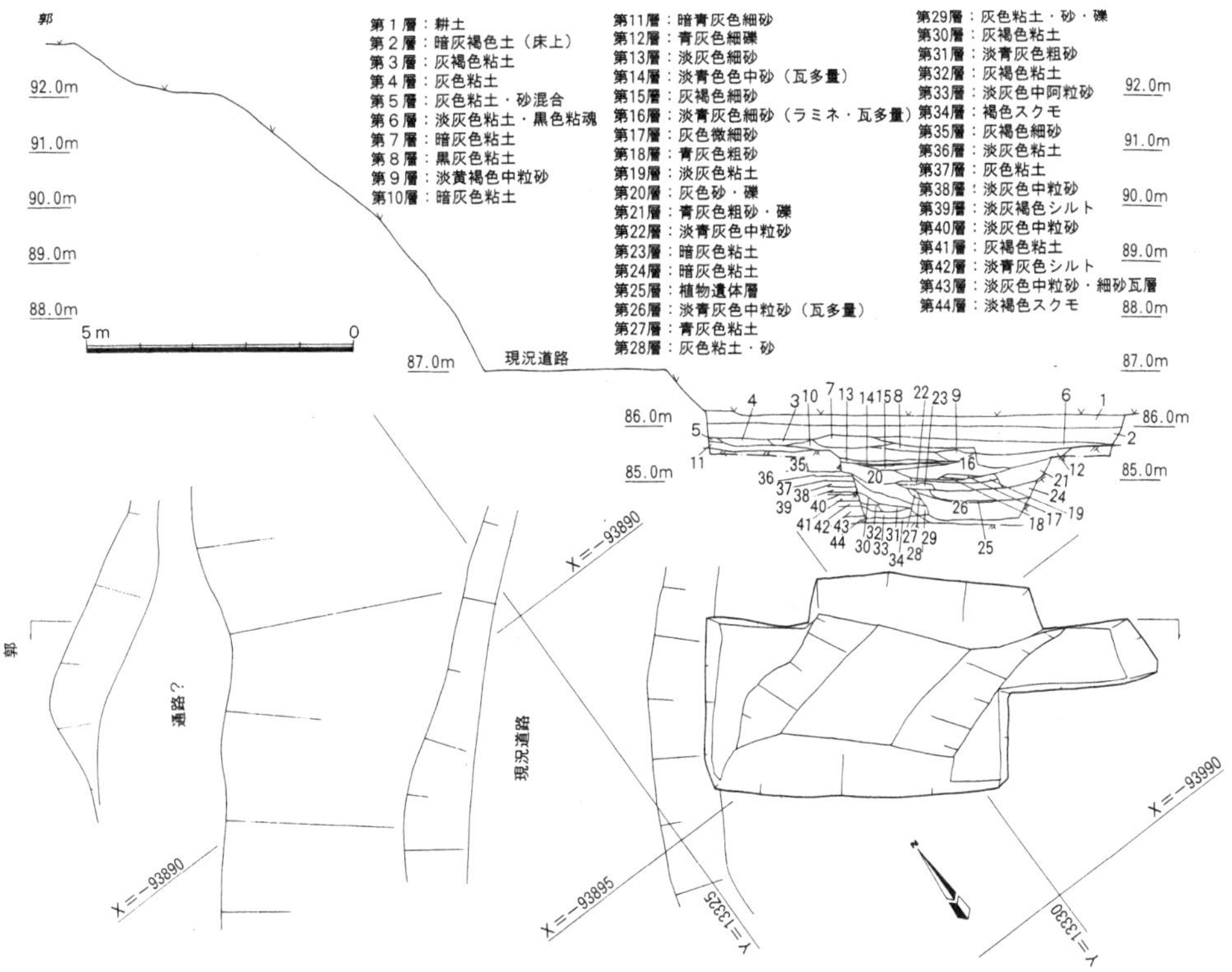
郭
92.0m
91.0m
90.0m
89.0m
88.0m
5m
0
87.0m
現況道路
第1層：耕土
第2層：暗灰褐色土（床上）
第3層：灰褐色粘土
第4層：灰色粘土
第5層：灰色粘土・砂混合
第6層：淡灰色粘土・黒色粘魂
第7層：暗灰色粘土
第8層：黒灰色粘土
第9層：淡黄褐色中粒砂
第10層：暗灰色粘土
第11層：暗青灰色細砂
第12層：青灰色細礫
第13層：淡灰色細砂
第14層：淡青色色中砂（瓦多量）
第15層：灰褐色細砂
第16層：淡青灰色細砂（ラミネ・瓦多量）
第17層：灰色微細砂
第18層：青灰色粗砂
第19層：淡灰色粘土
第20層：灰色砂・礫
第21層：青灰色粗砂・礫
第22層：淡青灰色中粒砂
第23層：暗灰色粘土
第24層：暗灰色粘土
第25層：植物遺体層
第26層：淡青灰色中粒砂（瓦多量）
第27層：青灰色粘土
第28層：灰色粘土・砂
第29層：灰色粘土・砂・礫
第30層：灰褐色粘土
第31層：淡青灰色粗砂
第32層：灰褐色粘土
第33層：淡灰色中阿粒砂
第34層：褐色スクモ
第35層：灰褐色細砂
第36層：淡灰色粘土
第37層：灰色粘土
第38層：淡灰色中粒砂
第39層：淡灰褐色シルト
第40層：淡灰色中粒砂
第41層：灰褐色粘土
第42層：淡青灰色シルト
第43層：淡灰色中粒砂・細砂瓦層
第44層：淡褐色スクモ
86.0m
85.0m
通路？
現況道路
X＝−93890
X＝−93895
X＝−93990
Y＝13325
Y＝13330

図12　T6（溝状遺構）平面図および土層断面図（文献3—⑩による）

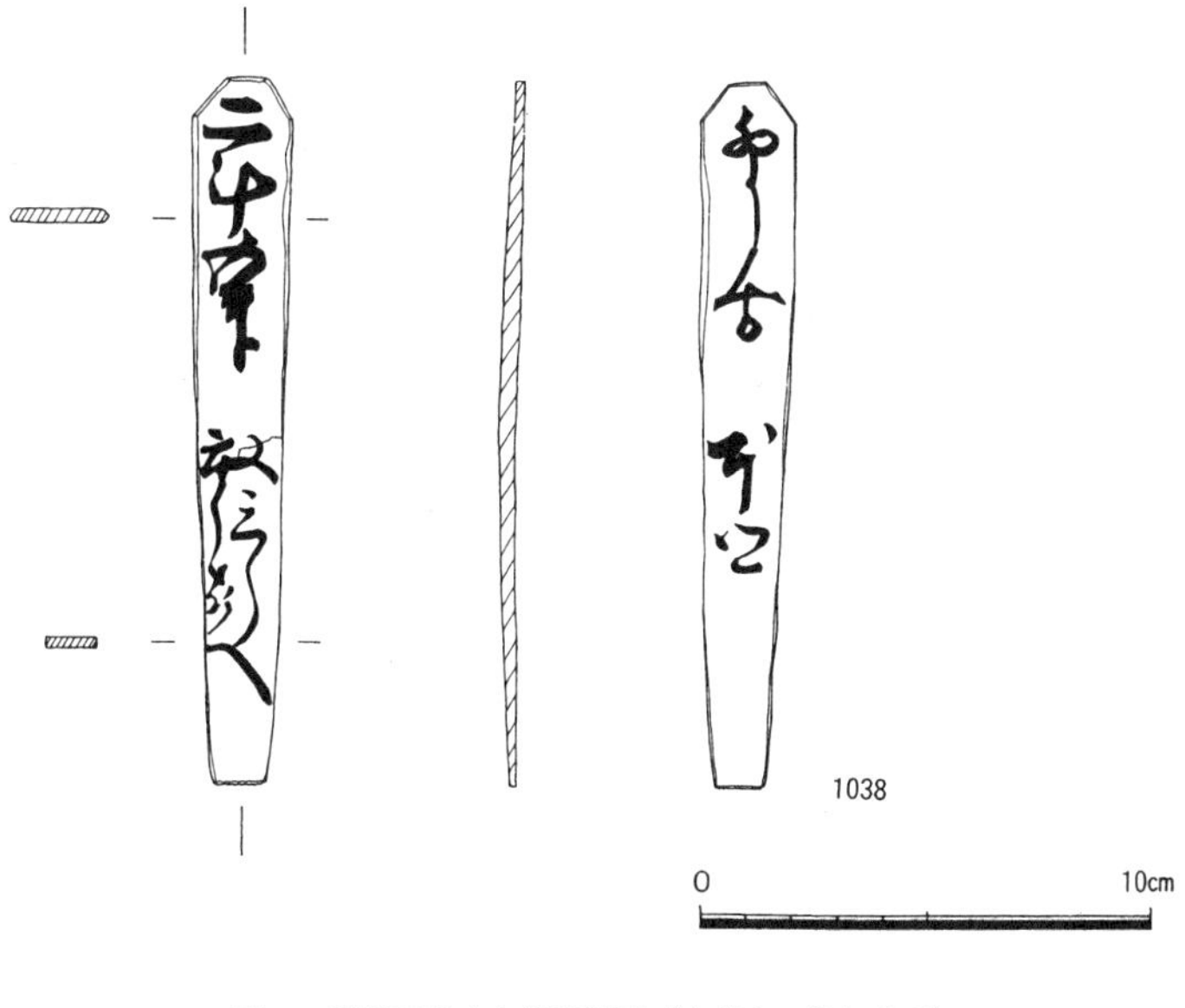
1038
0
10cm

図13　搦手口出土木簡実測図（文献3—⑩による）

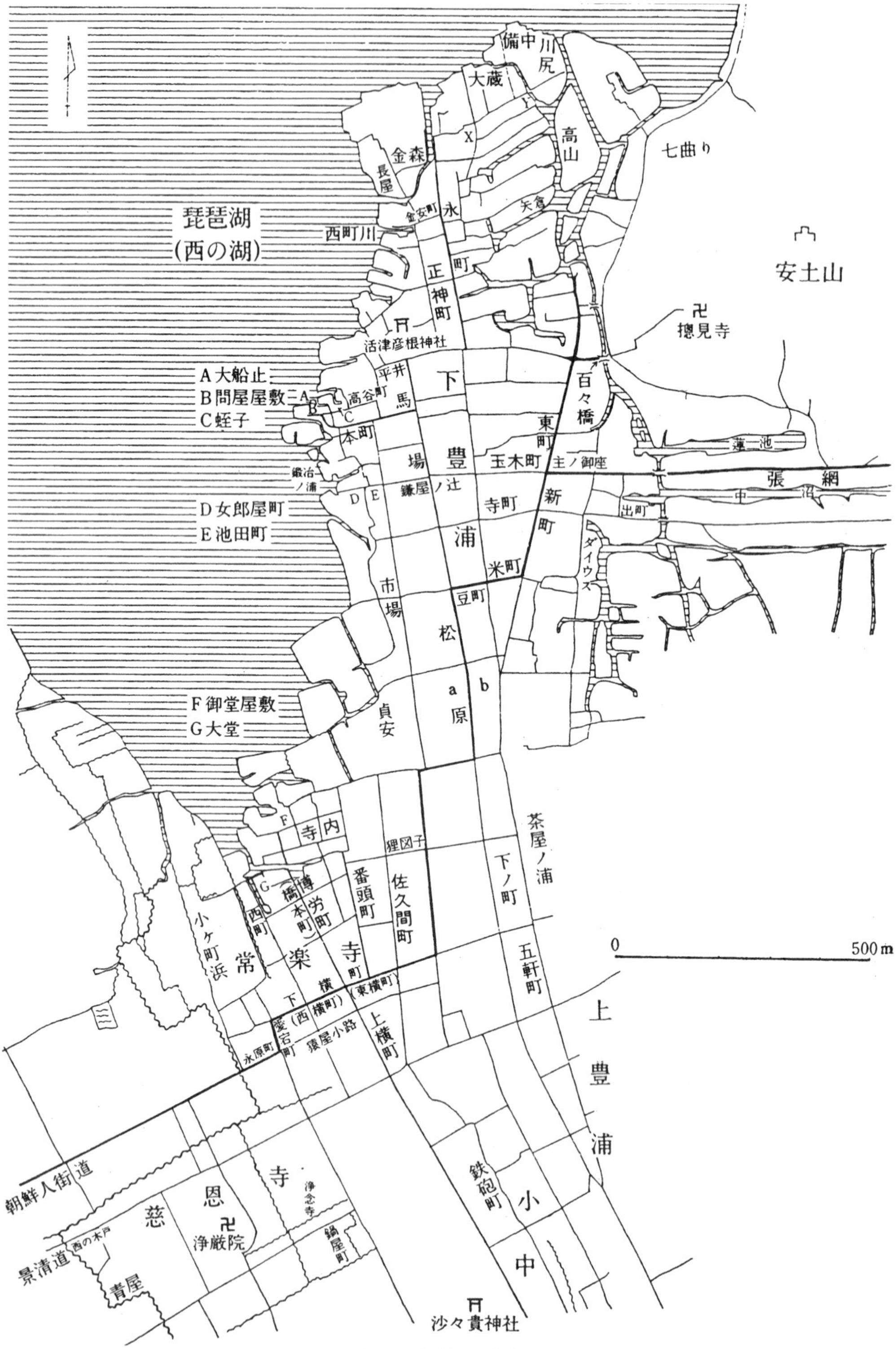

図14　安土城下跡要図
(小島道裕「織豊期の都市法と都市遺構」『国立歴史民俗博物館研究報告』第8集、1985年による)

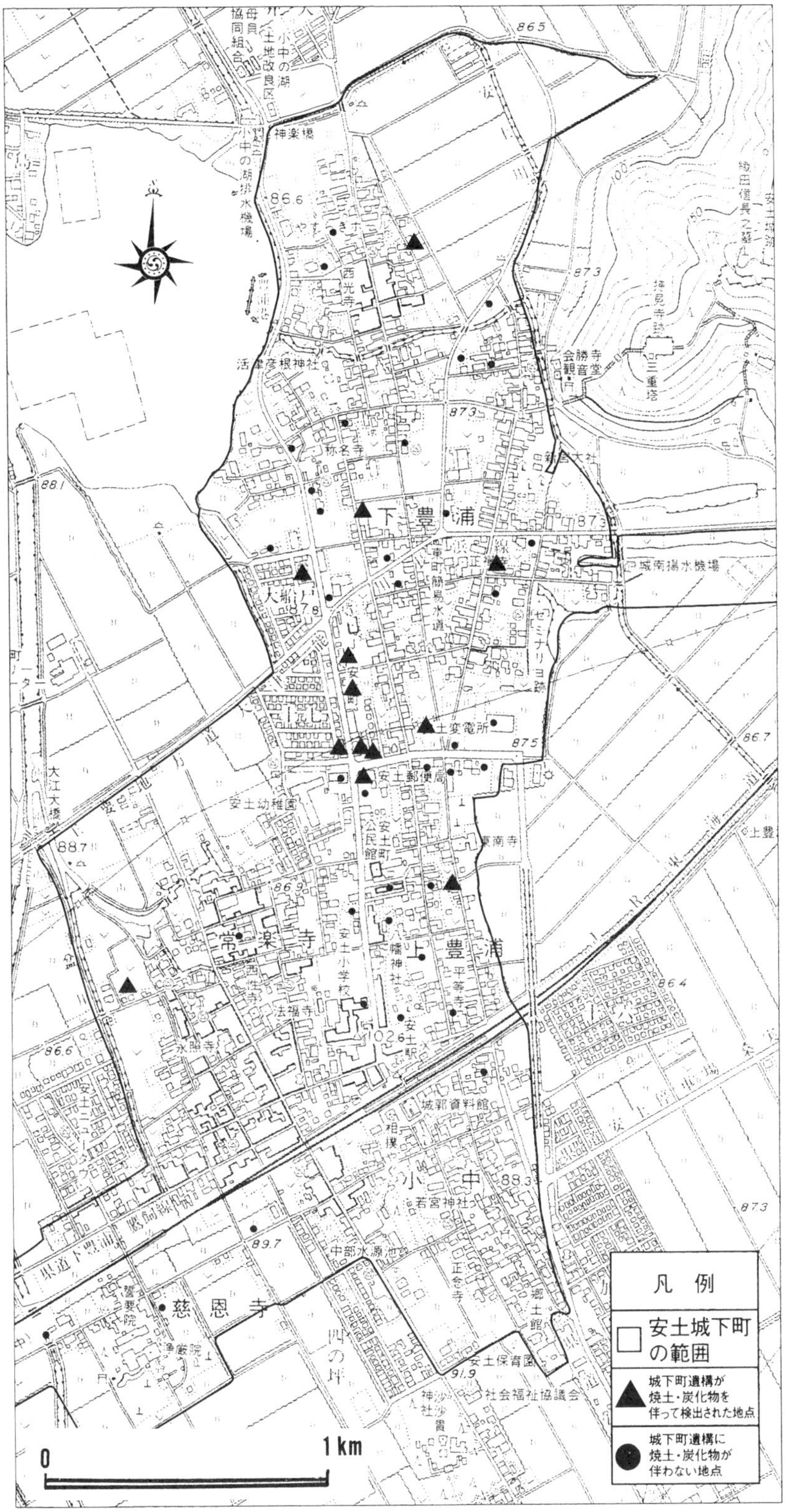

図15　城下町遺構検出地点図（文献6による）

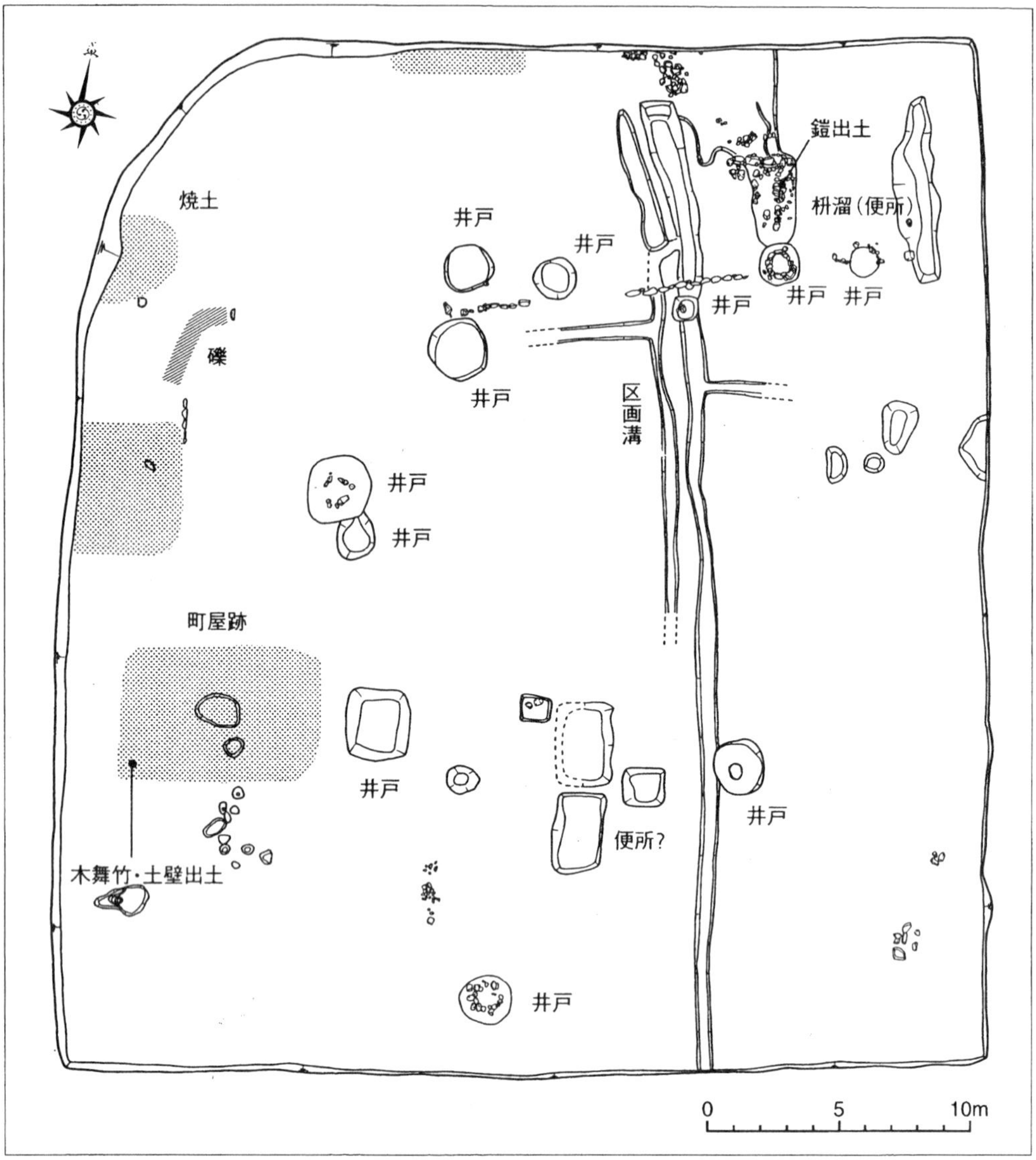

図16　十七地区６次調査検出遺構（文献６による）

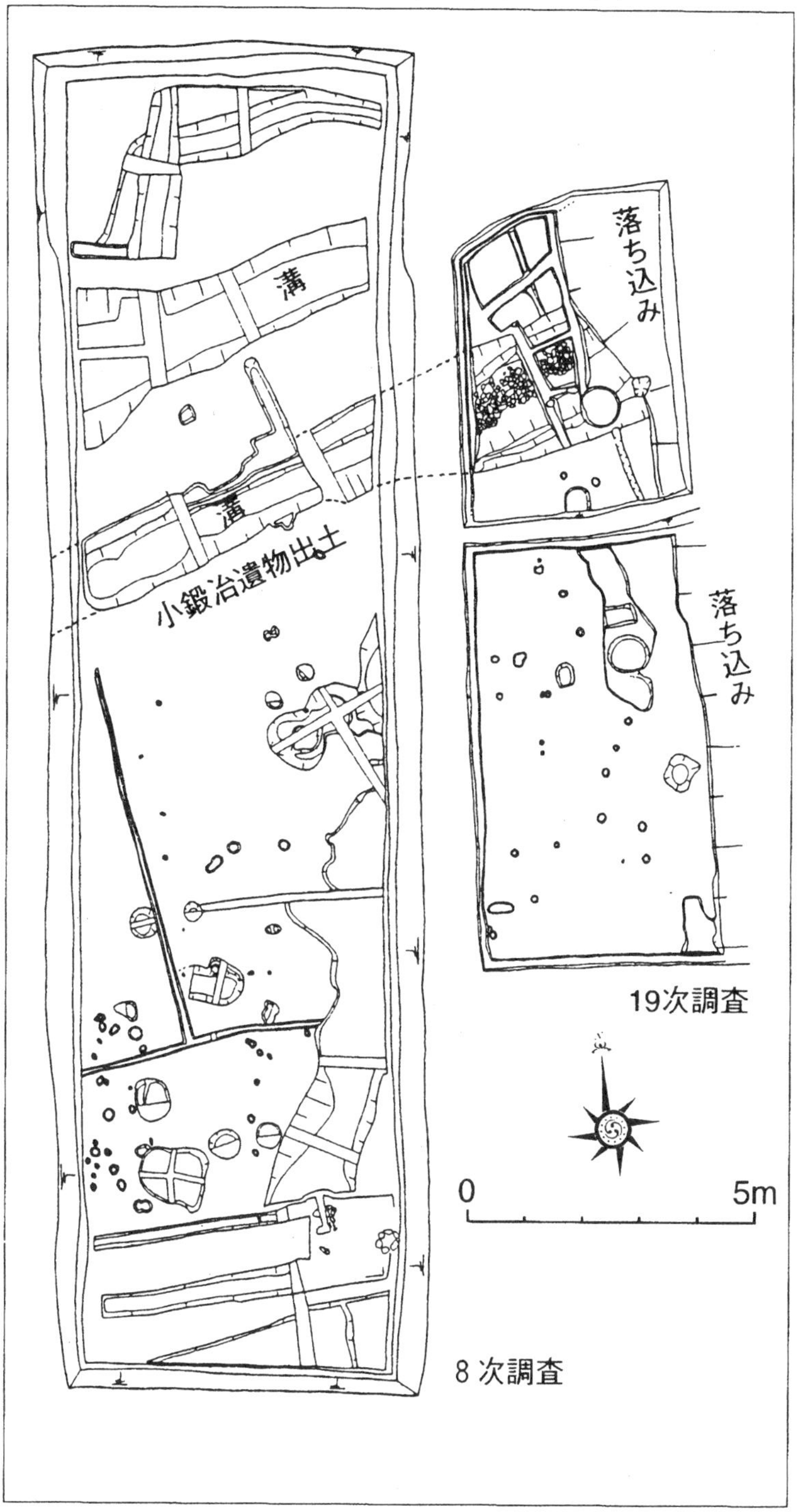

図17　敷来地区8次・19次調査検出遺構（文献6による）

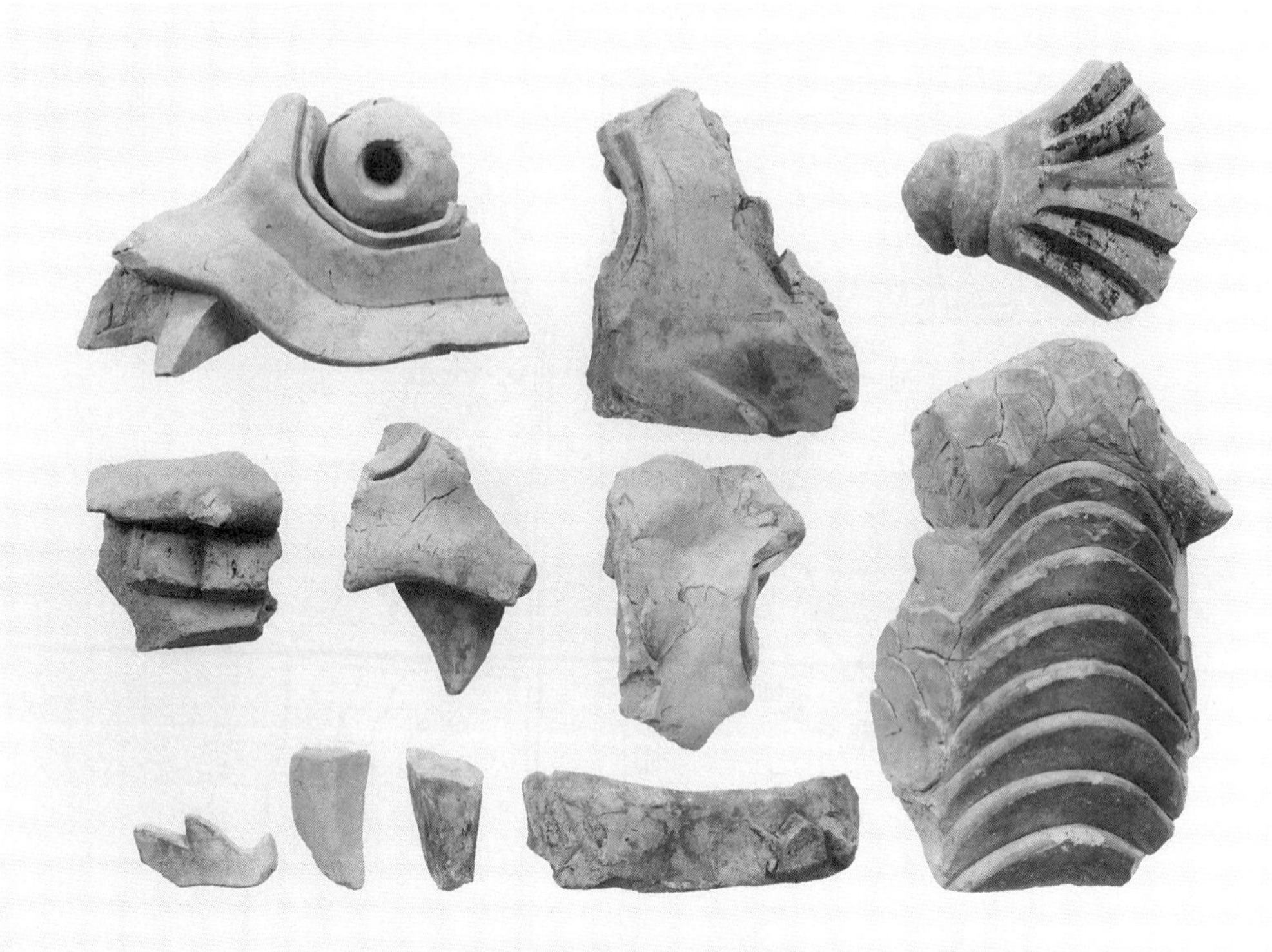

写真２　伝米蔵跡出土金箔鯱瓦

写真３　伝米蔵跡出土金箔鯱瓦復元模型

写真 4　伝台所跡出土金具

写真 5　二の丸東溜り出土黄瀬戸

写真 6　搦手口出土金箔瓦

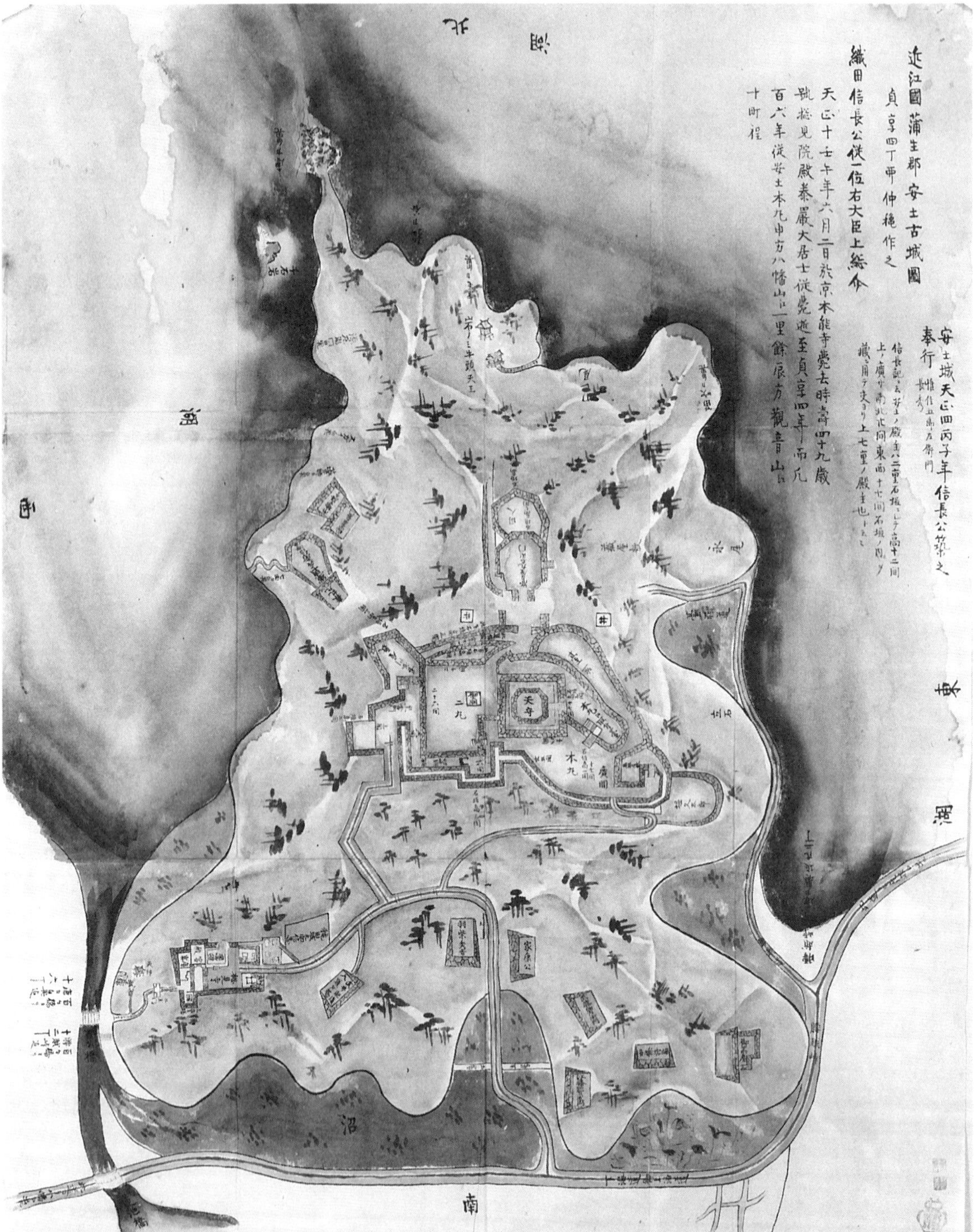

写真７　近江国蒲生郡安土古城図（個人蔵）

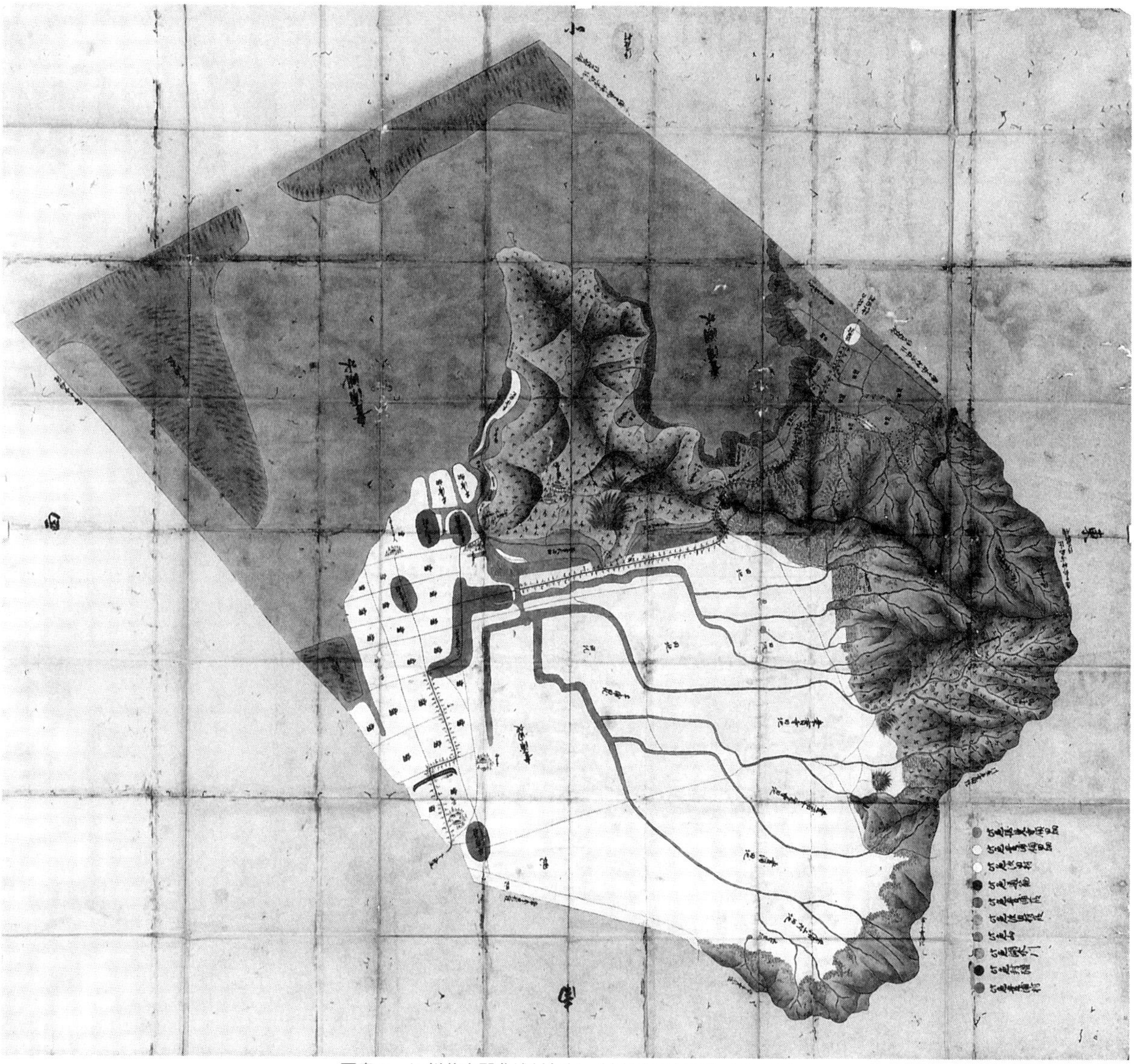
写真８　江州蒲生郡豊浦村与須田村山論立会絵図（個人蔵）

写真９　安土城空中写真　左上が北（米軍撮影　M86A6 113　1947年）

8 八幡城

東西を内湖に接し、交通用水路が巡る

近江八幡市

八幡城《はちまんじょう》は滋賀県近江八幡市宮内町に所在する山城である。

城は、南北に三キロメートルの規模をもつ標高二八六メートルの鶴翼山《かくよくざん》（八幡山）に築かれている。城の構造は本丸を中心として、北に北の丸、東南に二の丸、西に二の丸、出丸が築かれている。築城当時はその東西を内湖に接し、南に広がった平野部には城下町を配していた。城下町は、琵琶湖から引かれた堀である現八幡堀によって区画され、防御と同時に交通用の水路として活用されていたようである。麓の高台には秀次の居館があったといわれている。

築城は天正一三年（一五八五）にはじまり、秀吉が天下統一の過程で、近江の押さえとなすべく築いたもので、安土城・山下町移転に伴い豊臣秀吉の甥《おい》秀次に築城させた。その後、天正一六年（一五八八）からは田中吉正が城主となり、次に、京極高次が城主となるが、文禄四年（一五九五）に高次が大津城移封されたのを契機に城は廃城となる。

これまでに、山頂に現存する村雲瑞龍寺《むらくもずいりゅうじ》の移築に伴って、昭和三八年に本丸で発掘調査（近江八幡市教育委員会）が実施されている。そこでは八間×五間規模の建物が発見されているが詳しい報告はなされていない。建物規模から本丸御殿と考えられる。また、近年、秀次屋敷の発掘調査（近江八幡市教育委員会）が実施されているようであるが、詳しいことは公表されていない。

（木戸雅寿）

写真1　琵琶湖側からのぞむ八幡城

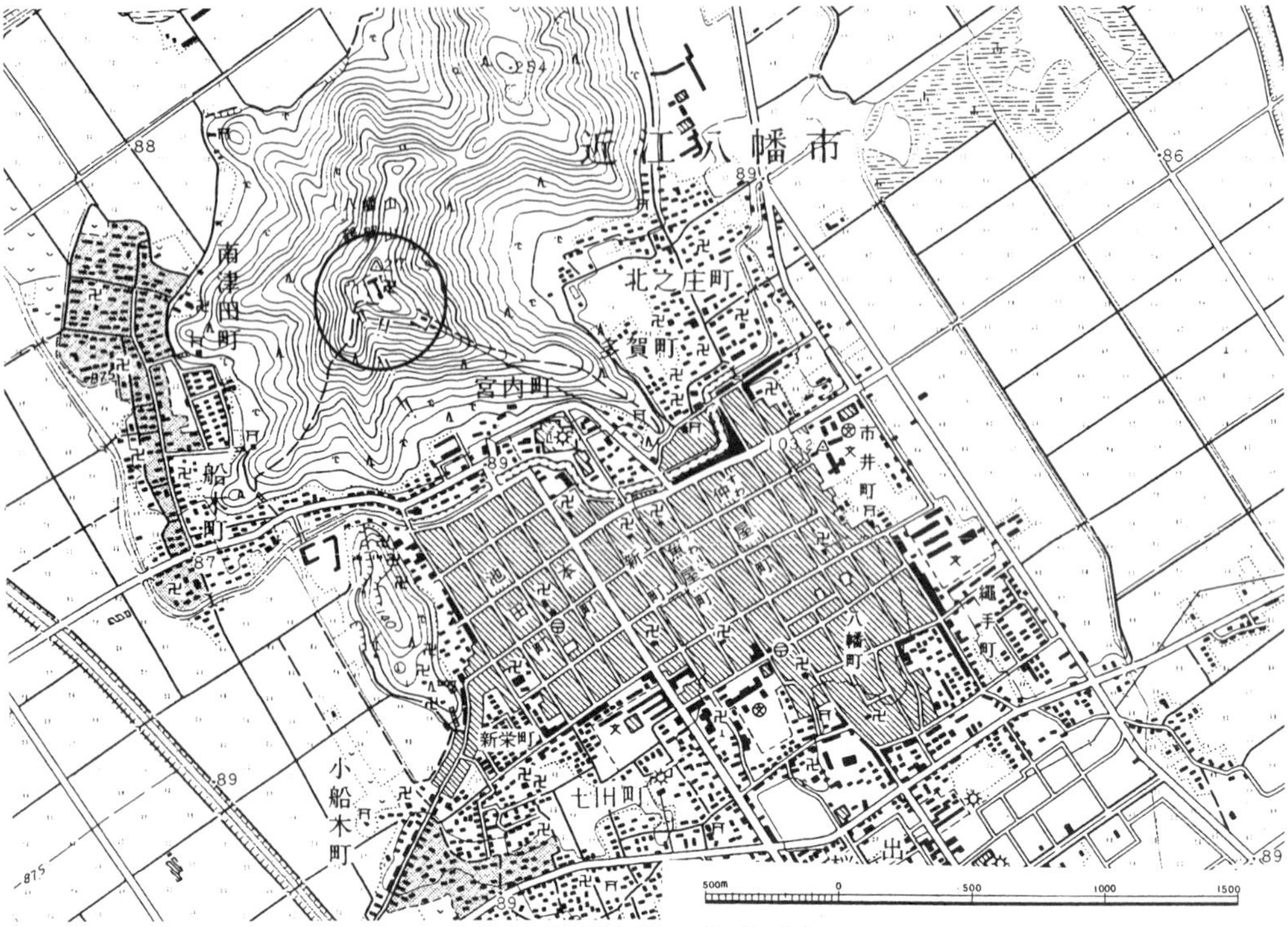

図１　八幡城位置図（平成８年）

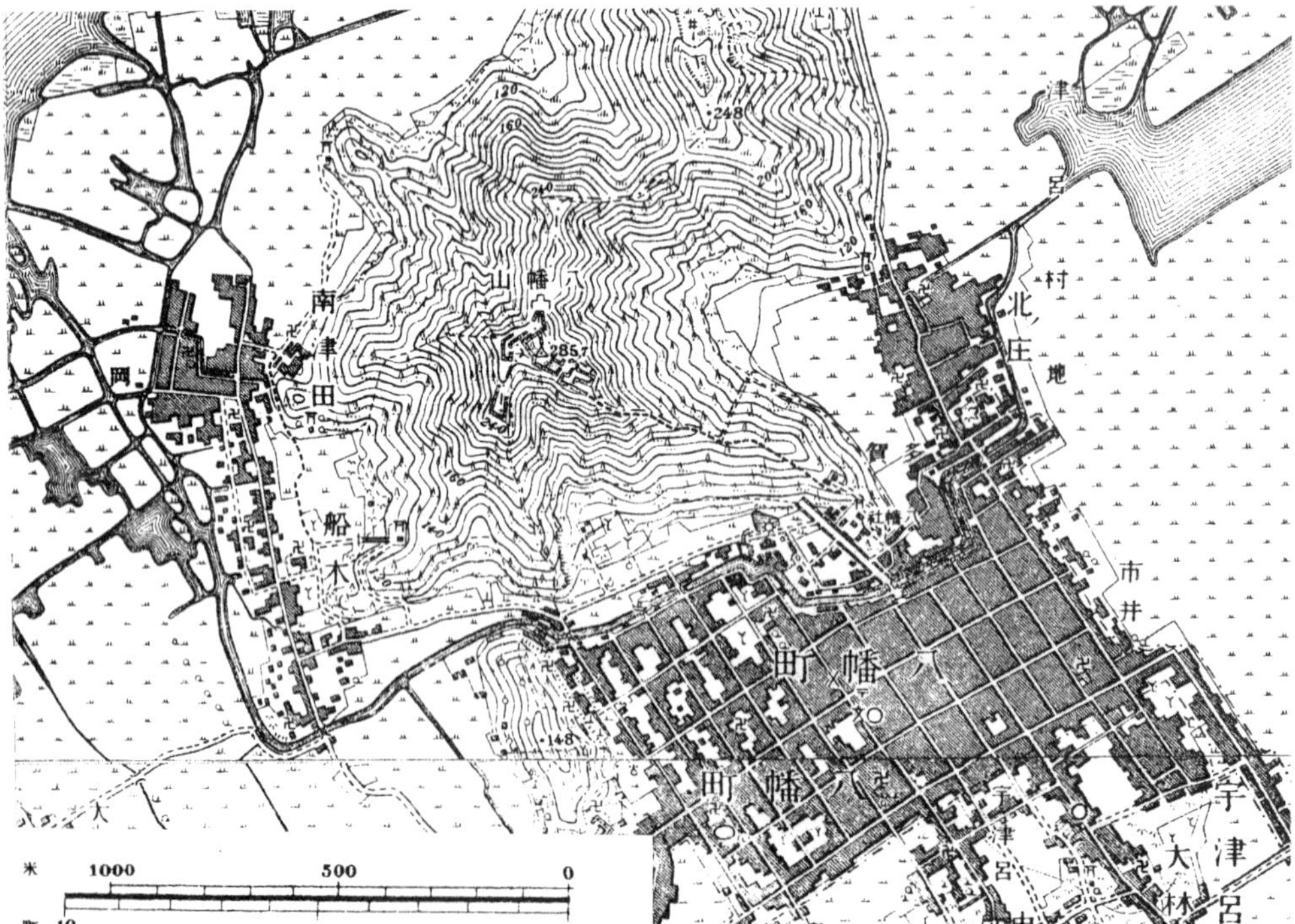

図２　八幡城周辺地形図（明治26年）

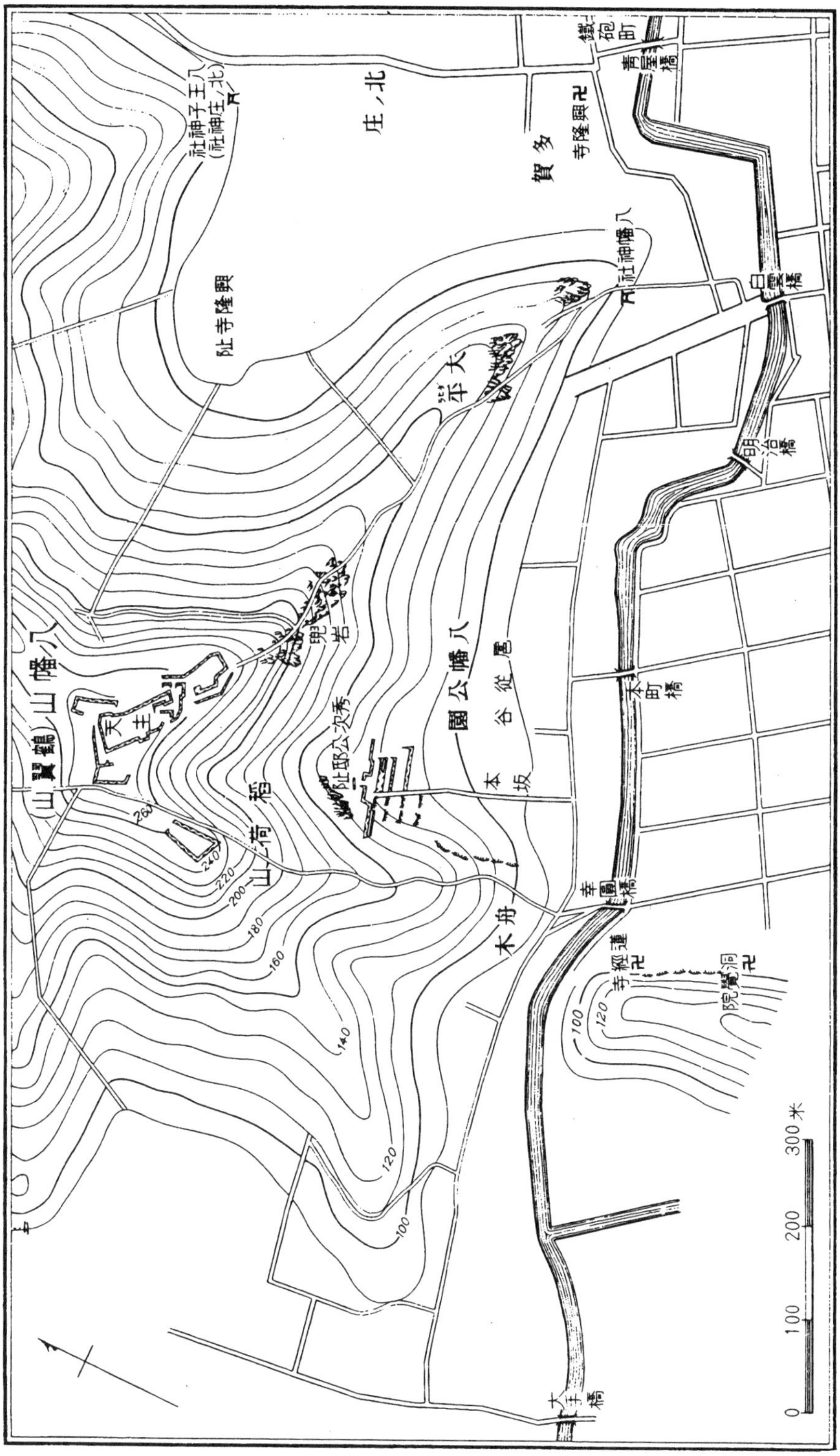

図3　八幡城阯図（『滋賀県八幡町史』上、通説、1940年による）

写真２　八幡城空中写真（国土地理院撮影　KK-61-5 C20-6469）

9 水茎岡山城

琵琶湖の小島に設けられた九里氏の居城

近江八幡市

水茎《すいけい》岡山城は、滋賀県近江八幡市牧町に所在する城である。

城は、水茎内湖を背にし琵琶湖に突き出た頭山に本丸とその南側に位置する大山に二の丸を、さらに南側に位置する亀山に三の丸を配する。現在は、内湖が埋められているが、当時は琵琶湖に浮かぶ小島として有名であり、その景色の美しさに風景画家の巨勢金岡《こせのかなおか》が筆（水茎）を折って描くことをあきらめたことから水茎岡山城の名がつけられている。

築城は、六角氏家臣で伊庭の被官であった久里氏による。記録では永正五年（一五〇八）九里信隆の時に、一一代将軍足利義澄を迎え入れたと伝えられており、永正八年（一五一一）には一二代将軍義晴がここで生まれている。その後、永正一七年（一五二〇）に六角定頼との対峙から、奇襲を受け水茎岡山城は落城している。

城は昭和五五、五六年に湖岸道路建設に伴い一度発掘調査が実施されている。調査は、本丸から北に一段下がったテラス（伝承では将軍御所）で実施され、石垣や土塁に囲まれた郭後から礎石建物が発見されている。

（木戸雅寿）

写真1　琵琶湖からのぞむ水茎岡山城

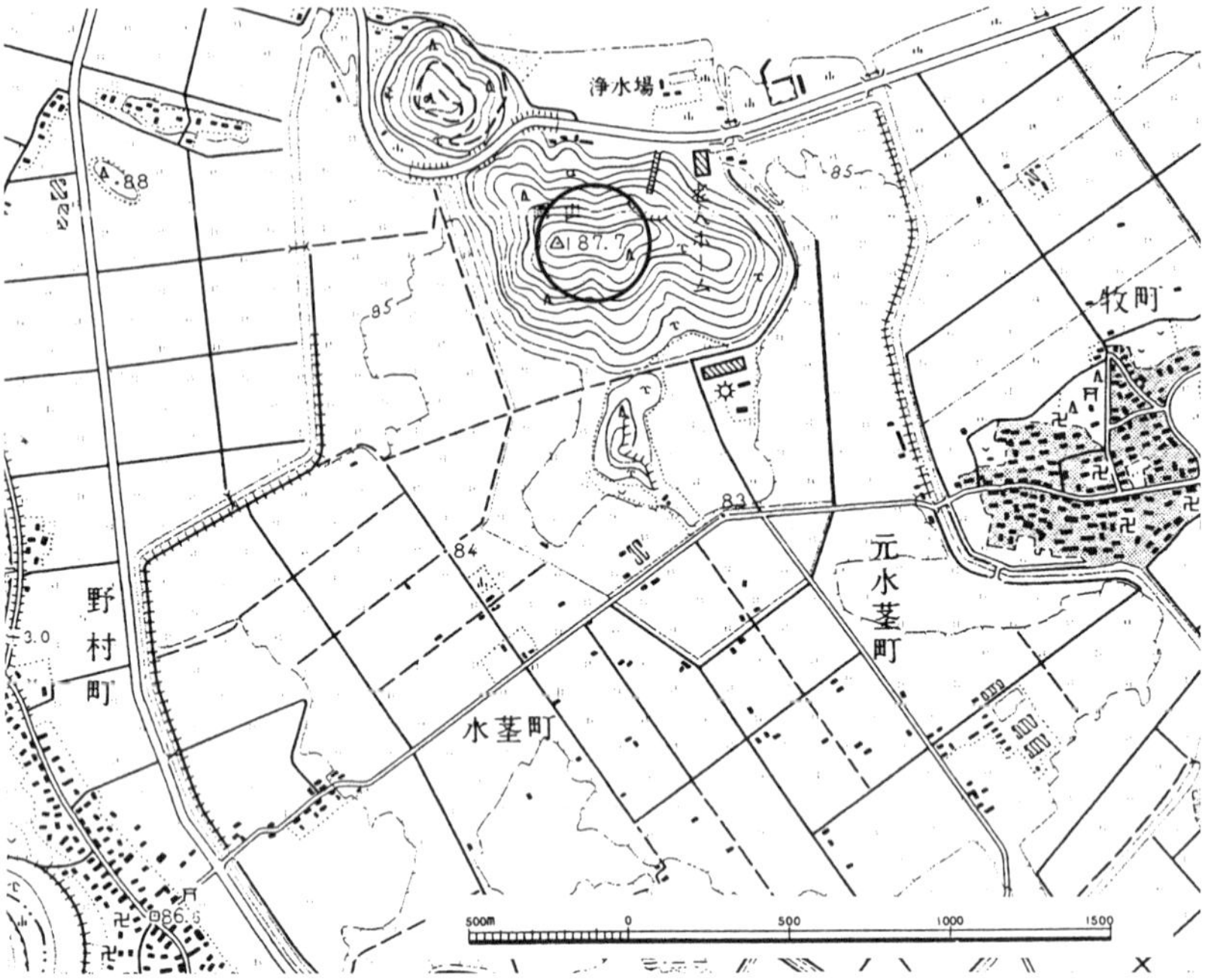

図１　水茎岡山城位置図（平成８年）

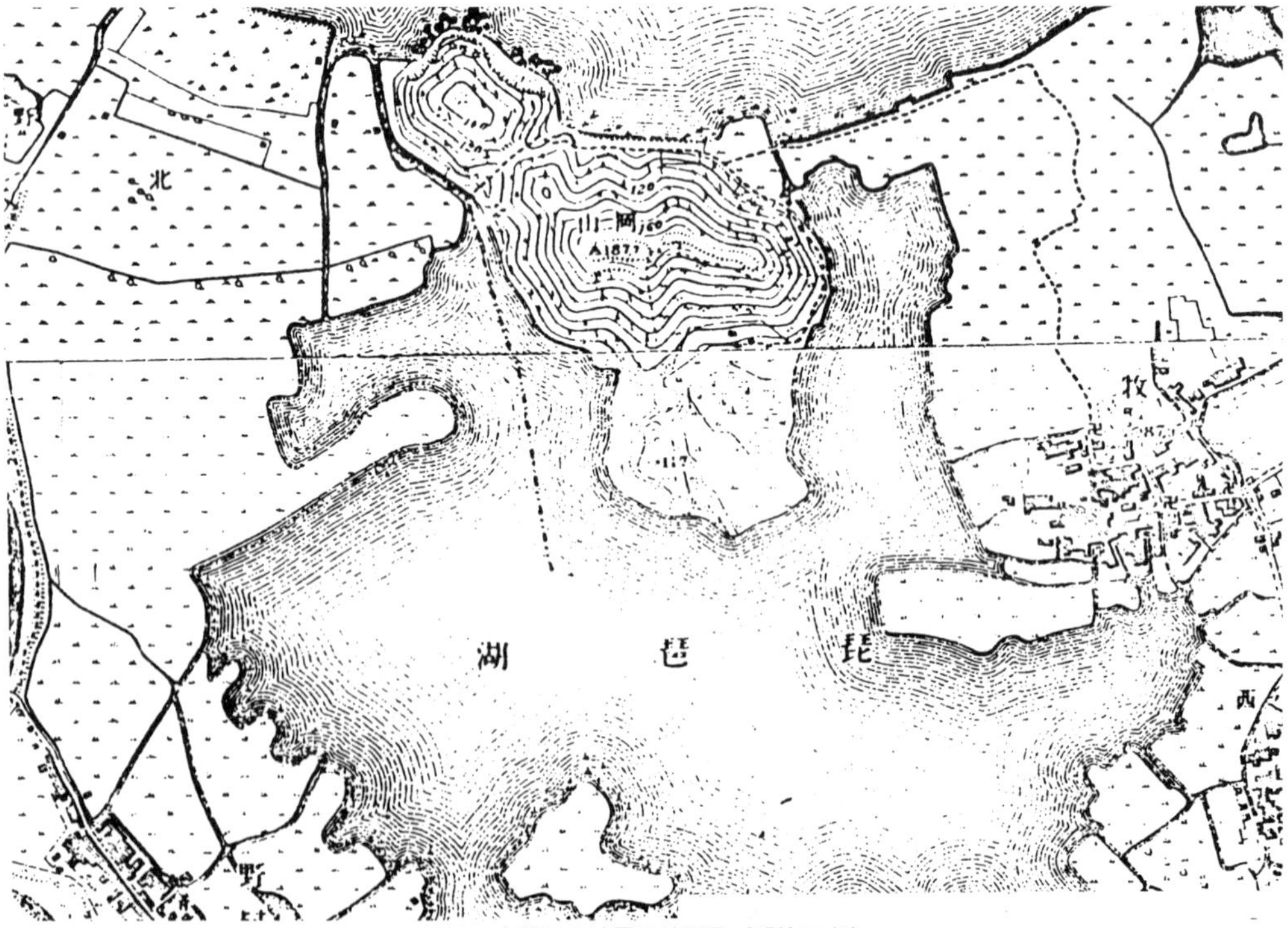

図２　水茎岡山城周辺地形図（明治26年）

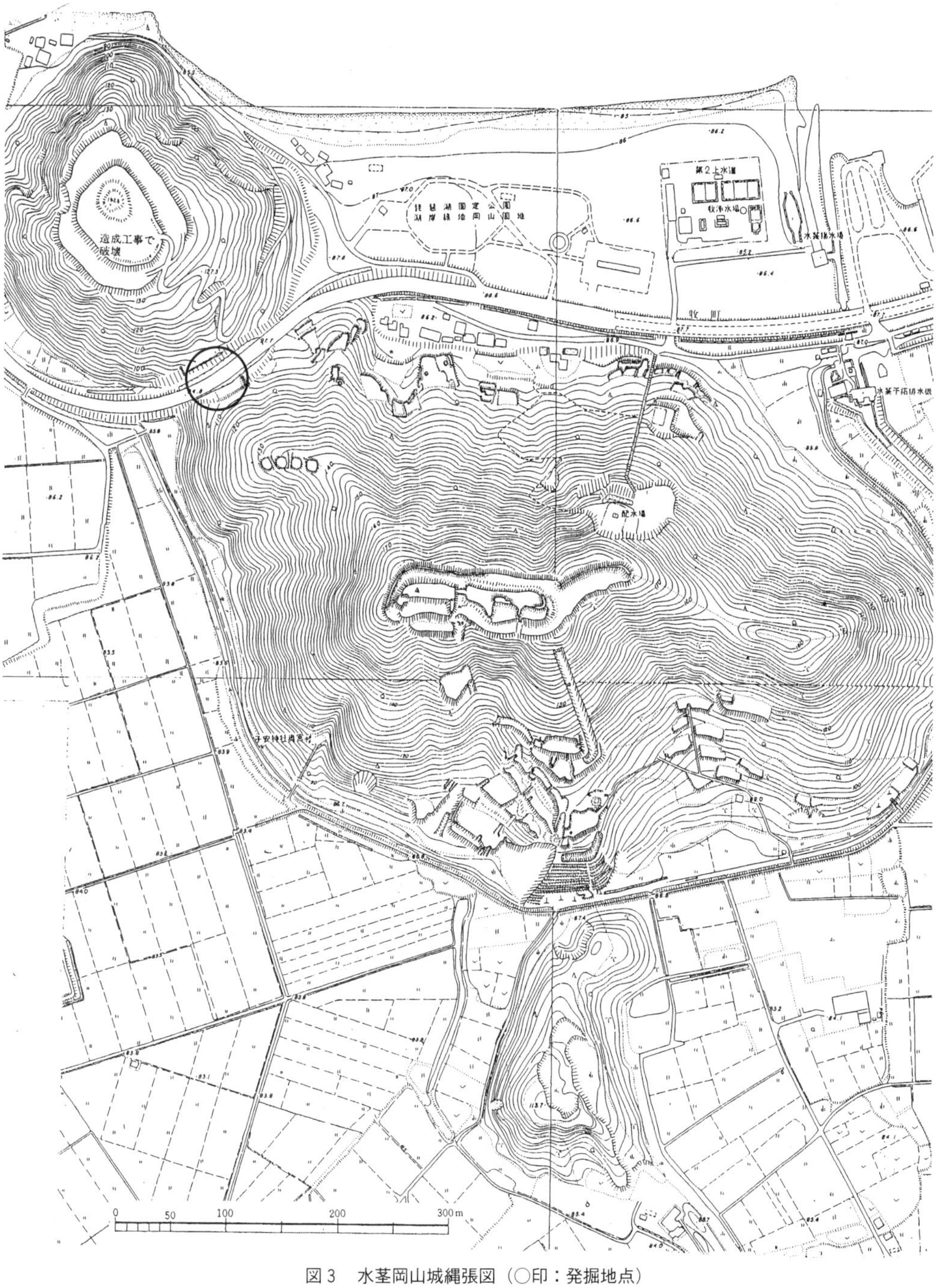

図3　水茎岡山城縄張図（○印：発掘地点）

図４　水茎岡山城遺構平面図
（近藤滋「岡山城跡・岡山古墳群」『びわ湖と埋蔵文化財』水資源開発公団、1984年による）

写真2　水茎岡山城空中写真（国土地理院撮影　KK-61-5 C20-6474）

10 矢橋城

要港警護を勤めた矢橋氏の居城

草津市

矢橋《やばせ》城は、現在の草津市矢橋町に所在する平地の城館跡で、代々矢橋氏の居城であった。

矢橋氏は、矢橋庄の地頭職を勤め、その菩提寺である大善寺が建暦年中に建立されたということから、その歴史は鎌倉時代までさかのぼるようである。そしてその矢橋氏が、この地において南北朝の頃より矢橋港の警護を担当したのである。

戦国時代の末期、矢橋安忠は織田信長に所領を没収され、浪人となったが、慶長八年（一六〇三）、安忠の子忠重は松永久秀、小早川秀秋らに仕えた後、徳川家康により五百石の領地と共に矢橋の旧邸に戻されている。そしてその子重頼が徳川秀忠に仕えるなど代々徳川幕府に仕え、幕末まで矢橋氏はこの地にとどまり明治維新を迎えた。

現在、明らかな城の遺構は認められず、わずかに字名と関連地形からその位置が推定されるだけである。

矢橋は、源平合戦の頃、寿永二年（一一八三）、木曽義仲が小舟でここから東坂本へ渡ったり、それを追討する平維盛がこの港を利用したことも知られている。これらは矢橋のみならず志那や山田の港も利用されていたが、信長による比叡山焼き討ち後は対岸の港が坂本から大津に替わったのに合わせて、もっぱら矢橋が琵琶湖東岸の渡船場として利用された。従って、近世には旧東海道の草津宿と大津宿の間の近道として、矢橋から大津・石場などへ至る湖上路が盛んに使われ、幕府直属の矢橋氏の管理のもと、矢橋港はたいそう賑わったようである。

矢橋城跡は、その港の背後の田畑中にある。付近には「城の前町」とそれを挟んで「東出町」「西出」等の字名が残るが、「東出町」には矢橋氏菩提寺である大善寺があり、「城の前町」と「東出町」を取り囲むように曲がった二本の川に挟まれた場所が城跡と推定されている。

旧東海道から矢橋港に至るまっすぐな東西方向の道路が矢橋街道であり、その南に矢橋街道とほぼ平行して走る川がある。この幅一間余りの川は、良覚寺付近で北に円形に湾曲し、その南を流れる十禅寺川も稲荷神社付近で南に湾曲する。これら二本の不自然な形に湾曲された水路に挟まれた地が城跡推定地である。

現在はほとんど宅地化されているが、良覚寺東にわずかに残る田面は、その西の地と約五〇センチメートルの段差を持つ。これらのことから良覚寺を含む東西東西四〇メートル、南北六〇メートルぐらいが現地観察により城館跡と考えられるが、明治初期の『矢橋村絵図』によると、二本の水路が「城の前町」中ほどで南北につながっていることから、石津寺推定地以西、琵琶湖岸までの東西二百メートル、南北百メートルほどの地域全体が城跡と考えることも可能である。そうすれば、矢橋城東の守りのため、大善寺と良覚寺の二つの寺院を配置し、西は琵琶湖を巨大な堀としながら北に隣接する矢橋の港と港町を管理していたということもできる。

（用田政晴）

参考文献

1 『近江栗太郡志』巻弐、滋賀県栗太郡役所、一九二六年
2 『滋賀県中世城郭分布調査三（旧野洲・栗太郡の城）』、滋賀県教育委員会、一九八五年
3 岩間一水「渡津集落—琵琶湖岸矢橋の場合」『歴史景観の復元—地籍図利用の歴史地理—』、古今書院、一九九二年
4 草津市立街道文化情報センター『古地図に描かれた草津』、草津市、一九九三年
5 用田政晴『信長　船づくりの誤算—湖上交通史の再検討』、サンライズ出版、一九九九年

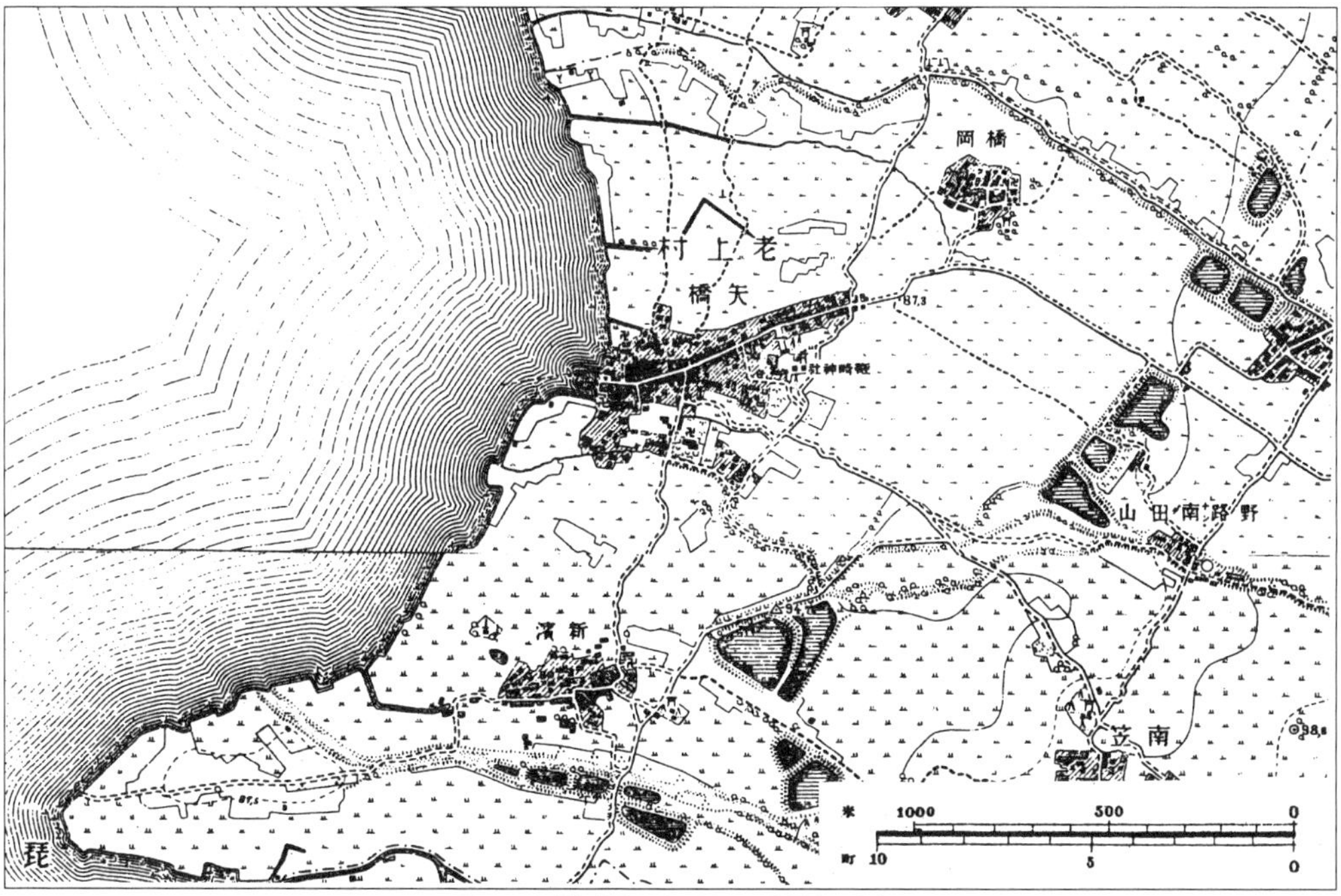

図1　矢橋城周辺地形図　（明治25年）

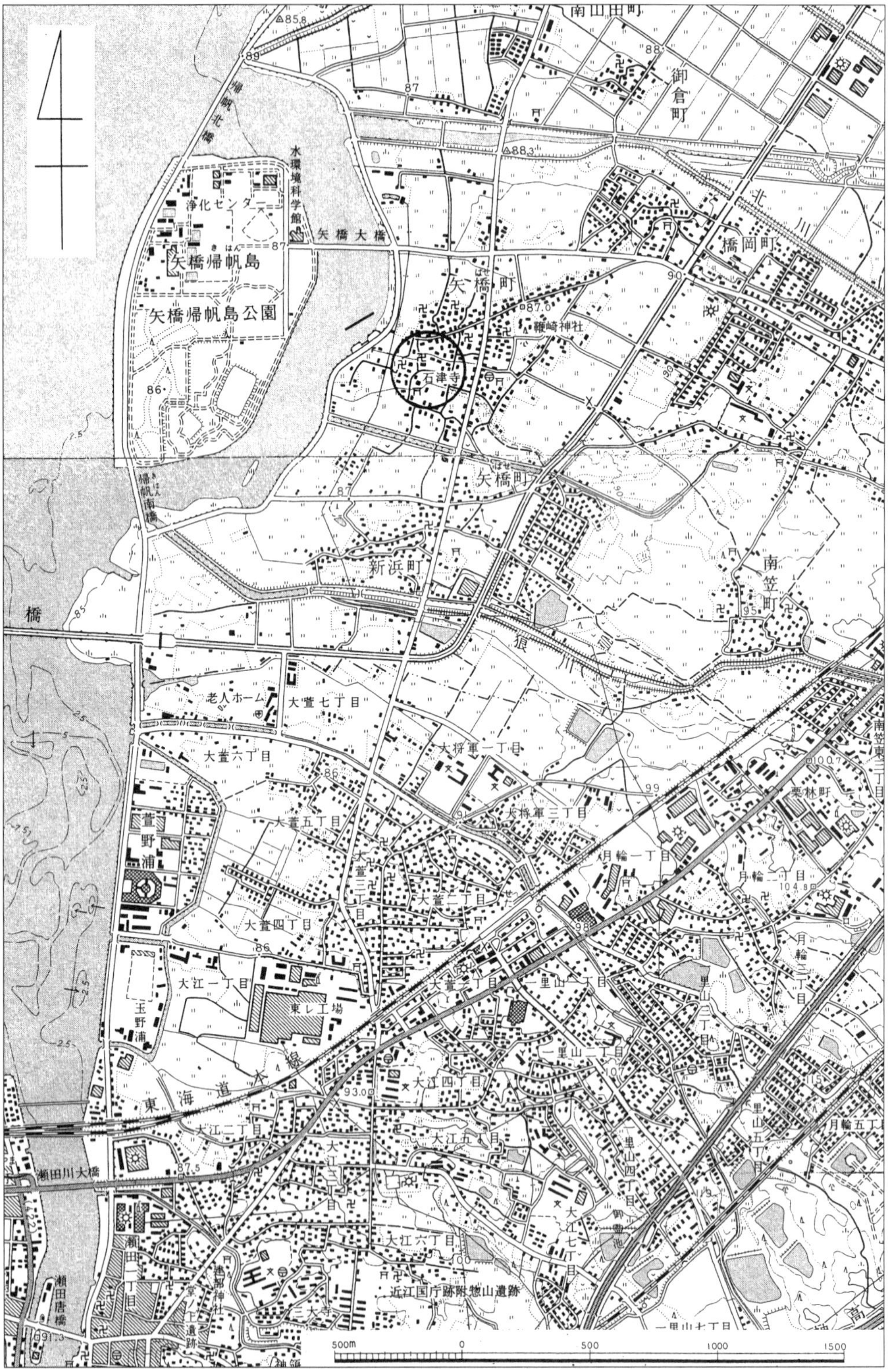

図2　矢橋城位置図（平成8年）

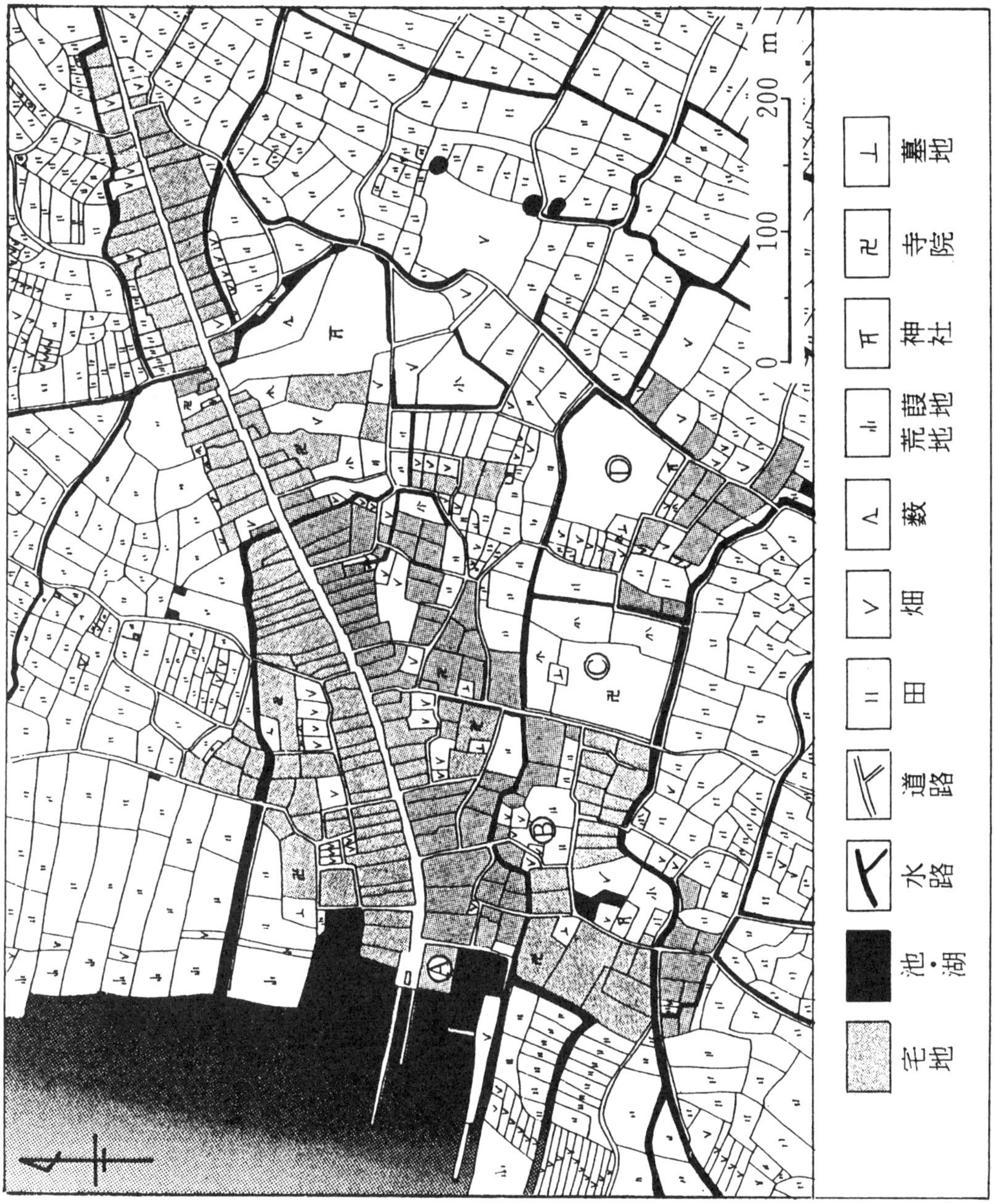

図3　明治初期における地割と土地利用（参考文献3による）

A—船代官屋敷、B—矢橋城想定地、C—石津寺、D—大善寺跡地「村全図」の地割を現在の国土基本図に投影して作成。

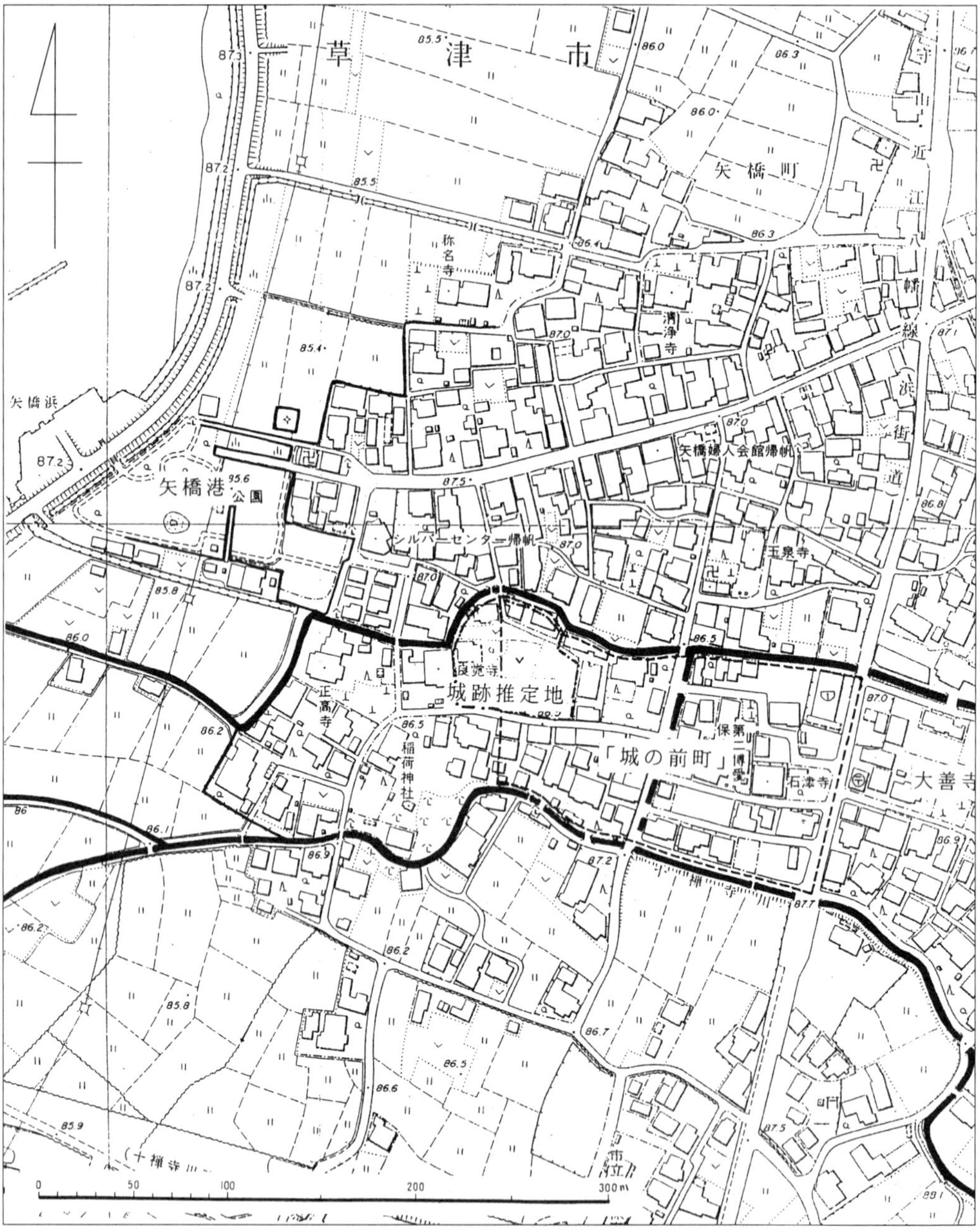
草　津　市
矢橋町
矢橋浜
矢橋港
公園
称名寺
清浄寺
矢橋婦人会館帰帆
シルバーセンター帰帆
玉泉寺
近江八幡線
浜街道
正高寺
稲荷神社
城跡推定地
「城の前町」
石津寺
大善寺
十禅寺川
市立
0
50
100
200
300m

図４　城跡推定地

写真１　矢橋港の景（参考文献１による）

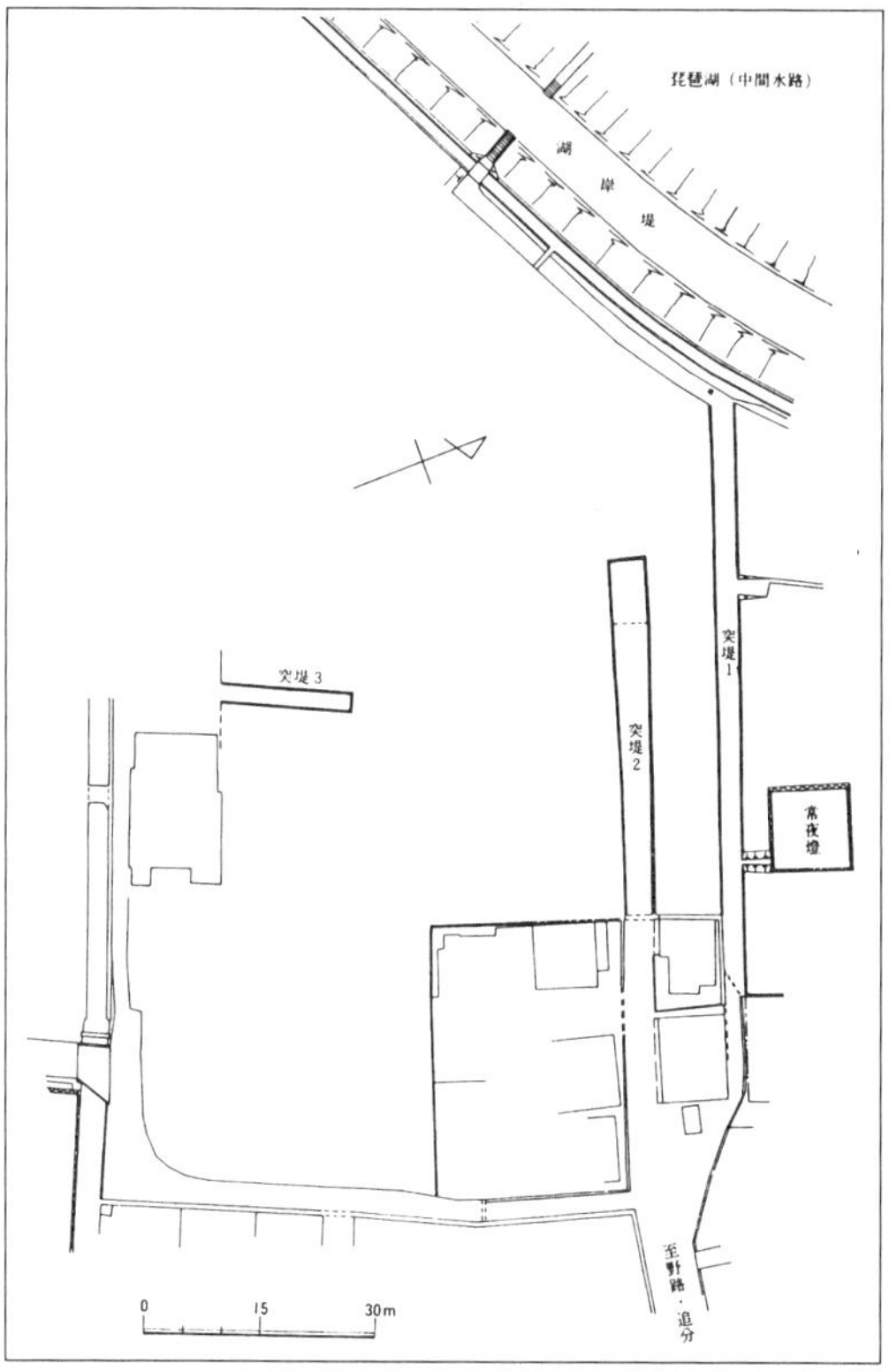

図５　旧矢橋港
（丸山竜平「矢橋港跡発掘調査報告書」『びわ湖と埋蔵文化財』水資源開発公団、1984年による）

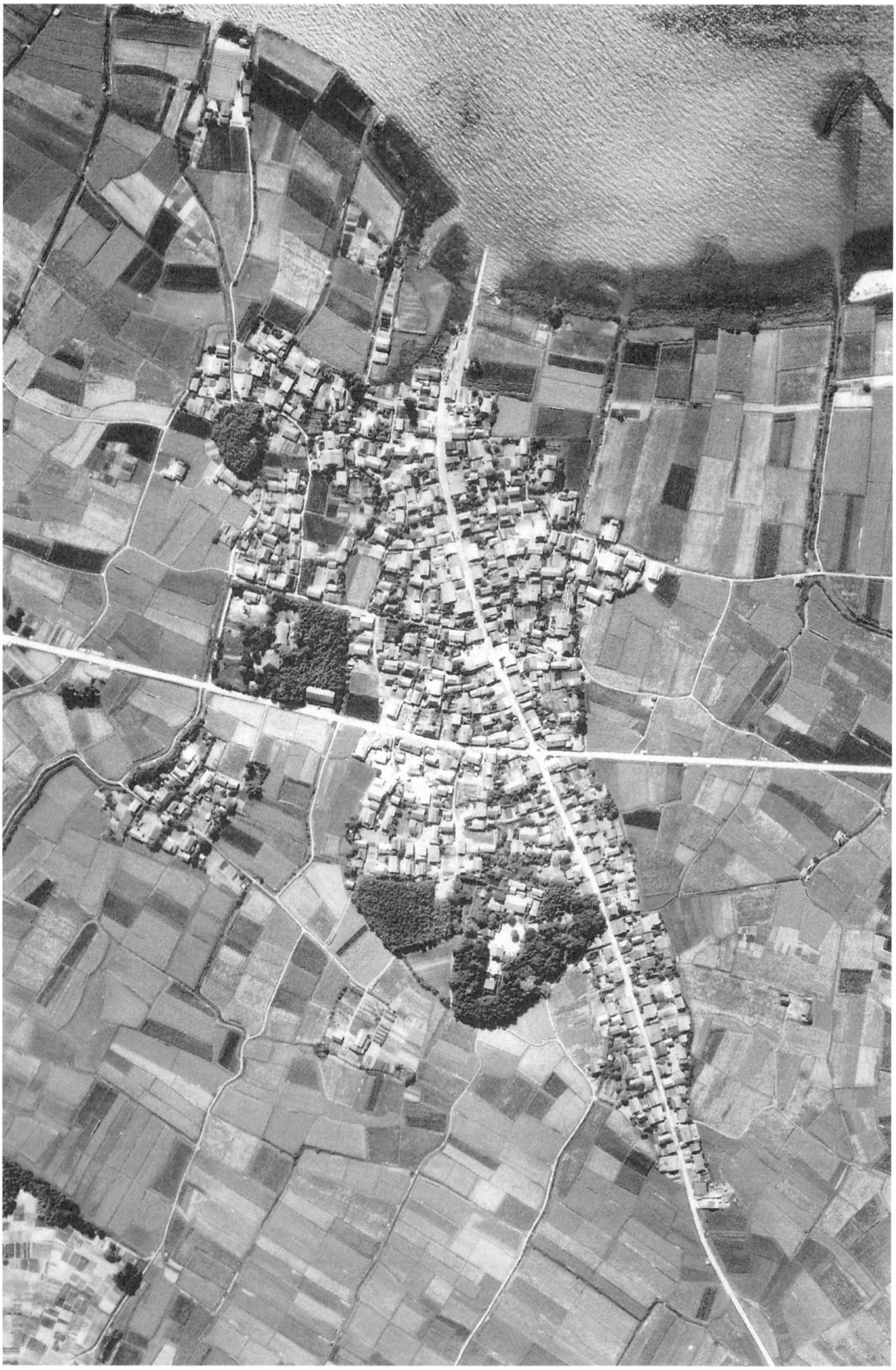

写真２　矢橋城空中写真　右上が北　（国土地理院撮影　KK-61-5　C29-6781）

写真３　矢橋城拡大空中写真　右上が北　（国土地理院撮影　KK-61-5　C29-6781）

写真４　矢橋城推定地

写真５　矢橋城北側外郭水路

11 膳所城

湖畔の三角州上に江戸時代を通じて存続

大津市

膳所《ぜぜ》城は、相模川が造り出した小さな三角州である「膳所崎」の地（大津市本丸町・丸の内町一帯）に、琵琶湖の水をうまく取り入れて築かれた城である（図1）。築城は関ケ原の合戦の翌年（慶長六年・一六〇一）に行われ、この時、それまで膳所崎に流れていた相模川を北方へ付け替えたといわれており、本多康慶《やすよし》が藩主の頃（一六七九〜一七一四）からは別名「石鹿《せきろく》城」とも呼ばれるようになった。同城は関ケ原の合戦後、最初に築かれた城で、築城には八人の奉行があたり、縄張りは藤堂高虎（今治城主）が担当した。

初代城主には戸田一西が入り、以後戸田氏鉄、本多康俊・俊次、菅沼定芳、石川忠総《ただふさ》・憲之《のりゆき》と続き、慶安四年（一六五一）に再度本多俊次が入城して以降、明治を迎えるまで本多氏が城主を継いでいる。当初三万石だった石高は、石川忠総の時に七万石、本多家第三代藩主本多康慶の時、弟・忠恒に一万石を分割して六万石となって以後、明治維新まで石高に変化はない。

明治維新を迎えた明治三年（一八七〇）四月、膳所藩最後の藩主本多康穣は、全国に先駆けて廃城願いを新政府に提出し、願いは同月中に認められたらしく、直ちに解体作業が開始されたようである。したがって、現在、本丸に当たる部分が膳所城跡公園として残るほかは、当時の面影を伝えるものはない。わずかに城下の神社などに膳所城の門や櫓が移築されて残るだけである。さらに、膳所城周辺は早くから市街化が進んだため、発掘調査もほとんど行われず、わずかに、本丸跡の公園を整備する際の昭和三二（一九五七）・三三年と昭和五八年（一九八三）の二度、本丸部分の発掘調査を実施し、本丸外周（湖に面した部分）や天守台の石垣などを確認したにとどまっている。

このように、膳所城は江戸時代を通じて、膳所藩（藩領は栗太・滋賀・高島郡を中心に、浅井・伊香・甲賀郡、河内国に及ぶ）の中心として二七〇年余り存続していたため、築城から廃城に至る城の変遷を示す絵図や文書などの史料は多く、その経緯については比較的よくわかっている。

まず、膳所築城の時期については、先に述べた慶長六年説の他に、初代膳所城主戸田一西の記録では慶長七年としている（『寛政《かんせい》重《ちょう》修《しゅう》諸《しょ》家譜《かふ》』）。また、築造にまつわる話として、『懐郷坐談《かいきょうざだん》』（平田好著）に「関ヶ原の合戦後の防御体制として、逢坂関を復旧するか、大津城を再興するかという徳川家康の相談に対して、家康の重臣本多正信はその考え方には賛同せず、瀬田の山岡美作守の城跡（瀬田城）と大江村の窪江城跡、膳所の大明神社地（現在の膳所神社で、もとは膳所崎に鎮座）を候補地にあげ、城地としての地勢を判断した結果、膳所崎が最適地であるとの結論を得たとして、家康に言上したところ、それが採用され、同地に築城が決定した」という一文が載る。おそらく大津城が、関ケ原の合戦直前に行われた大津籠城戦で明らかになったように、周囲の山から俯瞰《ふかん》される低地にあり、城の立地としては防御上好ましくないことから、その移転にあたって、このような話が残ったのであろう。なお、大津城が廃城になった時、天守が彦根城に運ばれたことはよく知られているが、『当代記』（成立年代不詳）という史料には、「前々崎普請。大津の家門并びに石共、彼地へ移さる」とあり、同城の城門や石垣は膳所築城に利用されたといわれている。

膳所城の縄張り（城下町を含めて）については、これを示す絵図が江戸時代を通して十数葉残されており、城及び城下町の変遷を比較的よくたどることができる。膳所城絵図で最古の例は、現在内閣文庫に所蔵されている六三鋪の正保城絵図と呼ばれる一群の中にある絵図で、正保元年（一六四四）一二月に将軍家光が諸大名に命じて提出させた国郡絵図と対をなすものである。これは提出された絵図を基にして狩野派の絵師たちに描かせたものだという。

この絵図を見ると、本丸は湖に突出して築かれており、L字形に飛び出した帯曲輪が付属する特異な形状を呈する。二の丸は本丸の西側に堀を隔てて配置され、廊下橋によって本丸と結ばれており、ここから土橋で繋がる「馬出」を経て、御蔵のある北の丸や上級家臣団の屋敷地が並ぶ外郭区画へと続く。この外郭区画の北・西・南の三方に堀が巡り、そこに北・中・南の三つの大手門が城下町に向かって開かれている。さらに、二の丸の南側に橋で結ばれた三の丸が立地するが、同部分には「新たに築き出す」、また外堀部分には「以来堀ニ仕リ度と申し上げ候所」の記載があり、正保期をあまり遡らない時期に新たに築かれたものであることがうかがえる。だが、正保絵図から二〇年余り後に作られた「寛文絵図」の三の丸部分とは形状がかなり変化しており、正保期はまだ普請が続いていたと思われる。なお、正保絵図とあまり時期差がないと考えられる絵図が名古屋市蓬左《ほうさ》文庫に伝えられている。この絵図は正徳六年（一七一六）に写されたもので、「寛文絵図」に近い縄張りをもつ。これがどのような絵図を写したものかわからないが、三の丸部分は「正保絵図」より整備が一段と進んだ状況を示していることから、「正保絵図」と「寛文絵図」の間に描かれた作と考えられ、膳所城の変遷を研究する上で貴重な史料といえる。

次に、「正保絵図」から二〇年余りのちに「寛文絵図」（写真1）が描かれるが、この時期に城の縄張りが大きく変化する。それは寛文二年（一六六二）五月に起きた、現在の高島町付近を震源とするマグニチュード七・六ないし七・八の大規模な地震により、大きな被害を受けたことによる。城が被害を受けた場合、藩が独断で修理することはできず、幕府の許可が必要となるため、時の藩主本多俊次は被害を受けて修理を必要とする箇所及び新しく造り変える箇所を記した絵図を幕府に提出した。その絵図（『覚　膳所城修復願ヶ所絵図』、滋賀県立図書館蔵、写真1）が現在残されており、「地震による被害状況を克明に記載した絵図」（図3）と「修復計画を記載した絵図」の二葉から、改築前と改築後の状況がよくわかる。それによると、地震により、天守が北西側に傾き、本丸や二の丸の櫓が土台とともに湖中へ崩れ落ち、さらに多聞部分や門・塀・石垣などにも相当な被害があったため、この時、本丸を中心とする城の中枢部分の縄張りが大きく変えられることになる。改築前、膳所城は本丸と二の丸が湖に島状に突き出した形状を呈しており、廊下橋によって繋がれていた。本丸は東西一八間×南北二五間の台形に近い平面を有し、その南側にL字形の帯曲輪（東西一九間半×南北二五間）が付く形状で、四層の天守は本丸北西角に描かれている。そして西側に廊下橋で繋がれた長方形の二の丸（東西三八間×南北五二間）が立地し、その南側に三の丸が配置されていた。

　寛文二年の地震後は、本丸と二の丸が合体し、新たに台形を呈する本丸となる。東西六六間半～八〇間半×南北四八間～五五間の規模をもち、その南側に、旧三の丸区域の一部を堀で切り離して、新たに独立させた二の丸が位置する。二の丸の規模は東西四六間～五〇間×南北七三間となり、本丸とは新たに設けられた廊下橋（長さ一〇間）で繋がれ、政庁や藩主の御殿が置かれることになった。この絵図ではわからないが、のちの絵図を見ると、二の丸の南側に、小規模な三の丸が位置することから、旧三の丸の一部を切り離し二の丸とした後、残りの部分を三の丸としたようである。その他の部分はほとんど変らず、本丸の北側には北の丸（二九間四方）、そして南北方向に一直線に並ぶ北の丸・本丸・二の丸・三の丸の西側に上級家臣団の屋敷地があり、これを囲む形で北・西・南の三方に堀が巡っている。その他の付属施設には、櫓一一箇所、二階建ての門八箇所、衡門一〇箇所、水門四箇所、二階建ての「時の太鼓」一箇所、二階建ての「時の鐘つき」一箇所などがあり、城郭を取り囲む石垣の総延長は四一三間にも及ぶ。

　以後、この縄張りは大きく変わることなく、明治維新まで続く（図4）。各部分の規模を延享二年（一七四五）一二月の調べ（『懐郷坐談』）で見ると、本丸が東西八六間半×南北五四間半（約四千百坪）、二の丸が東西四三間×南北七一間（約三千百坪）、その南側にある三の丸が東西三一間×南北四一間（約千五百坪）、北の丸が二九間四方（約八七〇坪）と記され、外郭は東西六〇間×南北三一五間となり、総面積二万八千余坪の規模をもつ。最後に天守について見ておくと、天守は本丸の北辺中央付近にあり、『膳所の集』（成立年不詳）

という記録によると、天守各層の規模は、最下層が七間×八間（一二畳敷）、二層目が五間×六間、三層目が四間四方、そして最上階が三間四方（一八畳敷）とある。さらに、元禄一五年（一七〇二）に作成された絵図（『膳所城総絵図』、個人蔵、大津市指定文化財）には、東西八間×南北六間の平面に、三間×二間の玄関が取り付いた形式の天守が描かれている。

寛文絵図以降には、貞享五年（一六八八、縁心寺蔵）、元禄一五年（一七〇二、個人蔵）、宝永四年（一七〇七、個人蔵）、正徳五年（一七一五、縁心寺蔵）、元文二年（一七三七、滋賀県立図書館蔵）、文化一〇年（一八一三、同上、写真3）作成の絵図六葉が残されており、多くは石垣など城郭の一部の修復や堀の土砂浚えなどを幕府に報告する際に作られたものである。例えば、貞享絵図は本丸付近の石垣約三〇間の修理箇所を示したもの、宝永絵図は同四年一〇月四日に起こった地震による被害を幕府に報告した控え、正徳絵図は堀の土砂浚えを幕府に報告した控え、元文絵図（『近江国膳所城破損之覚え』）は七箇所約三〇間に及ぶ石垣の破損箇所を示したもの、文化絵図も元文絵図同様、石垣四箇所、延二八間余の修理箇所を示したものである。石垣の修復が非常に多いのは、地盤の安定しない、波の影響を受ける湖岸に築かれた城郭の宿命といえるかもしれない。

次に、城下町は、堀に平行するように、その西側を南北に走る東海道沿いに形成されている。粟津七箇庄のうち、西の庄・木下・膳所・中庄・別保の五箇村が組み入れられ、北は馬場村と西の庄村の境に設けられた大津口から、南は鳥居川村境の御殿浜に設けられた瀬田口まで広がっており、その内部に船町、網町、木ノ下町、魚屋町、大津町、大須賀町、浜田町、榎町、伊勢屋町、紺屋町、中庄町、宮町、八軒町などの町（『近江輿地志略《おうみよちしりゃく》』）が開かれていたが、町屋は東海道筋に限られ、その西側には足軽屋敷などの中・下級家臣団の屋敷割が行われている。大津市御殿浜にあった瀬田口総門跡には、番所だった建物が現在も残っており（写真4）、かつての面影を今にとどめている。なお、天和四年（一六八四）の絵図（滋賀県立図書館蔵）を見ると、町屋は藁葺きか板葺きで、屋根上には風除けの石がのせられた家が多かったようである。このような状況を呈する城下町の人口は、江戸時代を通してあまり変わることがなく、貞享年間（一六八四〜八七）には侍屋敷四九九戸、町屋四〇九戸、寺院二二箇寺、人口三、〇九四人（『淡海録』）、元禄一四年（一七〇一）には侍屋敷四六一戸、町屋五〇二戸、出屋敷一八〇戸、寺院二三箇寺（『懐郷坐談』）、正徳四年（一七一四）には町屋四七八戸、人口三、一八四人（『京都御役所向大概覚書』）とある。

なお、この膳所の城下町の景観を、オランダ商館付きドイツ人医師ケンペル（元禄年間、日本に滞在）は、その紀行文『江戸参府旅行日記』で、

「この町は、門の両側に、低いけれどもきれいな土手を

めぐらし、道は東と南に向かってまっすぐに通じ、家々は白く塗られている。町の北側にある城は、半分は湖に、また半分は市街地に囲まれ堂々として大きく、日本の様式によって高い四角形のたくさんの屋根と櫓がこれをひきたてている。城の近くには、ウマの権現という偶像を祀る大きな寺がある。それから少し行くと門があった。そこには城主の番所があり……」
と紹介している。

このような変遷を経て、明治維新をむかえた膳所城は、明治三年（一八七〇）四月に、最後の藩主本多康穣が他藩に先駆けて廃城願いを新政府に提出し、直ちに許可された。一部の門や櫓が城下の神社などに移築されたが、他は入札により千二百両で落札された後、ただちに解体作業が開始され、ここに膳所城は二七〇年余の歴史を閉じることになる。

ここで、旧膳所城の建物で現存するものをあげておくと、全部で一三棟確認されており、その内訳は櫓二棟、門一〇棟、番所一棟（大津市内一〇棟、草津市内二棟、大阪府内一棟）となっている。この中で、当初の位置に建っているのは大津市御殿浜にある旧瀬田口番所のみで、他は明治三年の膳所城棄却後に移築されたものである。門が多く残っているのは、江戸時代、膳所藩領内の神社では門の建立が認められていなかったため、廃城時に神社に城門が与えられたことによると伝えられている。

①膳所神社表門（重要文化財）・北門・南門
［大津市膳所一丁目］

表門（図5―左上）は昭和五七年の解体修理で、明暦元年（一六五五）の銘札が発見され、建立年代が明らかになった。この時、明治三年八月に膳所神社に移築した時の棟札も一緒に見つかっている。この門の旧位置については明確な資料がなく、地元では二の丸から本丸へ入る部分の門と伝えられているが、解体調査により、寛文地震以前には本丸帯曲輪にあって、地震後、新たにできた二の丸の正面に移された門の可能性が指摘されている。さらに、門の部材には明暦以前に二回転用された形跡があり、もとは大津城にあった門ではないかという考え方も出されている。

北門（写真5）・南門は、ともに当初位置については不明だが、門の形状などから類推して、前者は本丸入口の土橋に置かれていた門の可能性が指摘されている。後者については不明だが、地元では水門との伝承が残る。

②篠津《しのつ》神社表門（重要文化財）［大津市中庄一丁目］

昭和三三年の解体修理時に発見された明治五年（一八七二）正月上棟の棟札により、この門（写真6）はかつて城の北大手門だったことがわかった。この時、表門の建立年代は明らかにできなかったが、関連する文書史料から貞享四年（一六八七）時の再建とする見解が出されている。

③鞭崎《むちざき》神社表門（重要文化財）［草津市矢橋《やばせ》町］

門の構造形式は篠津神社表門と同じ脇戸付き高麗門（脇戸の位置が逆、図4—右上）で、昭和一一年の解体修理により、膳所城の南大手門を明治四年に移築したことが判明した。当初の建立年代は不明だが、建物の細部意匠が篠津神社表門のそれに似ていることから、一七世紀中頃の再建の可能性が強いといわれている。

④若宮八幡神社表門（大津市指定文化財）［大津市杉浦町］

鞭崎神社表門とほぼ同形式の門だが、当初の建立年代や膳所城での旧位置については何らわかっていない。地元では、本丸犬走門（具体的な位置は不明）という伝承が残る。

⑤御霊《ごりょう》神社神門［大津市鳥居川町］

脇戸の付かない高麗門（写真7）で、当初の建立年代は不明。膳所城での旧位置については、本丸黒門とも御倉門とも伝えているが、正確なことはわかっていない。

⑥近津尾《ちかつお》神社神門［大津市国分二丁目］

門の構造形式は薬医門で、当初の建立年代を示す資料は残っていない。門の規模などから水門とも考えられるが、柱や梁に欅の一木を使っていることなどから、本丸あるいは二の丸といった城の中枢部にあった門の可能性も指摘されている。

⑦新宮神社神門［草津市野路町］

棟門と呼ばれる珍しい構造の門で、地元の伝承では二の丸の北手水門といわれている。当初の建立年代については不明。

⑧旧瀬田口総門（個人蔵）［大阪府泉大津市］

門の構造形式は脇戸付き高麗門（図5—中）で、元は瀬田口総門であった建物である。膳所城廃城後、一度大津市神領にある建部大社に移築されたが、その後、大阪府下の個人の所有となる。当初の建立年代は不明だが、現存する膳所城の建物の中で、最大の門である。

⑨瀬田口総門番所［大津市御殿浜］

現在個人の住宅になっているが、元は瀬田口総門の番所だった建物（写真4）である。現存する膳所城の建物の中で、唯一当初の位置に建っており、内外とも当初の姿をよくとどめている。

⑩芭蕉会館［大津市秋葉台］

この建物は膳所城本丸東辺にあった二重櫓と伝えられるもの（図5—下）で、膳所城廃城後、木下町の料亭（坂本屋）が引き取り、改修後、飛龍閣と称し、休憩・宿泊用として利用していた。この間、明治天皇をはじめ、島崎藤村などが訪れている。その後、昭和三九年に（財）芭蕉翁遺跡顕彰会の竹内将人氏（故人）が茶臼山古墳の北裾の地に芭蕉会館として移転し、現在に至っている。

このように、同建物は二度の移築と用途変更が行われたため、かなり外観は損なわれているが、内部には当初材も一部再利用されており、次に挙げる№⑪の建物とともに、膳所城の櫓を知るための貴重な遺構といえる。

⑪六体地蔵堂［大津市膳所二丁目］

京阪電車石坂線膳所本町駅近くの相模川沿いに建つお堂で、地元では城内の御椀倉《おわんぐら》を移築したものと伝えられていたが、発見された棟札から、安政二年（一八五五）に櫓（いずれの櫓かは不明）として建立されたことが判明した。そして、明治一六年九月に再建されたとあることから、この時に現在の位置で今の姿に改造されたと考えられている。

この他にも、城下には、藩家老村松八郎右衛門の屋敷門といわれる響忍寺の長屋門（木下町）、膳所藩校遵義堂《じゅんぎどう》の門を移築した和田神社表門（木下町）などが残っている。

このように、膳所城の建物遺構は、わずかではあるが残されている。だが、地下に眠る膳所城の遺構に関する発掘調査はほとんど行われていない。これまでに、膳所城跡公園の整備に関連して、昭和三二・三三年と同五八年に行われた二度の発掘調査、さらに大津市生涯学習センター建設時に実施した簡単な試掘調査などがあげられる程度である。また、城下町の区域での発掘調査も簡単な試掘調査が二～三回行われただけで、ほとんど行われていないといってよい。

このような状況の中で、唯一行われた昭和三二・三三年と同五八年の調査うち後者の発掘調査について、少し詳しく見ていくと、この調査では本丸の湖側に面した部分（東半部）の石垣や、天守台の石垣などが確認された（図７）。石垣の遺存状況は悪く、基底石だけか二段目程度までが残っていただけだが、寛文二年の改修以前の本丸帯曲輪南西角と思われるL字形に延びる石垣や、その使用石材の中に古墳時代のくり抜き式石棺の一部を転用したもの（写真８）が確認されたり、石垣の前面に捨石護岸や波除け石列と見られるる施設（写真９）が見つかるなど、新しい事実も少なからず明らかになった。特に、後者の捨石護岸と波除け石列については、石垣の前面に二～三メートル幅で拳大～人頭大程度の自然石を厚く積み、さらにその前に石垣に並行するように、石垣に充分使用可能な石材を並べていた。これは一連の施設だと思われ、おそらく前面の石列の高さまで拳大～人頭大の自然石を詰めることにより、石垣の基礎部分を波から守っていたと考えている。

また、天守台の位置についても、昭和三二・三三年に検出した部分を再確認するための調査を行い、天守台基底部の規模がほぼ確定した（東西二〇・七メートル×南北一八メートル）。さらに、改築時に元の本丸と二の丸を合体した際に新たに築いたと見られる石垣も確認した（図７）。

今後、城下町を含めた膳所城の発掘調査を綿密に行なっていけば、これまでわからなかった新たな事実が徐々に明らかになり、膳所城の歴史に新しいページが加わることだろう。

（松浦俊和）

参考文献

1 『膳所城本丸跡発掘調査報告書』（『大津市埋蔵文化財調査報告書』一六）、大津市教育委員会、一九九〇年
2 「大津市膳所城趾発掘調査報告（昭和三二・三三年）」『膳所城本丸跡発掘調査報告書』、大津市教育委員会、一九九〇年
3 大上直樹「現存する膳所城の遺構」『膳所城本丸跡発掘調査報告書』、大津市教育委員会、一九九〇年
4 大上直樹「古絵図より見た膳所城」『滋賀文化財だより』№九七、滋賀県文化財保護協会、一九八五年
5 『重要文化財篠津神社表門修理工事報告書』、滋賀県教育委員会、一九五八年
6 『重要文化財膳所神社表門修理工事報告書』、滋賀県教育委員会、一九八二年
7 『大津の城―ふるさと大津歴史文庫二』、大津市役所、一九八五年
8 『新修大津市史』第三巻　近世前期、大津市役所、一九八〇年
9 『新修大津市史』第八巻　中部地域、大津市役所、一九八五年
10 『滋賀県中世城郭分布調査報告九（旧滋賀郡の城）』、滋賀県教育委員会、一九九二年
11 平田好『懐郷坐談』、一九〇八年

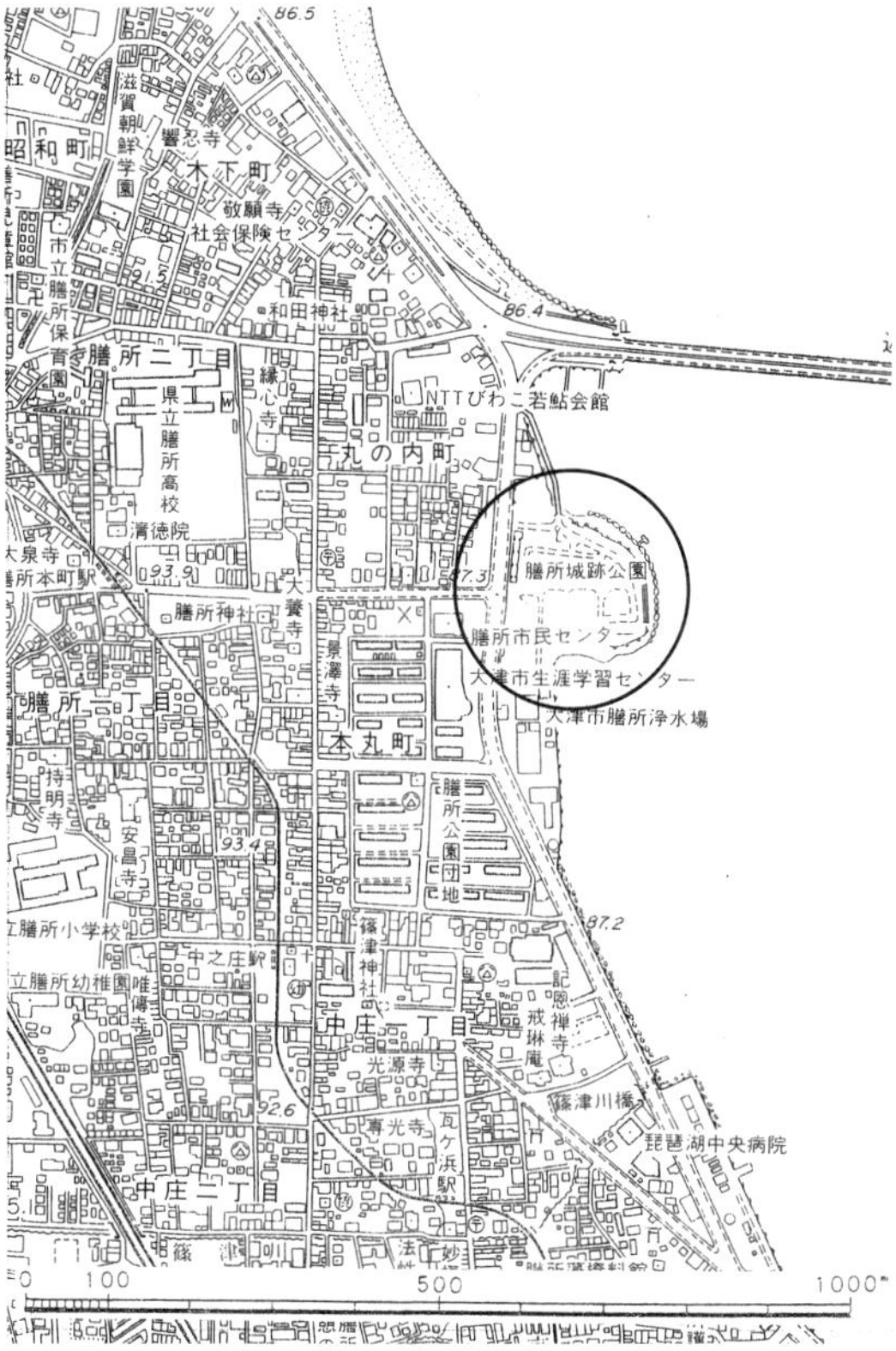

図１ 膳所城位置図（平成７年）

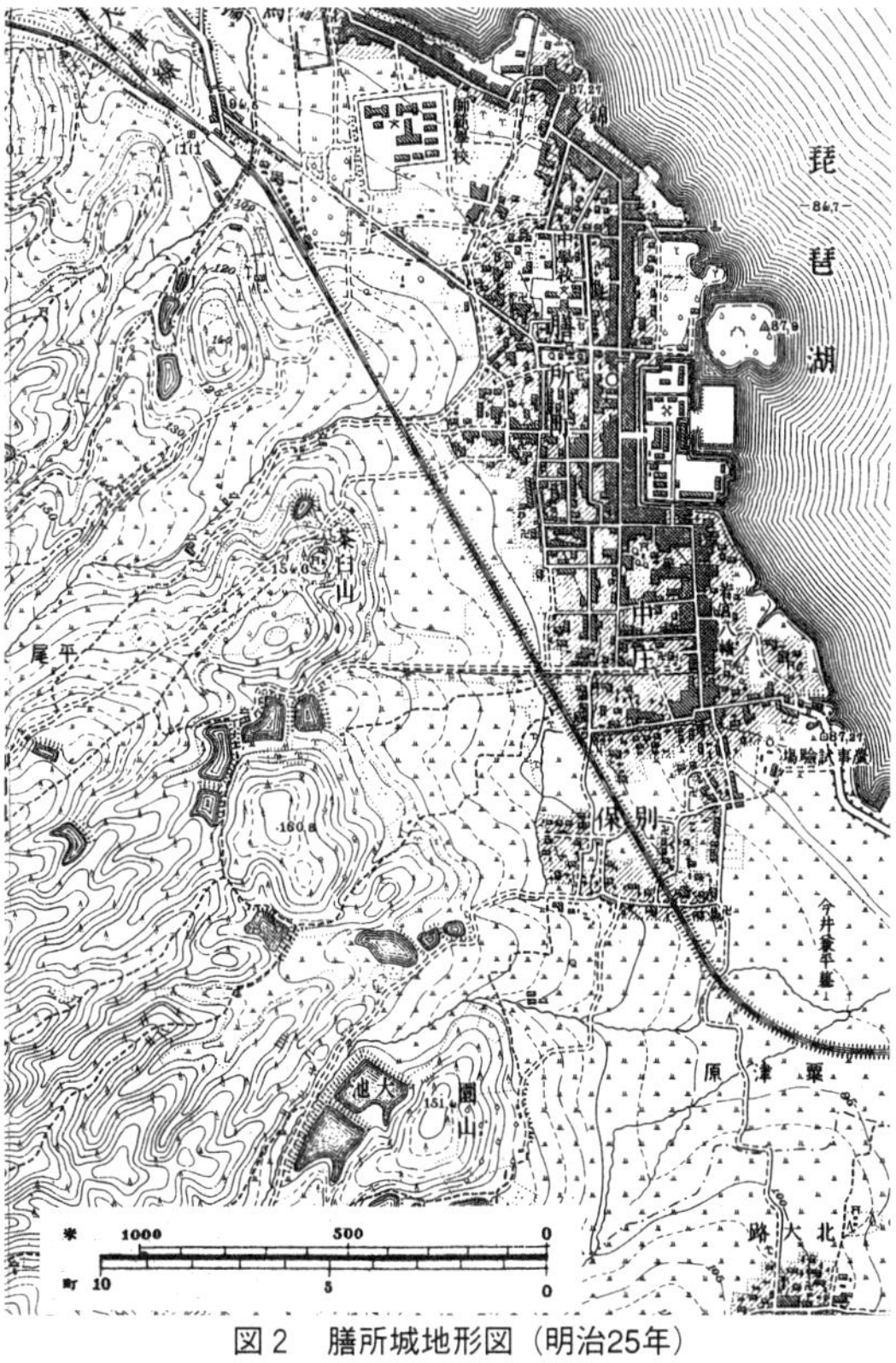

図２ 膳所城地形図（明治25年）

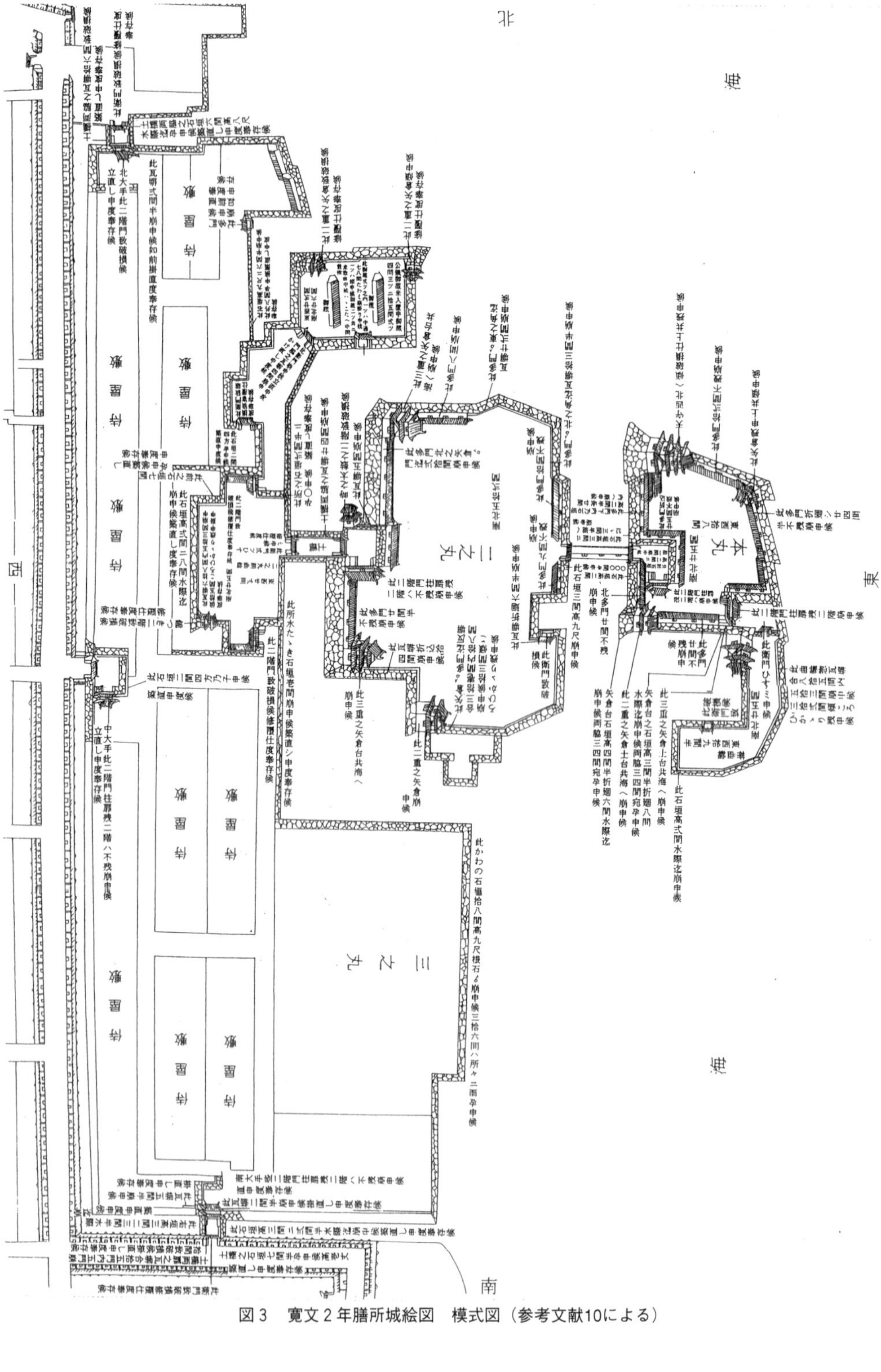

図３　寛文２年膳所城絵図　模式図（参考文献10による）

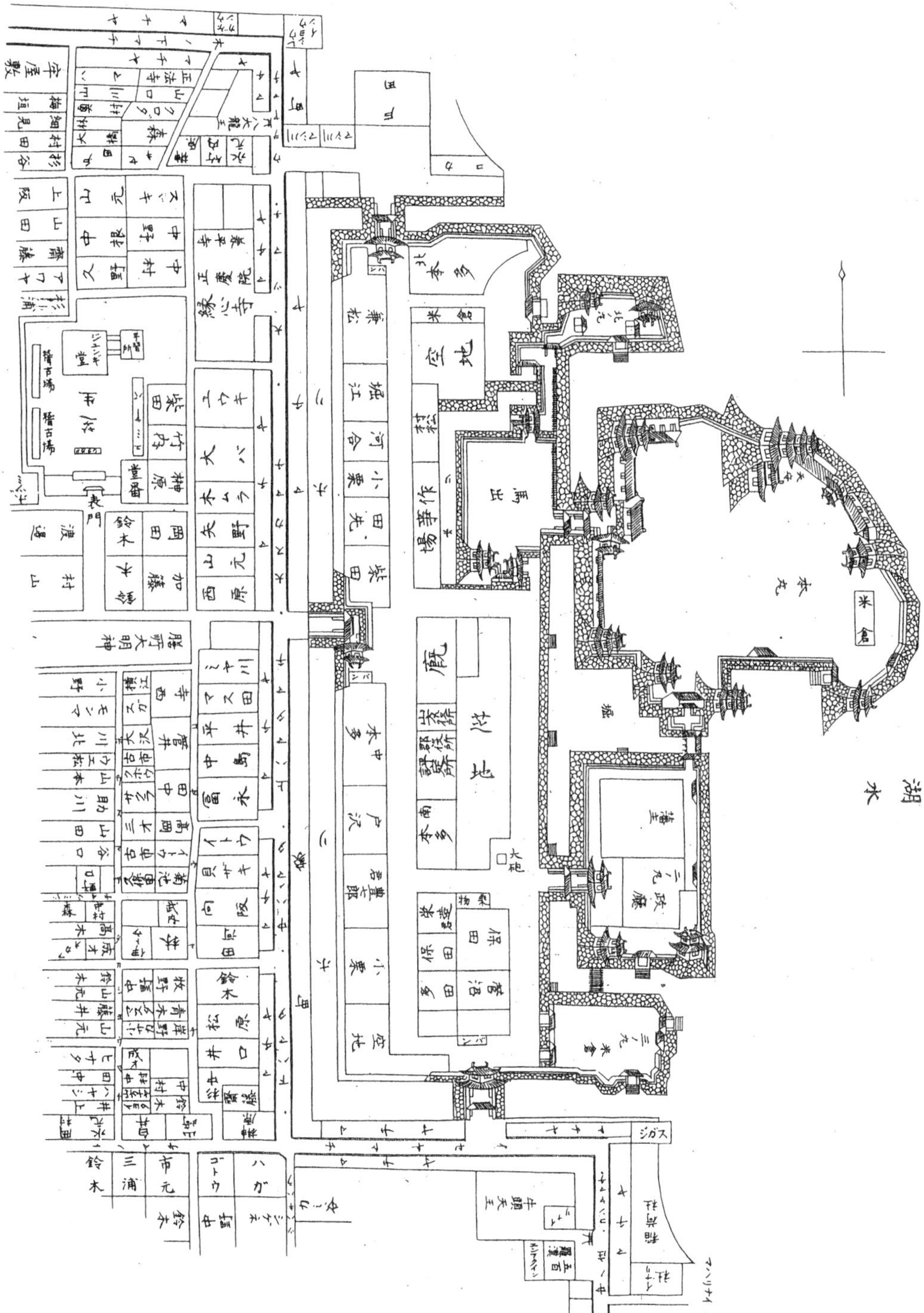

図4　膳所城廃城時の縄張模式図（参考文献11による）

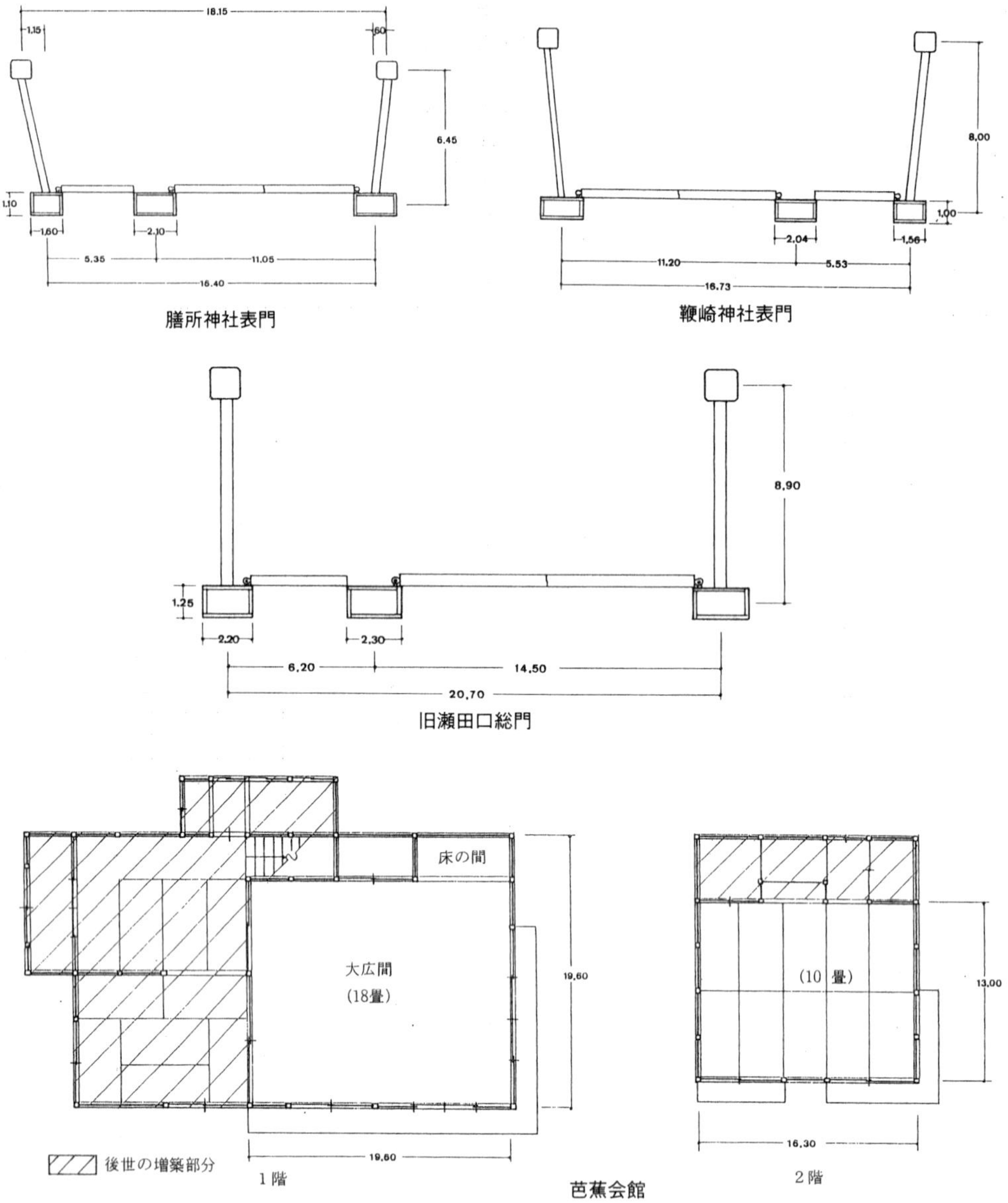

図５　膳所城建物遺構平面図（参考文献３による）

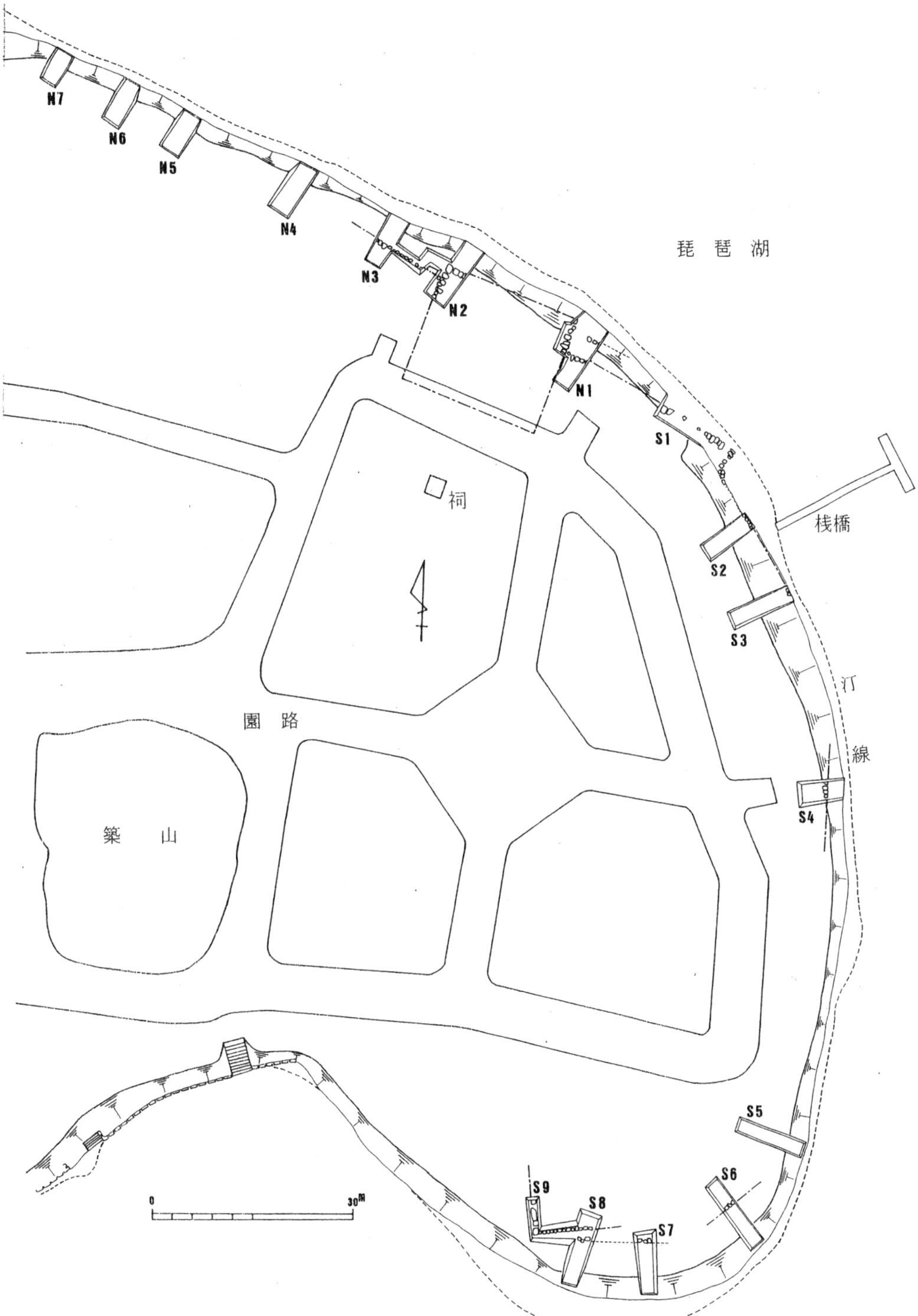

図６　膳所城本丸跡地形測量図（参考文献１による）

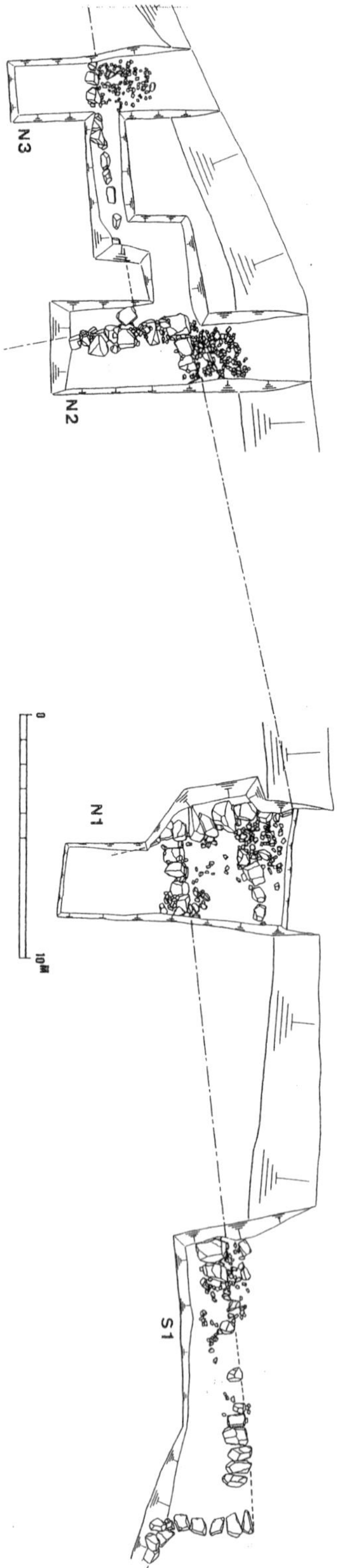

図７　膳所城本丸跡天守台付近遺構平面図（参考文献１による）

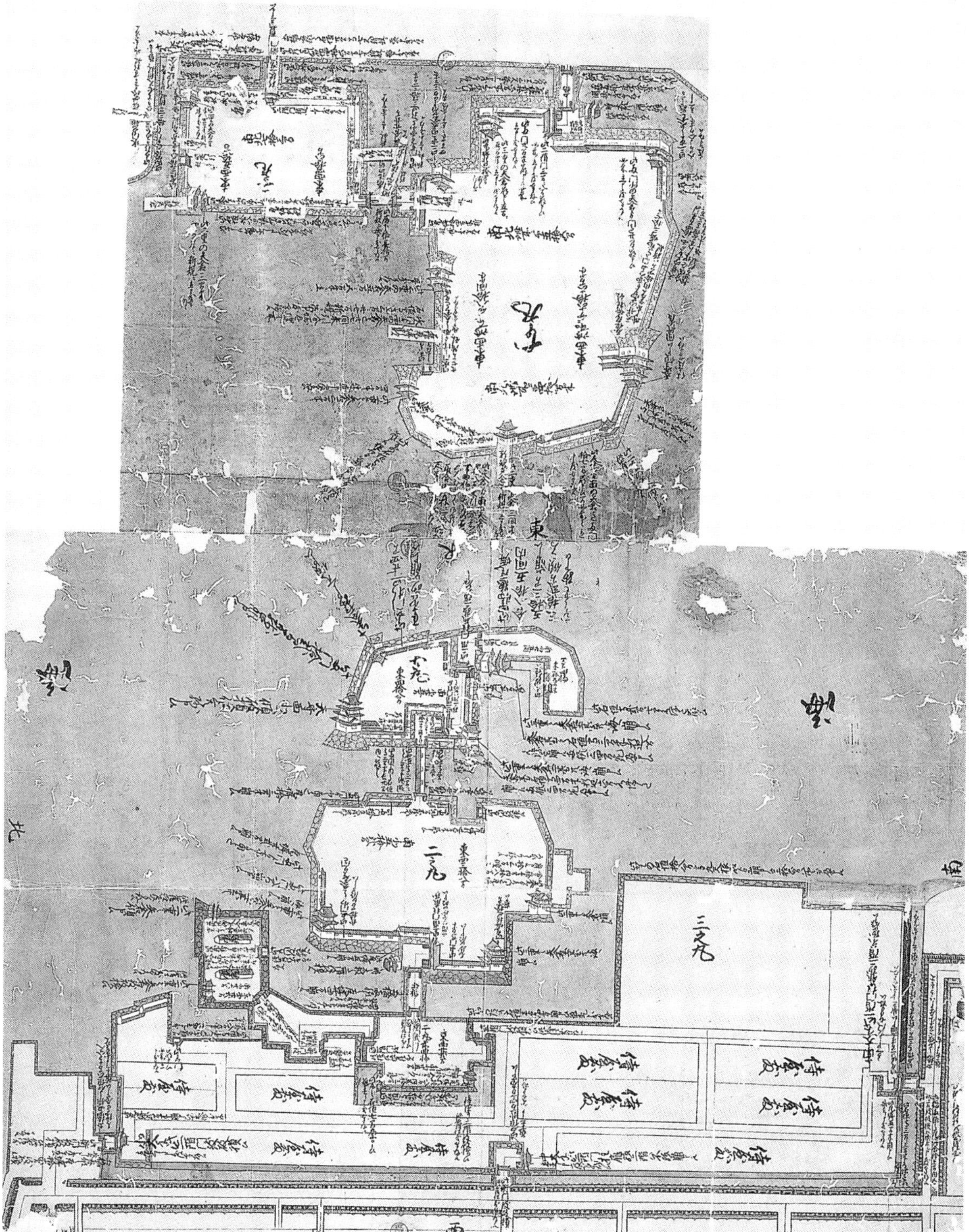

写真１　覚　膳所城修復願ケ所絵図（寛文２年、滋賀県立図書館蔵）

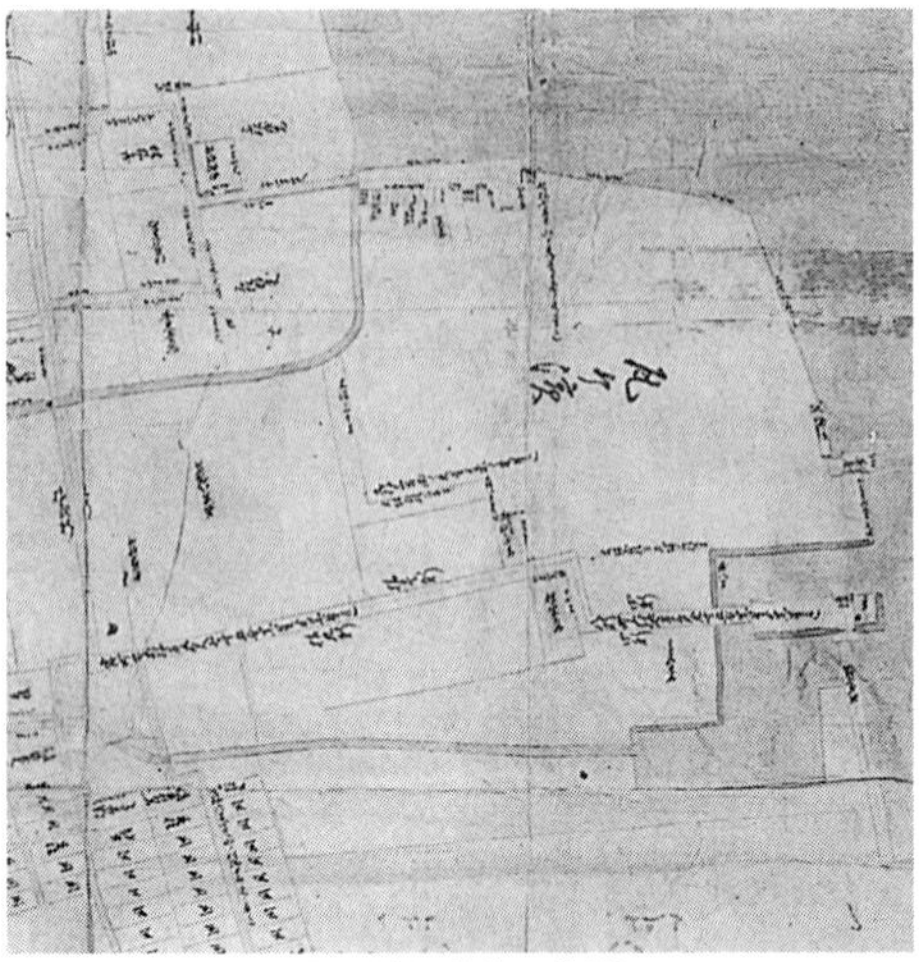

瓦ヶ浜と勢多口惣門

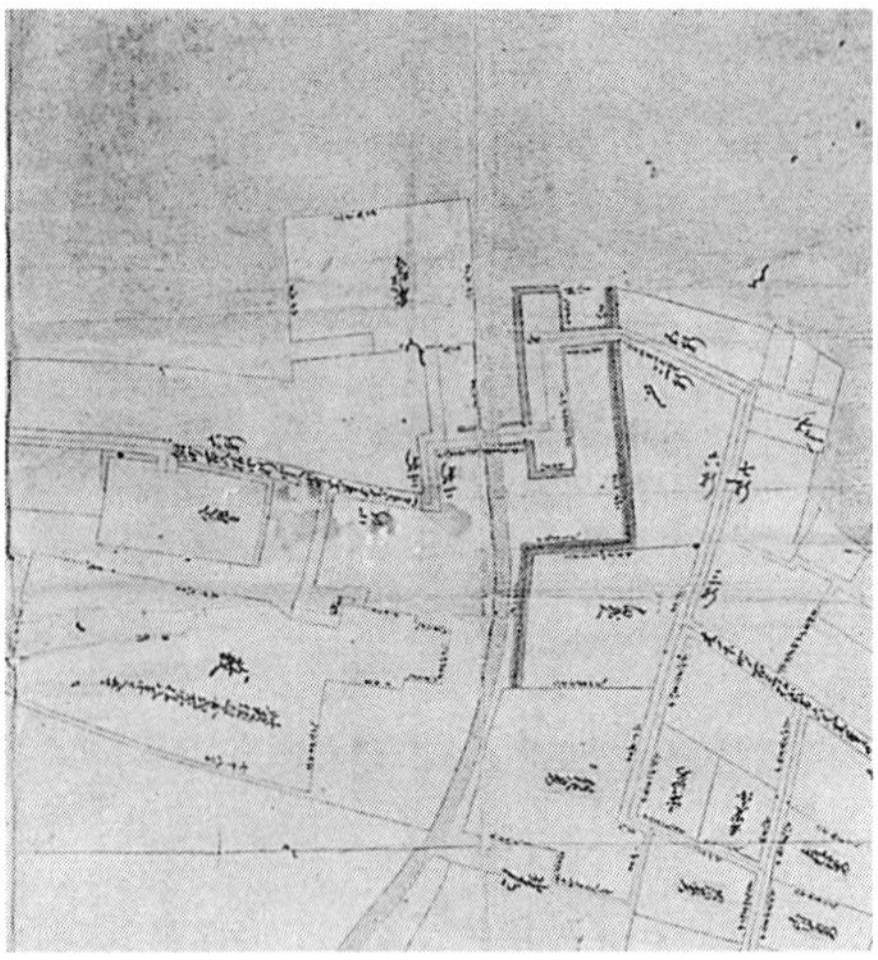

相撲川と枡形

写真２　膳所城総絵図（個人蔵）

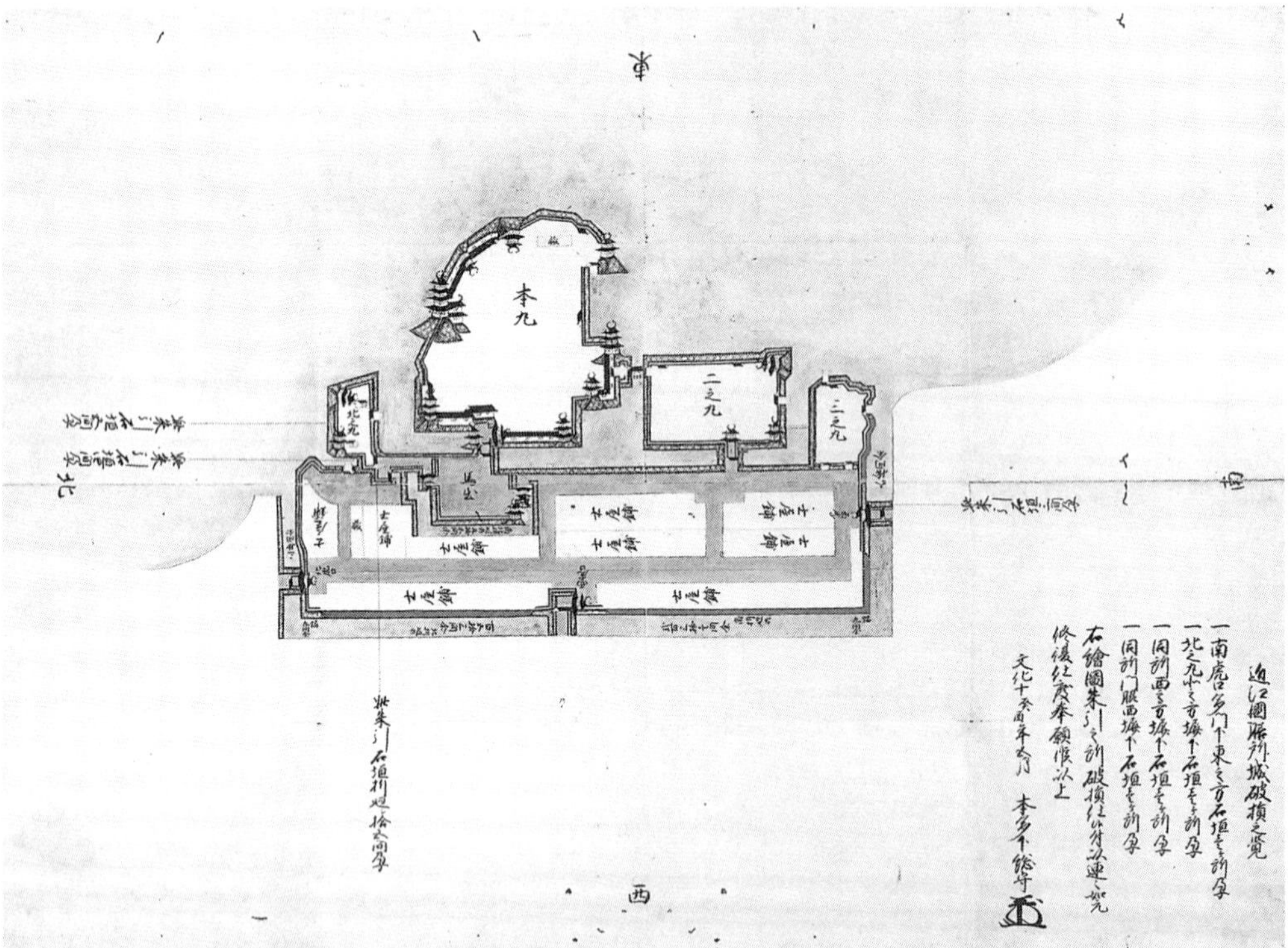

写真３　近江国膳所城破損之覚（文化10年、滋賀県立図書館蔵）

写真４　瀬田口総門にあった番所建物

写真５　膳所神社北門

写真６　篠津神社表門

写真７　御霊神社神門

写真８　膳所城本丸跡石垣（矢印が石棺転用材）

写真９　膳所城本丸跡石垣・捨石護岸・波除け石列

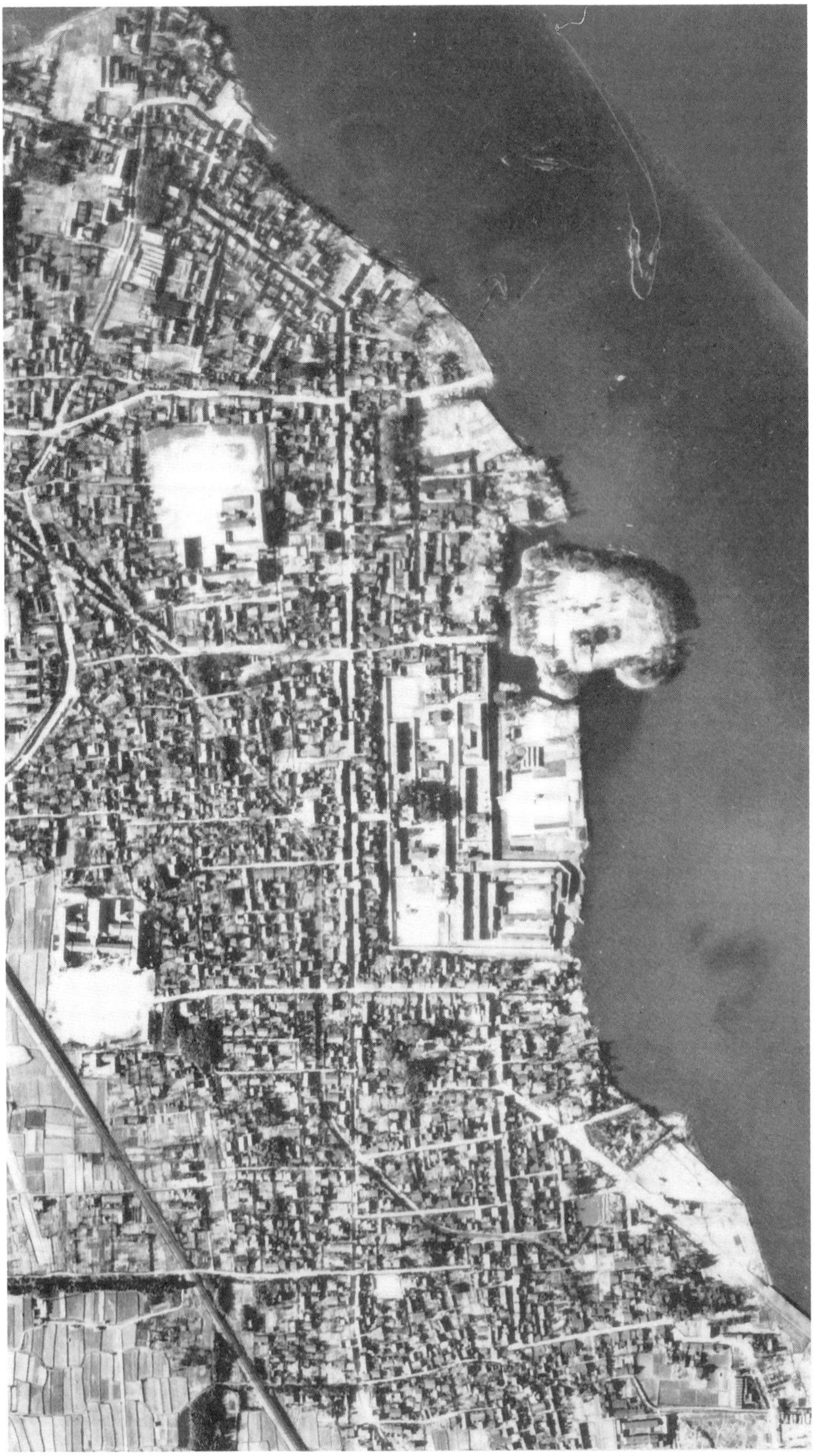

写真10　膳所城空中写真（米軍撮影　R32-1 103　1948年）

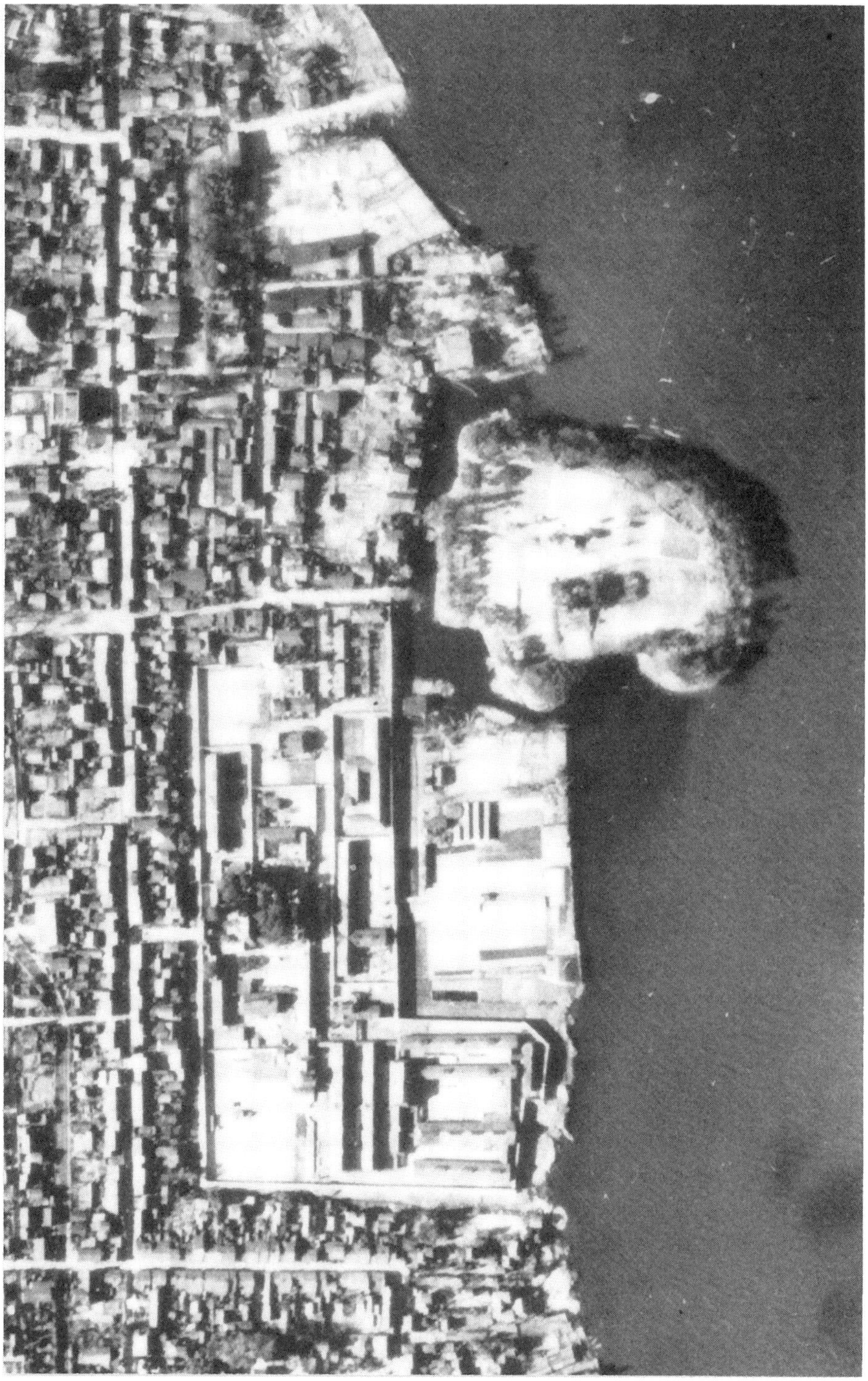

写真11　膳所城拡大写真（米軍撮影　R32-1 103　1948年）

12

大津城

関ヶ原の前哨戦の舞台

大津市

城は百々《どど》川、吾妻《あづま》川などの小河川が造り出した小規模な沖積地の先端部を利用して築かれたが、早くから浜大津の繁華街として発展してきたため、当時の面影を伝えるものはまったく残っていない（図1）。築城時期についても明確な記述はなく、わずかに同城の前に築かれていた坂本城の存続時期との関係から、天正一四年（一五八六）頃に築かれたのではないかと考えられている。初代の城主には、坂本城最後の城主浅野長吉（長政）がそのまま就任し、以後、増田長盛・新庄直頼と続き、第四代城主京極高次の時、関ヶ原の合戦が勃発する。しかも、その前哨戦として大津城をめぐる戦い（大津籠城戦《おおつろうじょうせん》）があり、その結果が当城廃城の原因となって、膳所に新たな城が築かれることになった。それが慶長六年（一六〇一）であることから、大津城の存続期間は一五年前後だったことになる。だが、この時期は、琵琶湖の諸浦から船を集めさせ、大津百艘船と呼ばれる船持仲間が作られるなど、近江の歴史の中で大きな転換点にあたる時期だったといってよいだろう。

大津城廃城後は、天守を彦根城に移築したり、城門や石垣の石材を膳所城に運んだことを示す史料があり、おそらく廃城からすぐの時期に、城は取り壊され、堀も埋められ、新しい町づくりが始まったものと推測される。したがって、城の面影を伝えるものはほとんどなく、わずかに荷揚げ場として利用された湖岸の関（今堀関、川口関、扇屋関、風呂屋関）が、その名残といえる（写真1）。それも、明治に入ると順次埋められ、さらに湖岸部分の埋め立てが開始されると、そこに城があったことを示す証拠はまったく失われてしまった。

このように、城の存続期間が一五年余りと短かったため、絵図や文献史料はまったく残されておらず、城の縄張りを知る手がかりはほとんどないといってよい。だが、近年、ようやく大津城に発掘調査の手が入るようになったことで、本丸地域を中心に新しい事実が明らかになりつつあり、江戸時代の大津町絵図や明治期以降の研究資料などとの比較検討が徐々に行えるようになってきた。

まず、大津城の築城時期については、その時期を示す明確な記事はないが、その直前にあった坂本城との関わりである程度特定できる。坂本城は、元亀二年（一五七一）の山門焼き討ち後、織田信長が明智光秀に命じて、大津市下阪本の湖岸に築かせた城だが、本能寺の変後に起こった山崎の合戦で明智光秀が敗れて亡くなったため、一旦は落城し焼失する。その後、羽柴秀吉が再建し、たびたび坂本城へ下向する記事が当時の記録に残る。秀吉と親交のあった京都吉田神社の神官吉田兼見の日記（『兼《かね》見卿記《みきょうき》』）によると、天正一四年（一五八六）正月二七日に、細川幽斎らを招いて坂本で連歌会を催し、翌二八日は大津に赴き、同じく連歌会を行っている。だが、この記録を最後に、秀吉の坂本下向はまったく見られなくなり、これに代わって、先の正月二八日の記録を初見として、以後、大津への下向記事がたびたび登場する。天正一四年には、二月二八日、五月一二日、六月二六日、八月三日、一一月一五日、翌一五年には、二月八日、八月三日、九月四日があり、長い時には半月余り滞在していること（天正一四年五月一二日～二四日）もあったようである。この日記は天正一六・一七年が欠けているため、その間の大津下向の詳しい状況はわからないが、天正一八年になると秀吉が大津城に入ることはほとんどなくなるので、秀吉が大津へきていたのは長くて三～四年だったと考えられている。とはいえ、天正一四年には年間六回も大津に入っていることから、大津という場所を強く意識していたようである。それは、秀吉が大坂に本拠を移し、大坂を中心とする経済圏を作り上げていく過程で、淀川水系に位置する大津に着目し、それが大津城の築城となって結実したという見方がある。

それはともかくとして、『兼見卿記』の記述を見るかぎり、大津城は天正一三～一四年頃に築かれた可能性が最も強く、琵琶湖に面した浜大津の地に、彦根城とほぼ同じ規模の天守をもつ近世城郭が出現することになった。初代城主には、坂本城最後の城主浅野長吉がそのまま入り、以降、増田長盛（浅野長吉とともに五奉行の一人）、新庄直頼（秀吉の御伽衆の一人）と続き、最後の城主となる京極高次の時に、その後の大津城の命運を決定する大津籠城戦が起こる。

京極高次は、妹松の丸が秀吉の側室となり、秀吉の側室淀君の妹を娶るなど、秀吉との関わりから、その配下に入った武将であるため、関ヶ原の合戦前夜には、石田三成の西軍方に属し、加賀前田氏討伐のため湖西から北陸方面へ兵を進めている。だが、東軍方とも早くから連絡を取っていたらしく、慶長五年（一六〇〇）九月三日には、東軍方として大津城に籠城することを決意し、海津（高島郡マキノ町）より湖上を船で大津城に入り、城下を自焼するなど、急いで籠城の準備を始めた（『寛政《かんせい》重《ちょう》修《しゅう》諸《しょ》家譜《かふ》』『義演准后《ぎえんじゅごう》日記』など）。高次の裏切りを知った西軍方は、立花宗茂及び毛利家の将吉川元安らが率いる一万五千の大軍を差し向け、大津城を包囲した軍は大津城を見下ろす長等山の中腹に陣を敷き、九月六日から総攻撃を開始する（図3、写真2）。だが、城兵（約三千）の守りは固く、戦況は一進一退が続いた。そこで、この膠着状態を打開するために、西軍は長等山に大砲を据えて城内に砲撃を加え、さらには外堀を埋める戦法にでて、三の丸に攻め込むと、さしもの頑強に抵抗していた籠城軍も次第に敗色が濃厚となり、九月一四日、ついに西軍の和睦勧告を受け入れ、一五日早朝に開城した。高次も兵士二千三百人余を引き連れて城を発ち、高野山に向かった。その数刻後に、関ヶ原の合戦の幕が切って落とされたのである。この大津籠城戦で西軍一万五千の兵が一〇日余りも足止めされずに関ヶ原にむかっておれば、関ヶ原の合戦の趨勢もどうなっていたかわからず、大津籠城戦のもつ意味は大きかった。高野山で謹慎していた京極高次が八万二千石の小浜城主に移ったことがそれを証明している。

　京極高次の小浜転封後は、戸田一西が新しい大津城主として入城した。だが、大津籠城戦での城の欠陥を見抜いた徳川家康は膳所に新しい城を築き、大津城を廃城としたため、ここに城の歴史は一五年余りで、その幕を閉じることになった。秀吉にとって、大津城は戦いのために作った城ではなく、あくまで遊興の場、そして琵琶湖水運の把握を意識した城だったのである。江戸時代に入ると、大津は商業都市及び宿場町としての様相を呈するようになり、城及び城下町の面影は急速に消えていく。ちなみに、江戸期における大津町の人口の推移を見ると、元禄四年（一六九一）一八、七七四人、明和三年（一七六六）一六、〇七二人、天保一四年（一八四三）一四、八九二人となり、元禄四年をピークにあとは徐々に減少していることがわかる。

　次に、大津城の縄張りについては、絵図などの資料が残っていないため明確にできないが、江戸時代の町絵図や明治期以降の研究資料から、ある程度城の縄張りが復元されている。その最初のものが、明治三五年の『大津籠城』（堀田璋左右著）に掲載された「大津城廓図」である。これがどのような資料に基づいて描かれたのかは記されていないが、西軍の武将配置を示した図に、外堀・中堀などに囲まれた本丸・二の丸・三の丸・伊予丸などの位置が示されている。

　続いて城の縄張りを示した図としては、昭和四年の『京都連隊区将校団郷土戦史』第二巻の付図に記された「大津城攻防戦闘要図」（図3）がある。これは先の「大津城廓図」と異なり、やや変形した五角形を呈する縄張りが描かれている。それによると、三重の堀に囲まれて、本丸を中心に、これを取り囲むように二の丸・三の丸・伊予丸・香集丸《かしゅうまる》を配しており、これに西軍の配置や長等山に据えられた大砲の位置などを克明に示した図である。

　そして、この二つの図を発展させたものとして、昭和一四年の田中宗太郎著『大津城の研究』に載る「大津城考証図」がある。これは、地元の郷土史家田中宗太郎氏が当時残っていた石垣などの遺構を詳しく調査し、地下から見つかった石垣遺構などを加えて作り上げた労作で、大津城の縄張り研究の原点となる貴重な資料となっている。現在の縄張り復元図（図4）もこれを基にして作成したものである。

この田中宗太郎氏作成の縄張り図を参考にしながら、元禄八年（一六九五）作成の「大津町絵図」（以降、「町絵図」という）や寛保二年（一七四二）写の「大津町古絵図」（図5、以後、「古絵図」という）、さらには近年の発掘調査成果を加えて、城の縄張りを詳しく見ていくことにする。

まず、外堀であるが、「古絵図」の湖岸に見える「○○関」と記された荷揚げ場（船着場）の中で、大津代官所・御蔵の左右に四箇所、ひときわ大きく描かれた関（今堀関・川口関・扇屋関・風呂屋関）が大津城当時の堀の名残と考えられ、両端に位置する今堀関と風呂屋関を外堀の位置と見ている。ただ、南側の大手にあたる部分の外堀の位置については、特定することは難しいが、江戸期の東海道と北国海道のルートから、ある程度推定できる。すなわち、逢坂越で大津に入った東海道は、現在の札の辻で右折して膳所方面へ向かう。左折すると、道は北国海道となり、不自然な道筋をとって尾花川で湖岸に出て、それからは湖岸に沿うように北上する。この旧大津町の中を通過する際の不自然な道筋が大津城南・西側の外堀の位置に影響されたものと考えられ、中町通と京町通との間に掘られていたと推定されている。さらに、中堀についても、大津代官所・御蔵の左側にある扇屋関の近くに「中堀町」の町名が残ることから、扇屋関と川口関の部分を中堀と考えている。また、外堀と同じように、南辺の位置の特定は難しいが、現在のところ、浜通と中町通の中間にある東西の道付近をあてている。さらに、現在大津市立図書館が建つ地点（旧大津郵便局敷地）で、昭和一〇年（一九三五）、大津郵便局建設時に、地表下約二・六メートルのところから南北に走る石垣が見つかり、その位置から考えて、内堀の石垣とする見解がある。このように考えていくと、大津城は三重の堀で守られた城郭で、東西約七〇〇メートル×南北約六〇〇メートルの規模をもち、その中央に島状に湖中へ飛び出した本丸を据える配置を取っていることになる。

なお、堀の規模については、明確な数値はわかっていない。だが、江戸期の慶安五年（一六五二）の史料（彦根藩「湖浦改書」）によると、外堀と見られる「今堀」が幅一〇間、「風呂屋関」が幅一二～一七間（写真3）、そして中堀と推定される「河口」が四間～五間半（写真4）、「扇子屋関」が一〇～一四間とあり、改変された可能性がないとはいえないが、堀の規模を知る一つの手がかりになる貴重な史料である。

次に、本丸の位置は、旧浜大津港から京阪電車浜大津駅にかけての一帯（写真5）と考えられ、「古絵図」では大津代官所・御蔵部分にあたる。近年の発掘調査で、本丸南東隅付近の石垣や本丸内の建物遺構などが見つかっており、本丸の平面形や内部の状況が判明しつつある。前者は、京阪電車旧浜大津駅構内から一箇所で鉤形に曲折して東西方向に延びる南面石垣（昭和五五年調査）、浜大津公共駐車場用地内から南北方向に延びる東面石垣（平成七・八年調査、図6）

が、後者では現在のバスターミナル・浜大津公共駐車場用地内から、L字形に曲折して東西及び南北方向に延びる北・東面石垣や礎石建物（厨房か）などが、明日都《アスト》浜大津用地内から礎石建物など（写真6）が江戸期の遺構面の下層から見つかり、一緒に五七桐紋軒丸瓦、桐紋飾瓦・同鬼瓦などの金箔瓦（写真7）が一〇数点出土している。

本丸の規模は、上記の石垣や、時代は下るが明治期以降のものと見られる石垣が、平成七年の調査で明日都浜大津用地の西半部の三箇所から見つかっていることなどから推測して、東西約二五〇メートル×南北約一五〇メートルの東西にやや長い変形した平面形が考えられている（図7）。これはこれまでの復元図に見る本丸の平面形とあまり変るところがなく、細部の差異はあるが、基本的には同じといってよいだろう。なお、同城の天守は、『井伊家年譜』の記述、さらには昭和三二年の彦根城天守解体修理で発見された用材に記された墨書銘や前身建物の各部を示す番号・符号から、彦根城に移築されたことがわかっている。『井伊家年譜』には、

天守ハ京極家ノ大津城ノ殿守殿ナリ、此ノ殿守ハ終ニ落チ申サズ、目出度殿守ノ由、家康公上意ニ依テ移サルル由、棟梁浜野喜兵衛恰好仕置シ建テ候由。

とあり、その移築を慶長一一年（一六〇六）のこととしている。さらに、各部を示す番号や符号を基にして大津城天守の復元図が作成されており、それによると、天守台上面は幅三九間余、長さ一辺六五間余、他辺七一間余の梯形を呈し、ここに一階が梁間六間、桁行一辺一〇間、他辺一一間（柱間六尺五寸三分）の規模をもつ五層四重の天守が建っていたらしい。この他にも、建物一階と二階、四階と五階が通し柱であること、三階は小屋裏の間のような空間であること、五階には縁及び高欄が巡らされていたことなどがわかっている（図8・図9）。

なお、本丸以外からは、三の丸と推定される部分の二箇所で石垣を確認している。一つは、風呂屋関の奥、大橋が架かる部分の北側（大津市浜大津二丁目の朝日生命敷地内、図4—A地点）で見つかった南北に走る東面石垣、もう一つは、大津市浜大津四丁目地先（国道一六一号線南側のシガインターナショナルハウス敷地内、図4—B地点）で検出された石垣（三の丸と伊予丸の間に位置する堀の南側石垣と推定）である。

当初は、ほとんど残っていないだろうと思われていた大津城の遺構が、比較的良好な状態で残っていることが分かり、しかも建物遺構まで発見されたとなると、城の縄張りはもちろんだが、内部の状況もある程度把握可能となったといえる。時間はかかるかもしれないが、大津城の解明は着実に進展していくことだろう。

（松浦俊和）

参考文献

1 『大津城跡発掘調査報告書Ⅰ』(『大津市埋蔵文化財調査報告書』一)、大津市教育委員会、一九八一年
2 下坂守「大津築城とその性格」『大津城跡発掘調査報告書Ⅰ』、大津市教育委員会、一九八一年
3 樋爪修「近世大津の繁栄と景観」『大津城跡発掘調査報告書Ⅰ』、大津市教育委員会、一九八一年
4 『大津城跡発掘調査報告書―浜大津公共駐車場・スカイプラザ浜大津建設に伴う―』(『大津市埋蔵文化財調査報告書』二九)、大津市教育委員会、一九九九年
5 樋爪修「江戸時代の大津百町」『大津城跡発掘調査報告書』、大津市教育委員会、一九九九年
6 『大津の城―ふるさと大津歴史文庫二』、大津市役所、一九八五年
7 『新修大津市史』第三巻―近世前期、大津市役所、一九八〇年
8 『国宝彦根城天守』、彦根市役所、一九六〇年

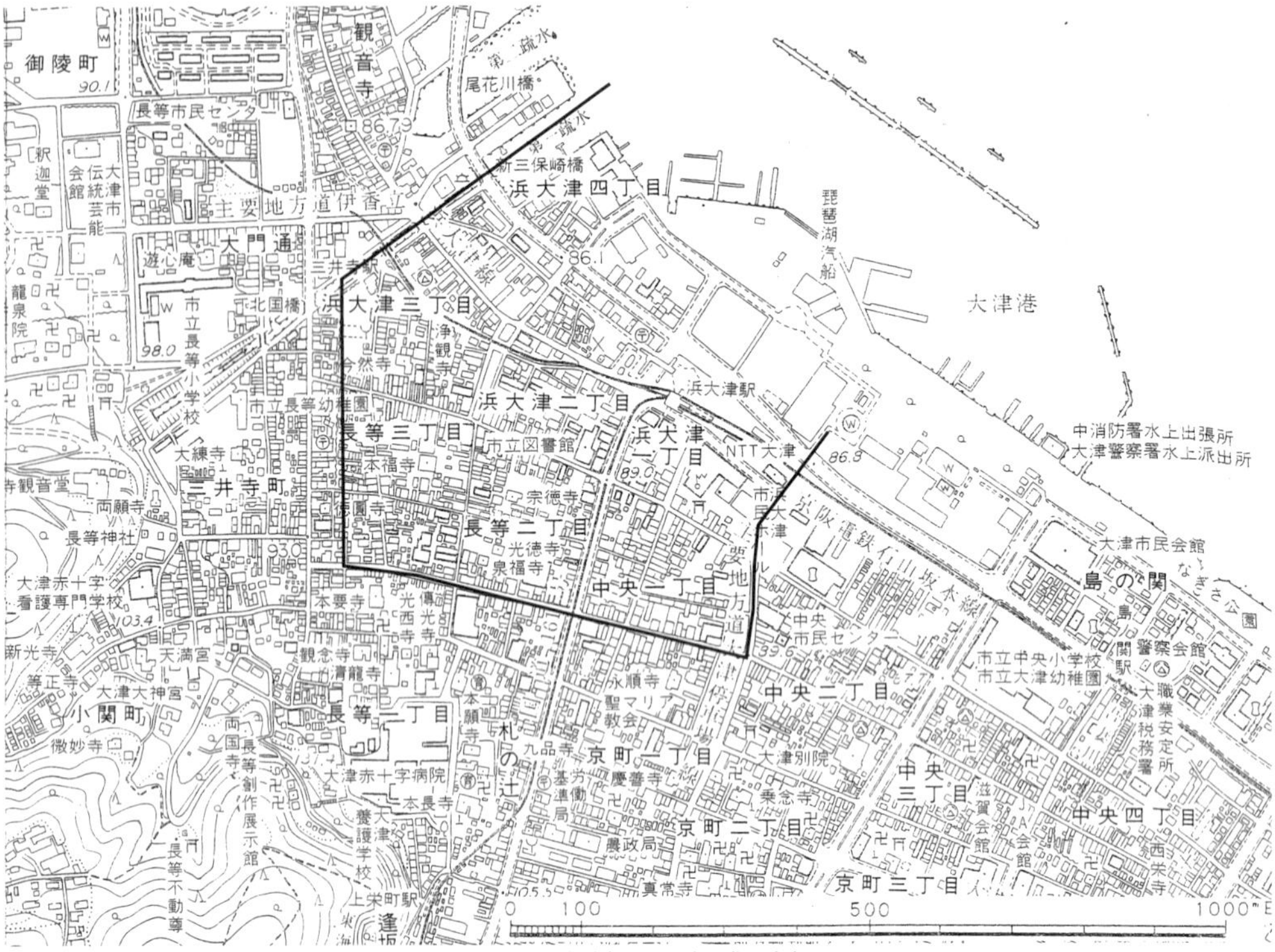

図１　大津城位置図（平成７年）

図２　大津城地形図（明治25年）

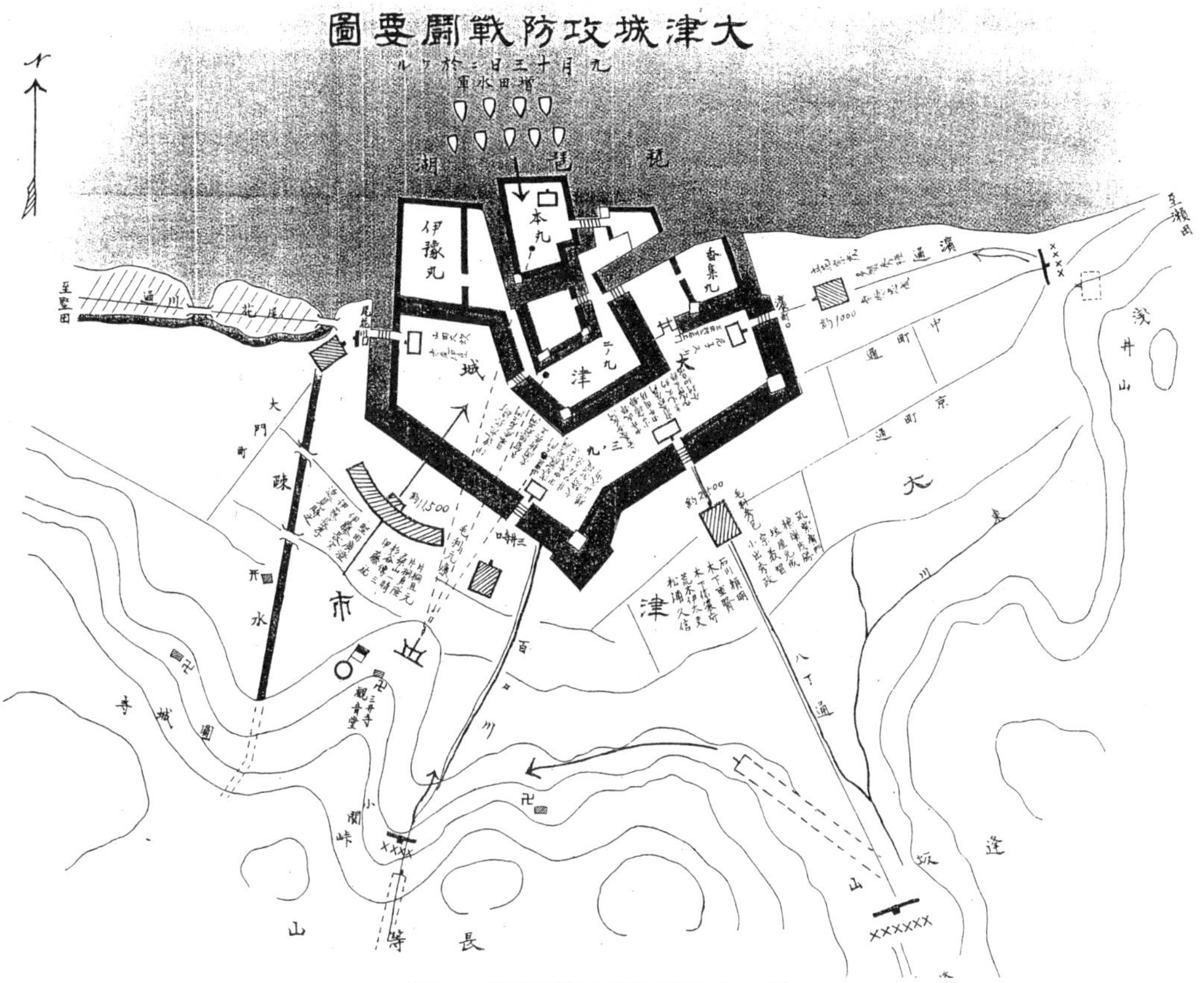

図3　大津籠城戦図（『郷土戦史』より）

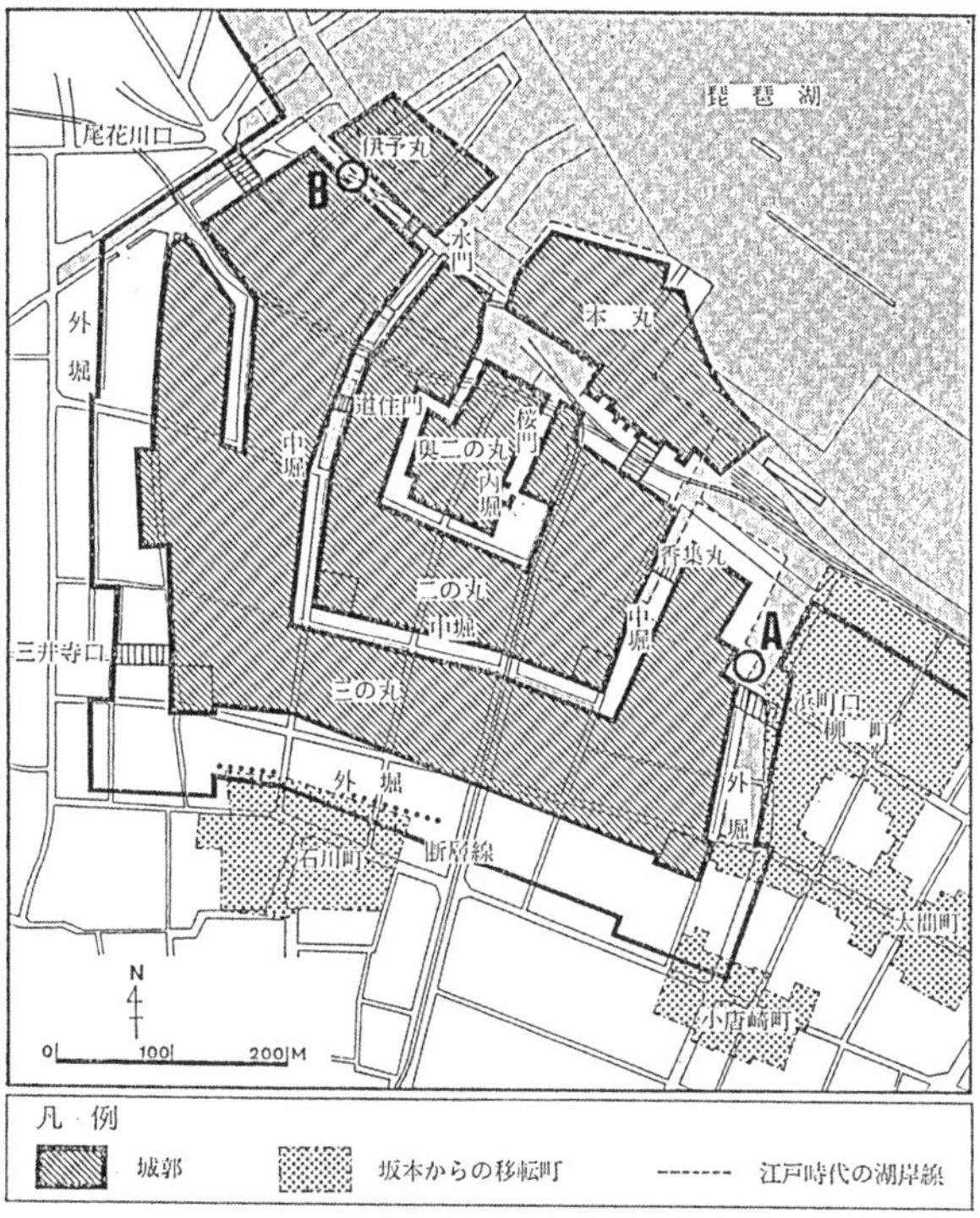

図4　大津城縄張り復元図（参考文献7による）

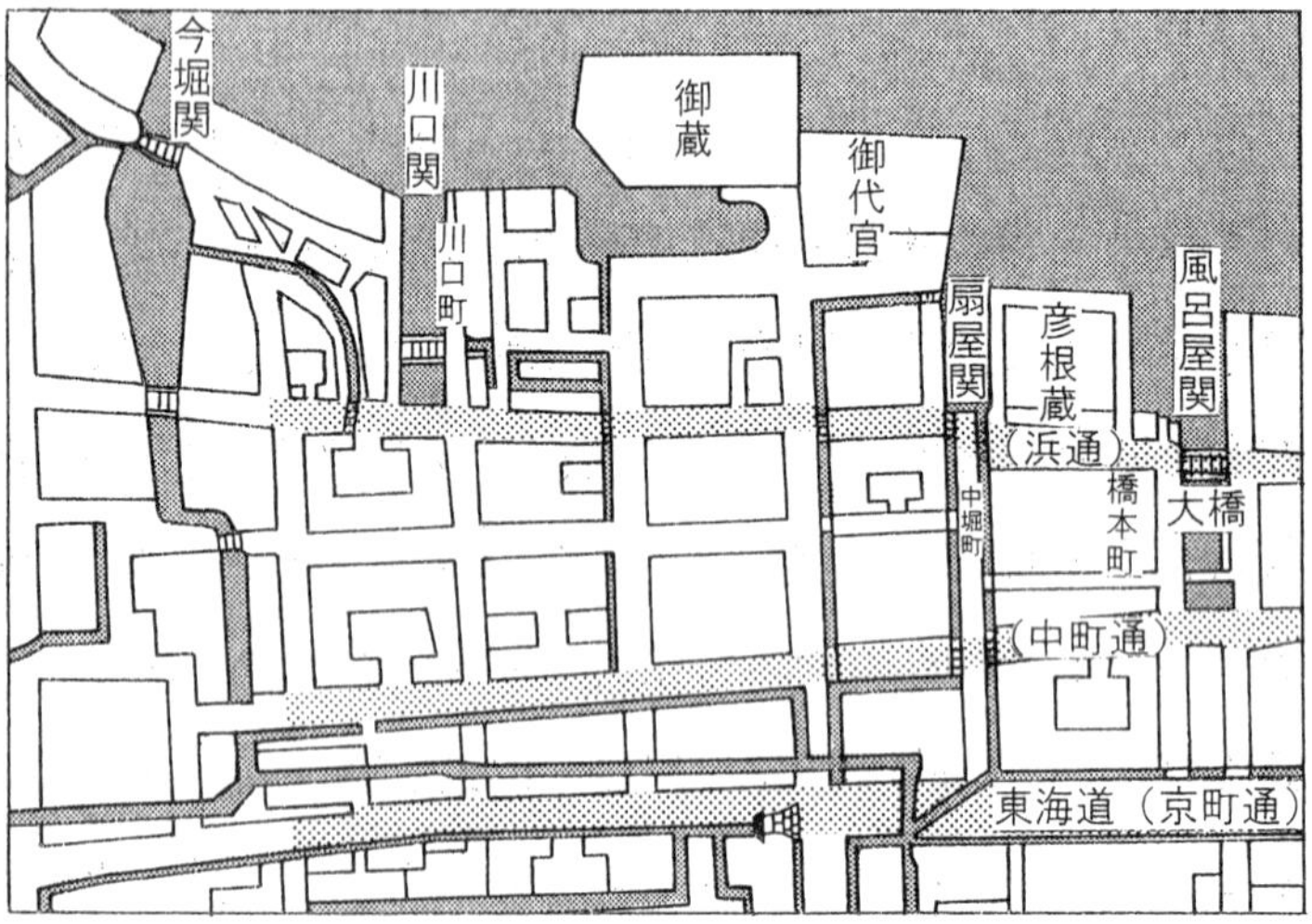

図５　「大津町古絵図（寛保２年写）」模式図（参考文献４による）

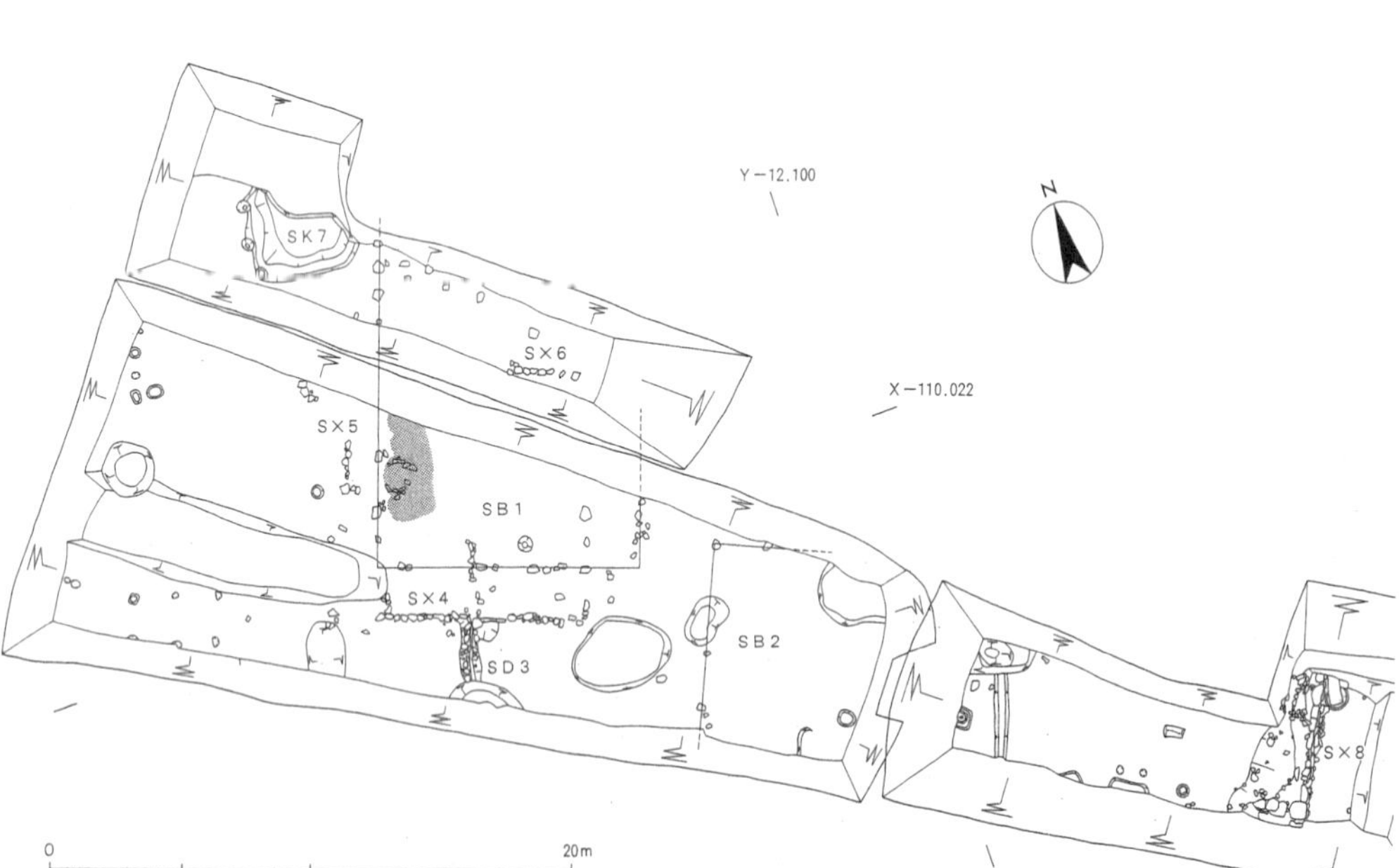

図６　平成８・９年度調査遺構平面図（参考文献４による）

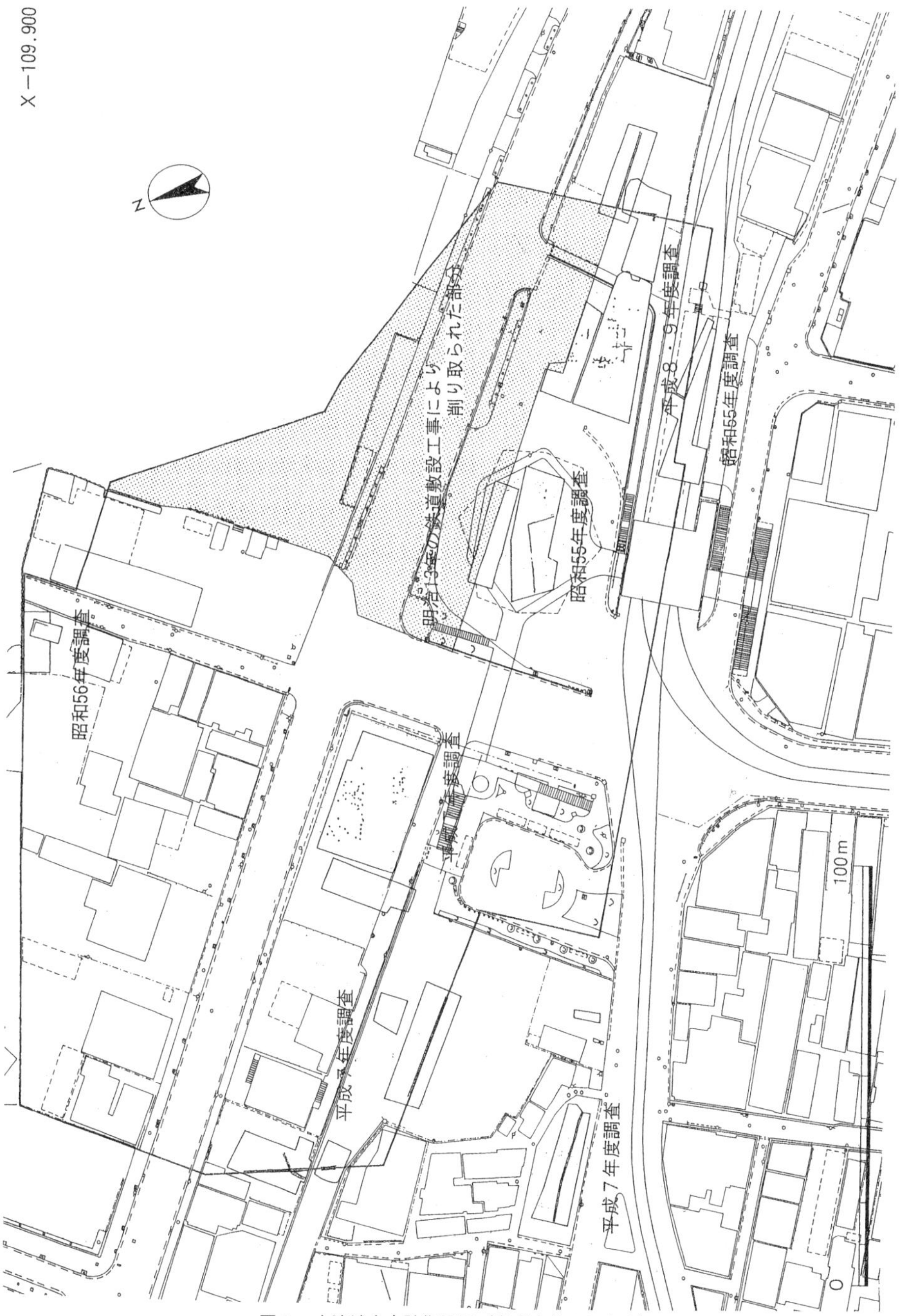

図7　大津城本丸跡復元図（参考文献4による）

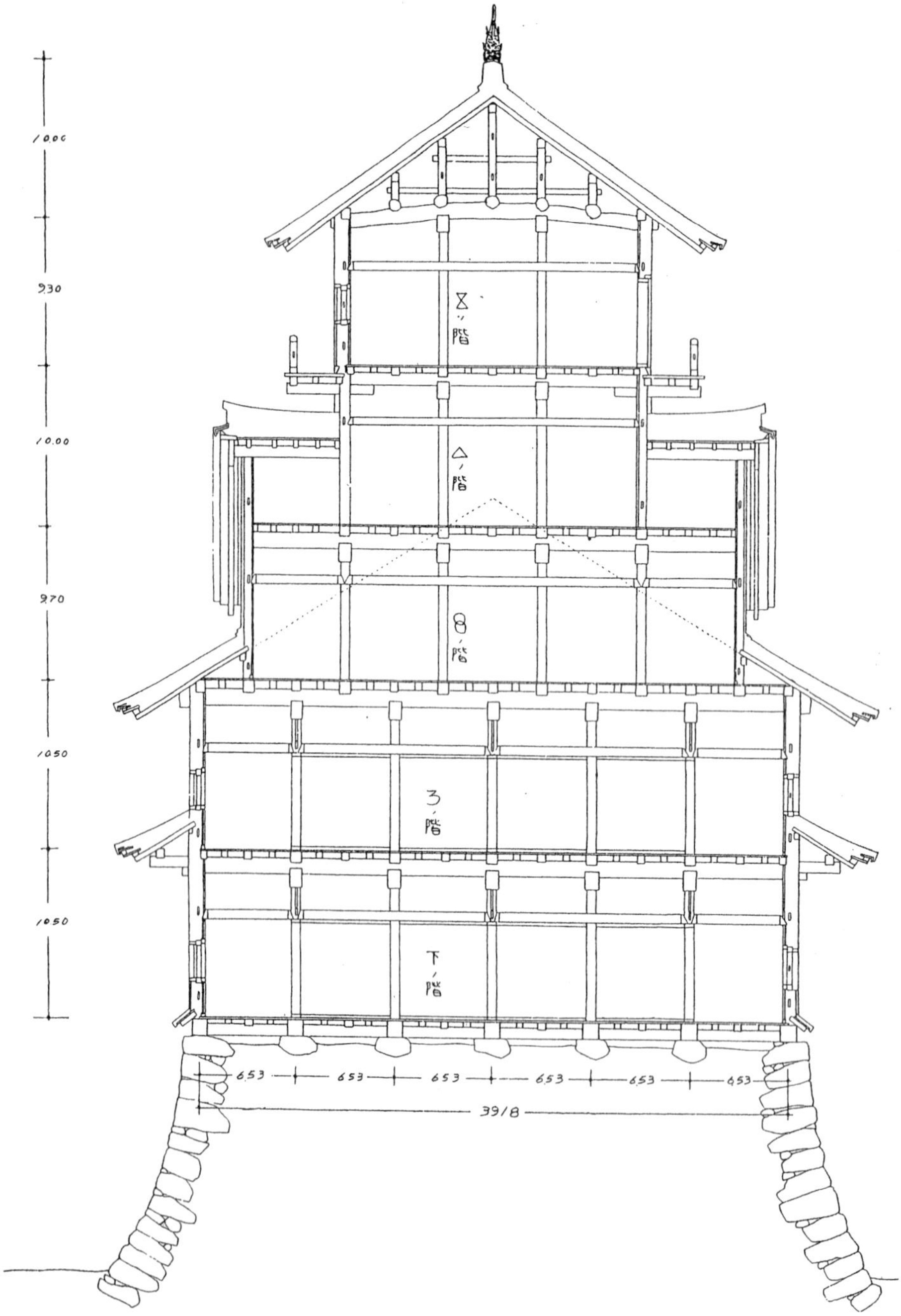

図８　大津城天守復元図（参考文献８による）

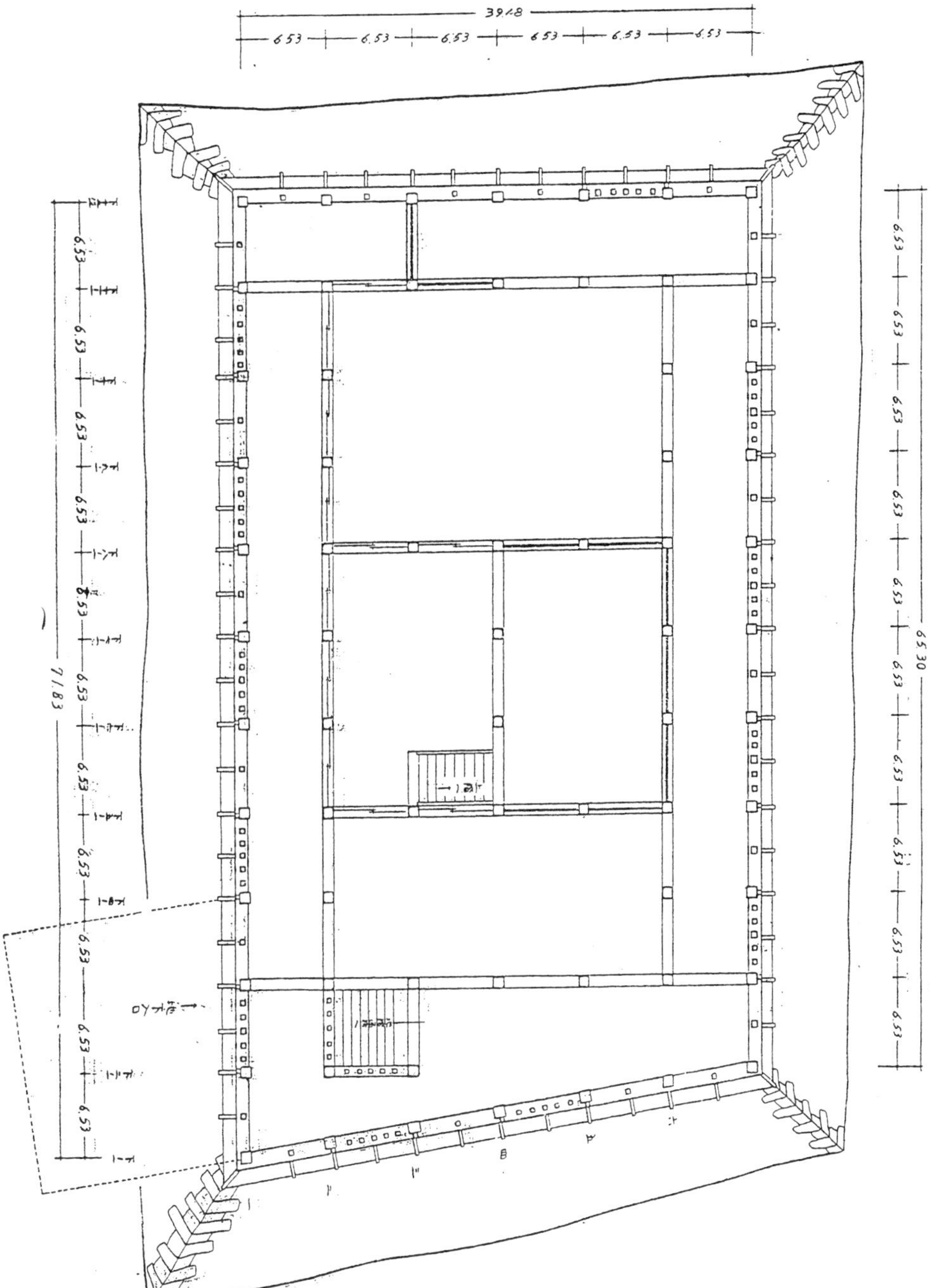

図9　大津城天守台平面図（参考文献8による）

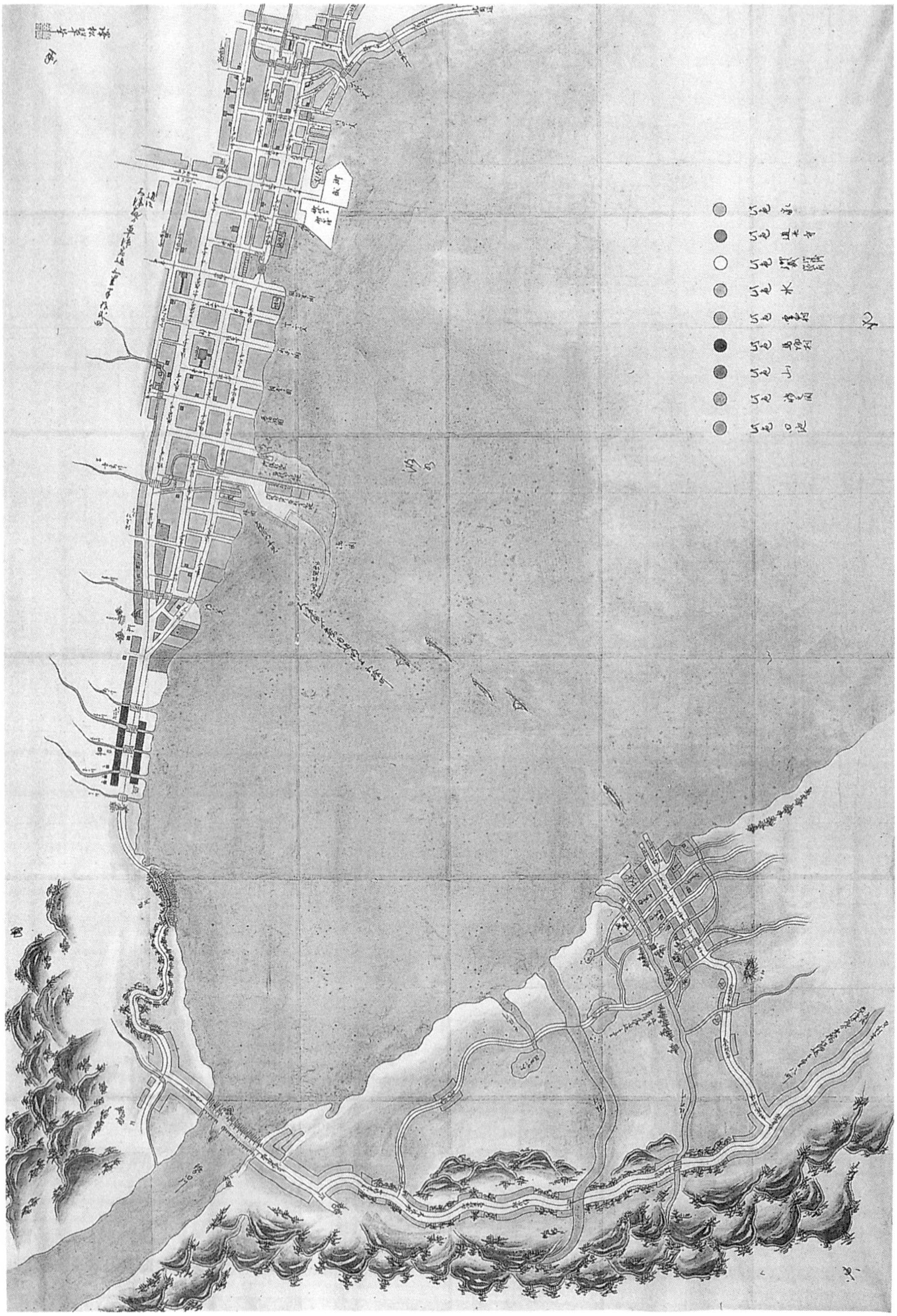

写真１　矢橋小舟入航路絵図（大津市歴史博物館蔵）

写真２　三井寺観音堂から長等・浜大津を見る（明治末頃）

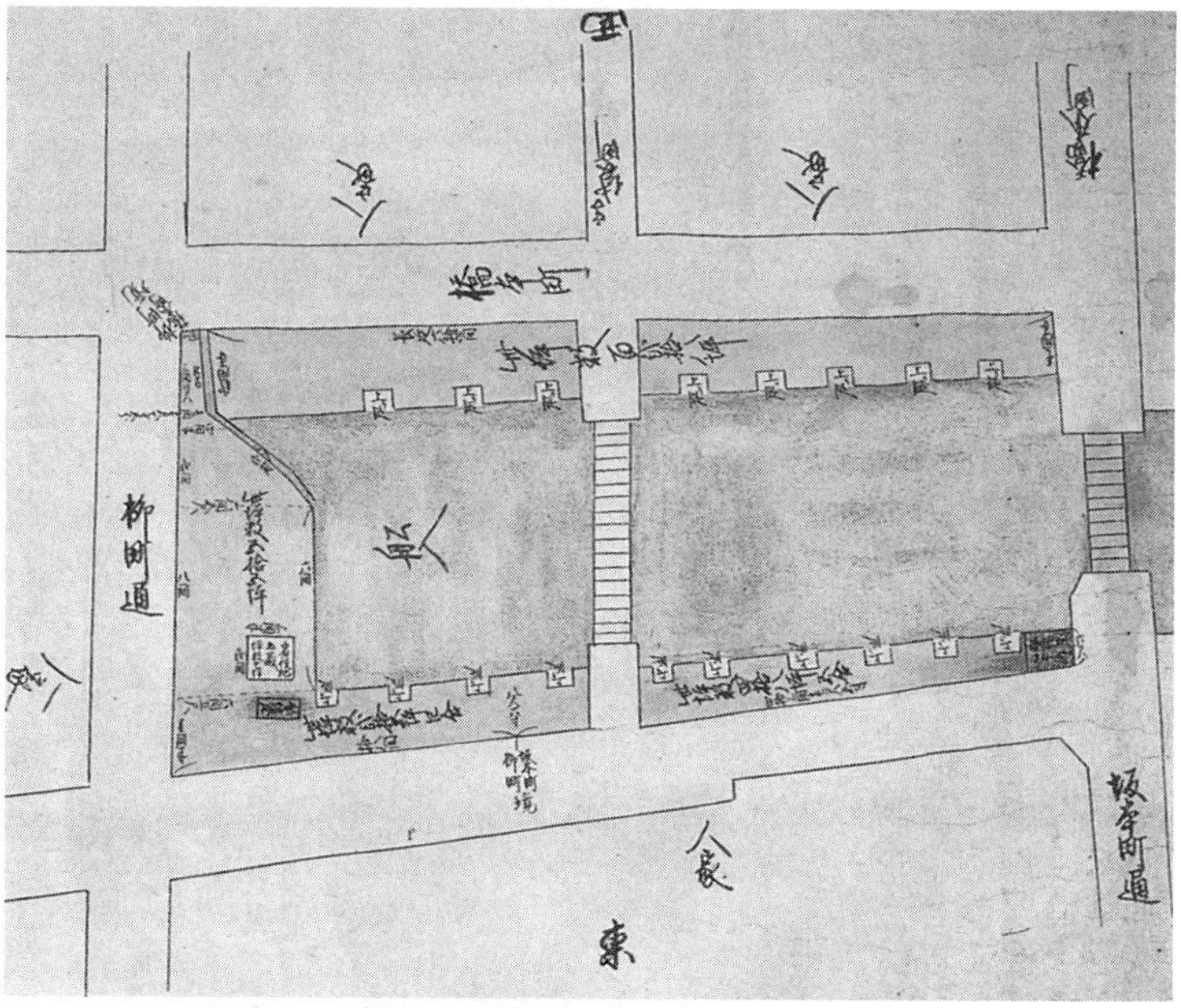

写真３　大橋堀（風呂屋関）絵図（大津市歴史博物館蔵）

写真４　旧川口堀（大津市歴史博物館蔵）

写真５　昭和45年当時の浜大津付近（大津市教育委員会蔵）

写真６　大津城本丸内礎石建物跡（大津市教育委員会蔵）

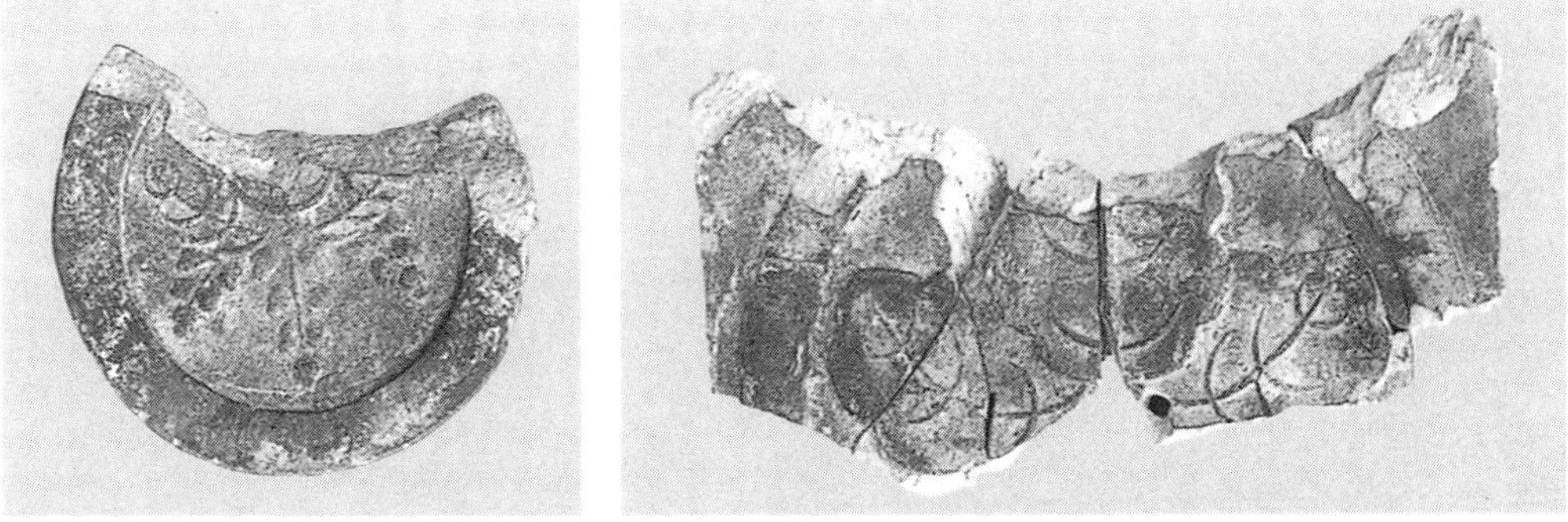

写真７　大津城本丸跡出土金箔瓦（大津市教育委員会蔵）

写真８　大津城空中写真（米軍撮影　R32-1 100　1948年）

写真９　大津城拡大空中写真（米軍撮影　R32-1 100　1948年）

13 坂本城

滋賀郡支配を命じられた明智光秀の居城

大津市

坂本城は、元亀二年（一五七一）九月の山門焼き討ち後、織田信長に滋賀郡支配を命じられた明智光秀が、現在の下阪本の湖岸（大津市下阪本三丁目一帯）に湖水を巧みに取り入れて築いた城である（図1）。近年、宅地化が急速に進み、わずかに湖中に石垣の一部が残されている程度で、城の面影を伝えるものはほとんどない。だが、築城から秀吉による再建を経て廃城に至る坂本城の記事が、『信長公記』をはじめ、『兼《かね》見卿記《みきょうき》』や『天王寺《てんのうじ》屋会記《やかいき》』など、当時の史料に比較的多く載っており、ある程度その変遷を追うことができる。

まず、坂本城の築城時期については、後世の史料ではあるが、元禄三年（一六九〇）書写の『永禄以来年代記』元亀二年条に、「明智坂本ニ城ヲカマヘ、山領ヲ知行ス。山上ノ木マデキリ取」とあり、元亀二年中に築城が始まったように見えるが、同時代史料には元亀二年築城の記事はない。ただ、当時の秀吉の行動を詳しく記す『兼見卿記』（京都吉田社の神官吉田兼見の日記）には、元亀三年閏正月六日に、吉田兼見が坂本城の普請見舞に光秀を初めて訪ねた記事が載っている。それから約一年後の、同年一二月二二日に再び坂本城を訪れ、「城中天主作事」を見物したとあり、この時、天主が築かれていたことが分かる。そして、翌元亀四年六月二八日には坂本城の「天主の下に立つ小座敷」で光秀と会っており、この頃には、おおよそ坂本城の普請が完了していたようである。築城開始は元亀二年末から翌年正月にかけての時期と考えてよく、一年半余りで城がほぼ完成したことになる（写真1）。

城内の様子も当時の史料に散見しており、『天王寺屋会記』には、天正六年（一五七八）正月一一日に、堺の津田宗及（天王寺屋、光秀の茶の湯の師匠）が坂本城に招かれて茶会を催した後、城内から御座船に乗って信長の安土城に向かったという記録があり、直接船を城内に引き入れることができる構造になっていたことがわかる。また、同記の天正九年正月一一日の記事には、「浜ノ方の御座敷」で茶会が催されたとあり、湖畔にも建物が築かれていたらしい。さらに、城内に天主があったことは、先の『兼見卿記』に記載されていた通りだが、そこには小天主も造られていたようで、この記述が正しいとなると、坂本城には連立式の天主があったことになる。これは、ルイス・フロイス（イエズス会宣教師）の『日本史』に記載された「……それは日本人にとって豪壮華麗なもので、信長が安土山に建てたものにつぎ、この明智の城ほど有名なものは天下にないほどであった……」という内容にもよく符号しており、安土城に先立ち建てられた近世城郭の先駆的な役割を果たした城だと考えてよいだろう。

だが、このような豪壮な規模を誇った坂本城も城主明智光秀の死とともに、大きな転換期を迎える。天正一〇年（一五八二）六月、本能寺の変で主君織田信長を討った明智光秀が、山崎の合戦で豊臣秀吉に敗れ、近江へ逃れる途中で殺されると、坂本城も火がはなたれ落城の憂き目にあう。光秀討伐後、信長の重臣たちが集まって開かれた清洲会議で、信長の所領の分割が行われ、近江の滋賀・高島二郡は丹羽長秀の所領となる。長秀はすぐに坂本城再建に取りかかったようで、『兼見卿記』によれば、坂本城落城から一カ月後の七月初旬には坂本に入っていた。そして、遅くとも九月には、再建工事が始まっていたらしく、九月一六日に坂本に下向した吉田兼見が長秀に「普請場」で会った記事が載る。翌一一年の正月二〇日にも兼見が坂本の普請場で長秀と対面している記事があり、工事がなお続いていたことがわかるが、この再建工事がいつ完成したのか、史料では確認できない。だが、同年四月、秀吉が柴田勝家を滅ぼすと、五月に坂本城において近江の知行改めと、柴田勝家滅亡後の知行割りを行い、丹羽長秀には越前・若狭と加賀半国を与え、坂本城には秀吉の家臣杉原家次が入ったことから見て、少なくともこの時期には完成していたと考えてよいだろう。穿った見方をすれば、丹羽長秀には、坂本城再建を担当させるために、滋賀・高島二郡が与えられたとも考えられる。

しかし、杉原家次の在城期間も短く、同年末には浅野長吉（長政）が瀬田城から移り、新たな城主となった。だが、その三年余り後に、新たに大津城が築かれることになり、坂本城は廃城となる。城の存続期間はわずか一五年余り、ひじょうに短命に終わった城であった。その理由としては、いくつか考えられているが、最大の理由は、坂本城の役割（山門監視）が失われたことと、秀吉が大坂に本拠地を置くにあたり、大津の地を重要視するようになったためだといわれている。

このような歴史をもつ坂本城は、先に見たように城内の様子を知る史料は散見するが、縄張りを示す絵図はまったく残っていない。したがって、城の正確な位置や曲輪などの配置は不明で、後世の史料から推測するしかない。

まず、城の位置だが、京都の儒者黒川道祐が著した『近畿歴覧記』に収められている紀行文（『三井行程』、延宝六年・一六七八）の中に、「七本柳（山王祭での船渡御の出発点で、現在の八柳浜）の二町程北に、明智光秀の城跡がある」という記述があり、現在の東南寺付近にあったらしいことがわかる。また、『近江輿地志略《おうみよちしりゃく》』（一七三四年刊）にも「坂本城の城跡に一寺を建てたのが今堂（東南寺）であり、古城地の時の石垣が今に残っている」と書いていることから、坂本城はおおよそ東南寺一帯の地にあったと見てよいだろう。さらに、当地の旧字名を表した明治一四年（一八八一）の『滋賀郡下阪本村字箇所絵図』に、東南寺付近の旧字名が「城」と記載されていることからも、この部分が坂本城の中心であった可能性が最も強い。付近には、「城畔」「的場」「浄戒口（城界口の転訛か）」など、城に関連したと見られる字名（図2）があり、坂本城の範囲を推定する一つの史料となっている。

このように、後世の史料ではあるが、坂本城の位置はおおよそ東南寺付近一帯に想定できることから、あとは発掘調査により、それを確定していく作業が必要となってくる。だが、昭和五〇年代の半ばになるまで、坂本城跡の発掘調査はまったく行われておらず、それまで中・近世の遺跡がほとんど注目されていなかったこともあって、かなり遅れているといってよい。そのような中で、昭和五四年に、城の中心にあたる部分で大規模な宅地開発が計画され、これに伴う発掘調査を実施したことがきっかけとなって、現在までに一〇箇所余りの発掘調査が行われ、わずかずつではあるが、城の縄張りなどが明らかになってきている（図3）。

最初に行われた昭和五四年の発掘調査（図3—A地点）では、二つの焼土層を挟んで上下に五時期に分かれる遺構面があり、第二遺構面と第三遺構面との間にある厚さ一〇〜三〇センチメートルの焼土層が明智光秀死亡後の落城・焼失した時のものと考えられている。したがって、第二遺構面は明智光秀在城時の遺構、さらに焼土を整地した層に築かれた遺構は丹羽長秀により再建された豊臣秀吉期のものと見てよい。前者には、礎石建物四棟、柵一条、石組み井戸一基、石組み溝一条などが、後者には礎石建物二棟、掘立柱建物一棟、石組み溝一条、暗渠を伴う石組み溜升遺構一基、石垣などが見つかっており、礎石の規模や配列などから、城内の邸宅遺構ではないかと考えられている。当地点は、城中枢部の本丸にあたると見られ、城主が使っていた建物の可能性が強い（図4、写真4）。これらの遺構群とともに、瓦を中心とする大量の遺物が出土したが、その中には信楽・常滑・美濃・瀬戸・志野・唐津などの壺・甕・碗・鉢・擂鉢・天目茶碗、さらには中国明代の景徳鎮窯・竜泉窯系の染付・青磁・青白磁・白磁（碗・皿）などが含まれており、贅を尽くした城中の様子の一部がこれらの遺物からもうかがえる。

また、当地点の湖岸部分に、いつもは湖中に没している石垣の存在が発掘調査前から知られていた（図3—D地点）。湖の水位が下がった時、湖中から顔をのぞかせることはあったが、平成六年夏の琵琶湖の異常渇水で、湖岸がかなり沖合まで干上がり、石垣が破損する危険性がでてきたため、急遽、滋賀県教育委員会が保存を目的とした緊急調査を実施し、石垣の遺存状況の把握を行った。その結果、石垣は東（湖中）に張り出す形でやや変形した「コ」字状に延びており、最下段の基底石とその下に敷かれた胴木が確認されている（図5、写真5）。南側の石垣は長さ約三・六メートルを確認しただけだが、その東端から曲折して北へ延びる南北方向の石垣は約二二メートルに及ぶ。さらに、その北端で鋭角に西方に曲がり、約九メートルにわたって石列が続く。南北方向の石垣では、南端のコーナーから北へ約八・一メートルの地点に、幅約一・六メートルの階段が造られており、胴木とともに少し前面に張り出す。胴木は松の丸太や檜・栗の転用材で、長さ一・一〜三・〇メートル、太さ九〜一五センチメートルのものを使っている。また、北側の東西方向の石垣に平行するように、三・八メートル余り隔てた北に、南面する石垣が三メートル余り確認されており、その間は舟入り跡と考えられている。

さらに、昭和五四年の調査地の西、国道一六一号線を挟んだ反対側の地点（「明智塚」の隣接地、図3—C地点）を、昭和六〇年に発掘調査したところ、厚く堆積した焼土層の下位から、L字形に曲折する石垣（西及び北側に面をもつ）が六・九メートル余りにわたって確認された。石垣は残りのよい箇所で石積みが六段あり、本丸とその西側の二の丸との間に掘削された南北方向に延びる堀の本丸側の石垣と見られている（図6）。

このように、わずかずつではあるが、坂本城の遺構が見つかってきており、ようやく縄張り復元への第一歩を踏み出したといったところだろう。縄張りの完全な復元にはまだまだ時間がかかりそうだが、旧字名や地割り、河川・水路、旧町名の分布状況などから、一応の縄張りは復元されている（図7）。それによると、まず城の規模は、坂本城廃城後、城下の町民が大津城下に移動したと伝えられ、両城下に共通の町名、すなわち太間町、小唐崎町、石川町が残ることから、城の北・南辺がおおよそ想定できる。すなわち、北は旧藤ノ木川、南は信教寺川がその限りと考えられており、同位置に外堀を想定している。西辺の外堀のラインを想定することはなかなか難しいが、現在に残る地割りなどから、下阪本小学校敷地と両社・酒井神社の間に北東—南西に走る農道や水路部分を外堀の位置と考えている。

次に、中堀については、下阪本集落の中を南北に通過する旧西近江路の一部は堀を埋め立てたものであるという伝承が地元に残り、両社の辻（旧西近江路と両社川に沿う東西の道が接する地点）の地下にL字形に延びる石垣遺構があったということなどから、北は両社川、南は東南寺川、西辺は旧西近江路部分に堀を想定している。そして、この中堀に囲まれた区画（「二の丸」）の東側、堀（復元図では「内堀」としている）を隔てて「本丸」が湖中に突出した形で立地する。

このようにして、おおまかではあるが、三重の堀で囲まれた内側に本丸・二の丸・三の丸をそれぞれ配置した城の縄張り図が一応復元されている。これは、今後の発掘調査を進めていくにあたっての一つの目安になり、大きな成果だといえる。付近一帯は宅地化が急速に進んでいるが、高層建物がほとんど見られないことから、地下遺構は、破壊されることなく残されている可能性が強く、今後の発掘調査に大いに期待がかかるところである。

（松浦俊和）

参考文献

1 『埋蔵文化財包蔵地分布調査報告書』（『大津市埋蔵文化財調査報告書』一二）、大津市教育委員会、一九八七年
2 『大津の城―ふるさと大津歴史文庫二』、大津市役所、一九八五年
3 『新修大津市史』第三巻　近世前期、大津市役所、一九八〇年
4 『滋賀埋文ニュース』一七四、滋賀県埋蔵文化財センター、一九九四年

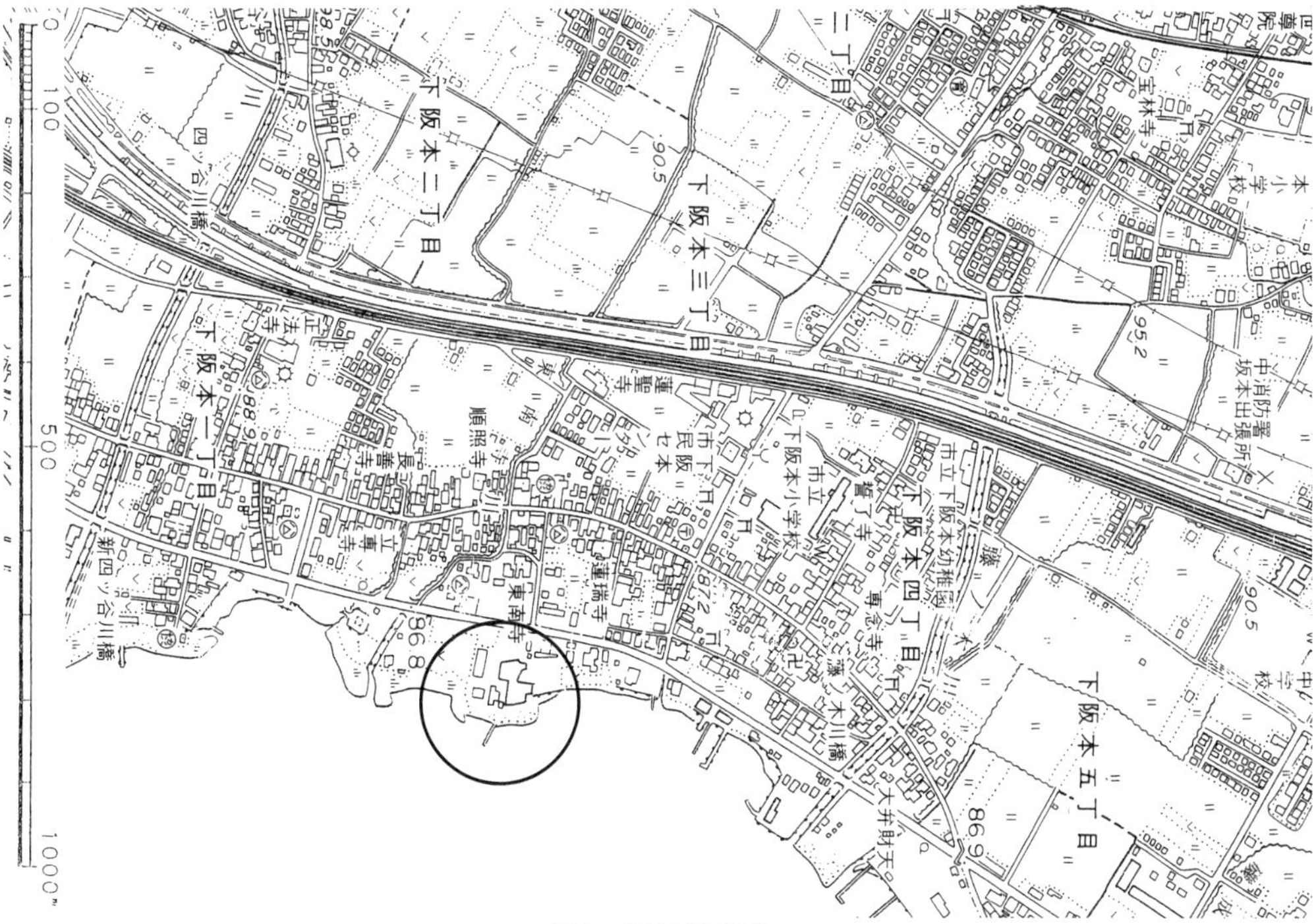

図１　坂本城位置図

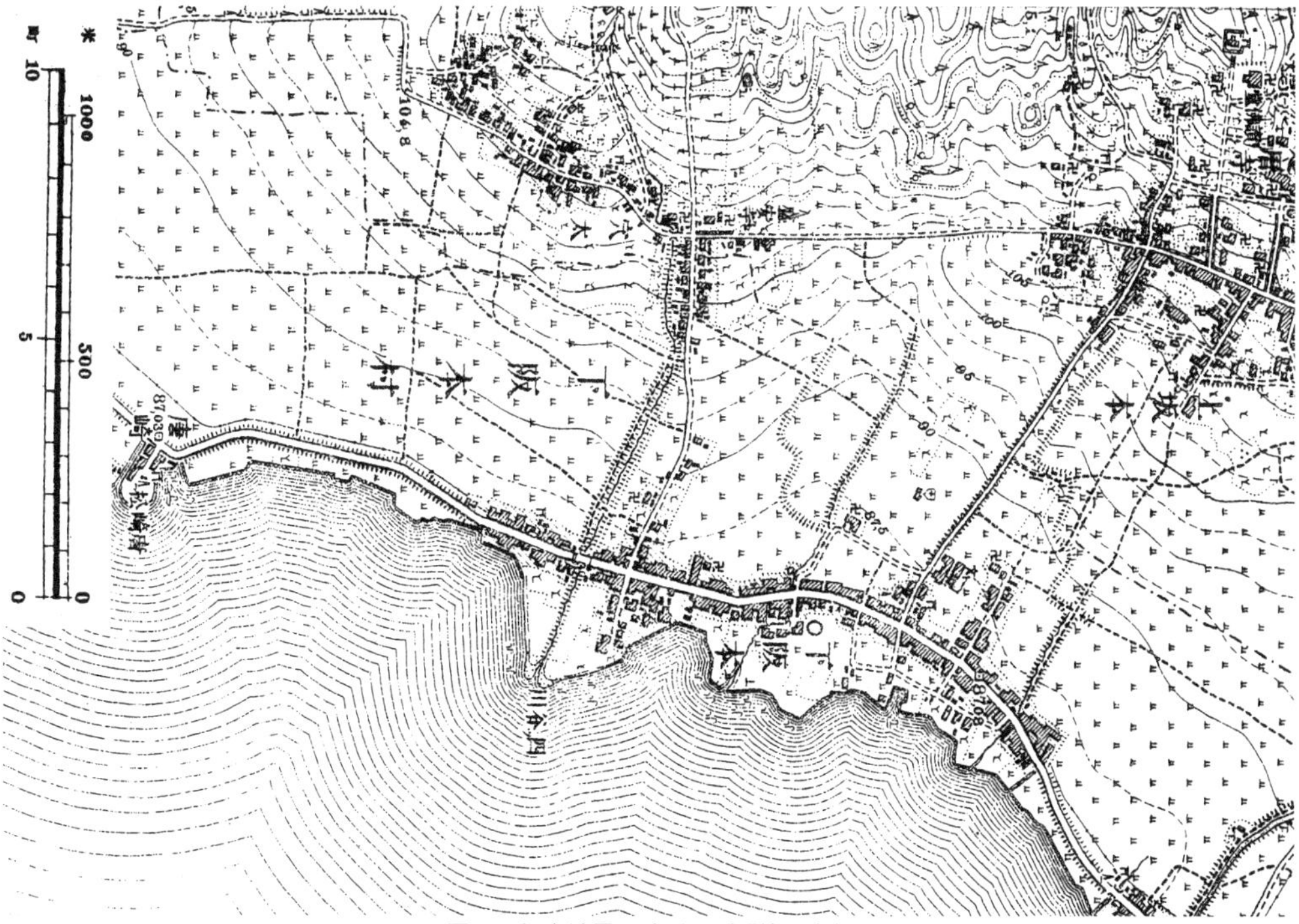

図２　坂本城周辺地形図（明治25年）

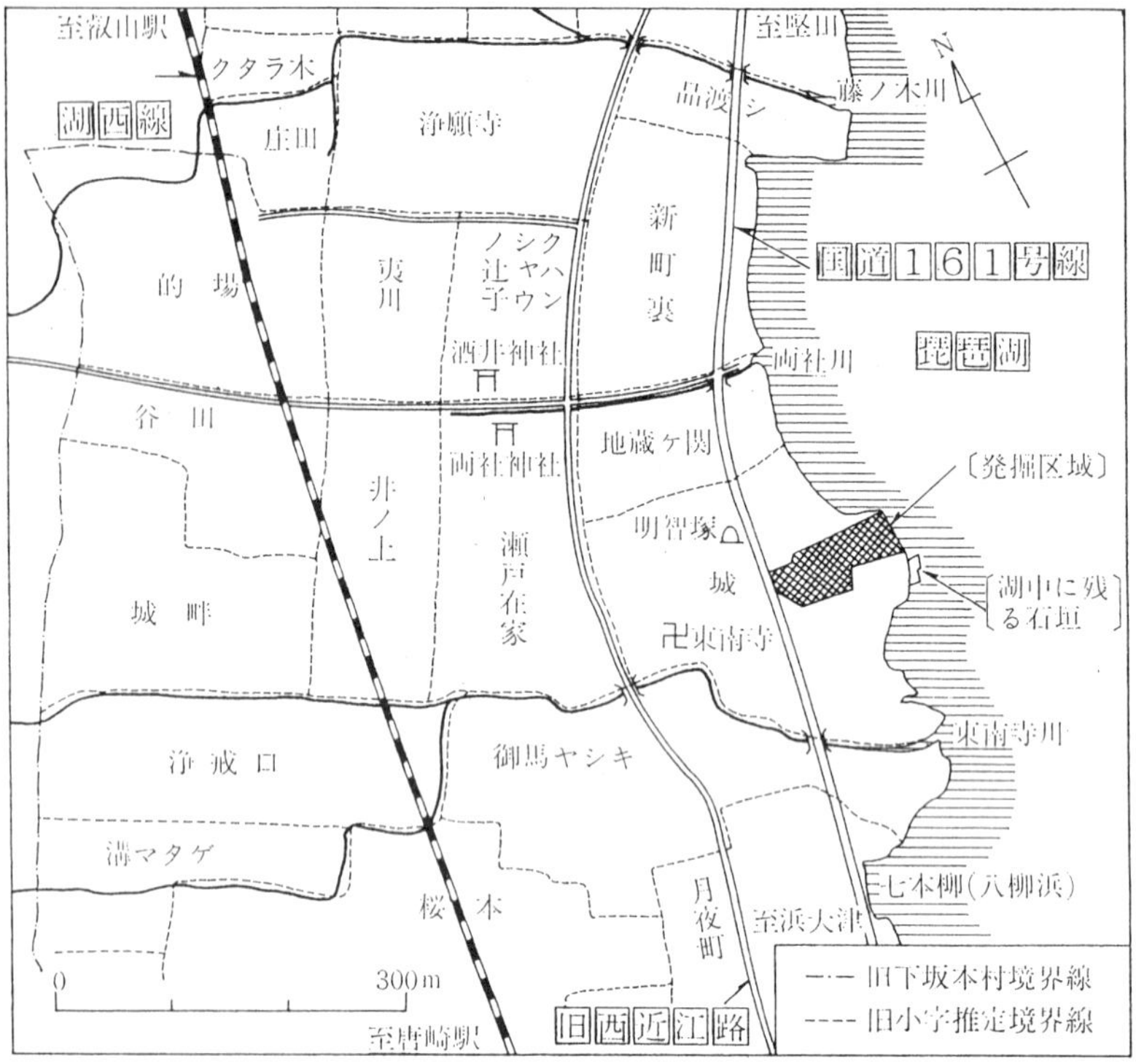

図3　下阪本旧字名図（参考文献2による）

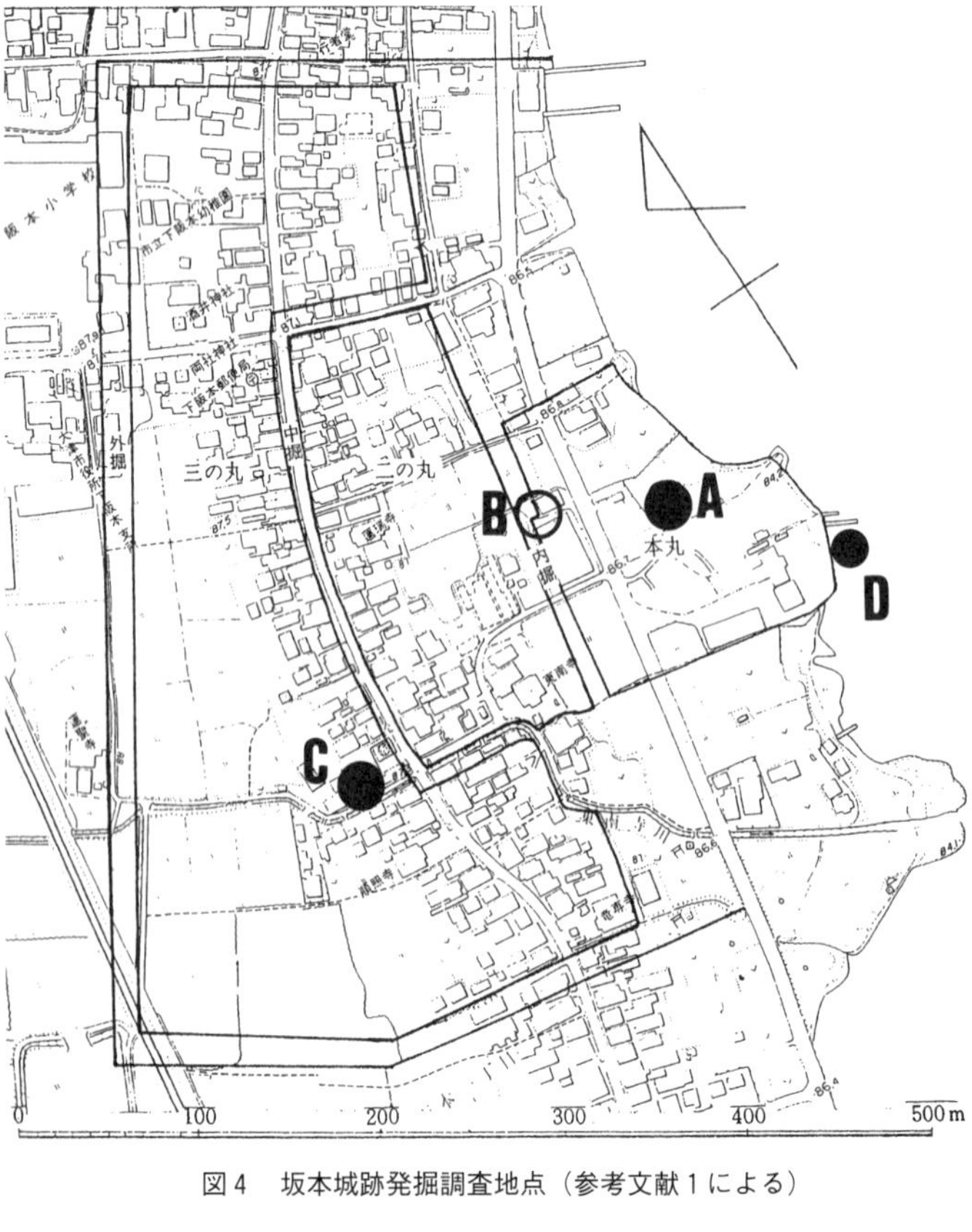

図4　坂本城跡発掘調査地点（参考文献1による）

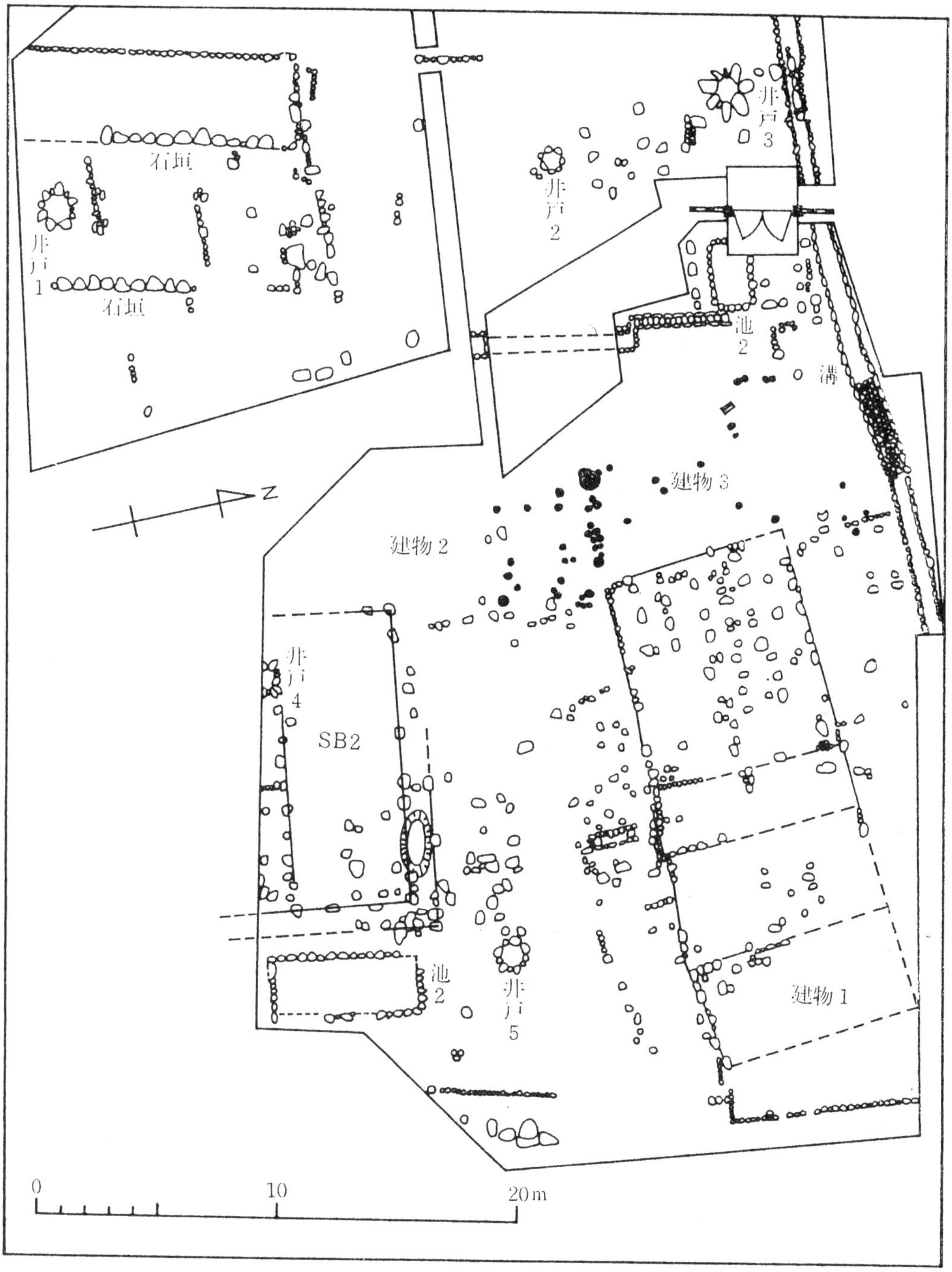

図5　坂本城跡遺構平面図（参考文献3による）

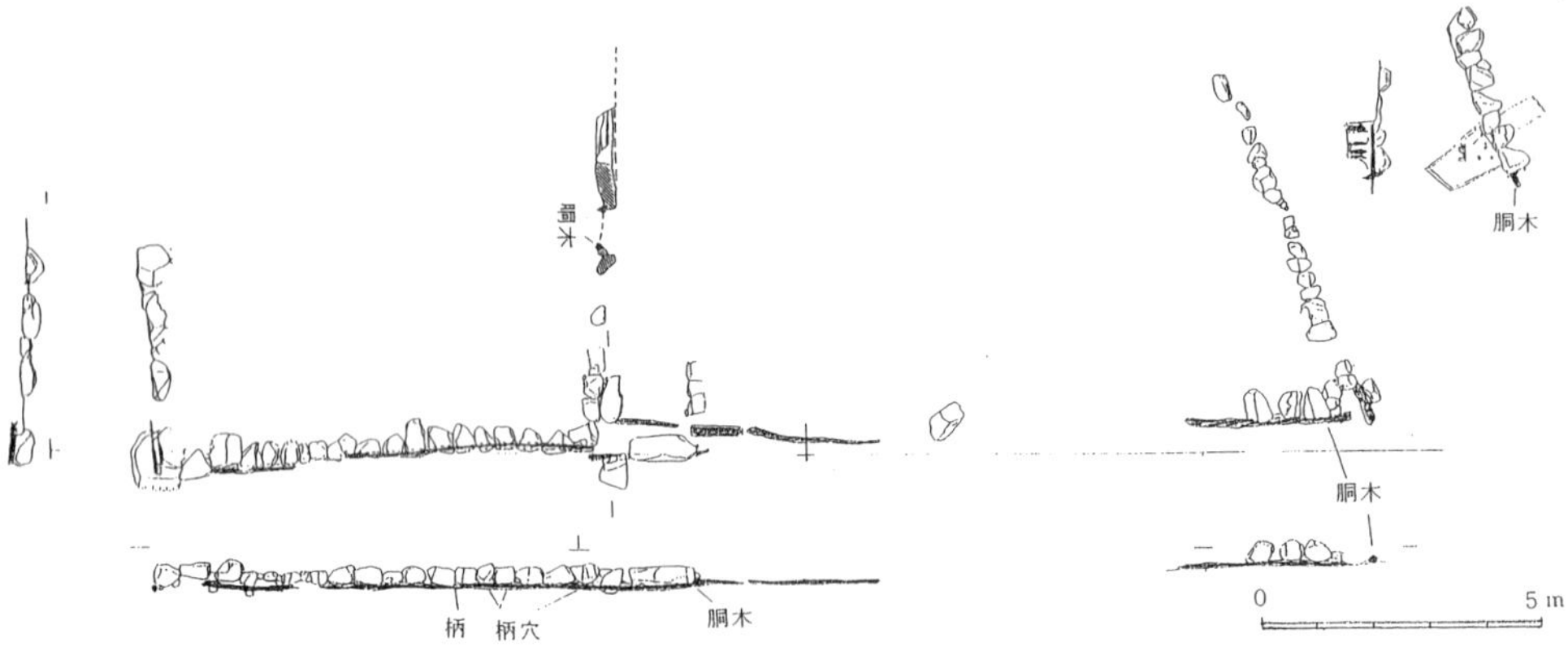

図６　坂本城跡石垣実測図（参考文献４による、図３―Ｄ地点）

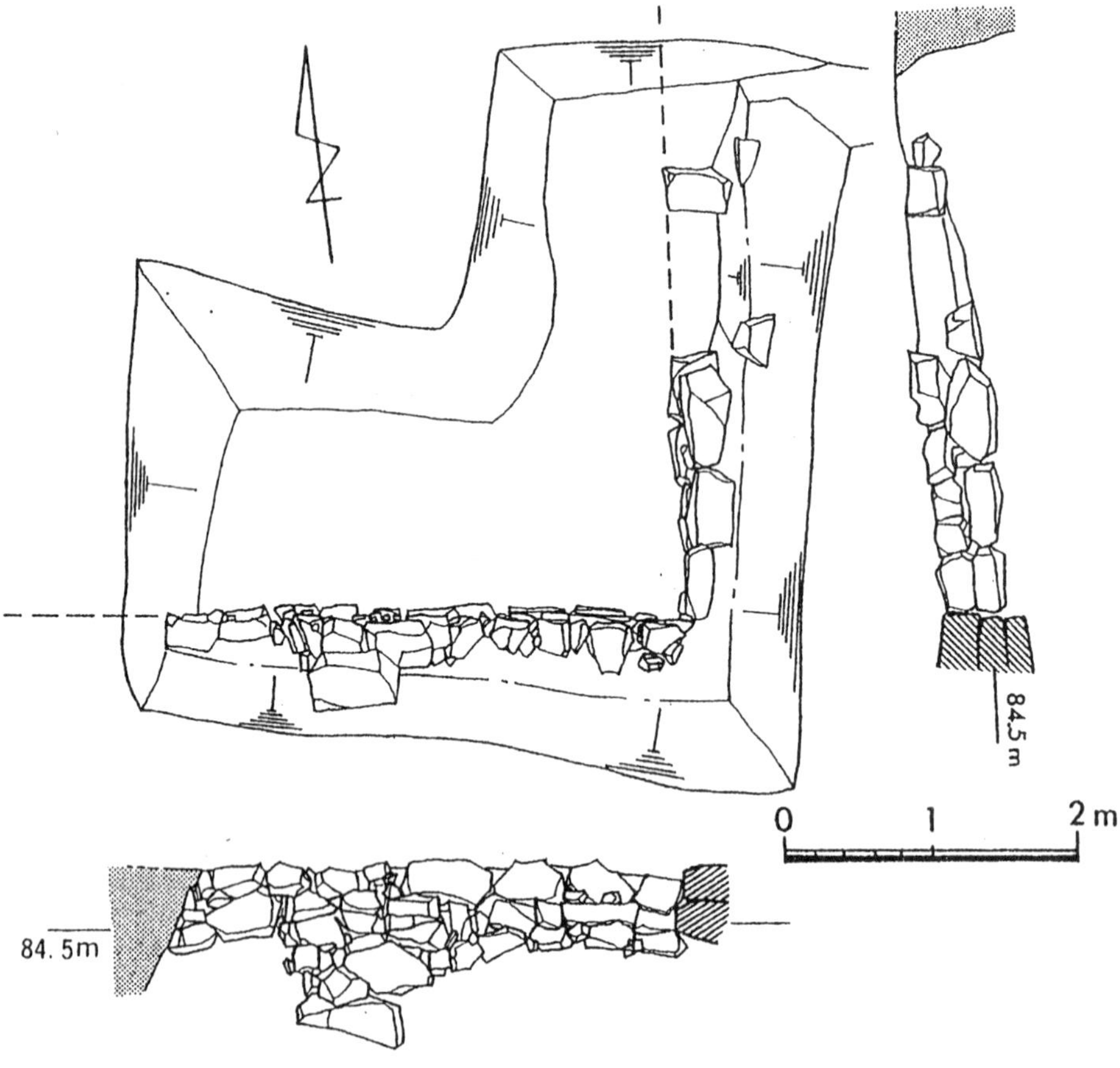

図７　坂本城跡石垣実測図
（参考文献１による、図３―Ｂ地点）

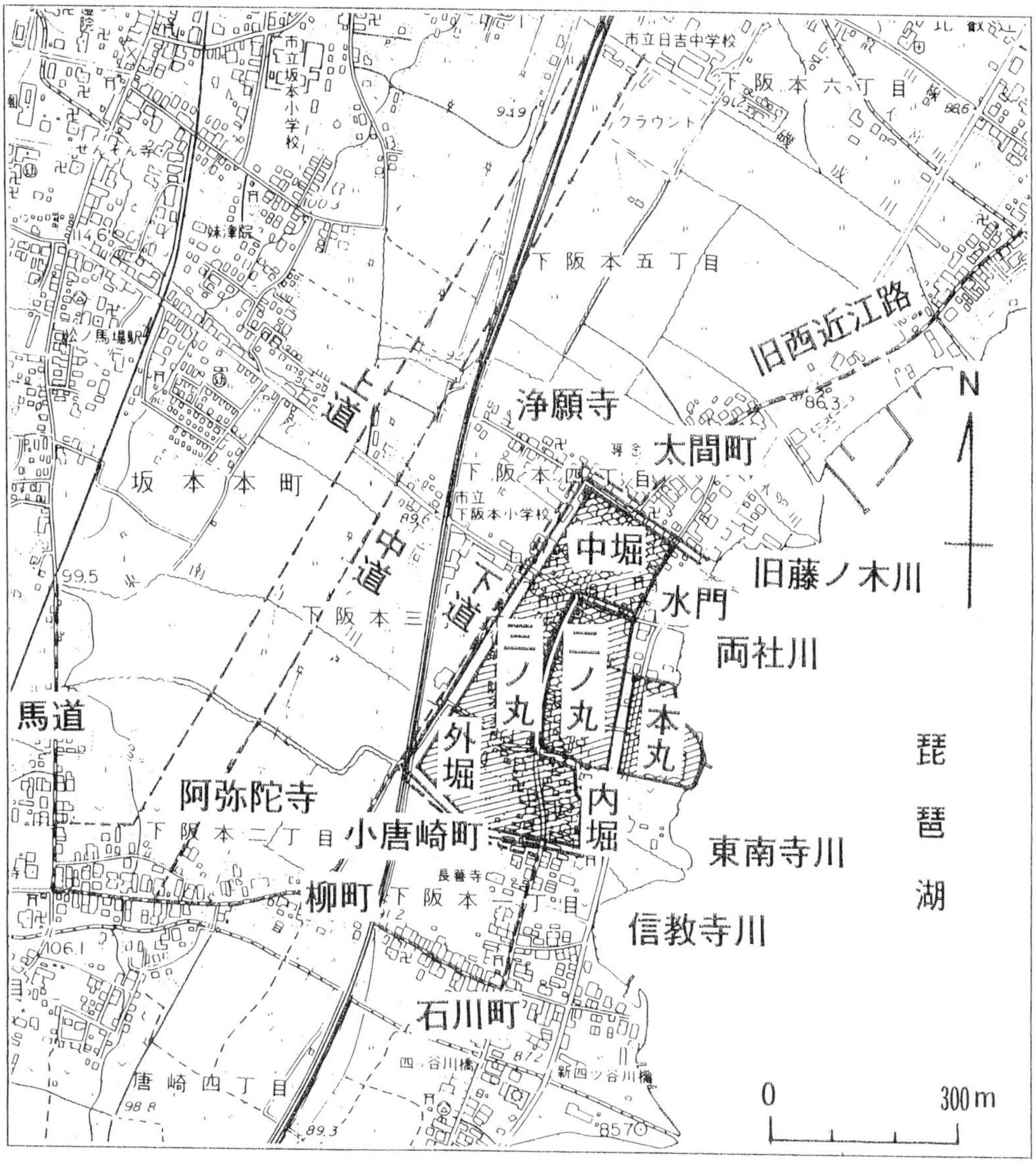

図８　坂本城縄張復元図（参考文献３による）

写真１　坂本城空中写真（国土地理院撮影　KK-61-4 C1-6970）

写真２　坂本城拡大空中写真（国土地理院撮影　KK-61-4 C1-6970）

写真３　湖上より坂本城本丸跡付近を見る

写真４　坂本城本丸跡遺構群
（昭和54年度調査、大津市教育委員会蔵）

写真５　坂本城湖中の石垣
（平成６年撮影、大津市歴史博物館蔵）

14 堅田城

要害の地ながら信長軍により落城

大津市

堅田《かたた》城については、位置・規模（縄張り）・築城年代など、不明な点が多く、ほとんどわかっていないといってよい（図1）。わずかに残る文献史料から、城の歴史を追うと、その始まりはどうも南北朝時代まで遡るようである。いずれも後世の史料になるが、『本堅田由緒書』（堅田漁業組合文書）や『堅田物語』（天和三年・一六八三に、堅田住の中村重吉が地侍の盛衰を素材にして著した御伽草子《おとぎぞうし》）などに、元弘二年（一三三二）、堀口《ほりぐち》掃部助《かもんのすけ》が今堅田に立て籠もり乱暴狼藉をはたらいたため、足利尊氏が数百の兵で攻めたが、今堅田が要害の地でなかなか落城せず、地元の諸侍の協力を得てようやく討つことができたとある。一説には、堀口氏は新田義貞の妻勾当内侍《こうとうのないし》を守っていた武将で、夫義貞の戦死を聞き内侍が自殺したことが、堀口氏の滅亡に繋がったとする見方が地元に残っている。

堀口氏は『太平記』に新田氏の一族として、その名が見える。新田氏系図によると、新田政義の子家貞を祖とし、南北朝期には、堀口貞満などが新田義貞に従い様々な軍功をたてた家柄であった。そして、その義貞が敗死すると、足利尊氏が延元三年（一三三八）八月、征夷大将軍に任ぜられ、政権は安定するかに見えたが、その後も、南朝の攻勢で京都を逃れなければならないような事態が度々起こった（正平七年、文和二年、文和四年、康安元年）。その中で、二度目の都落ちとなる文和二年（一三五三）の時、足利尊氏の子義詮が北朝の後光厳天皇を奉じて坂本から西近江路を北へ堅田、和邇を通って美濃へ逃れるのであるが、これを止めようとして反旗を翻した武将として、堅田に居た堀口掃部介貞祐が登場する。

この人物は堀口貞満の子で、文和二年（一三五三）の数年前から堅田に隠れ住んでいたといわれているが、詳細については何もわかっていない。だが、貞祐は地元で調達した五百余りの兵を従え、真野の浦で都落ちする幕府軍と一戦を交えている。この合戦では足利義詮と後光厳天皇は無事落ち延びたが、幕府の重臣佐々木秀綱が戦死した。『太平記』では、この合戦を文和二年六月のこととして記述しており、『本堅田由緒書』等の地元に残る史料に見える合戦とは二〇年余りの隔たりがある。両方に登場する堀口掃部助（介）が同一人物なのか、親子なのか、あるいは一族なのか、記載内容からはわからない。

このように見てくると、堀口氏は南北朝期に堅田を本拠としていた土豪だったことは確かなようで、これに後世、足利尊氏や勾当内侍との関わりが付加されたと考えられる。だが、堀口掃部助の本拠となった今堅田の城については、その位置や規模・内容等、それに関する記述がまったく残っていないため、いっさいわかっていない。また、文和二年当時、堀口貞祐が居た場所についても、いずれにあって、どのような規模であったのか、さらに先の今堅田の城と関わりがあるのか、まったく別ものなのか、これもまったくの不明といわざるをえない。おそらく簡単な砦のような施設だったと思われるが、それが二〇〇年余り後に登場する元亀年間の堅田城に繋がっていくのかは、その間に堅田城に関する記述がないため、確認のしようがない（写真1・2）。いずれにしても、南北朝以降、再び堅田城が登場するのは、元亀年間までまたなければならないのである。

元亀年間に入ると、朝倉義景・浅井長政連合軍に足利義昭を巻き込んだ勢力と織田信長との抗争が激化し、堅田城を巡る戦いが元亀元年（一五七〇）と同四年に起こっている。前者は、元亀元年九月、織田信長が摂津で三好三人衆や石山本願寺と戦っている間隙を突いて、湖西方面を南下し、坂本で信長軍に多大の被害を与えており、この時の戦いで信長方の武将森可成《よしなり》が戦死している。この勝利で朝倉義景の本隊約二万が湖西に進出し、坂本から苗鹿《のうか》にかけての地域一帯に陣を張った。この一連の戦いの中で堅田城は唯一信長方に属する城で、この当時は信長の一族という織田甲斐守なる人物（出自未詳）が守っていたが、まさに孤立無縁の状態であった。このような中で、信長は坂井政尚に兵千名余を付けて、堅田城救援に向かわせた。軍勢は夜陰にまぎれて舟で城に入り、朝倉・浅井軍の攻撃に対抗したが、多勢に無勢で、終に城は落ちたという。元亀元年の戦いは、この後、双方の和睦で一応治まったが、堅田城の趨勢については判然とせず、合戦後、どのようになったかは判然としない。ただ、元亀四年に入ると、堅田城をめぐる戦いが再び起こるが、この時、堅田城には足利義昭方の武将が入っていたとあることから、元亀元年の合戦後は朝倉・浅井方の城となっていたようである。

元亀四年の戦いは、織田信長と室町幕府の将軍足利義昭との不和が発端で始まる。この年の二月、信長との不和が決定的となった足利義昭の檄により、近江では石山・堅田両城が反信長の兵を挙げる。これに対して、信長はまず石山城を数日で落とし、取って返して堅田城へ軍を差し向けた。この時、堅田城を守っていたのは、山中の土豪磯谷《いそがい》氏らに率いられた三千余の兵であった。攻め手の信長方の軍勢は、まず、丹羽長秀・蜂屋頼隆の軍勢が堅田の南にある松原付近に上陸して城に向かい、その一方で、明智光秀は湖上に囲船（周囲を楯で覆った船）を並べ、船から大鉄砲三〇挺余を城内に一斉に撃ちかけたといわれている。これにより、城は小屋、城戸、櫓など十余箇所が炎上し、守備軍は大混乱に陥った。この機に乗じて、光秀軍は城の塀を倒して城内になだれ込み、城を制圧したのである。

上記の堅田城をめぐる合戦の状況を記載した史料には、城の位置や規模、城内の施設など、具体的な城の内容を示した記述はなく、わずかに城は塀に囲まれて、大手口と搦手口があり、城内には小屋・城戸・櫓などが建っていたという程度しかわからない。昭和四年（一九二九）に刊行された『京都連隊区将校団郷土戦史』に、元亀四年の堅田城をめぐる合戦図（堅田城攻防戦闘経過要図、図3）が載るが、兵の配置などを示した概略図で、城の位置や縄張りなど、具体的記載は加えられていない。後世の元禄一一年（一六九八）の『本堅田村明細帳』にも、「古城の跡、右八町屋と成り候様申し候」とあるだけで、具体的な場所の記述はない。ただ、地元で東洋紡績総合研究所の北東角付近が「城の口」、堅田港付近が「城屋敷」と通称され、また堅田漁港付近に、城に関係すると思われる「小番城《こばんぎ》」という字名が残ることから、堅田城は少なくとも本堅田の本福寺や祥瑞寺があるあたりから、堅田漁港を経て、現在の今堅田との境付近まで広がっていた可能性が考えられる。しかし、先の『堅田城攻防戦闘経過要図』では、明智光秀軍は堅田（現在の今堅田）に湖から押し寄せたように記載されており、戦闘の様子が載る『明智軍記』（合戦より約一二〇年後に編纂）との関わりから見ると、今堅田に城の中心があったように受け取れる。

このように、堅田城については不明な点が多く、先の今堅田城との関わりも含めて、発掘調査がまったく行われていない現状では、残念ながらこの程度しか語ることはできない。

だが、付近一帯の地形を見ると、前面に琵琶湖が広がり、背後にはクリークが長く延びていることからなどから考えて、城は今堅田から本堅田にかけての広い範囲を含んでいた可能性があり、湖を防御のためにうまく取り入れた水城だったことは確かなようである

（松浦俊和）

参考文献

1 『大津ふるさとのはなし・堅田』（『ふるさと近江伝承文化叢書』）、大津市教育委員会、一九八〇年
2 『大津の城―ふるさと大津歴史文庫二』、大津市役所、一九八五年
3 『滋賀県中世城郭分布調査報告九（旧滋賀郡の城）』、滋賀県教育委員会、一九九二年

今堅田二丁目
国道477号
93.0
琵琶湖
堅田郵便局
86.4
堅田駅
本堅田四丁目
公園
市立北老人福祉センター
野神神社
87.5
円成寺
海蔵寺
今堅田二丁目
平和堂
86.1
泉福寺
内湖
出雲灯台
杢兵衛造船所
(宅地造成中)
本堅田二丁目
86.7
86.2
福聚禅院
老ケ川橋
堅田漁港
漁業会館
堅田市民センター
本堅田三丁目
市立堅田中学校
NTT堅田営業所
市立堅田幼稚園
86.0
堅田高校
市立堅田小学校
市立堅田保育園
祥瑞寺
本堅田一丁目
堅田港
本福寺
法務局堅田出張所
績総合研究所堅田支部
86.8
神田神社
光徳寺
86.5
本堅田郵便局
寿寧寺
満月寺
浮御堂
堅田二丁目
五十年橋
東洋紡績社宅
0 100 500 1000m

図1　堅田城周辺図

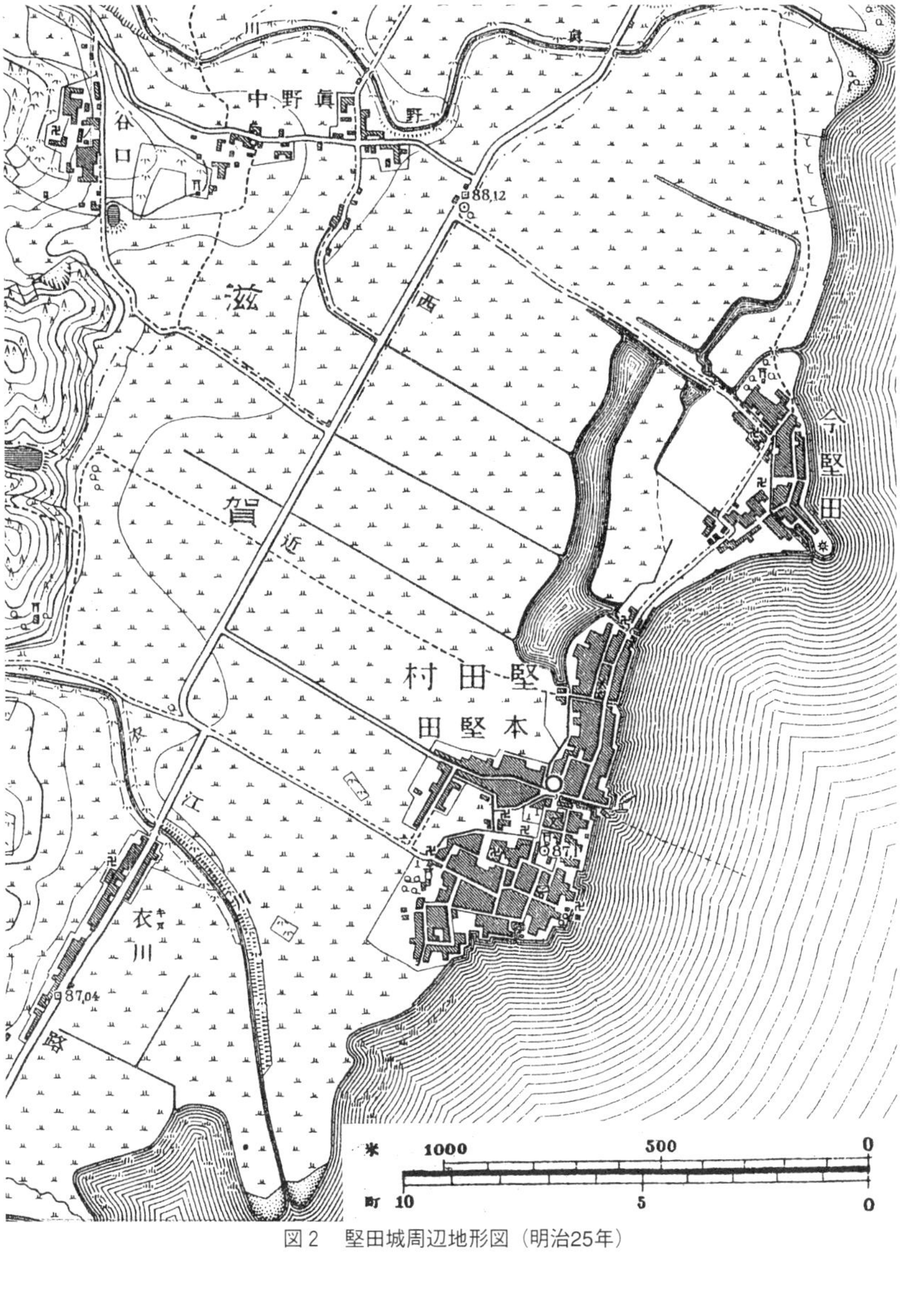

図2　堅田城周辺地形図（明治25年）

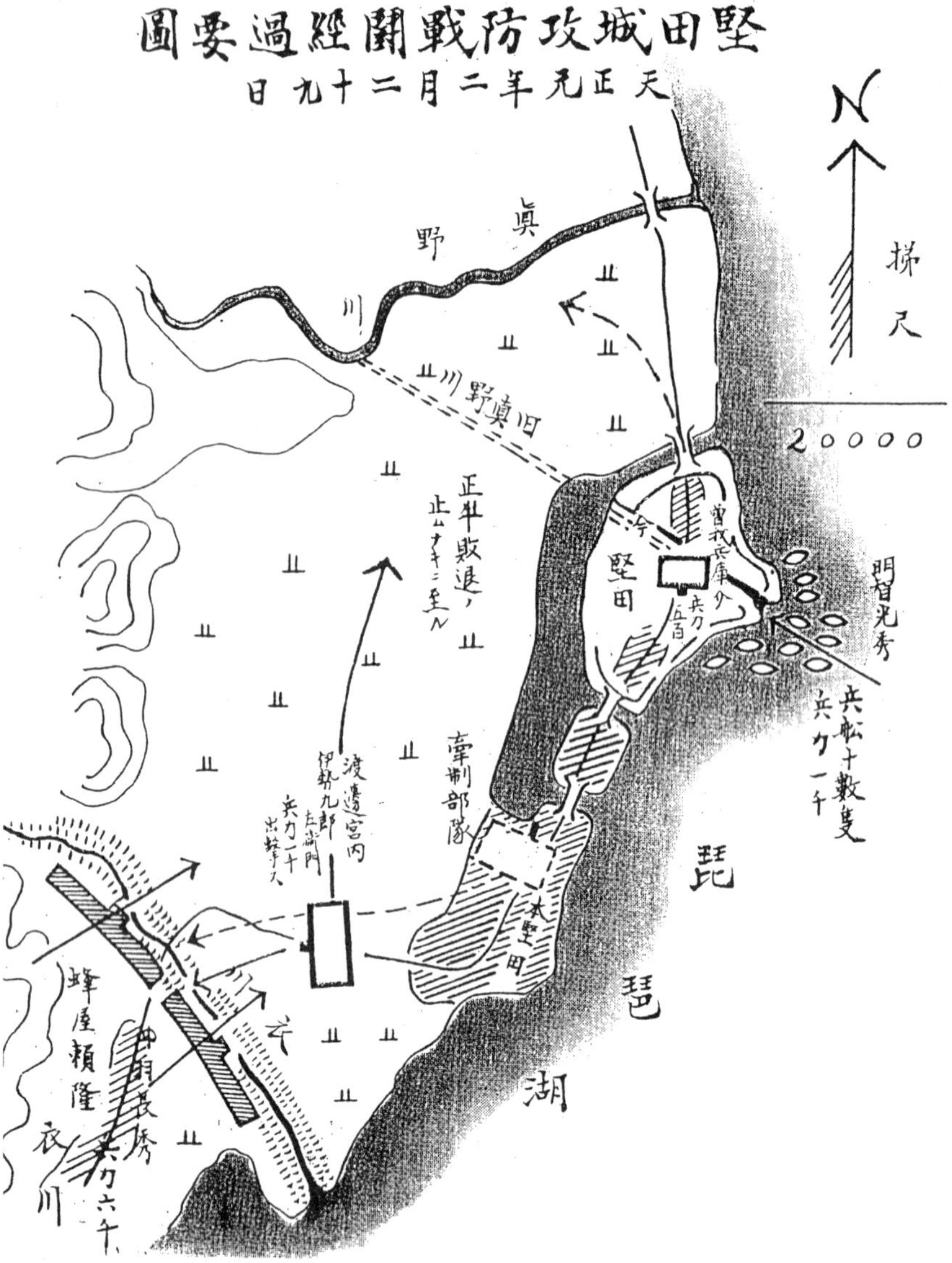

図 3　堅田城攻防戦闘経過要図（『郷土戦史』による）

写真１　堅田城空中写真（国土地理院撮影　KK-61-10 C16-11）

写真２　堅田城拡大空中写真（国土地理院撮影　KK-61-10 C16-11）

写真３　湖上から本堅田を望む（中央が浮御堂）

写真４　湖上から今堅田を望む（中央が出島灯台）

15

大溝城

乙女ヶ池と大溝浦に囲まれた水城

高島郡高島町

大溝城は高島郡高島町勝野に所在する城で、琵琶湖につづく内湖である洞海《どうかい》（現乙女ヶ池）のほとりに築かれている。

天正二年（一五七四）三月、織田信長の命により嫡男がいない磯野員昌《かずまさ》に対し、信長の甥の信澄《のぶずみ》が養嗣子として迎えられた。天正四年以後になると、員昌は事実上の隠居となり高島郡一円の支配は信澄に委ねられることになる。しかし、天正六年（一五七八）二月三日には信長の折檻《せっかん》を受けて員昌は逐電《ちくでん》するのである。

織田信澄は、養父の員昌が逐電後に居城を新庄城から高島郡南部の大溝の地に移すことになる。

天正六年（一五七八）、織田信澄は義父に当たる明智光秀に設計監督を依頼し大溝城を築城する。大溝城の築城当時の姿はあまりあきらかではないが、現状から見てみることにする。

まず残された個人蔵の『織田城郭絵図面』であるが、これについては江戸時代の写しであろうと考えられる。この絵図によると、本丸は堀によって囲まれており水城の様相を呈し、水門は洞海（現乙女ヶ池）と呼ばれる内湖に通じてそこから大溝浦に出る。洞海と大溝浦は外堀の役割をして

写真１　大溝城跡

いるかのようである。本丸を中心に二ノ丸・三ノ丸があり、東から南・北の三方に武士の屋敷が配置されている。人名を見ると、永田左馬・朽木民部・多湖左五兵衛・辰見才助・河井宗右衛門・井関源左衛門・猪飼甚九郎・吉武久八郎・渡辺与右衛門・堀田弥次左衛門・赤尾新七郎・川村加介・田屋兵助・石崎甚四郎・御小人頭四郎右衛門・矢倉与右衛門・高橋・鷺坂・安田・善籐・川添など二十一名の名前があり、信澄が大溝城築城の際、被官したものと思われる。この内には、高島七頭の永田・朽木氏一族の姓も見受けられる一方、吉武・田屋などの在地領主層もある。

これらの武士屋敷の外側には西と北に職人町が形成され、北の一角には信澄が大溝に入封する以前から中西・福井姓を名乗る、有力地領層の屋敷が点在している。

職人町の形成にあたっては、新庄城の旧城下であった今市や南市の住民を移住させたのである。今も城下町の通りに南市本町・新庄本町・今市本町や南市中町・新庄中町・今市中町・今市新町・新庄新町の名を残している。

寺院についても、南市から勝安寺と妙琳寺、また新庄から大善寺を移させている。

まさに大溝城築城は、高島郡一円の政治・文化・経済の中心をこの地に構築すべく一大公共事業だったのである。

しかし天正一〇年六月二日本能寺の変がおき、明智光秀の娘婿である大溝城主織田信澄は、同月五日大坂城二ノ丸千貫櫓において織田信孝と丹羽長秀に謀られて自害し、こ

の世を去った。大溝城及び城下町は未完の城郭となった。大溝城は別名を鴻溝《こうこ》城とも呼ばれている。まさに水城にふさわしい名である。

（白井忠雄）

参考文献

1　『高島町史』、高島町役場編、一九八三年
2　『大溝城Ⅰ』、高島町教育委員会、一九八四年

写真2　大溝城本丸跡

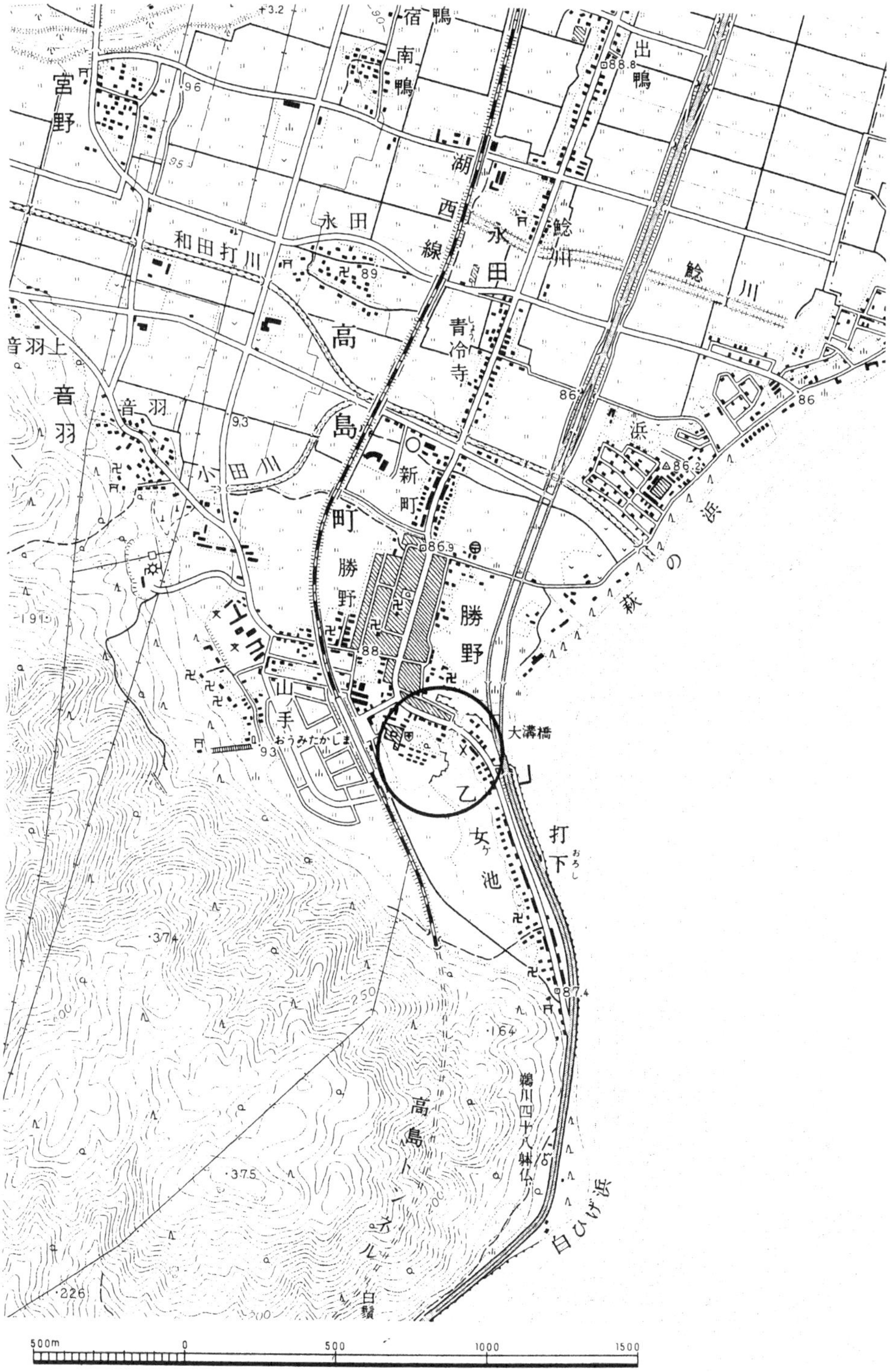

図1　大溝城跡位置図（平成8年）

図２　大溝城跡周辺地形図（明治26年）

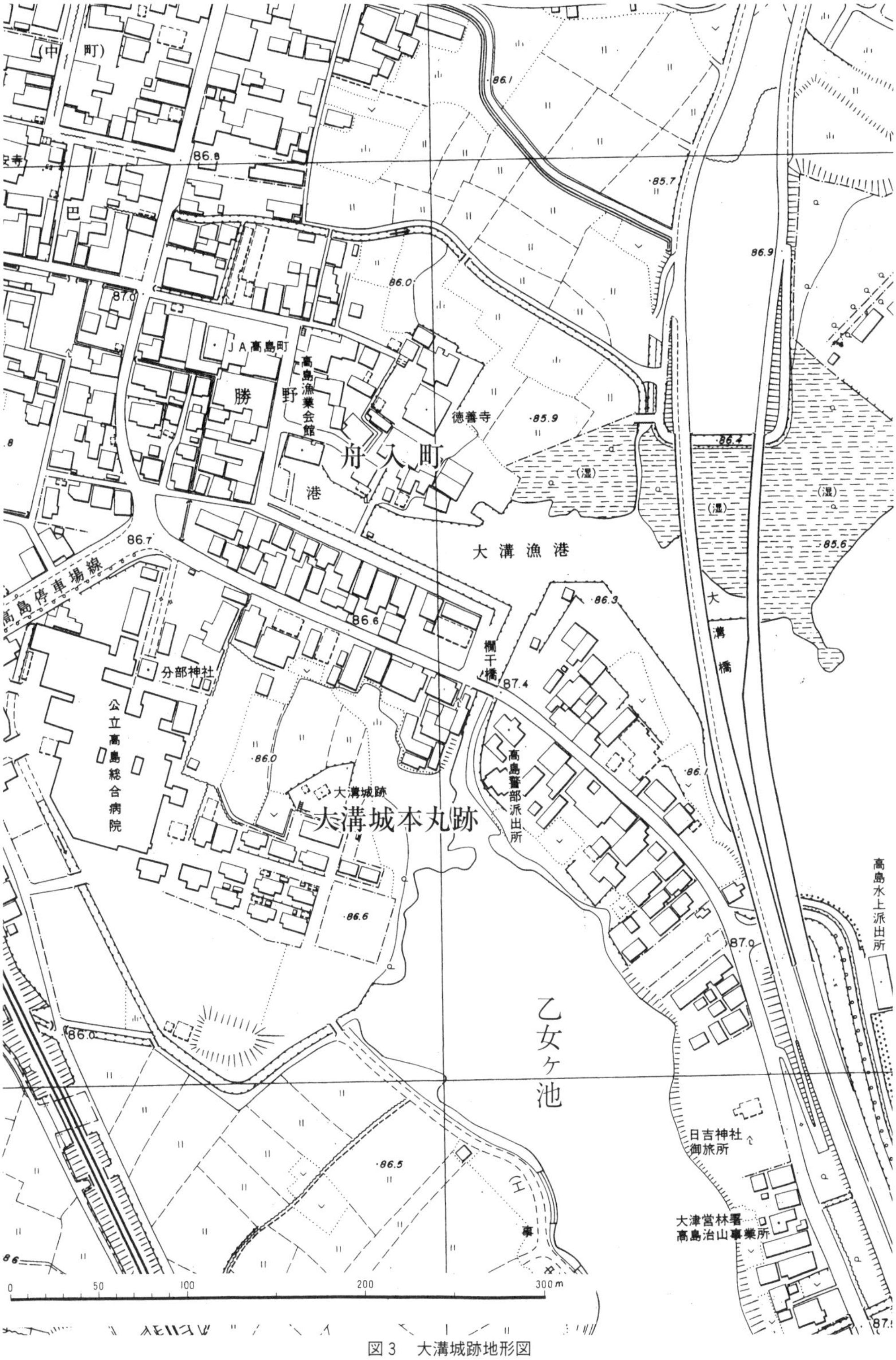
(中　町)
巴
86.8
87.0
ＪＡ高島町
高島漁業会館
勝　野
舟入町
徳養寺
港
85.9
86.0
86.1
85.7
86.9
86.4
(湿)
(湿)
(湿)
85.6
大溝漁港
大
溝
橋
86.7
高島停車場線
86.6
86.3
欄干橋
87.4
分部神社
公立高島総合病院
高島警部派出所
86.0
大溝城跡
大溝城本丸跡
86.1
86.6
87.0
高島水上派出所
乙女ケ池
86.0
日吉神社御旅所
86.5
大津営林署高島治山事業所
0
50
100
200
300m
図3　大溝城跡地形図

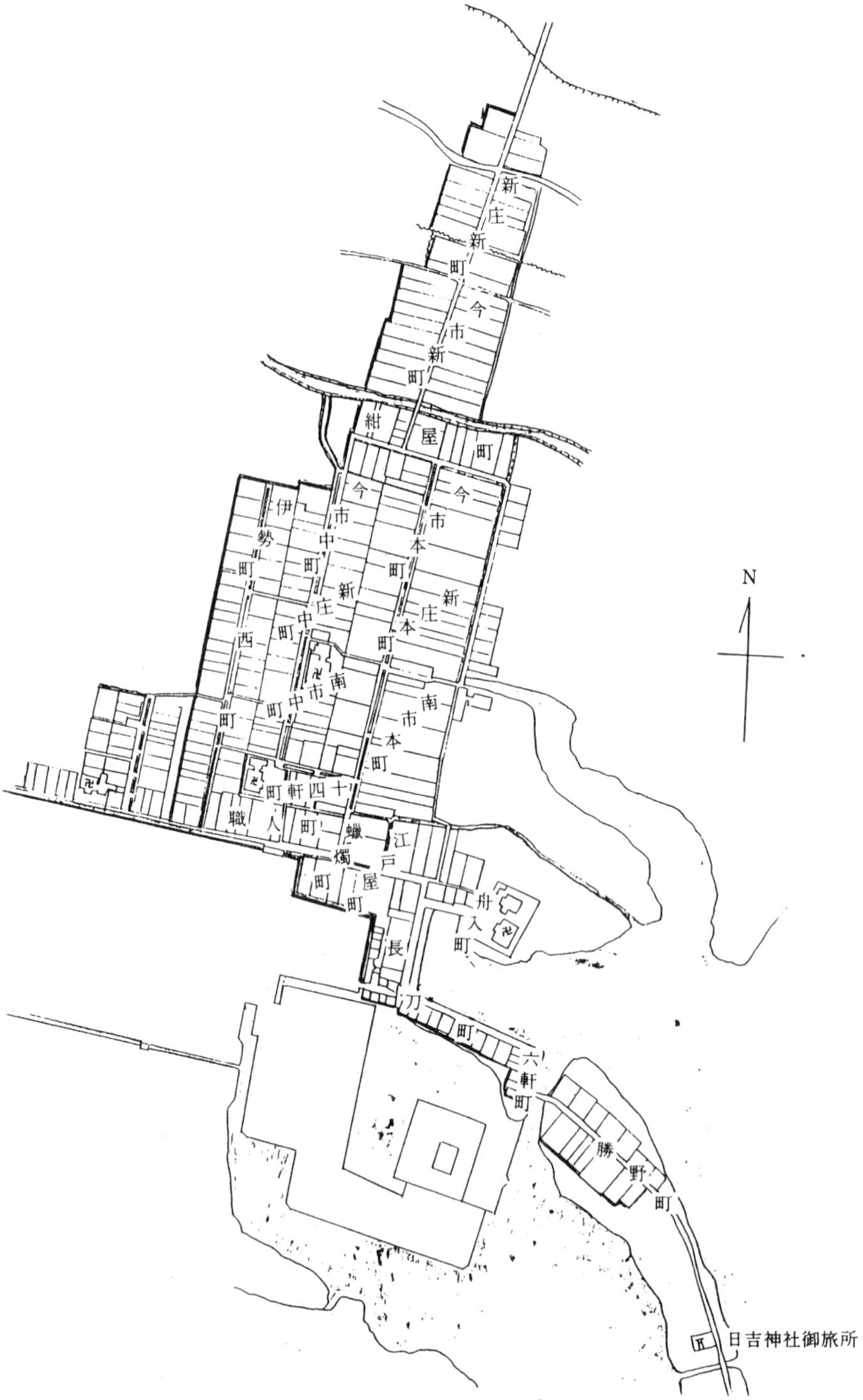

図４　大溝旧町名（江戸時代）（参考文献１による）

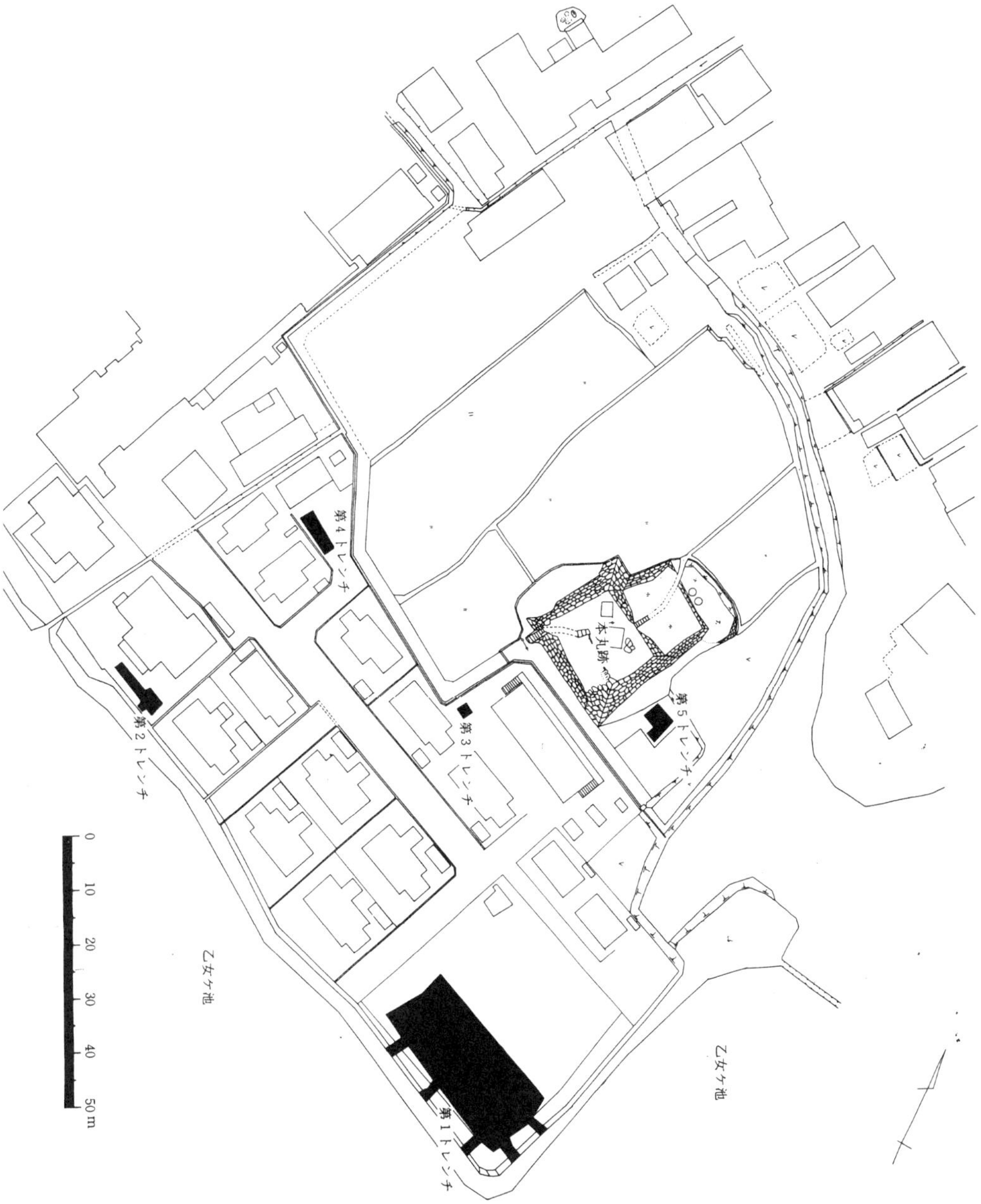

図5　大溝城周辺図（参考文献2による）

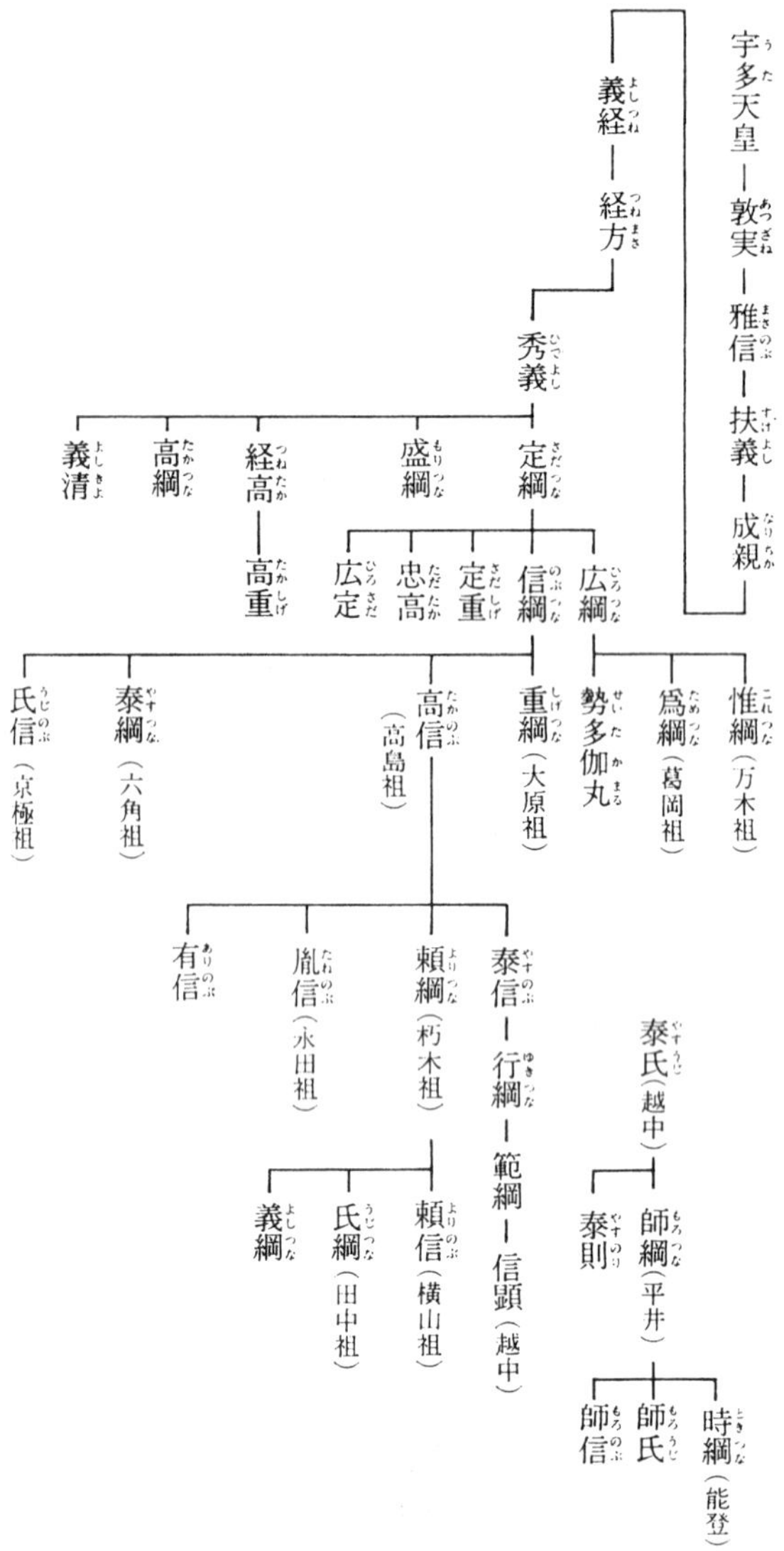
宇多天皇《うた》
敦実《あつざね》
雅信《まさのぶ》
扶義《すけよし》
成親《なりちか》
義経《よしつね》
経方《つねまさ》
秀義《ひでよし》
定綱《さだつな》
盛綱《もりつな》
経高《つねたか》
高綱《たかつな》
義清《よしきよ》
高重《たかしげ》
広綱《ひろつな》
信綱《のぶつな》
定重《さだしげ》
忠高《ただたか》
広定《ひろさだ》
惟綱《これつな》（万木祖）
爲綱《ためつな》（葛岡祖）
勢多伽丸《せいたかまる》
重綱《しげつな》（大原祖）
高信《たかのぶ》（高島祖）
泰綱《やすつな》（六角祖）
氏信《うじのぶ》（京極祖）
泰信《やすのぶ》
行綱《ゆきつな》
範綱
信顕（越中）
頼綱《よりつな》（朽木祖）
胤信《たねのぶ》（永田祖）
有信《ありのぶ》
頼信《よりのぶ》（横山祖）
氏綱《うじつな》（田中祖）
義綱《よしつな》
泰氏《やすうじ》（越中）
師綱《もろつな》（平井）
泰則《やすのり》
時綱《ときつな》（能登）
師氏《もろうじ》
師信《もろのぶ》

図6　佐々木氏系図

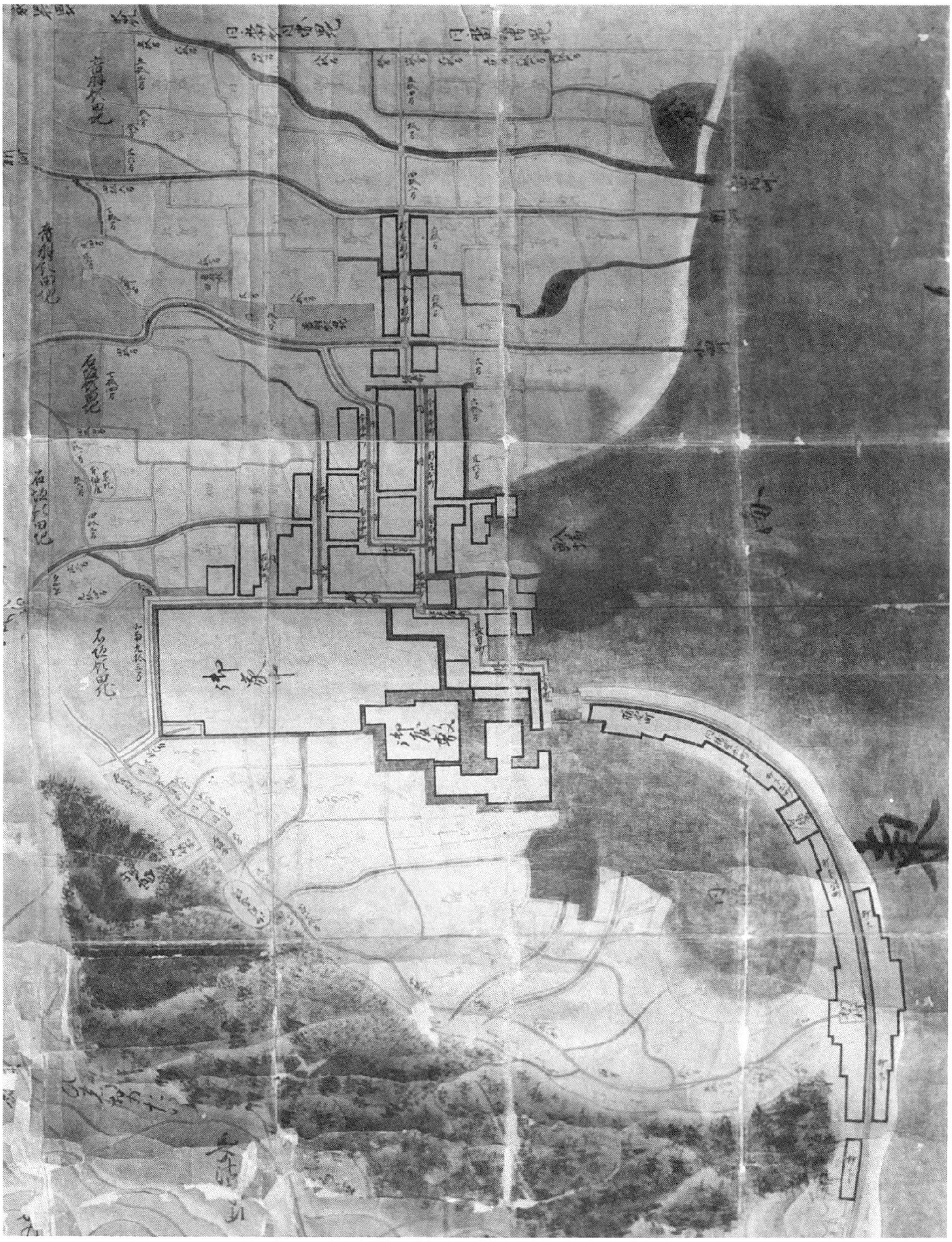

写真3　千石組絵図（打下区蔵）承応4年（1655）頃の写

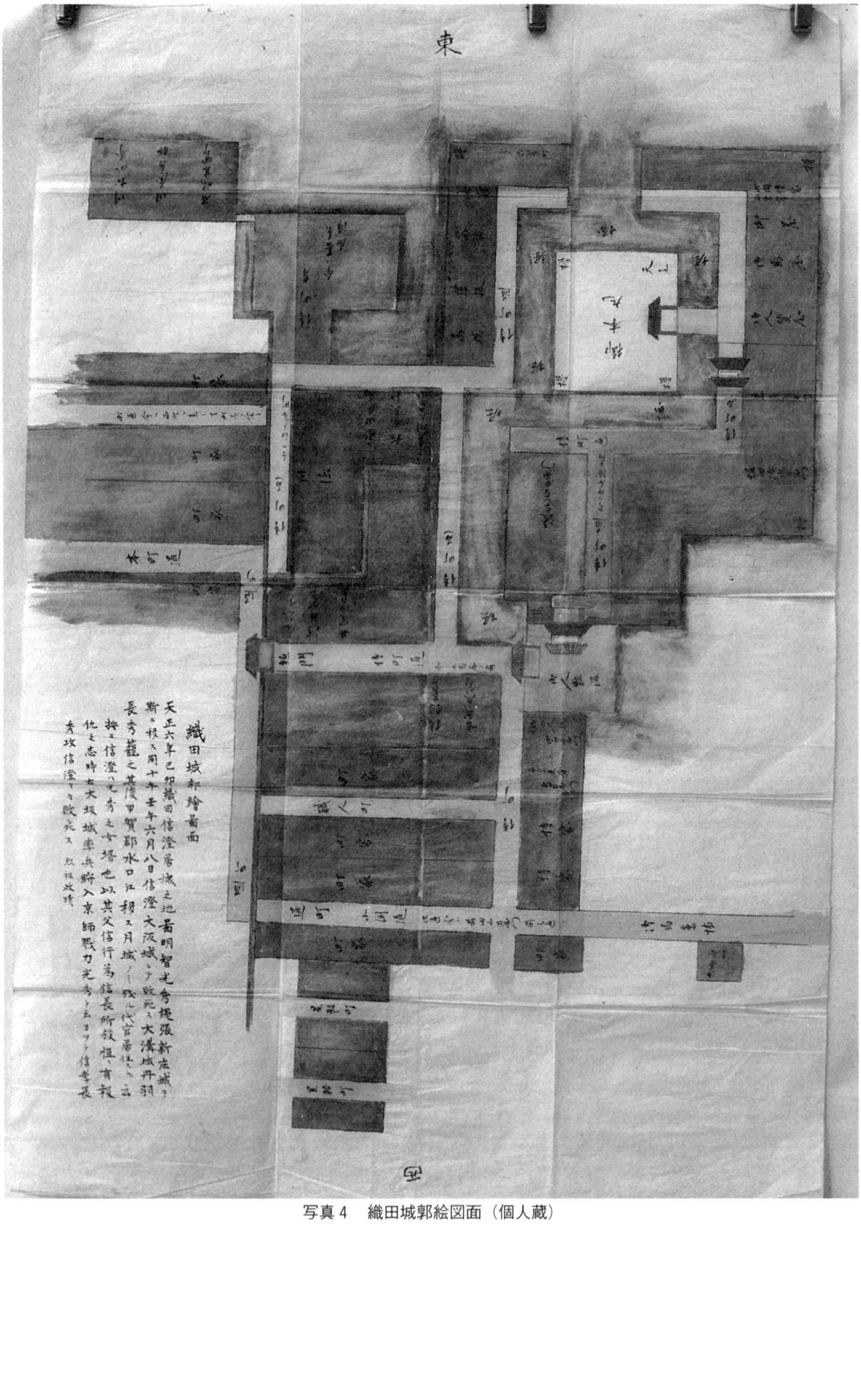

写真４　織田城郭絵図面（個人蔵）

写真５　大溝城空中写真（国土地理院撮影　KK-61-10 C15-4）

写真６　大溝城拡大空中写真（国土地理院撮影　KK-61-10 C15-4）

執筆者紹介（執筆順、二〇〇二年三月現在）

林　博通（はやし　ひろみち）
滋賀県立大学人間文化学部助教授　博士（歴史学）
『大津京跡の研究』思文閣出版、二〇〇一年
「琵琶湖湖底遺跡研究序論」『西田弘先生米寿記念論集　近江の考古と歴史』真陽社、二〇〇一年
『古代近江の遺跡』サンライズ出版、一九九八年
『滋賀県の歴史』（共著）山川出版社、一九九七年

中井　均（なかい　ひとし）
米原町教育委員会生涯学習課課長補佐
『近江の城―城が語る湖国の戦国史―』サンライズ印刷出版部、一九九七年
「城郭史からみた聚楽第と伏見城」『豊臣秀吉と京都』日本史研究会、二〇〇一年
「中世城館遺跡から出土する土錘について―その集成を中心に―」『久保和士君追悼考古論文集』、二〇〇一年

木戸雅寿（きど　まさゆき）
滋賀県安土城郭調査研究所主査
「出土瓦の刻印・線刻紋からみた安土城の瓦工人について」『研究紀要』第八号、二〇〇二年
「秀吉時代の近江―その築城をめぐって―」『西田弘先生米寿記念論集　近江の考古と歴史』真陽社、二〇〇一年
「近江における織豊期城郭の礎石建物について」『織豊城郭』第八号、織豊期城郭研究会、二〇〇一年

用田政晴（ようだ　まさはる）
滋賀県立琵琶湖博物館専門学芸員・展示科長
「前方後方墳の出現と古墳時代のはじまり」『人間文化』一二号、滋賀県立大学人間文化学部、二〇〇二年
「弥生時代年代論・揺籃期の学史」『立命館大学考古学論集Ⅱ』立命館大学、二〇〇一年
「アンコール遺跡群とトンレサップ湖の史的意義」『滋賀考古』第二二号、滋賀考古学研究会、二〇〇〇年
『信長　船づくりの誤算―湖上交通史の再検討―』サンライズ出版、一九九九年

神保忠宏（じんぼ　ただひろ）
滋賀県文化財保護協会主任技師
「第一章　米原町の風土」『米原町史　通史編』二〇〇二年
「滋賀県伊香郡高月町井口集落の水利と環境」『紀要』第一〇号、滋賀県文化財保護協会、一九九七年

松浦俊和（まつうら　としかず）
大津市歴史博物館副館長
「壬申の乱〝山前〟考―乱に見える二つの〝山前〟の位置について―」『地理と歴史空間』（『足利健亮先生追悼論文集』）大明書房、二〇〇〇年
「琵琶湖の湖底遺跡を考える―企画展〝琵琶湖と水中考古学〟の開催から―」『月刊文化財』平成一三年二月号、第一法規、二〇〇一年
「平安遷都と大津―瓦から見る大津の変貌―」『西田弘先生米寿記念論集　近江の考古と歴史』真陽社、二〇〇一年

松下　浩（まつした　ひろし）
滋賀県安土城郭調査研究所主任技師
「織田信長文書の筆跡について　―『織豊期城郭基礎調査報告書二』補遺―」、『研究紀要』七、滋賀県安土城郭調査研究所、二〇〇〇年
「織田信長の近江支配と天下布武」『日本文化のかなめ　つがやま市民教養文化講座二十年の記録』サンライズ出版、二〇〇一年
「穴太積再考」『西田弘先生米寿記念論集　近江の考古と歴史』真陽社、二〇〇一年

白井忠雄（しらい　ただお）
高島町歴史民俗資料館係長（学芸員）
「江北の古墳の話」『西田弘先生米寿記念論集　近江の考古と歴史』真陽社、二〇〇一年

「琵琶湖がつくる近江の歴史」研究会

事務局連絡先
〒522-8533
滋賀県彦根市八坂町2500
滋賀県立大学人間文化学部
林　博通 研究室
TEL0749-28-8416　FAX0749-28-8545

城と湖《うみ》と近江

2002年7月5日　初版発行

編　集　「琵琶湖がつくる近江の歴史」研究会

発行者　岩　根　順　子

発行所　サンライズ出版
〒522-0004　滋賀県彦根市鳥居本町655-1
ＴＥＬ0749-22-0627　ＦＡＸ0749-23-7720

印　刷　サンライズ印刷株式会社

製　本　渋谷文泉閣

定価はカバーに表示してあります。

ISBN4-88325-098-9